西北民族文献与文化研究丛书

才让 主编

明清甘宁青进士征录

多洛肯 著

上海古籍出版社

西北民族大学中央高校基本科研业务费专项资金资助项目
"西北少数民族文学研究中心"成果

编 纂 凡 例

一、本书旨在纂集明、清两代甘肃籍进士之名目,并尽可能地编纂其人物小传。

二、所收起讫时间为洪武十八年至光绪三十年,共一百八十五科进士,其中明代十五科、清代十一科无甘肃籍进士。

三、本书所讲的甘肃包括现今甘肃省、宁夏回族自治区和青海东部的河湟地区,而清代后期析置的新疆省迪化直隶州、镇西府不列入考察范围。

四、编次以科名时间先后为序,每科内则以甲第及名次为序,打破了各方志以府县为次的顺序,以便检阅。

五、进士小传,写明乡贯、户籍(如乡贯、户籍为同一地方,则写某地人)、字号、科第(包括乡试名次、会试名次等)、主要仕履(包括初仕官、终仕官等)、谥号及主要著述。

六、旧说有误者正之,文献不足者阙之,异说可参者并存之。

七、甘肃省志采用版本:《甘肃通志》为乾隆元年版本,《甘肃新通志》为宣统元年版本,《甘肃通志稿》为民国版本。

目　　录

第一章　明清甘宁青进士征略 ... 1
第一节　明代甘宁青籍进士征录 ... 1
第二节　清代甘宁青籍进士征录 ... 77

第二章　明清甘肃进士特色论 ... 188
第一节　明清甘肃进士总数的考订 ... 188
第二节　甘宁青进士的时空分布 ... 197
第三节　明清甘肃籍进士出身文人叙略 ... 239
- 一、黄谏 ... 239
- 二、段坚 ... 240
- 三、彭泽 ... 242
- 四、李梦阳 ... 242
- 五、胡缵宗 ... 245
- 六、张万纪 ... 245
- 七、赵时春 ... 245
- 八、潘光祖 ... 246
- 九、张晋 ... 246
- 十、邢澍 ... 247
- 十一、张澍 ... 247
- 十二、牛树梅 ... 249
- 十三、任其昌 ... 249
- 十四、安维峻 ... 250
- 十五、刘尔炘 ... 250

第三章　明清甘肃社会经济发展概况 ... 251
第一节　明代甘肃社会经济发展 ... 251
　　一、农业 ... 252
　　二、手工业 ... 260
　　三、交通运输业与商业贸易 ... 264
第二节　清代甘肃社会经济发展 ... 270
　　一、农业 ... 272
　　二、手工业 ... 278
　　三、交通运输业与商业贸易 ... 285

第四章　明清甘肃文教事业的发展 ... 294
第一节　明清甘肃文化出版事业发展概况 ... 294
　　一、方志的编修 ... 294
　　二、图书的刊刻 ... 306
第二节　明清甘肃省教育事业发展概况 ... 323
　　一、官学 ... 323
　　二、书院 ... 327
　　三、小学的设置与发展 ... 336
　　四、明清甘肃教育的特点 ... 344

第一章　明清甘宁青进士征略

第一节　明代甘宁青籍进士征录

洪武十八年(1385)乙丑科

三甲第三十八名　王恪　(《明清进士题名碑录索引》)

王恪,陕西伏羌人。

《皇明进士登科考》:王恪,陕西伏羌县人。

康熙二十七年《巩昌府志》卷二五见载。

《甘肃通志》:伏羌人。

《甘肃新通志》:伏羌人。

《甘肃通志稿》:伏羌人。

无名次　曹铭　(《明清进士题名碑录索引》)

曹铭,陕西会宁人,左都御史。

《皇明进士登科考》:曹铭,陕西会宁县人。

《甘肃通志》:会宁人。

《甘肃新通志》:会宁人,左都御史。

《甘肃通志稿》:会宁人,左都御史。

无名次　海永清　(《明清进士题名碑录索引》)

海永清,陕西陇州人。

《皇明进士登科考·明贡举录》:陕西陇西县人。

《甘肃通志》、《甘肃新通志》、《甘肃通志稿》、《登科录》、《会试录》均不见载。

洪武二十七年(1394)甲戌科

一甲第二名　景清　(《明清进士题名碑录索引》)

景清,陕西真宁人,左都御史。

《皇明进士登科考·明贡举录》作耿清,陕西贞宁县人。
乾隆二十七年新修《庆阳府志》卷二三:真宁人。
《甘肃通志》:正宁人,左都御史。
《甘肃新通志》:正宁人,左都御史。
《甘肃通志稿》:正宁人。

洪武三十年(1397)丁丑科

三甲第十八名　党理　(《明清进士题名碑录索引》)

党理,陕西真宁人,太仆寺少卿,授宜阳知县。
《皇明进士登科考·明贡举录》:党理,陕西真宁县人。
《甘肃通志》:正宁人,太仆寺少卿。
《甘肃新通志》:正宁人,太仆寺少卿。
《甘肃通志稿》:正宁人。

三甲第二十五名　贺润　(《明清进士题名碑录索引》)

贺润,陕西宁州,授监察御史,擢升吉安府知府。
《甘肃通志》:何润,宁州人,知府。
《甘肃新通志》:贺润,宁州人,知府。
《甘肃通志稿》:贺润,正宁人。

永乐四年(1406)丙戌科

三甲第二十六名　韩缙　(《明清进士题名碑录索引》)

韩缙,字子云,陕西陇西人,历官吏部给事中,后转南京户部郎中。
《皇明进士登科考·明贡举录》:韩缙,陕西陇西县人。
《登科录》、《会试录》不见载。
康熙二十七年《巩昌府志》卷二三见载。
《甘肃通志》:巩昌人,郎中。
《甘肃新通志》:巩昌人,郎中。
《甘肃通志稿》:巩昌人。

永乐十年(1412)壬辰科

二甲第三十四名　何贤　(《明清进士题名碑录索引》)

何贤,字彦哲,陕西狄道人,历任翰林院编修、侍读学士,官至太常寺少卿。卒赠礼部侍郎，谥文敏。著有《五经集解》、《续古乐章》、《东麓文集》。

《皇明进士登科考·明贡举录》：何贤，陕西狄道县人。

台湾藏《永乐十年进士登科录》（一卷）：贯陕西临洮府狄道县第二保里军籍。国子生，治《易经》。字彦哲，行五，年三十一岁，五月初七日生。陕西乡试一百一十六名，会试二十一名。

《甘肃通志》：狄道人，少詹事。

《甘肃新通志》：狄道人，少詹事。

《甘肃通志稿》：狄道人。

永乐十三年（1415）乙未科

二甲第十三名　曹衡　（《明清进士题名碑录索引》）

曹衡，陕西宁夏卫人。监生，治《诗经》，会试九十九名。

天一阁藏《永乐十三年会试录》（一卷）见载。

《皇明进士登科考·明贡举录》：陕西宁夏县人。

《甘肃通志》：宁夏人，知府。

《甘肃新通志》：宁夏人，知府。

《甘肃通志稿》：宁夏人。

三甲第六名　王珏　（《明清进士题名碑录索引》）

王珏，会试三十五名，陕西平凉府泾州人，学生。

天一阁藏《永乐十三年会试录》（一卷）见载。

《皇明进士登科考·明贡举录》：陕西泾州人。

《甘肃通志》作永乐十九年，误。泾州人，御史。

《甘肃新通志》作永乐十九年，误。泾州人，御史。

《甘肃通志稿》作永乐十九年，误。泾州人。

三甲第九十七名　徐琦　（《明清进士题名碑录索引》）

徐琦，字良玉，陕西宁夏卫人。监生，会试二百二名。授行人，累官南京兵部。

《皇明进士登科考·明贡举录》：陕西宁夏人。

《甘肃通志》：宁夏人，兵部尚书。

《甘肃新通志》：宁夏人，兵部尚书。

《甘肃通志稿》：宁夏人。

永乐十六年(1418)戊戌科

二甲第三十九名　朱孟得　(《明清进士题名碑录索引》)

朱孟得,陕西宁夏人。

《甘肃通志》作朱孟德,宁夏人,庶吉士。

《甘肃新通志》作朱孟德,宁夏人,庶吉士。

《甘肃通志稿》作朱孟德,宁夏人。

三甲第一百一十名　王弘　(《明清进士题名碑录索引》)

王弘,陕西河州卫人。

嘉靖《河州志》：王弘,字有容,戊戌进士。任直隶无极县知县。

《甘肃通志》：王弘,河州人,知县。

《甘肃新通志》作王宏,河州人,知县。

《甘肃通志稿》作王宏,河州人。

张纶　(《明清进士题名碑录索引》不见载)

《甘肃新通志》：狄道人,右庶子。

《甘肃通志稿》：狄道人。

《皇明进士登科考》、《登科录》、《会试录》、《甘肃通志》不见载。

永乐十九年(1421)辛丑科

三甲第九十九名　孔文英　(《明清进士题名碑录索引》)

孔文英,字世杰,陕西安化人。授庐陵知县,擢升监察御史,历大理寺卿,升刑部左侍郎。卒于官。

《皇明进士登科考·明贡举录》：陕西安化县人。

乾隆二十七年新修《庆阳府志》卷二三：安化人。

《甘肃通志》：安化人,侍郎。

《甘肃新通志》：安化人,侍郎。

《甘肃通志稿》：安化人。

袁锭　(《明清进士题名碑录索引》不见载)

《甘肃通志》：真宁人,知府。

《甘肃新通志》：正宁人,知府。

《甘肃通志稿》：正宁人。

《皇明进士登科考》《登科录》《会试录》不见载。

正统元年(1436)丙辰科

张昇 （《明清进士题名碑录索引》不见载）

《甘肃新通志》：宣德丙辰科，狄道人，都御使。

《甘肃通志稿》：宣德丙辰科，狄道人。

《皇明进士登科考》《登科录》《会试录》《甘肃通志》不见载。

正统四年(1439)己未科

二甲第九名 张勋 （《明清进士题名碑录索引》）

张勋，字鼎彝，陕西会宁人，历官至山西布政司右参政。

天一阁藏《正统四年进士登科录》：贯陕西巩昌府会宁县军籍。县学生，治《诗经》。字□鼎，行一，年二十九，四月十二日生。陕西乡试第二十六名，会试第六十五名。

天一阁藏《正统四年会试录》：会试六十五名。会宁县人。县学生，治《诗经》。

《皇明进士登科考》卷五：陕西会宁人。

康熙二十七年修《巩昌府志》卷二五作正德乙未科进士，误。

《甘肃通志》：会宁人，参政。

《甘肃新通志》：会宁人，参政。

《甘肃通志稿》：会宁人。

三甲第十一名 汪浒 （《明清进士题名碑录索引》）

汪浒，字清夫，陕西成县人。授户部主事，升户部员外郎，擢升苏州知府。卒于官。

天一阁藏《正统四年进士登科录》：贯陕西巩昌府成县官籍。国子生，治《诗经》。字清夫，行四，年三十六，五月二十八日生。陕西乡试第二十九名，会试第三十七名。

天一阁藏《正统四年会试录》：陕西成县人。监生，治《诗经》。

《皇明进士登科考》：陕西成县人。

《甘肃通志》作江浒，成县人，知府。

《甘肃新通志》：成县人，知府。

《甘肃通志稿》作乙未误,应作己未科。成县。

三甲第三十四名　王晏　(《明清进士题名碑录索引》)

王晏,字仲清,安定县学籍,山西高平县人。授户部主事员外郎。

天一阁藏《正统四年进士登科录》:贯山西泽州高平县民籍。安定县学增广生,治《春秋》。字仲清,行二,年三十六,十一月十五日生。陕西乡试第四名。

天一阁藏《正统四年会试录》:山西高平县人。陕西安定县学增广生,治《春秋》。

《皇明进士登科考》卷五:山西高平人。

康熙二十七年修《巩昌府志》卷二五:安定人。

《甘肃新通志》作王冥,安定人。

《甘肃通志稿》作王冥,安定人。

李翱　(《明清进士题名碑录索引》不见载)

《甘肃通志》:隆德人。

《甘肃新通志》:隆德人。

《甘肃通志稿》:隆德人。

《皇明进士登科考》、《登科录》、《会试录》不见载。

正统七年(1442)壬戌科

一甲第三名　黄谏　(《明清进士题名碑录索引》)

黄谏,字廷臣,陕西兰县人。历官侍讲学士,兼尚宝寺卿。著有《书经集解》、《古正文》、《使南稿》、《兰坡集》。

天一阁藏《正统七年进士登科录》:贯陕西临洮府兰县站籍。县学生,治《书经》。字廷臣,行二,年三十一,二月十六日生。陕西乡试第七名,会试第六名。

天一阁藏《正统七年会试录》:第六名,黄谏,陕西兰县学生,治《书》。

《皇明进士登科考》卷五:兰州人。

《甘肃通志》:兰州人,学士。

《甘肃新通志》:兰州人,翰林学士。

《甘肃通志稿》:兰州人。

二甲第十四名　宋儒　(《明清进士题名碑录索引》)

宋儒,陕西宁夏前卫军籍,浙江鄞县人。

天一阁藏《正统七年进士登科录》:贯浙江宁波府鄞县军籍。陕西宁夏前卫军生,治《书经》。字宗鲁,行一,年三十七,闰七月二十二日生。陕西乡试第二名,会试第八十二名。

天一阁藏《正统七年会试录》:八十二名。陕西宁夏前卫军生,治《书》。

《皇明进士登科考》卷五:浙江鄞县人。

《甘肃通志》:宁夏人,佥事。

《甘肃新通志》:宁夏人,佥事。

《甘肃通志稿》:宁夏人。

正统四年(1439)己未科

二甲第三十名　王竑　(《明清进士题名碑录索引》)

王竑,字公度,号戆庵,又号休庵,湖广武昌府江夏军籍,河州卫人。任户科给事中,后任右佥都御史,后升任兵部尚书。著《戆庵集》、《休庵集》。病卒。

天一阁藏《正统四年进士登科录》:贯湖广武昌府江夏县军籍。河州卫学军生,治《礼记》。字公度,行三,年二十六,六月二十日生。陕西乡试第四名,会试第五名。

嘉靖《河州志》:字公度,正统戊午经魁,己未会魁,殿试二甲。初任户部给事中,升副都御史,巡抚句容,漕运淮安,参军陕西,升兵部尚书。致仕二十年寿七十有五卒。

《正统四年会试录》:会试第五名,陕西河州卫军生,治《礼记》。

《皇明进士登科考》卷五:湖广江夏人。

《甘肃通志》作正统壬戌科,误。河州人,尚书。

《甘肃新通志》作正统壬戌科,误。河州人,尚书。

《甘肃通志稿》作正统壬戌科,误。河州人。

三甲第八十六名　倪让　(《明清进士题名碑录索引》)

倪让,庆阳府军籍,直隶全椒人,历官至太常寺少卿。

天一阁藏《正统七年进士登科录》:贯直隶滁州全椒县军籍。庆阳府学军生,治《礼记》。字允恭,行三,年四十三,二月初二生。陕西乡试第十名,会试第一百四十四名。

天一阁藏《正统七年会试录》:第一百四十四名。陕西庆阳卫军籍。冠带举人,治《礼记》。

《皇明进士登科考》卷五:陕西庆阳卫人。

《甘肃通志》作正统己未科,误。庆阳人,太常寺少卿。

《甘肃新通志》:正统四年,庆阳人,太常寺少卿。

《甘肃通志稿》:乙未(误,应作己未),庆阳。

李翔 (《明清进士题名碑录索引》不见载)

《甘肃通志》:陕西隆德人,郎中。

《甘肃新通志》:陕西隆德人,郎中。

《甘肃通志稿》:隆德人。

《皇明进士登科考》、《登科录》、《会试录》不见载。

正统十年(1445)乙丑科

二甲第十八名 杜铭 (《明清进士题名碑录索引》)

杜铭,四川金堂人。

天一阁藏《正统十年进士登科录》:贯四川成都府金堂县军籍。国子生,治《书经》。字敬修,行三,年二十七,九月十九日生。四川乡试第三十八名,会试第一百三十二名。

台湾藏《正统十年会试录》:四川金堂县人,监生,治《诗经》,会试一百三十二名。

《皇明进士登科考》:四川金堂县人。

《巩昌府志·阶州》见载,作洪武己丑科进士,误。

《甘肃通志》:阶州人,给事中。作洪武十八年,误。

《甘肃新通志》:阶州人,给事中。作洪武十八年,误。

《甘肃通志稿》:阶州人,给事中。作洪武十八年,误。

三甲第四十名 冯时 (《明清进士题名碑录索引》)

冯时,陕西宁州人。授南京太常寺博士,升工部主事,擢汉阳府知府。

天一阁藏《正统十年进士登科录》:贯陕西庆阳府宁州民籍。州学生,治《礼记》。字世隆,行四,年三十三,十一月二十二日生。陕西乡试第三十一名,会试第八十名。

台湾藏《正统十年会试录》：陕西宁州学生，治《礼记》。乡试八十名，举士。

《皇明进士登科考》：陕西宁州人。

《甘肃通志》：宁州人，主事。

《甘肃新通志》：宁州人，主事。

《甘肃通志稿》：宁州人。

景泰二年(1451)辛未科

三甲第一百二十一名　赵铭　（《明清进士题名碑录索引》）

赵铭,字自新,陕西安化人。监察御史,擢升浙江布政使。

天一阁藏《景泰二年进士登科录》：贯陕西庆阳府安化县民籍。国子生,治《诗经》。字自新,行二,年三十一,五月初八日生。陕西乡试第三十三名,会试第一百七十九名。

天一阁藏《景泰二年年会试录》：一百七十九名。陕西安化县人。监生,治《诗》。

《皇明进士登科考》卷六：陕西安化人。

《甘肃通志》：安化人,布政使。

《甘肃新通志》：安化人,布政使。

《甘肃通志稿》：安化人。

景泰五年(1454)甲戌科

二甲第三名　程景云　（《明清进士题名碑录索引》）

程景云,陕西宁夏卫军籍,直隶休宁县人。

天一阁藏《景泰五年进士登科录》：贯陕西宁夏卫军籍。直隶徽州府休宁县国子生,治《书经》。字汉章,行一,年三十一,八月二十日生。陕西乡试第二十五名,会试第一百三十八名。

天一阁藏《景泰五年会试录》：一百三十八名。陕西宁夏卫军籍。监生,治《书》。

《皇明进士登科考》卷六：陕西宁夏卫人,直隶休宁县人。

《甘肃通志》：宁夏人,御史。

《甘肃新通志》：宁夏人,御史。

《甘肃通志稿》：宁夏人。

三甲第四十三名　滕佐　(《明清进士题名碑录索引》)

滕佐,字良辅,陕西兰县人。授按察御史,历山西按察司副使,转云南副使,四川按察使。卒于官。

天一阁藏《景泰五年进士登科录》:贯陕西临洮府兰县军籍。国子生,治《书经》。字良辅,行一,年三十一,三月初七日生。陕西乡试第十五名,会试第二百四十六名。

天一阁藏《景泰五年会试录》:二百四十六名。陕西兰县人。监生,治《书》。

《皇明进士登科考》卷六:兰州人。

《甘肃通志》:兰州人,按察使。

《甘肃新通志》:兰州人,按察使。

《甘肃通志稿》:兰州人。

三甲第六十八名　朱绅　(《明清进士题名碑录索引》)

朱绅,字大用,陕西河州卫军民指挥司人。授江西道监察御史,升浙江按察司副使,寻升贵州左布政使。

天一阁藏《景泰五年进士登科录》:贯陕西河州卫军民指挥司军籍。国子生,治《礼记》。字大用,行一,年三十一,九月十一日生。陕西乡试第十六名,会试第一百九十六名。

嘉靖《河州志》:字大用,正统丁卯举人。任江西道御史,升浙江按察司副使,历转按察使,寻升贵州左布政使。自号逃竽野人。致仕十年寿七十有一卒。

天一阁藏《景泰五年会试录》:一百九十六名。陕西河州军民指挥使司人。监生,治《礼记》。

《皇明进士登科考》:陕西河州卫人。

《甘肃通志》:河州人,布政使。

《甘肃新通志》:河州人,布政使。

《甘肃通志稿》:河州人。

三甲第七十四名　聊让　(《明清进士题名碑录索引》)

聊让,字公逊,陕西仪卫司军籍,直隶曹县人。授南昌知县。

天一阁藏《景泰五年进士登科录》:贯陕西肃府仪卫司军籍,直隶曹县人。兰县学生军籍,治《诗经》。字公逊,行一,年三十九,七月初九日生。

陕西乡试第三十名,会试第三百四十六名。

  天一阁藏《景泰五年会试录》:三百四十六名,陕西兰县学军生,治《诗》。

  《甘肃通志》:兰州人,知府。

  《甘肃新通志》:兰州人,知府。

  《甘肃通志稿》:兰州人。

三甲第一百三十七名　茂彪　(《明清进士题名碑录索引》)

  茂彪,陕西庆阳卫军籍,直隶江都县人。拜监察御史,后寻升山东按察司佥事。著有《经史类证》行于世。

  天一阁藏《景泰五年进士登科录》:贯陕西庆阳卫军籍,直隶江都县人。国子生,治《诗经》。字宗□,行二,年三十五,正月十六日生。陕西乡试第八名,会试第三十八名。

  天一阁藏《景泰五年会试录》:三十八名。陕西庆阳卫人。监生,治《诗》。

  《皇明进士登科考》:陕西庆阳卫籍,直隶江都县人。

  《甘肃通志》:庆阳人,御史。

  《甘肃新通志》:庆阳人,御史。

  《甘肃通志稿》:庆阳人。

三甲第一百七十名　段坚　(《明清进士题名碑录索引》)

  段坚,字可久,号柏轩,陕西肃府仪卫司军籍,山西阳曲县人。任山东福山县知县,擢升莱州知府,后改任南阳知府。有《容思集》、《柏轩语录》。

  天一阁藏《景泰五年进士登科录》:贯陕西肃府仪卫司军籍,山西阳曲县人。兰县学军生,治《易经》。字可久,行二,年三十六,六月二十一生。陕西乡试第二十八名,会试第六名。

  天一阁藏《景泰五年会试录》:三十八名。陕西庆阳卫人。监生,治《诗》。按,显误。

  《皇明进士登科考》:陕西仪卫司籍,山西阳曲县人。

  《甘肃通志》:兰州,知府。

  《甘肃新通志》:兰州,知府。

  《甘肃通志稿》:兰州。

天顺元年(1457)丁丑科

三甲第二十七名　文志贞　(《明清进士题名碑录索引》)

  文志贞,字正夫,陕西兰县人。授行人,历任御史、户部郎中。

台湾藏《天顺元年进士登科录》(一卷)：贯陕西临洮府兰县民籍。县学生,治《书经》。字正夫,行二,年二十五岁,八月十五日生。陕西乡试二十三名,会试二百二十四名。

《皇明进士登科考》卷七：兰州人。

《甘肃通志》作文志正,兰州人,郎中。

《甘肃新通志》作文志正,兰州人,郎中。

《甘肃通志稿》作文志正,兰州人。

三甲第一百七十一名　段宁　(《明清进士题名碑录索引》)

段宁,陕西平凉人。历官行人。

天一阁藏《天顺元年会试录》：二百六名。陕西平凉县人。监生,治《易》。

台湾藏《天顺元年进士登科录》(一卷)：贯陕西平凉府平凉县民籍。国子生,治《易经》。字伯安,行一,年三十七岁,七月初十日生。陕西乡试十六名,会试二百六名。

《皇明进士登科考》：陕西平凉县人。

《甘肃通志》：平凉人,行人。

《甘肃新通志》：平凉人,行人。

《甘肃通志稿》：平凉人。

天顺四年(1460)庚辰科

二甲第十九名　周凤　(《明清进士题名碑录索引》)

周凤,字文祥,陕西狄道人。授兵部职方司主事,官至浙江右参政。

天一阁藏《天顺四年进士登科录》：贯陕西临洮府狄道县民籍。国子生,治《诗经》。字文祥,行二,年三十六,八月十四日生。陕西乡试第二十四名,会试第二十一名。

《皇明进士登科考》：陕西狄道县人。

《甘肃通志》：狄道人,参政。

《甘肃新通志》：狄道人,参政。

《甘肃通志稿》：狄道人。

三甲第二名　曹英　(《明清进士题名碑录索引》)

曹英,字文华,别号默翁,陕西临洮卫籍,直隶高邮州人。历官湖广道监察御史,左迁召阳县知县。著有《遣兴集》、《恒济实录》、《默翁集》、《三友主人传》。

天一阁藏《天顺四年进士登科录》:贯陕西临洮卫籍,直隶高邮州人。国子生,治《易经》。字文华,行一,年三十二,六月初八日生。陕西乡试第四十九名,会试第一百二十四名。

天一阁藏《天顺四年会试录》:一百二十四名。陕西临洮卫籍。监生,治《易经》。

《皇明进士登科考》:陕西临洮卫籍,直隶高邮州人。

《甘肃通志》:狄道人。

《甘肃新通志》:狄道人。

《甘肃通志稿》:狄道人。

三甲第九十六名　李锐　(《明清进士题名碑录索引》)

李锐,字文盛,陕西凉州卫籍,江西新淦县人。

天一阁藏《天顺四年进士登科录》:贯陕西凉州卫籍,江西新□县人。国子生,治《礼记》。字文盛,行八,年三十六,闰七月十五日生。陕西乡试第十五名,会试第二十九名。

天一阁藏《天顺四年会试录》:二十九名。陕西凉州卫籍。监生,治《礼记》。

碑文(存武威文庙):天顺四年进士,汀州府知府。

《皇明进士登科考》:陕西凉州卫籍,江西新淦县人。

《甘肃通志》:凉州人,主事。

《甘肃新通志》:凉州人,主事。

《甘肃通志稿》:凉州人。

刘景　(《明清进士题名碑录索引》不见载)

《甘肃新通志》:狄道人,兵部主事。

《甘肃通志稿》:狄道人。

《皇明进士登科考》、《登科录》、《会试录》、《甘肃通志》不见载。

天顺八年(1464)甲申科

三甲第八十一名　魏容　(《明清进士题名碑录索引》)

魏容,陕西安定县人。授工部主事,官至工部郎中。

天一阁藏《天顺八年进士登科录》：贯陕西巩昌府安定县军籍。国子生,治《书经》。字尊仪,行七,年三十八,六月二十一日生。陕西乡试第十七名,会试第十四名。

　　天一阁藏《天顺七年会试录》：十四名。陕西安定县人。监生,治《书》。

　　《皇明进士登科考》卷七：陕西安定县人。

　　康熙二十七年《巩昌府志》卷二五见载。

　　《甘肃通志》不见载。

　　《甘肃新通志》：安定人,郎中。

　　《甘肃通志稿》：安定人。

三甲第一百一十名　张九畴　（《明清进士题名碑录索引》）

　　张九畴,字天赐,号少垣,陕西狄道人。著有《五经考》、《学庸节讲》、《拙斋文集》。

　　天一阁藏《天顺八年进士登科录》：贯陕西临洮府狄道县民籍。府学生,治《书经》。字天赐,行二,年二十一,十一月二十八日生。陕西乡试第六名,会试第一百九十八名。

　　天一阁藏《天顺七年会试录》：一百九十八名。陕西临洮府学生,治《礼记》。

　　《皇明进士登科考》卷七：陕西狄道县人。

　　《甘肃通志》：狄道人。

　　《甘肃新通志》：狄道人。

　　《甘肃通志稿》：狄道人。

三甲第一百三十二名　梁翰　（《明清进士题名碑录索引》）

　　梁翰,陕西狄道人。授翰林院检讨,升崇府左长史。著有《梁文苑诗文杂著》。

　　天一阁藏《天顺八年进士登科录》：贯陕西临洮府狄道县民籍。府学生,治《诗经》。字宗文,行四,年三十二,九月十三日生。陕西乡试第十三名,会试第二百四十六名。

　　天一阁藏《天顺七年会试录》：二百四十六名。陕西临洮府学生,治《诗》。

　　《皇明进士登科考》卷七：陕西狄道县人。

　　《甘肃通志》：狄道人,检讨。

　　《甘肃新通志》：狄道人,检讨。

《甘肃通志稿》：狄道人。

成化二年(1466)丙戌科

三甲第一百六十六名　刘晟　（《明清进士题名碑录索引》）

　　刘晟,陕西安定人。授户部主事。卒于官。

　　天一阁藏《成化二年进士登科录》：贯陕西巩昌府安定县军籍。国子生,治《书经》。字礼□,行一,年三十二,正月十二日生。陕西乡试第四十五名,会试第二百七十二名。

　　天一阁藏《成化二年会试录》：二百七十二名。陕西安定县人。监生,治《书》。

　　《皇明进士登科考》卷八：陕西安定县人。

　　康熙二十七年《巩昌府志》卷二五：安定人。

　　《甘肃通志》：安定人,主事。

　　《甘肃新通志》：安定人,主事。

　　《甘肃通志稿》：安定人,主事。

三甲第一百一十二名　罗睿　（《明清进士题名碑录索引》）

　　罗睿,字文哲,陕西兰州人。官河南西华知县,升南京大理寺评事、山东按察司佥事。

　　天一阁藏《成化二年进士登科录》：贯陕西兰州卫人,兰县学军籍。治《书经》。字文哲,行一,年二十七,四月初五日生。陕西乡试第二十名,会试第二百五十四名。

　　天一阁藏《成化二年会试录》：二百五十四名。陕西兰县人,军生。治《书》。

　　《皇明进士登科考》卷八：陕西兰县人。

　　《甘肃通志》：兰州人,佥事。

　　《甘肃新通志》：兰州人,佥事。

　　《甘肃通志稿》：兰州人。

三甲第二百五十名　王伟　（《明清进士题名碑录索引》）

　　王伟,陕西宁州人。著有《题文山词吊段太尉文》。

　　天一阁藏《成化二年进士登科录》：贯陕西庆阳府宁州民籍。国子生,治《春秋》。字文魁,行五,年二十五,十一月二十三日生。陕西乡试第四名,会试第二百九十名。

15

天一阁藏《成化二年会试录》：二百九十名。陕西宁州人。监生，治《春秋》。

《皇明进士登科考》卷八：陕西宁州人。

《甘肃通志》：宁州人，庶吉士。

《甘肃新通志》：宁州人，庶吉士。

《甘肃通志稿》：兰州人。

成化五年(1469)己丑科

二甲第二十四名 邵宗 （《明清进士题名碑录索引》）

邵宗，字以道，陕西兰县人。授户部主事。

天一阁藏《成化五年进士登科录》：贯陕西临洮府兰县校籍。国子生，治《诗经》。字□道，行一，年四十，八月初十日生。陕西乡试第九十五名，会试第一百二十六名。

台湾藏《成化五年进士登科录》：陕西兰县人，校籍。国子生，治《诗》。字以道，行一，年四十八。陕西乡试九十五名，会试一百二十六名。

《皇明进士登科考》卷八：陕西兰州人。

《甘肃通志》：兰州人，主事。

《甘肃新通志》：兰州人，主事。

《甘肃通志稿》：兰州人。

二甲第四十二名 张锦 （《明清进士题名碑录索引》）

张锦，字尚纲，号松壑，陕西岷州卫军籍，河南太康县人。历任刑部山东司主事、大理寺丞、左少卿，后任都察院右副都御史，巡抚直隶、保定等六府兼提督紫荆，迁刑部左侍郎。著有《松壑小稿》、《宣政录》。

天一阁藏《成化五年进士登科录》：贯河南开封府太康县，陕西岷州卫军籍。国子生，治《书经》。字尚纲，行四，年三十，正月十三日生。陕西乡试第三十七名，会试第二十三名。

台湾藏《成化五年进士登科录》：贯河南开封府太康县，陕西岷州卫军籍。国子生，治《书》。字尚纲，行四，年三十正月十三日生。陕西乡试第三十七名，会试第二十三名。

《皇明进士登科考》卷八：陕西岷州卫军籍。

康熙二十七年《巩昌府志》卷二五：字尚纲。

《甘肃通志》：岷州人，侍郎。

《甘肃新通志》：秦安人，侍郎。

《甘肃通志稿》：秦安人。

三甲第十一名　杨重　(《明清进士题名碑录索引》)

杨重，陕西灵台人。历任翰林修撰、肃政大夫、江南道监察御史、知州。

天一阁藏《成化五年进士登科录》：贯陕西平凉府泾州灵台县民籍。国子生，治《春秋》。字□夫，行一，年二十九，十一月初四日生。陕西乡试第九名，会试第一百十一名。

台湾藏《成化五年进士登科录》：贯陕西平凉府泾州灵台县民籍。国子生，治《春秋》。字质夫，行一，年二十九，十一月初四日生。陕西乡试第九名，会试第一百十一名。

《皇明进士登科考》卷八：陕西灵台县人。

《甘肃通志》：灵台人，知州。

《甘肃新通志》：灵台人，知州。

《甘肃通志稿》：灵台人。

三甲第一百六十八名　赵聪　(《明清进士题名碑录索引》)

赵聪，湖广谷城军籍，陕西阶州人。

天一阁藏《成化五年进士登科录》：贯湖广襄阳府谷城军籍。国子生，治《书经》。字时□，行一，年三十三，八月初九日生。湖广乡试第三十八名，会试第二百四十七名。

台湾藏《成化五年进士登科录》：贯湖广襄阳府谷城县军籍。国子生，治《书经》。字时宽，行一，年三十六，八月初九日生。湖广乡试第三十八名，会试第二百四十七名。

《皇明进士登科考》卷八：湖广谷城县人。

康熙二十七年《巩昌府志》卷二五见载。

《甘肃通志》：阶州人，主事。

《甘肃新通志》：阶州人，主事。

《甘肃通志稿》：阶州人。

成化八年(1472)壬辰科

二甲第二十八名　张璇　(《明清进士题名碑录索引》)

张璇，字文璧，陕西镇原人。授工部主事，后升定府知府，擢河南参政。

天一阁藏《成化八年会试录》：三十三名,陕西镇原县学生,治《易》。

台湾藏《成化八年进士登科录》(一卷)：贯陕西平凉府镇原县民籍。县学生,治《易经》。字文璧,行一,年二十四,十月初六日生。陕西乡试第六名,会试三十三名。

《皇明进士登科考》卷八：陕西镇原县人。

《甘肃通志》：镇原人,参政。

《甘肃新通志》：镇原人,参政。

《甘肃通志稿》：镇原人。

二甲第三十三名　陈瑷　(《明清进士题名碑录索引》)

陈瑷,字大玉,号朴庵,陕西甘州左卫军籍,河南祥符县人。授户部主事,历任江西左布政使,擢升南京都察院左副都御史。卒于官。

天一阁藏《成化八年会试录》：一百二十九名。陕西甘州左卫人。监生,治《书》。

台湾藏《成化八年进士登科录》(一卷)：贯河南祥符县人,陕西甘州左卫军籍。国子生,治《书》。字大玉,行六,年三十一,五月十七日生。陕西乡试第三十二名,会试一百二十九名。

《皇明进士登科考》卷八：陕西甘州人。

《甘肃通志》：甘州人,御史。

《甘肃新通志》：甘州人,御史。

《甘肃通志稿》：甘州人。

二甲第七十名　吕钲　(《明清进士题名碑录索引》)

吕钲,字静之,陕西泾州人。任户部主事、员外郎,后升大同知府,后调任江西布政使司参政,随后升贵州右布政使。

天一阁藏《成化八年会试录》：六十六名。陕西泾州增广生,治《礼记》。

台湾藏《成化八年进士登科录一卷》：贯陕西平凉府泾州军籍。增广生,治《礼记》。字静之,行三,年二十四,三月十九日生。陕西乡试第四名,会试六十六名。

《皇明进士登科考》卷八：陕西泾州人。

《甘肃通志》：泾州人,布政使。

《甘肃新通志》：泾州人,布政使。

《甘肃通志稿》：泾州人。

三甲第七十七名　赵英　(《明清进士题名碑录索引》)

赵英,字储秀,陕西兰县人。授河南宜阳知县,升监察御史,寻升山西参政。著有《斐然稿》、《防边策》、《修河类稿》。

天一阁藏《成化八年会试录》:十七名,陕西兰县人。监生,治《诗》。

台湾藏《成化八年进士登科录》(一卷):贯陕西临洮府兰县军籍。国子生,治《诗经》。字储秀,行一,年三十七,五月二十一日生。陕西乡试四十六名,会试十七名。

《皇明进士登科考》卷八:兰州人。

《甘肃通志》:兰州人,参政。

《甘肃新通志》:兰州人,参政。

《甘肃通志稿》:兰州人。

三甲第一百三十一名　王绅　(《明清进士题名碑录索引》)

王绅,陕西安化人。累官山东副使。

天一阁藏《成化八年会试录》:一百七十八名。陕西庆阳府学生,治《礼记》。

台湾藏《成化八年进士登科录》(一卷):贯陕西庆阳府安化县军籍。府学生,治《礼记》。字缙卿,行二,年二十七,五月初三日生。陕西乡试十四名,会试一百七十八名。

《皇明进士登科考》卷八:陕西安化县人。

《甘肃通志》:安化人,副使。

《甘肃新通志》:安化人,副使。

《甘肃通志稿》:安化人。

三甲第一百六十七名　李宽　(《明清进士题名碑录索引》)

李宽,陕西兰县人,历官刑部主事。

天一阁藏《成化八年会试录》:二百一十五名。陕西兰县军生,治《书》。

台湾藏《成化八年进士登科录》(一卷):贯陕西临洮府兰县军籍。军生,治《书》。字克宽,行一,年三十二,闰十一月十三日生。陕西乡试第二十三名,会试第一百一十五名。

《皇明进士登科考》卷八:兰州人。

《甘肃通志》:兰州人,参政。

《甘肃新通志》:兰州人,参政。

《甘肃通志稿》：兰州人。

成化十一年(1475)乙未科

**二甲第十一名　张锐　**（《明清进士题名碑录索引》）

张锐,字抑之,陕西秦州人。授刑部主事,擢吉安知府,后升山东参政。

天一阁藏《成化十一年进士登科录》：贯陕西巩昌府秦州军籍。国子生,治《诗经》。字抑之,行一,年三十七,五月二十二日生。陕西乡试第二十二名,会试第一百八十六名。

天一阁藏《成化八年会试录》：一百八十六名。陕西秦州人。监生,治《诗》。

《皇明进士登科考》卷八：秦州人。

康熙二十七年《巩昌府志》卷二五见载。

《甘肃通志》：秦州人,参政。

《甘肃新通志》：秦州人,参政。

《甘肃通志稿》：秦州人。

三甲第四十三名　史书

史书,字献忠,陕西灵台人。授山西阳城知县,吏部径取为属,历考功主事员外郎,后擢升保宁知府。

天一阁藏《成化十一年进士登科录》：贯陕西平凉府泾州灵台县民籍。国子生,治《春秋》。字献忠,行三,年二十九,正月十六日生。陕西乡试第九名,会试第三十名。

《皇明进士登科考》卷八：陕西灵台县人。

《甘肃通志》：灵台人,知府。

《甘肃新通志》：灵台人,知府。

《甘肃通志稿》：灵台人。

**三甲第四十四名　齐廷珪　**（《明清进士题名碑录索引》）

齐廷珪,陕西隆德人。

天一阁藏《成化十一年进士登科录》：贯陕西平凉府隆德县军籍。国子生,治《诗经》。字朝重,行一,年二十六,十月二十六日生。陕西乡试第二十六名,会试第一百四十五名。

《皇明进士登科考》卷八：陕西隆德县人。

《甘肃通志》：隆德人，都事。

《甘肃新通志》：隆德人，都事。

《甘肃通志稿》：隆德人。

三甲第六十八名　陈祥　（《明清进士题名碑录索引》）

陈祥，字吉夫，陕西甘州中护卫军籍，福建建安人。历任山西按察司佥事，官至四川按察使。著有《考庵集》。

天一阁藏《成化十一年进士登科录》：贯福建建安县人，甘州中护卫军籍。国子生，治《易经》。字吉夫，行二，年三十三，十月二十二日生。陕西乡试第一名，会试二百九十九名。

《皇明进士登科考》卷八：甘州中护卫籍，福建建安县人。

《甘肃通志》：兰州人，按察使。

《甘肃新通志》：兰州人，按察使。

《甘肃通志稿》：甘州人。

成化十四年（1478）戊戌科

二甲第一百零三名　宋琮　（《明清进士题名碑录索引》）

宋琮，字廷用，陕西陇西人。任吏部给事中，官至太仆少卿。著有《正心诚意说》、《存养保治疏》。

天一阁藏《成化十四年进士登科录》：贯陕西巩昌府陇西县民籍。国子生。陕西乡试□□□□，会试第九十七名。

《皇明进士登科考》卷八：陕西陇西县人。

康熙二十七年《巩昌府志》卷二五：字廷用。

《甘肃通志》作成化二十三年丁未科，误。陕西陇西人，太仆寺卿。

《甘肃新通志》作成化二十三年丁未科，误。陕西陇西人，太仆寺卿。

《甘肃通志稿》作成化二十三年丁未科，误。陕西陇西人。

三甲第五十四名　张伦　（《明清进士题名碑录索引》）

张伦，陕西平凉卫军籍，河南郾城人，授南京户部主事，升户部郎中。

天一阁藏《成化十四年进士登科录》：贯陕西平凉卫军籍，河南□城县人。国子生，治《书经》。字天叙，行二，年三十八，七月十三日生。陕西乡试第三十四名，会试第四十二名。

《皇明进士登科考》卷八：陕西平凉卫籍，河南郾城县人。

《甘肃通志》：张伦，平凉人，郎中。
《甘肃新通志》：张纶，平凉人，郎中。
《甘肃通志稿》：张纶，平凉人。

三甲第一百六十三名　王存礼　（《明清进士题名碑录索引》）

　　王存礼，通渭县军籍。授评事转左副史，后升副使。著有《草堂吟》。
　　天一阁藏《成化十四年进士登科录》：贯陕西巩昌（府）通渭县军籍。国子生，治《书经》。字宗器，行一，年三十四，五月十三日生。陕西乡试第十二名，会试第八十二名。
　　《皇明进士登科考》卷八：陕西秦州卫人。
　　康熙二十七年《巩昌府志》卷二五：字宗器。
　　《甘肃通志》：秦州人，副使。
　　《甘肃新通志》：秦州人，副使。
　　《甘肃通志稿》：秦州人。

成化十七年（1481）辛丑科

二甲第五十六名　王瓒　（《明清进士题名碑录索引》）

　　王瓒，字宗器，号中林，陕西通渭人。先后任工部主事、员外郎、郎中、怀庆知府、开封知府。著有《中林集》。
　　天一阁藏《成化十七年进士登科录》：贯陕西巩昌府通渭县军籍。国子生，治《书经》。字宗器，行一，年三十四，五月十三日生。陕西乡试第十二名，会试第八十二名。
　　《皇明进士登科考》卷八：陕西通渭县人。
　　康熙二十七年《巩昌府志》卷二五：字宗器。
　　《甘肃通志》：通渭人，知府。
　　《甘肃新通志》：通渭人，知府。
　　《甘肃通志稿》：通渭人。

二甲第八十六名　马体元　（《明清进士题名碑录索引》）

　　马体元，陕西秦州人。官至南京刑部主事。
　　天一阁藏《成化十七年进士登科录》：贯陕西巩昌府秦州□□□籍。国子生，治《春秋》。字以乾，行一，年二十八，十月十二日生。陕西乡试第六十五名，会试第一百九十四名。

《成化十七年会试录》：一百九十四名。陕西秦州人。监生，治《春秋》。

《皇明进士登科考》卷八：陕西秦州人。

康熙二十七年《巩昌府志》卷二五见载。

《甘肃通志》：秦州人，主事。

《甘肃新通志》：秦州人，主事。

《甘肃通志稿》：秦州人。

二甲第八十七名　韩鼎　（《明清进士题名碑录索引》）

韩鼎，字廷器，号斗庵，陕西合水人。任礼部给事中，后迁右给事中、江西按察司副使，后擢升兵部右侍郎。著有《斗庵集》。

天一阁藏《成化十七年进士登科录》：贯陕西庆阳府合水县军籍。国子生，治《诗经》。字廷器，行一，年四十五，十月十三日生。陕西乡试第三十二名，会试第一百四十三名。

天一阁藏《成化十七年会试录》：一百四十三名。陕西合水县人。监生，治《诗》。

《皇明进士登科考》卷八：陕西合水人。

《甘肃通志》：合水人，侍郎。

《甘肃新通志》：合水人，侍郎。

《甘肃通志稿》：合水人。

三甲第二十五名　郭文　（《明清进士题名碑录索引》）

郭文，陕西秦州卫军籍，陕西麟游县人。

天一阁藏《成化十七年进士登科录》：贯陕西秦州卫军籍，凤翔府□□县人。秦州学生，治《春秋》。字尚质，行一，年三十，七月十六日生。陕西乡试第五十八名，会试第二百五十三名。

天一阁藏《成化十七年会试录》：二百五十二名。陕西秦州学生，治《春秋》。

《皇明进士登科考》卷八：陕西秦州卫籍，陕西凤翔府县人。

康熙二十七年《巩昌府志》卷二五见载。

《甘肃通志》：秦州人，知州。

《甘肃新通志》：秦州人。

《甘肃通志稿》：秦州人。

三甲第二十九名　李玑　（《明清进士题名碑录索引》）

李玑，陕西西宁人。

天一阁藏《成化十七年进士登科录》：贯右军都督府官籍，陕西西宁卫人。儒士，治《易经》。字德贞，行二，年三十一，十月二十八日生。顺天府乡试第一百三十名，会试第二百六十名。

《皇明进士登科考》卷八：李琬，右军都督府籍，陕西西宁卫人。

《甘肃通志》作成化二十年，误。西宁人，员外。

《甘肃新通志》作成化二十年，误。西宁人，员外郎。

《甘肃通志稿》作成化二十年甲辰，误。西宁人。

三甲第九十一名 张安 （《明清进士题名碑录索引》）

张安，陕西环县人。授山西临晋知县。

天一阁藏《成化十七年进士登科录》：贯陕西庆阳府环县军籍。国子生，治《书经》。字文靖，行四，年四十九，正月十一日生。陕西乡试第五十五名，会试第一百九十六名。

天一阁藏《成化十七年会试录》：一百九十六名。陕西环县人。监生，治《书》。

《皇明进士登科考》卷八：陕西环县人。

《甘肃通志》：环县人，知县。

《甘肃新通志》：环县人，知县。

《甘肃通志稿》：环县人。

成化二十年（1484）甲辰科

二甲第四十四名 何宗贤 （《明清进士题名碑录索引》）

何宗贤，陕西泾州人。

天一阁藏《成化二十年会试录》：五十二名。陕西泾州人。监生，治《诗》。

《皇明进士登科考》卷八：陕西泾州人。

《甘肃通志》、《甘肃新通志》、《甘肃通志稿》作成化十七年，误。陕西泾州人，佥事。

三甲第二十名 王璠 （《明清进士题名碑录索引》）

王璠，字廷瑞，号珍卿，陕西宁远县军籍。岷州卫吏，授户部主事，后升山西参议，官至扬州知府、安庆道副使。

天一阁藏《成化二十年会试录》：一百九十六名。陕西岷州卫吏。治《易》。

《皇明进士登科考》卷八：陕西宁远县军籍人，岷州卫吏。

康熙二十七年《巩昌府志》卷二五：字廷瑞。

《甘肃通志》：宁远人，参政。

《甘肃新通志》：宁远人，参政。

《甘肃通志稿》：宁远人。

三甲第四十六名　杨纶　（《明清进士题名碑录索引》）

杨纶，字大径，号坚庵，陕西安化人。授肃宁知县，擢监察御史，历升山西按察使、佥都御史、副都御史。

天一阁藏《成化二十年会试录》：一百九十九名。陕西安化县人。监生，治《书》。

《皇明进士登科考》卷八：陕西安化县人。

乾隆二十七年《庆阳府志》卷二三：安化人。

《甘肃通志》：安化人，御史。

《甘肃新通志》：安化人，御史。

《甘肃通志稿》：安化人。

三甲第一百一十二名　林廷玉　（《明清进士题名碑录索引》）

林廷玉，字粹夫，陕西平凉籍，福建候官人。授官吏科给事中，后升茶陵知州，历官右通佥都御史、保定巡抚。

天一阁藏《成化二十年会试录》：二百三十九名。陕西平凉府学生，治《礼记》。

《皇明进士登科考》卷八：陕西平凉县籍，福建候官县人。

《甘肃通志》：平凉人，巡抚。

《甘肃新通志》：平凉人，巡抚。

《甘肃通志稿》：平凉人。

三甲第二百一名　王铨　（《明清进士题名碑录索引》）

王铨，陕西隆德人。

天一阁藏《成化二十年会试录》：二百一名。陕西隆德县人。监生，治《诗》。

《皇明进士登科考》卷八：陕西隆德县人。

《甘肃通志》：隆德人，员外。

《甘肃新通志》：隆德人，员外郎。

《甘肃通志稿》：隆德人。

成化二十三年(1487)丁未科

**二甲第八十二名　胡汝砺　**（《明清进士题名碑录索引》）

　　胡汝砺,陕西宁夏卫籍,应天府溧阳县人。官至兵部尚书。著有《宁夏新志》。

　　天一阁藏《成化二十三年进士登科录》：贯应天府溧阳县人,陕西宁夏卫军籍。卫学军生,治《书经》。字良弼,行一,年二十,十二月初九日生。陕西乡试第二十六名,会试第一百九十九名。

　　天一阁藏《成化二十三年会试录》：一百九十九名。陕西宁夏卫学军生,治《书》。

　　《皇明进士登科考》卷八：陕西宁夏卫籍,应天府溧阳人。

　　《甘肃通志》：宁夏人,尚书。

　　《甘肃新通志》：宁夏人,尚书。

　　《甘肃通志稿》：宁夏人。

**三甲第四十一名　黄世经　**（《明清进士题名碑录索引》）

　　黄世经,字时济,陕西秦州卫人。授修武知县,后擢升监察御史、云南副使。

　　天一阁藏《成化二十三年进士登科录》：贯陕西秦州卫军籍。国子生,治《易经》。字时济,行一,年三十二,四月初五日生。陕西乡试第二十一名,会试第二百五十名。

　　天一阁藏《成化二十三年会试录》：二百五十名。陕西秦州人。监生,治《易》。

　　《皇明进士登科考》卷八：陕西秦州卫人。

　　康熙二十七年《巩昌府志》卷二五：字时济。

　　《甘肃通志》：秦州人,副使。

　　《甘肃新通志》：秦州人,副使。

　　《甘肃通志稿》：秦州人。

**三甲第七十四名　王铎　**（《明清进士题名碑录索引》）

　　王铎,字大振,陕西岷州卫籍,陕西保定县人。历官云南水平知县、四川眉州知州、马湖知府,官至四川布政使。

　　天一阁藏《成化二十三年会试录》：一百七十九名。陕西岷州卫籍。监生,治《书》。

《皇明进士登科考》卷八：陕西保定县人。

康熙二十七年《巩昌府志》卷二五见载。

《甘肃通志》：岷州人，参政。

《甘肃新通志》：泯州人，参政。

《甘肃通志稿》：泯州人。

三甲第一百零四名　陈震　（《明清进士题名碑录索引》）

陈震，字文静，陕西都司庆阳卫官籍。任监察御史，擢升兵部侍郎。

天一阁藏《成化二十三年进士登科录》：贯陕西都司庆阳卫官籍。国子生，治《易经》。字文静，行一，年四十一，十月十二日生。陕西乡试第十三名，会试第二百七十九名。

天一阁藏《成化二十三年会试录》：二百七十九名。陕西庆阳卫籍。监生，治《易》。

《皇明进士登科考》卷八：陕西庆阳卫人。

《甘肃通志》：庆阳人，侍郎。

《甘肃新通志》：庆阳人，侍郎。

《甘肃通志稿》：庆阳人。

三甲第一百二十九名　夏景和　（《明清进士题名碑录索引》）

夏景和，字时雍，陕西秦州卫军籍，湖广长沙县人。授行人，擢拔为监察御史，升山西按察司副使，升都察院右副都御史。

天一阁藏《成化二十三年进士登科录》：贯湖广长沙府长沙县人，陕西秦州卫军籍。国子生，治《春秋》。字时雍，行一，年三十四，四月二十日生。陕西乡试第五十三名，会试第十六名。

天一阁藏《成化二十三年会试录》：十六名。陕西秦州人。监生，治《春秋》。

《皇明进士登科考》卷八：陕西秦州卫籍，湖广长沙县人。

康熙二十七年《巩昌府志》卷二五见载。

《甘肃通志》：秦州人，御史。

《甘肃新通志》：秦州人，御史。

《甘肃通志稿》：秦州人。

弘治三年（1490）庚戌科

二甲第三十九名　何宗理　（《明清进士题名碑录索引》）

何宗理，陕西泾州人。任山东布政司参议、山西按察使副使。

天一阁藏《弘治三年进士登科录》：贯陕西平凉府泾州民籍。州学增广生，治《诗经》。字邦治，行一，年三十一，十月二十日生。陕西乡试第六名，会试第二百三十二名。

《皇明进士登科考》卷九：陕西泾州人。

《甘肃通志》：泾州人，副使。

《甘肃新通志》：泾州人，副使。

《甘肃通志稿》：泾州人。

二甲第四十六名　彭泽　（《明清进士题名碑录索引》）

彭泽，字济物，号华庵，陕西兰州卫官籍，湖广长沙县人。授工部主事，不久改刑部郎中，后迁浙江副使，升右副都御史，再迁左都御史，官至兵部尚书。著有《幸庵行稿》十二卷、《读易纷纷稿》、《读史目录》、《怀古集》、《幸庵诗文稿》等。

天一阁藏《弘治三年进士登科录》：字济物，行一，年三十二，七月二十八日生。贯陕西兰州卫官籍，湖广长沙县人。国子生，治《易经》。陕西乡试第九名，会试第十名。

《皇明进士登科考》卷九：陕西兰州卫籍，湖广长沙县人。

《甘肃通志》：兰州人，尚书。

《甘肃新通志》：兰州人，尚书。

《甘肃通志稿》：兰州人。

二甲第六十八名　张綵　（《明清进士题名碑录索引》）

张綵，字尚质，号西麓，陕西安定人。初授吏部主事，擢升文选司郎中，后连升佥都御史、吏部侍郎、吏部尚书。

天一阁藏《弘治三年进士登科录》：贯陕西巩昌府安定县军籍。治《书经》。字尚质，行一，年二十七，二月十八日生。陕西乡试第四十五名，会试第五十九名。

《皇明进士登科考》卷九：陕西安定县人。

康熙二十七年《巩昌府志》卷二五作张采。

《甘肃通志》：安定人，尚书。

《甘肃新通志》：安定人，尚书。

《甘肃通志稿》：安定人。

三甲第十七名　尹璟　（《明清进士题名碑录索引》）

尹璟,陕西秦州卫籍,陕西周至人。授太平知县,历任河间府同知、平定知州。

天一阁藏《弘治三年进士登科录》:贯陕西秦州卫籍,□□□县人。国子生,治《诗经》。字廷玺,行三,年四十,五月二十三日生。陕西乡试第十六名,会试第二百七十一名。

《皇明进士登科考》卷九:陕西周至县人。

康熙二十七年《巩昌府志》卷二五:字廷玺,作尹璟。

《甘肃通志》:秦州人,河间府同知。

《甘肃新通志》:秦州人,河间府同知。

《甘肃通志稿》:秦州人。

三甲第五十七名　刘峣　（《明清进士题名碑录索引》）

刘峣,字象谦,陕西安定人。初授满城知县,后擢升为都察院监察御史,又按察淮阳盐务。卒于官。

天一阁藏《弘治三年进士登科录》:贯陕西巩昌府安定县军籍。国子生,治《书经》。字象谦,行一,年三十一,八月初七日生。陕西乡试第三十一名,会试第一百二十七名。

《皇明进士登科考》卷九:陕西安定县人。

康熙二十七年《巩昌府志》卷二五见载。

《甘肃通志》:安定人,御史。

《甘肃新通志》不见载。

《甘肃通志稿》:安定人。

三甲第九十六名　赵士元　（《明清进士题名碑录索引》）

赵士元,陕西河州卫人。

天一阁藏《弘治三年进士登科录》:贯陕西河州卫军籍。县学生,治《春秋》。字君聘,行一,年三十,七月十六日生。陕西乡试第十名,会试第六十三名。

《皇明进士登科考》卷九:陕西河州卫人。

《甘肃通志》:河州人,知州。

《甘肃新通志》:河州人,知州。

《甘肃通志稿》:河州人。

三甲第二百四名　贾瑾　(《明清进士题名碑录索引》)

贾瑾,陕西宁州人。授刑部主事,升刑部员外郎,历平阳知府,擢四川按察副使。

天一阁藏《弘治三年进士登科录》:贯陕西庆阳府宁州民籍。州学生,治《书经》。字伯玉,行五,年三十二,九月二十八日生。陕西乡试第三名,会试第二百二十九名。

《皇明进士登科考》卷九:陕西宁州人。

《甘肃通志》:宁州人,按察使。

《甘肃新通志》:宁州人,按察使。

《甘肃通志稿》:宁州人。

弘治六年(1493)癸丑科

二甲第十七名　李梦阳　(《明清进士题名碑录索引》)

李梦阳,字天赐,号空同子,陕西庆阳卫籍,河南扶沟县人。先后担任过户部主事、员外郎、郎中、江西按察使等职。其主要著作有《石将军战场歌》、《玄明宫行》、《画鱼歌》、《东园翁歌》等。

天一阁藏《弘治六年进士登科录》:贯陕西庆阳卫籍,河南扶沟县人。府学增广生,治《诗经》。字天赐,行三,年二十二,十二月初七日生。陕西乡试第一名,会试第二百七十四名。

《皇明进士登科考》卷九:陕西庆阳卫籍,河南扶沟县人。

《甘肃通志》:庆阳人,提学副使。

《甘肃新通志》:庆阳人,提学副使。

《甘肃通志稿》:庆阳人。

三甲第三名　曹廉　(《明清进士题名碑录索引》)

曹廉,字惟清,陕西安定人。授大理寺评事,转寺副寺正,擢升黄州知府,官至湖广按察副使。

天一阁藏《弘治六年进士登科录》:贯陕西巩昌府安定县匠籍。县学生,治《书经》。字惟清,行三,年三十八,十二月二十九日生。陕西乡试第三十六名,会试第一百九十五名。

《皇明进士登科考》卷九:陕西安定县人。

康熙二十七年《巩昌府志》卷二五见载。

《甘肃通志》：安定人，副使。
《甘肃新通志》：安定人，副使。
《甘肃通志稿》：安定人。

三甲第三十九名　李鏊　（《明清进士题名碑录索引》）

李鏊，陕西通渭人。授行人。

天一阁藏《弘治六年进士登科录》：贯陕西巩昌府通渭县民籍。国子生，治《书经》。字时济，行一，年三十一，四月初九日生。陕西乡试第二十九名，会试第一百六十一名。

《皇明进士登科考》卷九：陕西通渭县人。

康熙二十七年《巩昌府志》卷二五见载。

《甘肃通志》：通渭人，行人。
《甘肃新通志》：通渭人，行人。
《甘肃通志稿》：通渭人。

三甲第四十九名　范镛　（《明清进士题名碑录索引》）

范镛，字鸣远，陕西巩昌卫籍，直隶华亭人。任湖广道代理监察御史，后实授御史，后任浙江按察司佥事，升四川按察副使、建昌备兵、南京都御使、云南巡抚。

天一阁藏《弘治六年进士登科录》：贯陕西巩昌卫籍，直隶华亭县人。新乡县学教谕，治《礼记》。字鸣远，行一，年三十五，十月初五日生。陕西乡试第五名，会试第十三名。

《皇明进士登科考》卷九：陕西巩昌卫人直隶华亭人。教谕。

康熙二十七年《巩昌府志》卷二五见载。

《甘肃通志》：巩昌人，御史。
《甘肃新通志》：巩昌人，云南巡抚。
《甘肃通志稿》：陇西人。

三甲第一百一十名　吕洁　（《明清进士题名碑录索引》）

吕洁，陕西泾州人。官至提学副使。

天一阁藏《弘治六年进士登科录》：贯陕西平凉府泾州军籍。国子生，治《礼记》。字汝清，行一，年二十八，九月初五日生。陕西乡试第十名，会试第九十五名。

《皇明进士登科考》卷九：陕西泾州人。

31

《甘肃通志》：泾州,提学副使。
《甘肃新通志》：泾州,提学副使。
《甘肃通志稿》：泾州。

弘治九年(1496)丙辰科

二甲第十二名　张潜　(《明清进士题名碑录索引》)

张潜,字用昭,陕西岷州卫籍,河南太康县人。历任礼部精膳司郎中、直隶广平府知府,擢升山东左参政。

台湾藏《弘治九年进士登科录》(一卷)：贯陕西岷州卫籍,河南太康县人。国子生,治《书》。字用昭,行一,年二十五,正月十四日生。陕西乡试第五十名,会试第十二名。

《皇明进士登科考》卷九：陕西岷州卫籍,河南太康县人。

康熙二十七年《巩昌府志》卷二五：字用昭。

《甘肃通志》：岷州人,参政。

《甘肃新通志》：秦安人,参政。

《甘肃通志稿》：岷州人。

二甲第八十名　罗璋　(《明清进士题名碑录索引》)

罗璋,山东历城人,任御史,官至知府。

台湾藏《弘治九年进士登科录》(一卷)：贯山东济南府历城县民籍。国子生,治《易经》。字瑞卿,行一,年三十三,十月二十八日生。山东乡试第三十六名,会试第一百零四名。

《皇明进士登科考》卷九：山东历城县人。

《甘肃通志》作弘治三年庚戌进士,误。兰州人,知府。

《甘肃新通志》作弘治三年庚戌进士,误。兰州人,知府。

《甘肃通志稿》作弘治三年庚戌进士,误。兰州人。

三甲第一百九十三名　王纶　(《明清进士题名碑录索引》)

王纶,陕西庆阳卫军籍,陕西咸宁人。授兵部主事,后出为四川佥事,后升饶州兵备副使,后擢升本省参政。

台湾藏《弘治九年进士登科录》(一卷)：贯陕西庆阳卫军籍,西安府咸宁县人。国子生,治《春秋》。字演之,行二,年三十二,十月二十三日生。陕西乡试第六十一名,会试四十八名。

《皇明进士登科考》卷九：陕西庆阳卫籍，陕西咸宁县人。

《甘肃通志》：庆阳人，参政。

《甘肃新通志》：庆阳人，参政。

《甘肃通志稿》：庆阳人。

弘治十二年(1499)己未科

三甲第八十一名　高良弼　(《明清进士题名碑录索引》)

高良弼，陕西临洮卫军籍，西安府三原县人。官至湖广道监察御史。卒于官。著有《西岩稿》、《西岩奏议》。

天一阁藏《弘治十二年会试录》：七十七名，陕西临洮府学生，治《春秋》。

上海图书馆(以下简称上图)藏《弘治十二年进士登科录》：贯陕西临洮卫军籍，西安府三原县人。府学生，治《春秋》。字梦说，行二，年二十九十二月十三日生。陕西乡试第五十五名，会试第七十七名。

《皇明进士登科考》卷九：陕西临洮卫籍，三原县人。

《甘肃通志》：临洮人，御史。

《甘肃新通志》：临洮人，御史。

《甘肃通志稿》：临洮人。

三甲第一百六十六名　赵斌　(《明清进士题名碑录索引》)

赵斌，字时宪，陕西平凉卫籍，直隶凤阳县人。授行人，擢升监察御史，升应天府丞。留有《月饮》、《采药》等诗。

天一阁藏《弘治十二年会试录》：一百七十五名，陕西平凉府学生，治《易》。

上图藏《弘治十二年进士登科录》：贯陕西平凉卫官籍，直隶凤阳县人。府学生，治《易经》。字时宪，行一，年三十八，五月二十八日生。陕西乡试第十九名，会试第一百七十五名。

《皇明进士登科考》卷九：陕西平凉卫籍，直隶凤阳县人。

《甘肃通志》：平凉人，应天府丞。

《甘肃新通志》：平凉人，应天府丞。

《甘肃通志稿》：平凉人。

三甲第一百六十九名　刘庆　(《明清进士题名碑录索引》)

刘庆，陕西宁夏前卫籍，山西芮城县人。

上图藏《弘治十二年进士登科录》：贯陕西宁夏前卫籍，山西芮城县人。卫学生,治《书经》。字天锡,行一,年三十四,三月十三日生。陕西乡试第十三名,会试第二百六十二名。

天一阁藏《弘治十二年会试录》:二百六十二名。陕西宁夏卫学军生,治《书》。

《皇明进士登科考》卷九:陕西宁夏卫籍,山西芮城县人。

《甘肃通志》:宁夏人,御史。

《甘肃新通志》:宁夏人,御史。

《甘肃通志稿》:宁夏人。

三甲第一百七十八名　马昊　(《明清进士题名碑录索引》)

马昊,陕西宁夏左屯卫籍,直隶江都人。

上图藏《弘治十二年进士登科录》:贯陕西宁夏左屯卫籍,直隶江都县人。国子生,治《春秋》。字宗大,行三,年三十五,十一月初二生。陕西乡试第六十一名,会试第二百十八名。

天一阁藏《弘治十二年会试录》:二百十八名。陕西宁夏左屯卫人。监生,治《春秋》。

《皇明进士登科考》卷九:陕西宁夏卫籍,直隶江都县人。

《甘肃通志》:宁夏人,御史。

《甘肃新通志》:宁夏人,御史。

《甘肃通志稿》:宁夏人。

三甲第一百九十三名　张维新　(《明清进士题名碑录索引》)

张维新,腾骧右卫军籍,陕西华亭县人。官至给事中。

上图藏《弘治十二年进士登科录》:贯腾骧右卫军籍,陕西华亭县人。顺天府学生,治《诗经》。字崇德,行一,年三十八,十一月十三日生。顺天乡试六十二名,会试九十一名。

《皇明进士登科考》卷九:腾骧右卫籍,陕西华阴县人。

《甘肃通志》:华亭人,给事中。

《甘肃新通志》:华亭人,给事中。

《甘肃通志稿》:华亭人,给事中。

弘治十五年(1502)壬戌科

三甲第一百二十三名　李伸　(《明清进士题名碑录索引》)

李伸,陕西西安后卫军籍,陕西平凉县人。

天一阁藏《弘治十五年进士登科录》:贯陕西西安后卫军籍,平凉县人。三原县学增广生,治《诗经》。学道甫,行八,年三十一,七月十五日生。陕西乡试第二十六名,会试第九十一名。

台湾藏《弘治十五年会试录》(一卷):贯陕西三原。县学增广生,治《诗经》。

《皇明进士登科考》卷九:陕西平凉县人。

《甘肃通志》:李伸,平凉人。

《甘肃新通志》:李绅,平凉人。

《甘肃通志稿》:李绅,平凉人。

三甲第一百四十一名　张嘉谟　(《明清进士题名碑录索引》)

张嘉谟,陕西宁夏卫军籍,直隶涞水县人。官至户部郎中。

天一阁藏《弘治十五年进士登科录》:贯陕西宁夏卫军籍,直隶□水县人。卫学生,治《书经》。字舜卿,行一,年三十,八月二十六日生。陕西乡试第七名,会试第十一名。

台湾藏《弘治十五年会试录》(一卷):贯陕西宁夏卫人。军生,治《书》。

《皇明进士登科考》卷九:陕西宁夏卫籍,直隶涞水县人。

《甘肃通志》:宁夏人,御史。

《甘肃新通志》:宁夏人,御史。

《甘肃通志稿》作张家谟,宁夏人。

弘治十八年(1505)乙丑科

二甲第六十五名　冯友端　(《明清进士题名碑录索引》)

冯友端,陕西宁州民籍,陕西泾阳县人。授工部主事。

天一阁藏《弘治十八年进士登科录》:□□□□□□。陕西乡试第五十五名,会试第一百四十九名。

天一阁藏《弘治十八年会试录》:二百四十九名,陕西宁州人。监生,治《书》。

台湾藏《弘治十八年进士登科录》:贯陕西西安府泾阳民籍。

《皇明进士登科考》卷九:陕西宁州民籍,陕西泾阳县人。

《甘肃通志》:宁州人,主事。

《甘肃新通志》:宁州人,主事。

《甘肃通志稿》：宁州人。

三甲第一名　段炅　（《明清进士题名碑录索引》）

段炅，字河滨，陕西临洮府军籍，山西阳曲县人。授翰林院检讨。著有《河滨集》。系景泰五年进士段坚次子。

天一阁藏《弘治十八年进士登科录》：□□□□□□□□。

天一阁藏《弘治十八年会试录》：十七名，陕西兰州人。监生，治《易》。

台湾藏《弘治十八年进士登科录》：贯陕西临洮府兰州军籍，山西阳曲县人。国子生。

《皇明进士登科考》卷九：陕西兰州军籍，山西阳曲县人。

《甘肃通志》：兰州人，检讨。

《甘肃新通志》：兰州人，检讨。

《甘肃通志稿》：兰州人。

三甲第一百四十二名　胡汝楫　（《明清进士题名碑录索引》）

胡汝楫，陕西宁夏左卫军籍，应天府溧阳县人。

天一阁藏《弘治十八年进士登科录》：贯陕西宁夏左卫军籍，应天府溧阳县人。国子生，治《易经》。字□□，行二，年三十八，正月二十二日生。陕西乡试第二十五名，会试第一百八十三名。

天一阁藏《弘治十八年会试录》：一百八十三名，陕西宁夏卫人。监生，治《易》。

台湾藏《弘治十八年进士登科录》：贯陕西宁夏左卫军籍，应天府溧阳人。国子生，治《易经》。字良济，行二，年三十八，正月二十二日生。陕西乡试第二十五名，会试第一百八十三名。

《皇明进士登科考》卷九：陕西宁夏卫籍，应天府溧阳县人。

《甘肃通志》：宁夏人，知县。

《甘肃新通志》：宁夏人，知县。

《甘肃通志稿》：宁夏人。

三甲第一百四十八名　苏民　（《明清进士题名碑录索引》）

苏民，字天秀，陕西仪卫司校籍，浙江遂昌县人。历光禄寺卿，升工部右侍郎，改南京兵部，寻补刑部侍郎。

天一阁藏《弘治十八年进士登科录》：贯陕西仪卫司校籍，浙江处州府遂昌县人。国子生，治《诗经》。字天秀，行一，年三十，三月十四日生。陕西乡试第三十七名,会试第一百七十名。

天一阁藏《弘治十八年会试录》:一百七十名,陕西仪卫司人。监生,治《诗》。

台湾藏《弘治十八年进士登科录》:贯陕西仪卫司校籍,浙江遂昌县人。国子生,治《诗经》。字天秀,行一,年三十,三月十四日生。陕西乡试第三十七名,会试第一百七十名。

《皇明进士登科考》卷九:陕西仪卫司籍,浙江遂昌县人。

《甘肃通志》不见载。

《甘肃新通志》作弘治九年丙辰科,秦州人,刑部侍郎,庆阳人。

《甘肃通志稿》作弘治九年丙辰科,秦州人。

正德三年(1508)戊辰科

三甲第一名　胡缵宗　(《明清进士题名碑录索引》)

胡缵宗,字孝恩,号可泉,一号鸟鼠山人,陕西秦安人。授翰林院检讨。著作有《鸟鼠山人集》十八卷、《拟汉乐府》二卷、《拟古乐府》二卷、《胡氏诗适》二卷等。

国家图书馆(以下简称国图)藏《正德三年进士登科录》(一卷):贯陕西巩昌府秦州秦安县民籍。国子生,治《春秋》。字孝恩,行十四,年二十九,十二月二十六日生。陕西乡试三十四名,会试七十七名。

《皇明进士登科考》卷一〇:陕西秦安县人。

康熙二十七年《巩昌府志》卷二五见载。

《甘肃通志》:秦安人,御史。

《甘肃新通志》:秦安人,检讨河南巡抚。

《甘肃通志稿》:胡瓒宗,巩昌人。

三甲第三名　韩守愚　(《明清进士题名碑录索引》)

韩守愚,字希哲,号东皋,陕西合水人。授翰林院庶吉士,散管兵部武库主事,调山东济宁通判,官至四川按察使佥事。

国图藏《正德三年进士登科录》(一卷):贯陕西庆阳府合水县军籍。国子生,治《诗经》。字希哲,行一,年四十四,九月二十五日生。陕西乡试第三十五名,会试三百二十四名。

《皇明进士登科考》卷一〇:陕西合水县人。

《甘肃通志稿》：合水人，佥事。
《甘肃新通志》：合水人，佥事。
《甘肃通志》：合水人。

三甲第九十六名　吕经　（《明清进士题名碑录索引》）

吕经，陕西宁州人。授礼科给事中，升都给事中，擢云南布政使，升都察院右副都御使。著有《使边录》、《群书考证》、《谏垣存稿》、《节孝堂集》、《懿迹图》、《治蒲说》、《两边图》。

国图藏《正德三年进士登科录》（一卷）：贯陕西庆阳府宁州民籍。国子生，治《书经》。字道夫，行三，年三十三，十二月初八日生。陕西乡试二十名，会试四十八名。

《皇明进士登科考》卷一〇：陕西宁州人。
《甘肃通志稿》：宁州人，给事中。
《甘肃新通志》：宁州人，给事中。
《甘肃通志》：宁州人。

三甲第二百一十五名　骆用卿　（《明清进士题名碑录索引》）

骆用卿，陕西宁夏前卫籍，浙江余姚县人。

国图藏《正德三年进士登科录》（一卷）：贯陕西宁夏前卫籍，浙江余姚县人。国子生，治《礼记》。字原忠，行七，年三十三，六月十三日生。陕西乡试第四名，会试第十二名。

《皇明进士登科考》卷一〇：陕西宁夏卫籍，浙江余姚县人。
《甘肃通志》、《甘肃新通志》：骆用卿，宁夏人，员外。
《甘肃通志稿》：骆永卿，宁夏人。

正德六年(1511)辛未科

二甲第三名　马应龙　（《明清进士题名碑录索引》）

马应龙，字公济，陕西河州人。历任员外郎、山东按察副使，官至四川按察使。有《重修庄毅公祠堂记》、《守备西宁地方都指挥金冕墓志》、《镇边楼》、《赠都督鲁之常》、《马岭关有感两当书馆》，颇似杜甫《石壕吏》遗音。

天一阁藏《正德六年登科录》：贯陕西临洮府河洲民籍。国子生，治《书经》。字公济，行五，年三十八，八月二十四日生。陕西乡试第二名，会试第四十七名。

天一阁藏《正德六年会试录》:四十七名,陕西河州人。监生,治《书》。

《皇明进士登科考》卷一〇:陕西河州人。

《甘肃通志》作兰州人,按察使。

《甘肃新通志》:河州人,按察使。

《甘肃通志稿》:河州人。

二甲第八十一名　姚爵　(《明清进士题名碑录索引》)

姚爵,字汝修,陕西静宁州人。初授刑部广东清吏司主事,转浙江司,进阶承德郎,旋升湖广司郎中知府。

天一阁藏《正德六年登科录》:贯陕西平凉府静宁州军籍。国子生,治《春秋》。字汝修,行一,年三十二,九月十五日生。陕西乡试□□□,会试□□□。

天一阁藏《正德六年会试录》:二十一名,陕西静宁州人。监生,治《春秋》。

《皇明进士登科考》卷一〇:陕西静宁州人。

《甘肃通志》:静宁人,知府。

《甘肃新通志》:静宁人,知府。

《甘肃通志稿》作姚天爵,静宁人。

三甲第一百三十一名　杨朝凤　(《明清进士题名碑录索引》)

杨朝凤,临洮府兰州军籍,陕西安化县人。授行人,擢留都监察御史,升山西屯田佥事,寻转山西参议。

天一阁藏《正德六年登科录》:贯陕西直隶□县人。国子生,治《易经》。字□友,行二,年二十八,十二月三十日生。陕西乡试第四十八名,会试第□□□。

天一阁藏《正德六年会试录》:九十三名,陕西庆阳府学生,治《书》。

《皇明进士登科考》卷一〇:陕西安化县人。

《甘肃通志》:庆阳人,参政。

《甘肃新通志》:庆阳人,参政。

《甘肃通志稿》:庆阳人。

三甲第八十九名　田荆　(《明清进士题名碑录索引》)

田荆,陕西兰州军籍,直隶蠡县人。历任兵部给事中。

天一阁藏《正德六年登科录》:贯陕西临洮府兰州军籍,直隶□县人。国子生,治《易经》。字□友,行二,年二十八,十二月三十日生。陕西乡试第四十八名,会试□□□。

　　天一阁藏《正德六年会试录》:一百二名,陕西兰州人。监生,治《易》。

　　《皇明进士登科考》卷一〇:陕西兰州籍,直隶蠡县人。

　　《甘肃通志》:兰州人,佥事。

　　《甘肃新通志》:兰州人,佥事。

　　《甘肃通志稿》:兰州人。

三甲第一百七十名　申理　(《明清进士题名碑录索引》)

　　申理,字伯温,号潜山,陕西镇原人。历任丹阳知县、兵部给事中。

　　天一阁藏《正德六年登科录》:贯陕西平凉府镇原县,民籍。国子生,治《易经》。字伯温,行一,年三十八,七月二十二日生。陕西乡试第四十五名,会试第三百七名。

　　天一阁藏《正德六年会试录》:申理,三百七名。陕西镇原县人。监生,治《易》。

　　《皇明进士登科考》卷一〇:陕西镇原县人。

　　《甘肃通志》作许理,镇原人,给事中。

　　《甘肃新通志》作许理,镇原人,给事中。

　　《甘肃通志稿》作许理,镇原人。

正德九年(1514)甲戌科

二甲第六十二名　侯一元　(《明清进士题名碑录索引》)

　　侯一元,字应乾,号之川,陕西秦安人。授工部都水主事,后任礼部主事、兵部员外郎、郎中。卒于官。著有《北堂文抄》四卷。

　　天一阁藏《正德九年会试录》:二十二名,陕西秦安县人。监生,治《礼记》。

　　《皇明进士登科考》卷一〇:陕西秦安县人。

　　《甘肃通志》:秦安人,郎中。

　　《甘肃新通志》:秦安人,郎中。

　　《甘肃通志稿》:秦安人。

二甲第一百零六名　王廷珷　(《明清进士题名碑录索引》)

　　王廷珷,字尔玉,陕西安定人。户部主事,升户部员外郎。

　　天一阁藏《正德九年会试录》:三百三十名。陕西安定县人。监生,治《诗》。

《皇明进士登科考》卷一○：陕西安定县人。

康熙二十七年《巩昌府志》卷二五：字尔玉，安定人。

《甘肃省安定县志》见载。

《陕西省安定县志》不见载。

《甘肃通志》：王廷瑶，安定人，郎中。

《甘肃新通志》：王廷瑶，安定人，郎中。

《甘肃通志稿》：王廷瑶，安定人。

三甲第四十五名　张鹏翰　（《明清进士题名碑录索引》）

张鹏翰，字运甫，号琴山，陕西庆阳卫籍，直隶沙河县人。擢监察御史，左迁解州判官，擢户部员外郎，出任河南佥事，官至山西参议。

天一阁藏《正德九年会试录》：二百七十八名。陕西庆阳卫人。监生，治《易》。

《皇明进士登科考》卷一○：陕西庆阳卫籍，直隶沙河县人。

《甘肃通志》：庆阳人，参议。

《甘肃新通志》：庆阳人，参议。

《甘肃通志稿》：庆阳人。

三甲第五十一名　韩奕　（《明清进士题名碑录索引》）

韩奕，字大之，号小山，陕西庆阳卫籍，直隶吴县人。授四川新都知县，擢监察御史，升四川佥事。

天一阁藏《正德九年会试录》：三十二名。陕西庆阳卫人。监生，治《诗》。

《皇明进士登科考》卷一○：陕西庆阳卫籍，直隶吴县人。

《甘肃通志》：庆阳人，佥事。

《甘肃新通志》：庆阳人，佥事。

《甘肃通志稿》：庆阳人。

三甲第八十九名　高杰　（《明清进士题名碑录索引》）

高杰，陕西平凉卫人。

天一阁藏《正德九年会试录》：二百六十一名，陕西平凉卫人。监生，治《易》。

《皇明进士登科考》卷一○：陕西平凉卫人。

《甘肃通志》：平凉人，佥事。
《甘肃新通志》：平凉人，佥事。
《甘肃通志稿》：平凉人。

三甲第一百四十四名　张幾　（《明清进士题名碑录索引》）

张幾，字知几，陕西周至人。授广平知县，官至山东按察使佥事。

天一阁藏《正德九年会试录》：三百五十一名。陕西平凉府学增广生，治《易》。

《皇明进士登科考》卷一〇：陕西镇原县人。

《甘肃通志》：平凉人，佥事。

《甘肃新通志》：平凉人，佥事。

《甘肃通志稿》：平凉人。

三甲第二百二十一名　殷承叙　（《明清进士题名碑录索引》）

殷承叙，陕西兰州卫籍，湖广江夏人。

天一阁藏《正德九年会试录》：二百八十四名。陕西兰州学生，治《书》。

《皇明进士登科考》卷一〇：陕西兰州卫籍，湖广江夏人。

《甘肃通志》：兰州人，主事。

《甘肃新通志》：兰州人，主事。

《甘肃通志稿》：兰州人。

正德十二年(1517)丁丑科

二甲第七十三名　刘世纶　（《明清进士题名碑录索引》）

刘世纶，陕西岷州卫军籍，山西怀仁县人。

天一阁藏《正德十二年进士登科录》：贯陕西岷州卫军籍，山西怀仁县人。国子生，治《书经》。字伯序，行二，年三十二，正月初八日生。陕西乡试第七名，会试第二百二十九名。

天一阁藏《正德十二年会试录》：二百二十九名。陕西岷州卫人。监生，治《书》。

《皇明进士登科考》卷一〇：陕西岷州卫籍，山西怀仁县人。

康熙二十七年《巩昌府志》卷二五见载。

《甘肃通志》：岷州人，主事。

《甘肃新通志》：岷州人，主事。

《甘肃通志稿》：岷州人。

三甲第三十五名　王官　(《明清进士题名碑录索引》)

王官，陕西宁夏左屯卫人。

天一阁藏《正德十二年进士登科录》：贯陕西宁夏左屯卫军籍。国子生，治《书经》。字惟人，行一，年二十六，三月初七日生。陕西乡试第三十二名，会试第一百三十七名。

天一阁藏《正德十二年会试录》：一百三十七名。陕西宁夏左屯卫人。监生，治《书》。

《皇明进士登科考》卷一〇：陕西宁夏县人。

《甘肃通志》：宁夏人，御史。

《甘肃新通志》：宁夏人，御史。

《甘肃通志稿》：宁夏人。

三甲第六十一名　桑仟　(《明清进士题名碑录索引》)

桑仟，陕西安东中护卫籍，浙江丽水县人。

天一阁藏《正德十二年进士登科录》：贯陕西安东中护卫籍，浙江丽水县人。国子生，治《诗经》。字宗之，行五，年四十，三月二十五日生。陕西乡试第五十三名，会试第二百五十一名。

《皇明进士登科考》卷一〇：陕西安东卫籍，浙江丽水人。

《甘肃通志》：平凉人，庆府长史。

《甘肃新通志》：平凉人，庆府长史。

《甘肃通志稿》：平凉人。

三甲第七十七名　刘漳　(《明清进士题名碑录索引》)

刘漳，陕西兰州卫籍，湖广黄冈县人。授户部主事，升河南开封知府，擢升四川按察使、山东左布政使、副都御使。

天一阁藏《正德十二年进士登科录》：贯陕西临洮府匠籍，湖广黄冈县人。州学生，治《书经》。字允济，行一，年二十七，十二月初一日生。陕西乡试第五十九名，会试第六十七名。

天一阁藏《正德十二年会试录》：六十七名。陕西兰州学生，治《书》。

《皇明进士登科考》卷一〇：陕西兰州籍，湖广黄冈县人。

《甘肃通志》：兰州人，御史。

《甘肃新通志》：兰州人，御史。

《甘肃通志稿》：兰州人。

三甲第一百一十四名　曹嘉　（《明清进士题名碑录索引》）

曹嘉，河南扶沟民籍，陕西宁州人。

天一阁藏《正德十二年进士登科录》：贯河南开封府扶沟县民籍，陕西宁州人。国子生，治《易经》。字仲礼，行二，年二十五，三月二十日生。河南乡试第四十五名，会试第一百二十六名。

《皇明进士登科考》卷一〇：河南扶沟县籍，陕西宁州人。

《甘肃通志》、《甘肃新通志》、《甘肃通志稿》、《会试录》均不见载。

三甲第一百六十七名　畅华　（《明清进士题名碑录索引》）

畅华，字子实，号中渭，陕西陇西人。任常州、无锡知县，后调刑部主事，升山西按察司佥事。

天一阁藏《正德十二年进士登科录》作崵华，贯陕西巩昌府陇西县民籍。国子生，治《书经》。字子实，行二，年四十二，六月初六日生。陕西乡试第四十七名，会试第三百二十八名。

天一阁藏《正德十二年会试录》作崵华，三百二十八名，陕西陇西县人。监生，治《书》。

《皇明进士登科考》卷一〇：杨华，陕西陇西县人。

康熙二十七年《巩昌府志》卷二五：字子时。

《甘肃通志》作畅华，陇西人，佥事。

《甘肃新通志》：崵华，陇西人，佥事。

《甘肃通志稿》作畅华，陇西人。

三甲第一百九十一名　陈大纲　（《明清进士题名碑录索引》）

陈大纲，字廷宪，号强恕，陕西庆阳府官籍，直隶武进县人。擢山西佥事、副使。

天一阁藏《正德十二年进士登科录》：贯陕西庆阳卫官籍，直隶武进县人。国子生，治《春秋》。字廷宪，行一，年三十九，八月初九日生。陕西乡试第十一名，会试第三百八十一名。

天一阁藏《正德九年会试录》：三百八名。陕西庆阳卫人。监生，治《春秋》。

《皇明进士登科考》卷一〇：陕西庆阳府籍，直隶武进县人。

《甘肃通志》：庆阳人，副使。

《甘肃新通志》：庆阳人,副使。

《甘肃通志稿》：庆阳人。

正德十六年(1521)辛巳科

二甲第九十八名　於敖　（《明清进士题名碑录索引》）

於敖,字伯度,号迭川,陕西岷州卫籍,直隶亳州人。授户部浙江主事,升员外郎,后升山西大同府知府、直隶霸州副使。

台湾藏《正德十六年登科录》(一卷)：贯陕西岷州卫军籍,直隶亳州人。国子生,治《书经》。字伯度,行一,年三十三,十二月二十三日生。陕西乡试第二十三名,会试二百六十六名。

《皇明进士登科考》卷一〇：陕西岷州卫籍,直隶亳州人。

康熙二十七年《巩昌府志》卷二五见载。

《甘肃通志》：岷州人,御史。

《甘肃新通志》：岷州人,御史。

《甘肃通志稿》：岷州人。

三甲第五十八名　王朝用　（《明清进士题名碑录索引》）

王朝用,字行甫,陕西陇西县人。授怀宁知县,升监察御史、巡按御史,后谪和州通判。

台湾藏《正德十六年登科录》(一卷)：贯陕西巩昌府陇西县民籍。国子生,治《春秋》。字行甫,行一,年三十一,十一月五日生。陕西乡试第十一名,会试一百一十七名。

《皇明进士登科考》卷一〇：陕西陇西县人。

康熙二十七年《巩昌府志》卷二五：字行甫。

《甘肃通志》：陇西人,巡按御史。

《甘肃新通志》：陇西人,巡按御史。

《甘肃通志稿》：陇西人。

三甲第一百一十一名　王继礼　（《明清进士题名碑录索引》）

王继礼,字行之,陕西文县军籍,陕西岐山县人。授阜城知县,擢升监察御史,后迁徽州知府,官至湖广按察使。

台湾藏《正德十六年登科录》(一卷)：贯陕西巩昌府阶州文县军籍,岐山县人。国子生,治《书》。字行之,行二,年四十二,九月二十八日生。陕西乡试第四十五名,会试二百二十九名。

《皇明进士登科考》卷一〇:陕西岐山县人。

康熙二十七年《巩昌府志》卷二五:字行之。

《甘肃新通志》:文县人。

《甘肃通志稿》:文县人。

《甘肃通志》不见载。

三甲第一百一十七名　徐元祉　(《明清进士题名碑录索引》)

徐元祉,陕西秦州人。

台湾藏《正德十六年登科录》(一卷):贯陕西巩昌府秦州民籍。州学生,治《易经》。良夫,行二,年三十八,五月二十三日生。陕西乡试第九名,会试一百七十二名。

《皇明进士登科考》卷一〇:陕西秦州人。

康熙二十七年《巩昌府志》卷二五见载。

《甘肃通志》:秦州人,运同。

《甘肃新通志》:秦州人,运同。

《甘肃通志稿》:秦州人。

三甲第二百一十二名　管律　(《明清进士题名碑录索引》)

管律,庆府长史司军籍,直隶嘉定县人。

台湾藏《正德十六年登科录》(一卷):贯庆府长史司军籍,直隶嘉定县人。国子生,治《诗经》。字应韶,行一,年四十一,十二月二十八日生。陕西乡试第四名,会试第一百三十一名。

《皇明进士登科考》卷一〇:庆府长史司籍,直隶嘉定县人。

《甘肃通志》:宁夏人,给事中。

《甘肃新通志》:宁夏人,给事中。

《甘肃通志稿》作管纬,宁夏人。

嘉靖二年(1523)癸未科

二甲第三十名　吕颙　(《明清进士题名碑录索引》)

吕颙,字幼通,陕西宁州人。授户部主事,升刑部员外郎。著作有《仕进录》、《上都稿》、《诸子说话》、《定原集》。

天一阁藏《嘉靖二年登科录》:贯陕西庆阳府宁州民籍。州学生,治

《易经》。字幼通,行一,年二十六,十月二十七日生。陕西乡试第一名,会试第二百九十三名。

天一阁藏《嘉靖二年会试录》:二百九十三名。陕西宁州学生,治《易》。

《皇明进士登科考》卷一一:陕西宁州人。

《甘肃通志》:宁州人,府尹。

《甘肃新通志》:宁州人,府尹。

《甘肃通志稿》:宁州人。

二甲第五十六名　段续　(《明清进士题名碑录索引》)

段续,字绍先,号东川,陕西兰州军籍,山西阳曲县人。授都察院云南道御史,贬河南郾城县丞,升杞县知县、湖广参议,仕终山东按察使司副使。系景泰五年进士段坚重孙,弘治十八年进士段炅侄孙。

天一阁藏《嘉靖二年登科录》:贯陕西临洮府兰州军籍,山西阳曲县人。国子生,治《书经》。字绍先,行一,年三十一,八月初五日生。陕西乡试第六十三名,会试第一百七十七名。

《皇明进士登科考》卷一一:陕西兰州籍,山西阳曲县人。

《甘肃通志》:兰州人,副使。

《甘肃新通志》:兰州人,副使。

《甘肃通志稿》:兰州人。

三甲第三十八名　楚书　(《明清进士题名碑录索引》)

楚书,陕西宁夏左卫军籍,直隶江都县人。

天一阁藏《嘉靖二年登科录》:贯陕西宁夏左卫军籍,直隶江都县人。国子生,治《书经》。字国实,行二,年三十三,二月初一日生。陕西乡试第十名,会试第三百七十名。

天一阁藏《嘉靖二年会试录》:三百七十名。陕西宁夏左卫人。监生,治《书》。

《皇明进士登科考》卷一一:陕西宁夏卫籍,直隶江都县人。

《甘肃通志》:宁夏人,御史。

《甘肃新通志》:宁夏人,御史。

《甘肃通志稿》:宁夏人。

三甲第四十九名　孙巨鲸　(《明清进士题名碑录索引》)

孙巨鲸,字子鱼,陕西徽州民籍,陕西朝邑县人。授山西洪洞知县、开州知州、户部员外部，擢升郎中。卒于官。

　　天一阁藏《嘉靖二年登科录》：贯陕西巩昌府徽州民籍，朝邑县人。国子生，治《春秋》。字子鱼，行二，年三十，三月二十五日生。陕西乡试第五名，会试第三百五十二名。

　　天一阁藏《嘉靖二年会试录》：三百五十二名。陕西徽州人。监生，治《春秋》。

　　《皇明进士登科考》卷一一：陕西朝邑人。

　　康熙二十七年《巩昌府志》卷二五：字子鱼。

　　《甘肃通志》：徽州人，员外郎。

　　《甘肃新通志》：徽州人，员外郎。

　　《甘肃通志稿》：徽州人。

三甲第一百二十六名　孙廷相　（《明清进士题名碑录索引》）

　　孙廷相，陕西平凉人。

　　天一阁藏《嘉靖二年登科录》：贯陕西平凉府平凉县民籍。国子生，治《易经》。字子忠，行一，年三十一，十月二十五日生。陕西乡试第三十四名，会试第三十名。

　　天一阁藏《嘉靖二年会试录》：三十名。陕西平凉县人。监生，治《易》。

　　《皇明进士登科考》卷一一：陕西平凉县人。

　　《甘肃通志》：平凉人，知府。

　　《甘肃新通志》：平凉人，知府。

　　《甘肃通志稿》：平凉人。

三甲第一百八十六名　王学古　（《明清进士题名碑录索引》）

　　王学古，陕西宁夏卫军籍，直隶金坛县人。

　　天一阁藏《嘉靖二年登科录》：贯陕西宁夏卫军籍，直隶金坛县人。卫学生，治《礼记》。字克诚，行二，年三十一，十月初五日生。陕西乡试第十一名，会试第二百五十二名。

　　天一阁藏《嘉靖二年会试录》：二百五十二名。陕西宁夏卫学生，治《礼记》。

　　《皇明进士登科考》卷一一：陕西宁夏卫籍，直隶金坛县人。

　　《甘肃通志》：宁夏人，知县。

　　《甘肃新通志》：宁夏人，知县。

《甘肃通志稿》：宁夏人。

三甲第二百一十五名　张文泰　(《明清进士题名碑录索引》)

张文泰,陕西渭源人。历任云南知县、知府。著有《五竹遗稿》。

天一阁藏《嘉靖二年登科录》：贯陕西临洮府渭源县军籍。国子生,治《书经》。字用亨,行二,年三十七,正月初三日生。陕西乡试第七十八名,会试第一百名。

天一阁藏《嘉靖二年会试录》：一百名。陕西渭源县人。监生,治《书》。

《皇明进士登科考》卷一一：陕西渭源县人。

《甘肃通志》：渭源人。

《甘肃新通志》：渭源人。

《甘肃通志稿》：渭源人。

三甲第二百三十六名　刘耕　(《明清进士题名碑录索引》)

刘耕,陕西兰州官籍,福建宁化县人。官至河南按察司佥事。

天一阁藏《嘉靖二年登科录》：贯陕西临洮府兰州官籍,福建□化县人。国子生,治《礼记》。字伯田,行一,年三十九,六月十八日生。陕西乡试第五名,会试第一百八十四名。

天一阁藏《嘉靖二年会试录》：二百八十四名。陕西兰州人。监生,治《礼记》。

《皇明进士登科考》卷一一：陕西兰州籍,福建宁化县人。

《甘肃通志》：兰州人,佥事。

《甘肃新通志》：兰州人,佥事。

《甘肃通志稿》：兰州人。

嘉靖五年(1526)丙戌科

二甲第三名　赵时春　(《明清进士题名碑录索引》)

赵时春,字景仁,号浚谷,陕西平凉县人。授户部主事、巡抚。纂《平凉府志》。

《皇明进士登科考》卷一一：陕西平凉县人。

《甘肃通志》：平凉人,巡抚。

《甘肃新通志》：平凉人,巡抚。

《甘肃通志稿》：平凉人。

三甲第七十八名　杨经　（《明清进士题名碑录索引》）

　　杨经,陕西宁夏仪卫司籍,江西丰城县人。

　　《皇明进士登科考》卷一一:陕西宁夏卫司籍,江西丰城县人。

　　《甘肃通志》:宁夏人,推官。

　　《甘肃新通志》:宁夏人,推官。

　　《甘肃通志稿》:宁夏人。

三甲第一百七十二名　傅学礼　（《明清进士题名碑录索引》）

　　傅学礼,陕西安化县人。

　　《皇明进士登科考》卷一一:陕西安化县人。

　　乾隆二十七年《庆阳府志》卷二三:安化人。

　　《甘肃通志》:安化人,按察使。

　　《甘肃新通志》:安化人,按察使。

　　《甘肃通志稿》:安化人。

嘉靖八年(1529)己丑科

三甲第四十名　白世卿　（《明清进士题名碑录索引》）

　　白世卿,陕西秦州人。官至山东按察司佥事。

　　天一阁藏《嘉靖八年登科录》:贯陕西巩昌府秦州民籍。国子生,治《书经》。字汝衡,行二,年三十四,十一月十五日生。陕西乡试第五十八名,会试第三百十九名。

　　天一阁藏《嘉靖八年会试录》:三百十九名。陕西秦州人。监生,治《书》。

　　《皇明进士登科考》:陕西秦州人。

　　《嘉靖己丑进士同年便览录》:秦州,字汝衡,号东川。丙辰,以佥事致仕。

　　康熙二十七年《巩昌府志》卷二五见载。

　　《甘肃通志》:秦州人,佥事。

　　《甘肃新通志》:秦州人,佥事。

　　《甘肃通志稿》:秦州人。

三甲第一百二十名　李栋　（《明清进士题名碑录索引》）

　　李栋,山东寿张民籍,陕西宁夏卫人。

　　天一阁藏《嘉靖八年登科录》:贯山东兖州府东平州寿张县民籍,陕西宁夏卫人。县学生,治《春秋》。字植卿,行四,年三十五,四月十三日生。

山东乡试第九名,会试第二百五十五名。

《皇明进士登科考》:山东寿张县籍,陕西宁夏卫人。

《甘肃通志》《甘肃新通志》《甘肃通志稿》《会试录》均不见载。

三甲第一百四十二名 黄绶 （《明清进士题名碑录索引》）

黄绶,陕西宁夏中屯卫军籍,浙江仁和县人。

天一阁藏《嘉靖八年登科录》:贯陕西宁夏中屯卫军籍,浙江仁和县人。国子生,治《书经》。字公佩,行一,年三十一,六月初一日生。陕西乡试第四十七名,会试第一百八十一名。

天一阁藏《嘉靖八年会试录》:一百八十一名。陕西宁夏中屯卫人。监生。

《皇明进士登科考》:陕西宁夏卫籍,浙江仁和县人。

《嘉靖己丑进士同年便览录》:宁夏卫,字公佩,号南渠。己未知县,御史卒。

《甘肃通志》:宁夏人,大理寺丞。

《甘肃新通志》:宁夏人,大理寺丞。

《甘肃通志稿》:宁夏人。

嘉靖十一年(1532)壬辰科

三甲第一百名 吴伯亨 （《明清进士题名碑录索引》）

吴伯亨,陕西兰州人,吏部文选司员外郎。

天一阁藏《嘉靖十一年登科录》:贯陕西临洮府兰州人。国子生,治《易经》。字子贞,行一,年三十七,十二月二十九日生。陕西乡试第十八名,会试第二百三十九名。

天一阁藏《嘉靖十一年会试录》:二百三十九名。陕西兰州人。监生,治《易》。

《皇明进士登科考》:陕西兰州人。

《甘肃通志》:兰州人,员外郎。

《甘肃新通志》:兰州人,员外郎。

《甘肃通志稿》:兰州人。

三甲第一百五十九名 刘思唐 （《明清进士题名碑录索引》）

刘思唐,陕西宁夏右卫军籍,河南祥符县人。

天一阁藏《嘉靖十一年登科录》:贯陕西宁夏右卫军籍,河南祥符县人。卫学生,治《书经》。字尚友,行一,年三十三,九月初六日生。陕西乡试第十二名,会试第六十八名。

天一阁藏《嘉靖十一年会试录》:六十八名。陕西宁夏右屯卫学附学生,治《书》。

《皇明进士登科考》:陕西宁夏卫籍,河南祥符县人。

《甘肃通志》:宁夏人,按察使。

《甘肃新通志》:宁夏人,按察使。

《甘肃通志稿》:宁夏人。

嘉靖十四年(1535)乙未科

二甲第二十五名　许登瀛　(《明清进士题名碑录索引》)

许登瀛,陕西兰州仪卫校籍,应天府江宁县人。

天一阁藏《嘉靖十四年登科录》:贯陕西兰州仪卫司校籍,应天府江宁县人。州学生,治《书经》。字预甫,行一,年三十三,三月十四日生。陕西乡试第五十二名,会试第三百一名。

台湾藏《嘉靖十四年登科录》(一卷)中二甲、一甲缺页。

《皇明进士登科考》:陕西兰州卫籍,应天府江宁县人。

《甘肃通志》:兰州人,知府。

《甘肃新通志》:兰州人,知府。

《甘肃通志稿》:兰州人。

三甲第七十八名　陆坤　(《明清进士题名碑录索引》)

陆坤,字子厚,陕西兰州仪司卫校籍,直隶昆山人。授刑部主事历员外郎、副使。著作《云思漫稿》。

天一阁藏《嘉靖十四年登科录》:贯陕西兰州仪卫司校籍,直隶昆山县人。州学生,治《易经》。字子厚,行一,年十九,六月二十七日生。陕西乡试第二十九名,会试第二百八十一名。

台湾藏《嘉靖十四年登科录》(一卷)缺页,无陆坤。

《皇明进士登科考》:陕西兰州仪司卫籍,直隶昆山县人。

《甘肃通志》:兰州人,副使。

《甘肃新通志》:兰州人,副使。

《甘肃通志稿》:陈坤,兰州人。

嘉靖十七年(1538)戊戌科

二甲第六十四名　吕颙　(《明清进士题名碑录索引》)

　　吕颙,字幼诚,陕西宁州人。历任刑部郎中、湖北襄阳府知府。

　　天一阁藏《嘉靖十七年登科录》：贯陕西庆阳府宁州民籍。国子生,治《书经》。字幼诚,行二,年三十六,四月二十六日生。陕西乡试第七名,会试第八十九名。

　　台湾藏《嘉靖十七年登科录》：吕颙,贯陕西庆阳府宁州民籍。国子生,治《书经》。字幼诚,行二,年三十六,四月二十六日生。陕西乡试第七名,会试第八十九名。

　　《皇明进士登科考》：陕西宁州人。

　　《甘肃通志》：吕颙,宁州人,知府。

　　《甘肃新通志》：吕禺,宁州人,知府。

　　《甘肃通志稿》：吕禺,宁州人。

三甲第八十七名　葛廷章　(《明清进士题名碑录索引》)

　　葛廷章,字朝宪,陕西兰州工正所人。户部给事中,授行人,选户部给事中,历凤阳知府、副使。

　　天一阁藏《嘉靖十七年登科录》：贯陕西临洮府兰州工正所匠籍。州学生,治《书经》。字朝□,行二,年三十五,四月二十二日生。陕西乡试第三十名,会试第二百二十五名。

　　台湾藏《嘉靖十七年登科录》：贯陕西临洮府兰州工正所匠籍。州学生,治《书经》。字朝宪,行二,年三十五,四月二十二日生。陕西乡试第三十名,会试第二百二十五名。

　　《皇明进士登科考》：陕西兰州人。

　　《甘肃通志》：兰州人,副使。

　　《甘肃新通志》：兰州人,副使。

　　《甘肃通志稿》：兰州人。

嘉靖二十年(1541)辛丑科

二甲第五十二名　周镐　(《明清进士题名碑录索引》)

　　周镐,河南汲县民籍,陕西狄道县人。

天一阁藏《嘉靖二十年登科录》：贯河南卫卫辉府汲县民籍，陕西狄道县人。国子生，治《诗经》。字元化，行二，年三十三，五月二十四日生。河南乡试第三十名，会试第一百九十八名。

台湾藏《嘉靖二十年会试录》：河南汲县，监生，治《诗经》，会试第一百九十八名。

《皇明进士登科考》：河南汲县籍，陕西狄道县人。

上图藏《嘉靖二十年会试录》：贯河南汲县人。监生，治《诗经》。

《甘肃通志》：狄道人，副使。

《甘肃新通志》：狄道人，副使。

《甘肃通志稿》：狄道人。

三甲第一百五十四名　俞鸾　（《明清进士题名碑录索引》）

俞鸾，陕西灵州守卫千户所军籍，直隶昆山县人。

天一阁藏《嘉靖二十年登科录》：贯陕西灵台守卫千户所军籍，直隶昆山县人。国子生，治《书经》。字应和，行二，年三十九，正月十五日生。陕西乡试第十八名，会试第二百四十六名。

台湾藏《嘉靖二十年会试录》：贯陕西灵州千户所人，监生，治《书》，会试第二百四十六名。

《皇明进士登科考》：陕西灵州千户所籍，直隶昆山县人。

上图藏《嘉靖二十年会试录》：贯陕西灵州千户所，监生，治《书》。

《甘肃通志》：灵州人，给事中。

《甘肃新通志》：灵州人，给事中。

《甘肃通志稿》：灵州人。

三甲第一百六十七名　刘应熊　（《明清进士题名碑录索引》）

刘应熊，字体阳，号抑轩，陕西陇西人。授嵩县知县、巡按御史。

天一阁藏《嘉靖二十年登科录》：贯陕西巩昌府陇西县军籍。县学生，治《礼记》。字体阳，行二，年二十六，五月二十六日生。陕西乡试第四名，会试第二百五十八名。

台湾藏《嘉靖二十年会试录》：贯陕西陇西县，学生，治《礼记》，会试第二百五十八名。

《皇明进士登科考》：陕西陇西县人。

上图藏《嘉靖二十年会试录》：贯陕西陇西县，学生，治《礼记》。

康熙二十七年《巩昌府志》卷二五：字得阳。

《甘肃通志》：陇西人，巡按御史。

《甘肃新通志》：陇西人，巡按御史。

《甘肃通志稿》：陇西人。

嘉靖二十三年(1544)甲辰科

三甲一百七十六名　杨应元　(《明清进士题名碑录索引》)

杨应元，陕西郡牧所人，浙江萧山县人。

天一阁藏《嘉靖二十三年登科录》：贯陕西郡牧所籍，浙江绍兴府萧山县人。国子生，治《书经》。字伯仁，行三，年三十四，十二月初六日生。陕西乡试第四十六名，会试第一百名。

天一阁藏《嘉靖二十三年会试录》：一百名，陕西甘州群牧所人，监生，治《诗》。

《皇明进士登科考》：陕西郡牧所籍，浙江萧山县人。

《甘肃通志》：固原人，推官。

《甘肃新通志》：固原人，推官。

《甘肃通志稿》：固原人。

嘉靖二十六年(1547)丁未科

三甲第一百名　张嘉孚　(《明清进士题名碑录索引》)

张嘉孚，陕西安定县人。

天一阁藏《嘉靖二十六年登科录》：贯陕西巩昌府安定县民籍。国子生，治《书经》。字以贞，行二，年三十二，四月二十八日生。陕西乡试第七名，会试第十三名。

天一阁藏《嘉靖二十六年会试录》：会试第十三名，陕西安定县人，监生，治《书》。

《皇明进士登科考》：陕西安定县人。

上图藏《嘉靖丁未科进士序齿录》(一卷)：字以贞，号立菴。治《尚书》。丙□年四月二十八日生，巩昌府安定县人，观都察院政。丁酉乡试七名，会试十三名。历长治县知县、河南府同知、四川副使。

康熙二十七年《巩昌府志》卷二五：字以贞，安定人。

《甘肃通志》：安定人，副使。

《甘肃新通志》：安定人，副使。

《甘肃通志稿》：安定人。

三甲第一百四十三名　张万纪　（《明清进士题名碑录索引》）

张万纪，字舜卿，号兑溪，陕西临洮卫军籍，周至县人。历任户科给事中、知府。著有《讲学语录》、《超然山人集》。

天一阁藏《嘉靖二十六年登科录》：贯陕西临洮卫军籍，周至县人。国子生，治《易经》。字舜卿，行一，年二十九，十一月二十九日生。陕西乡试第四十九名，会试第二百五十七名。

天一阁藏《嘉靖二十六年会试录》：会试第二百五十七名，陕西临洮卫右所人，监生，治《易经》。

上图藏《嘉靖丁未科进士序齿录》（一卷）：字舜卿，号兑溪。治《易经》。己卯年十一月二十九日生，陕西临洮卫籍，周至县人。观刑部政。癸卯乡试四十九名，会试二百五十七名，殿试三甲一百四十三名。

《皇明进士登科考》：陕西临洮卫籍，周至县人。

《甘肃通志》：狄道人，知府。

《甘肃新通志》：狄道人，知府。

《甘肃通志稿》：狄道人。

嘉靖二十九年（1550）庚戌科

三甲第三十名　王希尧　（《明清进士题名碑录索引》）

王希尧，陕西安化县人。

天一阁藏《嘉靖二十九年进士登科录》：贯陕西庆阳府安化县民籍。县学生，治《诗经》。字汝仁，行一，年二十六，十一月二十八日生。陕西乡试第三名，会试第一百五十四名。

天一阁藏《嘉靖二十六年会试录》：王希尧，会试第二百五十四名，陕西安化县学生，治《诗经》。

《皇明进士登科考》：陕西安化县人。

《甘肃通志》：安化人，同知。

《甘肃新通志》：安化人，同知。

《甘肃通志稿》：安化人。

三甲第一百九十一名　王言　（《明清进士题名碑录索引》）

王言，陕西陇西县人。

天一阁藏《嘉靖二十九年进士登科录》：贯陕西巩昌府陇西县军籍。国子生,治《春秋》。字子大,行一,年二十六,三月十一日生。陕西乡试第二十五名,会试三百九名。

《嘉靖二十九年会试录》：王言,第三百九名,陕西陇西县人,监生,治《春秋》。

《皇明进士登科考》：陕西陇西县人。

康熙二十七年《巩昌府志》卷二五见载。

《甘肃通志》：陇西人,主事。

《甘肃新通志》：陇西人,主事。

《甘肃通志稿》：陇西人。

嘉靖三十二年(1553)癸丑科

二甲第八十八名　周鑑　(《明清进士题名碑录索引》)

周鑑,字子明,陕西平凉府仪卫司军籍,江西萍乡县人。授刑部主事,升河南左布政使,又迁右副都使。著作《崆峒山志》和《平凉县志》(旧)。

天一阁藏《嘉靖三十二年进士登科录》：贯陕西平凉府仪卫司军籍,江西萍乡县人。府学生,治《诗经》。字子明,行四,年二十四,十月二十一日生。陕西乡试第一名,会试第二百二十三名。

天一阁藏《嘉靖三十二年会试录》：周鑑,会试第三百二十三名,陕西平凉府学生,治《诗经》。

台湾藏《嘉靖癸丑科进士同年便览录》(一卷)：字子民,号霁川,陕西仪卫司籍,江西萍乡人,庚寅十月二十一日生。壬子乡试,会诗一房,二甲。观兵部政,起复授刑部主事。

《甘肃通志》：平凉人,巡抚。

《甘肃新通志》：平凉人,巡抚。

《甘肃通志稿》：平凉人。

三甲第九十名　周斯盛　(《明清进士题名碑录索引》)

周斯盛,字子才,陕西宁州人。历官御史,擢升岢岚副使。

天一阁藏《嘉靖三十二年进士登科录》：贯陕西庆阳府宁州民籍。国子生,治《书经》。字子才,行一,年二十九,十一月十三日生。陕西乡试第五十一名,会试第二百二名。

天一阁藏《嘉靖三十二年会试录》：周斯盛,会试第二百二名,陕西宁州人。监生,治《书》。

台湾藏《嘉靖癸丑科进士同年便览录》(一卷)：字子才,号际岩,陕西宁州人,乙酉十一月十三日生。癸卯乡试,会书四房,三甲。观户部政,行人司选道。

《甘肃通志》：宁州人,副使。

《甘肃新通志》：宁州人,副使。

《甘肃通志稿》：宁州人。

三甲第一百零六名　杜实　(《明清进士题名碑录索引》)

杜实,陕西庆阳卫军籍,山西榆社县人。

天一阁藏《嘉靖三十二年进士登科录》：贯陕西庆阳卫军籍,山西榆社县人。国子生,治《诗经》。字伯润,行一,年二十九,三月二十三日生。陕西乡试第十三名,会试第七十二名。

天一阁藏《嘉靖三十二年会试录》：杜实,会试第七十二名,陕西庆阳卫弘化所人,监生,治《诗经》。

台湾藏《嘉靖癸丑科进士同年便览录》(一卷)：字伯润,号孚蕙,陕西庆阳卫人,乙酉三月二十三日生。己酉乡试,会诗四房,三甲。观户部政,山东齐东知县,升兵部主事、刑部员外。

《甘肃通志》：庆阳人,佥事。

《甘肃新通志》：庆阳人,佥事。

《甘肃通志稿》：庆阳人。

嘉靖三十五年(1556)丙辰科

三甲第五十五名　梁栋　(《明清进士题名碑录索引》)

梁栋,陕西西安前卫军籍,陕西安定县人。

天一阁藏《嘉靖三十五年进士登科录》：贯陕西西安前卫军籍,巩昌府安定县人。国子生,治《诗经》。字伯隆,行一,年三十八,三月十二日生。陕西乡试第四十七名,会试第二百八名。

台湾藏《嘉靖丙辰同年世讲录》(一卷)：字伯隆,号吉轩,己卯三月十二日生,陕西西安卫籍,巩昌府安定县人,观吏部政。壬子乡试第四十七名,会试二百零八名,殿试三甲五十五名。授直隶泰兴县知县,己未致仕。

康熙二十七年《巩昌府志》卷二五见载。

《甘肃通志》：安定人,知县。

《甘肃新通志》：安定人，知县。

《甘肃通志稿》：安定人。

三甲第八十八名　张问仁　(《明清进士题名碑录索引》)

张问仁，陕西西宁卫军籍。

天一阁藏《嘉靖三十五年进士登科录》：贯陕西西宁卫军籍。卫学生，治《书经》。字以元，行二，年二十六，十月二十三日上生。陕西乡试第四十二名，会试第二百三十六名。

天一阁藏《嘉靖三十五年会试录》：张问仁，会试第二百三十六名，陕西西宁卫学生，治《诗经》。

台湾藏《嘉靖丙辰同年世讲录》(一卷)：字以元，号春谷，治《书》，辛卯十月二十三日生，陕西宁夏卫人。己卯乡试四十二名，会试二百三十六名，殿试三甲八十八名。授山西泽州阳城县知县，己未升工部主事，癸亥升员外，升山东佥事，乙丑改昌平道，致仕。

《甘肃通志》：西宁人，佥事。

《甘肃新通志》：西宁人，佥事。

《甘肃通志稿》：西宁人。

三甲第一百二十六名　邹应龙　(《明清进士题名碑录索引》)

邹应龙，字云卿，号壮谷，陕西长安县人。历任行人御史、侍郎。

天一阁藏《嘉靖三十五年进士登科录》：贯陕西西安府长安县民籍。县学增广生，治《易经》。字云卿，行一，年三十二，二月初一日生。陕西乡试第九名，会试第二百九十八名。

台湾藏《嘉靖丙辰同年世讲录》(一卷)：字云卿，号兰谷，治《易经》，乙酉二月初一日生，陕西西安府长安县人，观兵部政。乙卯乡试第九名。授行人司行人，辛酉选御史，壬戌升通政司参议，乙丑升大理寺少卿，丁卯升太仆寺太常卿，升大理寺卿，戊辰升都察院左副都御使。

《甘肃通志》：兰州人，侍郎。

《甘肃新通志》：兰州人，侍郎。

《甘肃通志稿》：兰州人。

嘉靖三十八年(1559)己未科

三甲第七十九名　胡执礼　(《明清进士题名碑录索引》)

胡执礼，字汝立，号雅斋，陕西行都司永昌卫籍人。历任吏部文选郎中、都察院右副都御使、侍郎。

天一阁藏《嘉靖三十八年进士登科录》：贯陕西行都司永昌卫民籍。卫学生，治《易经》。字汝立，行一，年二十一，四月初七日生。陕西乡试第五十三名，会试第九十四名。

《嘉靖三十八年会试录》：胡执礼，会试第九十四名，陕西永昌卫学生，治《易经》。

《甘肃通志》：永昌卫人，侍郎。

《甘肃新通志》：永昌卫人，侍郎。

《甘肃通志稿》：永昌卫人。

嘉靖四十一年(1562)壬戌科

三甲第一百四十四名　李崧　(《明清进士题名碑录索引》)

李崧，陕西秦州卫军籍，咸宁县人。初仕湖广按察司副使，转南京职方司，升兵部给事中。

天一阁藏《嘉靖四十一年进士登科录》：贯陕西秦州卫军籍，西安府咸宁县人。秦州学生，治《诗经》。字应岳，行一，年三十三，七月初五日生。陕西乡试第五十四名，会试第二百四十名。

《嘉靖四十一年会试录》：李崧，会试第二百四十名，陕西秦州学生，治《诗经》。

《甘肃通志》：秦州人，佥事。

《甘肃新通志》：秦州人，佥事。

《甘肃通志稿》：秦州人。

三甲第一百六十六名　杨愈茂　(《明清进士题名碑录索引》)

杨愈茂，陕西安化民籍，陕西三原县人。

天一阁藏《嘉靖四十一年进士登科录》：贯陕西庆阳府安化县民籍，西安府三原县人。国子生，治《诗经》。字伯荣，行三，年三十，十月二十三日生。陕西乡试第六十名，会试第二百三名。

天一阁藏《嘉靖四十一年会试录》作杨俞茂，会试第二百三名，陕西安化县人，监生，治《诗经》。

《甘肃通志》：安化人，副使。

《甘肃新通志》：安化人，副使。

《甘肃通志稿》：安化人。

嘉靖四十四年(1565)乙丑科[1]

三甲第一百一十六名　孟学易　(《明清进士题名碑录索引》)

孟学易，陕西灵台县人。

天一阁藏《嘉靖四十四年进士登科录》：贯陕西平凉府泾州灵台县民籍。国子生，治《易经》。字兴时，行一，年三十二，六月十四日生。陕西乡试第七名，会试第一百五十五名。

《甘肃通志》：平凉人，副使。

《甘肃新通志》：平凉人，副使。

《甘肃通志稿》：平凉人。

三甲第三百零五名　麻永吉　(《明清进士题名碑录索引》)

麻永吉，陕西庆阳卫右所人。授御史，官至湖广按察使。

天一阁藏《嘉靖四十四年登科录》：贯陕西庆阳卫右所军籍。国子生，治《春秋》。字伯贞，行一，年二十九，七月十八日生。陕西乡试第二名，会试第十六名。

天一阁藏《嘉靖四十四年会试录》：麻永吉，会试第十六名，陕西庆阳卫右所人，监生，治《春秋》。

《甘肃通志》：庆阳人，御史。

《甘肃新通志》：庆阳人，御史。

《甘肃通志稿》：庆阳人。

隆庆二年(1568)戊辰科

三甲第三名　栗在庭　(《明清进士题名碑录索引》)

栗在庭，字应凤，陕西会宁人。授中书舍人，寻升吏、户二部给事中，后补山东佥事，升湖广左参议，转山东参议，历右部政使、兵备按察使，擢河南右布政使。

---

[1] 刘承宽　清同治十年，二甲第六十四名，顺天府大兴人。(《甘肃新通志》)
　　《甘肃通志》不见载。
　　《甘肃新通志》：嘉靖四十四年，安化人。
　　《甘肃通志稿》：嘉靖四十四年，安化人。

台湾藏《隆庆二年进士登科录》(一卷)：陕西巩昌府会宁县,民籍。县学生,治《易经》。字应凤,行一,年三十一,十一月三日生。陕西乡试四十名,会试二百八十八名。

台湾藏《隆庆二年会试录》(一卷)：会宁县学生,治《易经》,会试二百八十八名。

康熙二十七年《巩昌府志》卷二五见载。

《甘肃通志》：会宁人,布政使。

《甘肃新通志》：会宁人,布政使。

《甘肃通志稿》：会宁人。

三甲第一百六十二名　王继祖　(《明清进士题名碑录索引》)

王继祖,陕西宁夏卫籍,陕西咸宁县人。

台湾藏《隆庆二年进士登科录》(一卷)不见载。

台湾藏《隆庆二年会试录》(一卷)：陕西咸宁县学生,治《诗经》,会试一百五十八名。

《甘肃通志》：宁夏人,副使。

《甘肃新通志》：宁夏人,副使。

《甘肃通志稿》：宁夏人。

三甲第二百一十七名　郭庄　(《明清进士题名碑录索引》)

郭庄,陕西徽州人。

台湾藏《隆庆二年进士登科录》(一卷)：贯陕西巩昌府军籍。国子生,治《春秋》。字子蒞,年三十三,八月二十一日生。陕西乡试第三名,会试三百五十三名。

台湾藏《隆庆二年会试录》(一卷)：陕西徽州人,监生,治《春秋》,会试三百五十三名。

《甘肃通志》作嘉靖四十一年,误。徽州人,巡按御史。

《甘肃新通志》作嘉靖四十一年,误。徽州人,巡按御史。

《甘肃通志稿》：嘉靖四十一年,徽州人。

三甲第二百四十三名　曹昉　(《明清进士题名碑录索引》)

曹昉,陕西安化人。

台湾藏《隆庆二年进士登科录》(一卷)：贯陕西庆阳府安化县军籍。府学附学生,治《诗经》。字子明,行四,年四十四,七月十三日生。陕西乡试第二十二名,会试第二百名。

台湾藏《隆庆二年会试录》(一卷):陕西庆阳府安化县人,监生,治《诗经》,会试第二百名。

《甘肃通志》:安化人,主事。

《甘肃新通志》:安化人,主事。

《甘肃通志稿》:安化人。

隆庆五年(1571)辛未科

三甲第四十名 双凤鸣 (《明清进士题名碑录索引》)

双凤鸣,陕西庆阳卫军籍,山西文水县人。

天一阁藏《隆庆五年登科录》:贯陕西庆阳卫军籍,山西文水县人。庆阳府学生,治《诗经》。字维侦,行一,年三十五,二月十四日生。陕西乡试第四十九名,会试第二百二十四名。

天一阁藏《隆庆五年会试录》:双鸣凤,会试第二百二十四名,陕西庆阳府学生,治《诗经》。

《甘肃通志》:庆阳人,知县。

《甘肃新通志》:庆阳人,知县。

《甘肃通志稿》:庆阳人。

三甲第五十四名 李桢 (《明清进士题名碑录索引》)

李桢,字维卿,号克庵,陕西庆阳卫人。授高平知县,升监察御史,擢右佥都御使,迁户部右侍郎,改兵部左侍郎,官至刑部尚书。

天一阁藏《隆庆五年登科录》:贯陕西庆阳卫官籍,山西大同卫人。安化县学生,治《诗经》。行二,年三十二,七月初三日生,陕西乡试第六名,会试第七十三名。

《隆庆五年会试录》:李桢,会试第七十三名,陕西庆阳卫学生,治《诗经》。

《甘肃通志》作李正,庆阳人,尚书。

《甘肃新通志》:李桢,庆阳人,尚书。

《甘肃通志稿》:李桢,庆阳人。

三甲第二百三十一名 段补 (《明清进士题名碑录索引》)

段补,陕西兰州军籍,山西阳曲县人。主事,授直隶曲周知县,后升南京户部主事。

天一阁藏《隆庆五年登科录》：贯陕西临洮府兰州军籍，山西阳曲县人。国子生，治《易经》。行一，年四十二，九月初八日生。陕西乡试第五十四名，会试第三百二十九名。

《隆庆五年会试录》：段补，会试第三百二十九名，陕西兰州人，监生，治《易经》。

《甘肃通志》：兰州人，主事。

《甘肃新通志》：兰州人，主事。

《甘肃通志稿》：兰州人。

万历二年(1574)甲戌科

二甲第六十七名　朱衣　(《明清进士题名碑录索引》)

朱衣，陕西都司岷州卫军籍。授刑部广东司主事，历官山西潞安府知府、蓟州兵备副使、山西提刑按察司副使，授中宪大夫。

天一阁藏《万历二年登科录》：贯陕西都司岷州卫军籍。卫学生，治《书经》。行三，年三十四，九月初九日生。陕西乡试第四十五名，会试第二百六名。

《万历二年会试录》：朱衣，会试第二百六名，陕西岷州卫学生，治《书》。

康熙二十七年《巩昌府志》卷二五见载。

《甘肃通志稿》：岷州人，副使。

《甘肃新通志》：岷州人，副使。

《甘肃通志》：岷州人。

三甲第一百五十一名　李廷彦　(《明清进士题名碑录索引》)

李廷彦，陕西宁夏卫籍，陕西安定县人。

天一阁藏《万历二年登科录》：字希圣，行三，年三十三，五月十八日生，陕西宁夏卫官籍，延安府安定县人。卫学附学生，治《易经》。陕西乡试第四十四名，会试第一百四十三名。

天一阁藏《万历二年会试录》：李廷彦，会试第一百四十三名，陕西宁夏卫附学生，治《易经》。

《甘肃通志稿》：宁夏人，大理寺少卿。

《甘肃新通志》：宁夏人，大理寺少卿。

《甘肃通志》：宁夏人。

万历五年(1577)丁丑科

三甲第一百三十八名　王元　（《明清进士题名碑录索引》）

王元，陕西宁夏卫军籍。

天一阁藏《万历五年登科录》：字叔调，陕西宁夏卫军籍。国子生，治《书经》。行二，年三十，十一月初七日生。陕西乡试第三十八名，会试第一百四名。

天一阁藏《万历五年会试录》：王元，会试第一百四名，陕西宁夏卫人，监生，治《书》。

《甘肃通志稿》：宁夏人，知县。

《甘肃新通志》：宁夏人，知县。

《甘肃通志》：宁夏人。

三甲第二百二十七名　杜和春　（《明清进士题名碑录索引》）

杜和春，字体健，陕西陇西县人。历任涞水、莱阳、鲁山、孤竹等知县，升任刑部主事。所著《中庸秘旨》。

天一阁藏《万历五年登科录》：贯陕西巩昌府陇西县军籍。国子生，治《书经》。行二，年二十八，二月二十九日生。陕西乡试第四十三名，会试第二百九十名。

天一阁藏《万历五年会试录》：杜和春，会试第二百九十名，陕西陇西县人，监生，治《书》。

康熙二十七年《巩昌府志》卷二五见载。

《甘肃通志》：陇西人，主事。

《甘肃新通志》：陇西人，主事。

《甘肃通志稿》：巩昌人。

万历八年(1580)庚辰科

三甲第十九名　穆来辅　（《明清进士题名碑录索引》）

穆来辅，陕西宁夏中屯卫籍，陕西兴平县人。

上图藏《万历八年庚辰科进士履历便览》(一卷)：启吾，治《尚书》，己酉年一月十三日生，中屯卫籍，兴平人。乡试四十一名，会试二百三十五名,三甲十九名。工部观政,庚辰授大名府推官,通政司右参议。

《甘肃通志》:宁夏人,右通政。

《甘肃新通志》:宁夏人,右通政。

《甘肃通志稿》:宁夏人。

万历十一年(1583)癸未科

上图藏《万历十一年癸未科进士同年序齿便览》(一卷):陕西十八名进士,西安府十三名。该刻本34页,只录3人,其余15名不见,缺页。34页空白。

万历十四年(1586)丙戌科

三甲第一百零七名　侯廷珮　(《明清进士题名碑录索引》)

侯廷珮,陕西宁夏中屯卫籍。

台湾藏《万历丙戌科进士同年总录》(一卷):贯陕西宁夏卫籍。附学生,字长德,号泰和,治《书经》。行一,丙辰年三月十二日生。丙子乡试第六十名,会试三百四十名。

台湾藏《万历十四年会试录》(一卷):陕西宁夏卫籍,附学生,治《书》,会试三百四十名。

《甘肃通志》作詹廷珮,宁夏人,给事中。

《甘肃新通志》作詹廷珮,宁夏人,给事中。

《甘肃通志稿》作詹廷珮,宁夏人。

万历十七年(1589)己丑科

三甲第二百一十三名　胡忻　(《明清进士题名碑录索引》)

胡忻,字慕之,号慕东,陕西秦州籍,山西阳曲人。初授山西临汾知县,后升循良吏,授工科给事中,继而调任兵部、礼部,迁太常寺少卿、正卿。著有《东林始末记》。

《万历十四年丙戌科进士履历便览》:巩昌府一人,□慕东,诗三房。丙辰五月二十一日生,乡试三甲二百十三名。兵部政□,授山西临汾知县,□□选工科,给事中□□□。

康熙二十七年《巩昌府志》卷二五见载。

《甘肃通志》:秦州人,给事中。

《甘肃新通志》:秦州人,太常寺卿。

《甘肃通志稿》：秦州人。

万历二十年(1592)壬辰科

三甲第一百五十名　赵邦清　(《明清进士题名碑录索引》)

赵邦清,字仲一,号乾所,陕西真宁人。授山东藤县知县,取吏部主事,升员外郎。

台湾藏《万历二十七年壬辰科进士履历便览》(一卷)：乾所,诗二房。戊午五月十三日生,真宁人。辛卯乡试,年三十五,三甲一百五十名。仕至川北道参议。因恢复遵义阵亡,赠光禄寺卿。

《甘肃通志》：真宁人,参议。

《甘肃新通志》：正宁人,参议。

《甘肃通志稿》：正宁人。

万历二十三年乙未科(1595)

二甲第四十五名　杨恩　(《明清进士题名碑录索引》)

杨恩,字用卿,号凤池,陕西陇西人。授户部主事。著《渭滨集》、《草堂集》、《元亭三稿》及《农谈乐府》,纂(天启)《巩昌府新志》。

上图藏《万历乙未科进士登科录》(一卷)：杨恩,凤池,辛酉生,陇西人。

《万历乙未科进士同年序齿录》(一卷)：字用卿,号凤池,行四,辛酉十二月十七日生。治《诗经》。壬午乡试六十一名,会试一百三十九名,二甲四十五名。丁酉二月授户部河南司主事。

天一阁藏《万历二十三年进士履历便览》不见载。

康熙二十七年《巩昌府志》卷二五见载。

《甘肃通志》：陇西人,主事。

《甘肃新通志》：陇西人,主事。

《甘肃通志稿》：陇西人。

三甲第九十五名　李廷训　(《明清进士题名碑录索引》)

李廷训,陕西固原卫人。

天一阁藏《万历二十三年进士履历便览》不见载。

上图藏《万历乙未科进士登科录》(一卷)作李庭训,六磐,甲子生,固原州人。

上图藏《万历乙未科进士同年序齿录》(一卷):字孔教,号□□,行一,甲子十月十九日生。治《春秋》。乙酉乡试十九名,会试二百六十八名,三甲九十五名。兵部观政,本年八月授直隶博野知县,庚子升南户部主事,辛丑考察以知县调简。

上图藏《万历二十六进士登科录》(一卷)、《万历二十六年戊戌科进士履历便览》(一卷)、《万历二十六年会试录》(一卷)均无甘宁青籍进士。

《甘肃通志》:固原人,佥事。

《甘肃新通志》:固原人,佥事。

《甘肃通志稿》:固原人。

三甲第一百六十四名 米万钟 (《明清进士题名碑录索引》)

米万钟,字仲诏,号友石,锦衣卫籍,陕西安化人。累官太仆寺卿。

天一阁藏《万历二十三年进士履历便览》:友石易,十一月初七日生,锦衣卫官籍,庆阳府安化县。会试□□□□□,进士三甲一百六十四名。官职□□□□□□。

上图藏《万历乙未科二十三年进士同年序齿录》(一卷):字仲诏,号友石,行二,已巳年十一月七日生。治《易经》。锦衣卫官籍,陕西庆阳府安化县人。甲午乡试五十名,会试一百五十九名,殿试三甲一百六十四名。都察院观政,丙申四月授河南永宁县知县,己亥丁父忧(按:丁母忧)。

《甘肃通志》:安化人,太仆寺卿。

《甘肃新通志》:安化人,太仆寺卿。

《甘肃通志稿》:安化人。

万历二十六年(1598)戊戌科

三甲第二百一十二名 张国儒 (《明清进士题名碑录索引》)

张国儒,山西榆次籍,陕西镇夷所人。

上图藏《万历二十六年进士登科录》(一卷):冀真,诗五房。辛未七月十七日生,榆次人。乡试第六名,会试第五十七名,殿试三甲二百一十二名。都察院观政,授行人,癸卯贵州主考,乙巳补兵部主事行取,甲戌八月授给事中,己酉江西主考,庚戌升吏科右,升刑科左,壬子升兵科都,乙卯升辽东宁前参政,本年养病,辛酉年闲住。

天一阁藏《万历二十六年进士履历便览》:□□□□□□。

《甘肃通志》：镇夷所人，给事中。
《甘肃新通志》：镇夷所人，给事中。
《甘肃通志稿》：镇夷所人。

三甲第一百三十二名　蒯谏　（《明清进士题名碑录索引》）

蒯谏，陕西宁夏卫籍，直隶凤阳府人。

天一阁藏《万历二十六年进士履历便览》：字□□，庚午九月初八日生，□□□□□□。

上图藏《万历二十六年进士登科录》（一卷）：献五，书五房。庚午九月初八日生，宁夏卫人。□卯乡试二十七名，会试一百六十七名，殿试三甲一百三十二名。都察院观政，己□授曲沃知县，丙午升兵部主事，丁忧，补礼部主事。壬子卒。

《甘肃通志》：宁夏人，主事。
《甘肃新通志》：宁夏人，主事。
《甘肃通志稿》：宁夏人。

万历二十九年（1601）辛丑科

三甲第九十七名　王道成　（《明清进士题名碑录索引》）

王道成，字能弘，陕西兰州人。授华阳知县，后擢升吏部郎中。辑有《兰州志》十二卷。

上图藏《万历二十九年辛丑科会试进士履历便览》（一卷）：王道成，字能弘，治《礼记》，戊寅年八月二十一日生，兰州蕃卫人。庚子乡试三十四名，会试二十八名。授华阴知县，补礼部仪制司主事。

上图藏《万历三十二年进士登科录》（一卷）、《万历三十二年甲辰科会试进士履历便览》（一卷）均无甘青宁籍进士记载。

天一阁藏《万历二十六年进士履历便览》：□□□□□□□□。

《甘肃通志》：兰州人，主事。
《甘肃新通志》：兰州人，主事。
《甘肃通志稿》：兰州人。

万历三十五年（1607）丁未科

三甲第一百零五名　麻僖　（《明清进士题名碑录索引》）

麻僖，字立轩，陕西庆阳卫人。授兵科给事中，历尚宝丞少卿，改太常。

上图藏《万历三十五年丁未科进士履历便览》（一卷）：麻僖,立轩,治《春秋》,己卯年七月七日生,庆阳人。甲午乡试四名,会试八十四名,三甲一百名。都察院观政改庶吉士,乙酉丁忧,壬子补兵部给事中,太常寺少卿。

国图藏《万历三十五年进士登科录》（一卷）：贯陕西庆阳府庆阳卫军籍。治《春秋》。字淳甫,行三,年二十九,七月十三日生。陕西乡试第四名,会试第八十四名。其父麻永吉,按察司按察使。

《甘肃通志》作麻禧,庆阳人,给事中。

《甘肃新通志》作麻禧,庆阳人,给事中。

《甘肃通志稿》作麻禧,庆阳人。

万历三十八年（1610）庚戌科

二甲第五十二名　张国绅　（《明清进士题名碑录索引》）

张国绅,陕西安定人。历任吏部主事、郎中,升南直漕运督粮道、苏松道副使,官至陕西布政使参政。

台湾藏《万历三十八庚戌科序齿录》（一卷）：陕西巩昌府安定县,民籍,学生。字书卿,号见立,治《书》,行五,壬午十月十四日生。癸卯乡试第七名,会试一百九十九名,殿试二甲五十二名。户部观政,辛亥授户部贵州司主事,壬子差九江钞关,丁忧,丙辰复除云南司主事。

康熙二十七年《巩昌府志》卷二五见载。

《甘肃通志》：安定人,漕储道。

《甘肃新通志》：安定人,漕储道。

《甘肃通志稿》：安化人。

万历四十一年（1613）癸丑科

二甲第四十三名　杨寿　（《明清进士题名碑录索引》）

杨寿,陕西宁夏前卫人,官户部主事,有《朔方新志》。

《甘肃通志》：宁夏人,主事。

《甘肃新通志》：宁夏人,主事。

《甘肃通志稿》：宁夏人。

二甲第四十六名　杨蛟　（《明清进士题名碑录索引》）

杨蛟,字巨峤,陕西安化人。

乾隆二十七年《庆阳府志》卷二三：庆阳卫人。

《甘肃通志》：安化人。

《甘肃新通志》：安化人。

《甘肃通志稿》：安化人。

万历四十四年(1616)丙辰科

三甲第二十三名　关光　(《明清进士题名碑录索引》)

关光，陕西安化人。

乾隆二十七年《庆阳府志》卷二三：庆阳卫人。

《甘肃通志》：庆阳人，推官。

《甘肃新通志》：庆阳人，推官。

《甘肃通志稿》：庆阳人。

三甲第六十二名　薛文周　(《明清进士题名碑录索引》)

薛文周，陕西安定人。

《甘肃通志》：薛文周，安定人，给事中。

《甘肃新通志》：薛文周，安定人，给事中。

《甘肃通志稿》：蔚文周。

嘉庆《延安府志》见载，字晴岚，并在"乡贤传"中有薛文周小传；道光《安定县(系现陕西子长县)志》有载。薛文周显系陕西安定人，非甘肃安定人。

万历四十七年(1619)己未科

二甲第十四名　王建侯　(《明清进士题名碑录索引》)

王建侯，陕西甘州行都司籍，山丹卫人。授南京户部主事，擢蓟北参政道。著有《评注孟子》四卷。

台湾藏《万历四十七年己未科会试录》(一卷)：山丹卫人。治《书》。

《甘肃通志》：山丹人，郎中。

《甘肃新通志》：山丹人，郎中。

《甘肃通志稿》：山丹人。

三甲第二百六十四名　牛翀玄　(《明清进士题名碑录索引》)

牛翀玄，陕西高平籍，陕西宁州人。

台湾藏《万历四十七年己未科会试录》(一卷)：牛翀玄，高平县人。治

《礼记》。

《甘肃通志》、《甘肃新通志》、《甘肃通志稿》、《登科录》均不见载。

天启二年(1622)壬戌科

三甲第一百二十一名　杨行恕　(《明清进士题名碑录索引》)

杨行恕,字本忠,号岳麓,陕西狄道人。

上图《天启壬戌科进士同年序齿录》(一卷)、《天启二年会试录》(一卷):杨行恕,号岳麓,辛卯年六月八日生,狄道县民籍,县学生,字本忠,行一。己酉乡试十名,会试三百六十二名,三甲一百二十一名。礼部观政,改庶吉士卒。

《甘肃通志》:狄道人,庶吉士。

《甘肃新通志》:狄道人,庶吉士。

《甘肃通志稿》:狄道人。

三甲第二百五十九名　罗世锦　(《明清进士题名碑录索引》)

罗世锦,陕西两当人。

上图藏《天启壬戌科进士同年序齿录》(一卷)、《天启二年会试录》(一卷):罗世锦,字彝□,号焕宇,丙申年四月二十六日生,两当县民籍,县学生,治《周易》。戊午乡试三十八名,会试二百六十一名,三甲二百五十九名。大理寺观政,癸亥十月授□□知县。

康熙二十七年《巩昌府志》卷二五见载。

《甘肃通志》:两当人,参政。

《甘肃新通志》:两当人,参政。

《甘肃通志稿》:两当人。

三甲第二百七十六名　韩谦　(《明清进士题名碑录索引》)

韩谦,陕西兰州人。

上图藏《天启壬戌科进士同年序齿录》(一卷)、《天启二年会试录》(一卷):韩谦,号冲虚,癸未年九月二十日生,兰州民籍,附学生,字君受,治《诗经》。壬子乡试二名,会试一百四名,三甲七十六名。吏部观政。

《甘肃通志》:兰州人,知府。

《甘肃新通志》:兰州人,知府。

《甘肃通志稿》:兰州人。

三甲第三百八名　王懋学　(《明清进士题名碑录索引》)

王懋学,陕西永昌卫人。

上图藏《天启壬戌科进士同年序齿录》(一卷)、《天启二年会试录》(一卷):字念之,号金谷,永昌卫官籍,廪生,治《尚书》,行□。癸未年十一月十三日生,乡试五十五名,会试二百四十名,三甲三百八名。吏部观政。

《甘肃通志》:永昌人,主事。

《甘肃新通志》:永昌人,主事。

《甘肃通志稿》:永昌人。

天启五年(1625)乙丑科

二甲第十九名　潘光祖　(《明清进士题名碑录索引》)

潘光祖,字义绳,号海虞,陕西临洮卫人。历官吏、户二部,官至山西参议道按察副使。

《甘肃通志》:临洮人,副使。

《甘肃新通志》:临洮人,副使。

《甘肃通志稿》:临洮人。

三甲第三十三名　杨泰升　(《明清进士题名碑录索引》)

杨泰升,陕西兰州人。

《甘肃通志》作杨大升,兰州人。

《甘肃新通志》作杨大升,兰州人。

《甘肃通志稿》作杨大升。

崇祯元年(1628)戊辰科

二甲第三十七名　朱家仕　(《明清进士题名碑录索引》)

朱家仕,字翼明,陕西河州籍,直隶合肥人。官大同兵备副使。

《甘肃通志》:河州人,副使。

《甘肃新通志》:河州人,副使。

《甘肃通志稿》:河州人。

三甲第一百三十九名　李希沆　(《明清进士题名碑录索引》)

李希沆,陕西庆阳卫籍,陕西安化人。历任兰阳知县、给事中、山海巡抚、都察院右佥都御史。

乾隆二十七年《庆阳府志》卷二三：安化人。

《甘肃通志》：庆阳人，总督。

《甘肃新通志》：庆阳人，总督。

《甘肃通志稿》：庆阳人。

崇祯四年(1631)辛未科

三甲第一百四十九名　王瓒　(《明清进士题名碑录索引》)

王瓒，陕西静宁州人。

天一阁藏《崇祯四年辛未科三百五十名进士履历》作襟白，易四房。癸卯二月三十日生，□□□□□，静宁人。会试二百九名，三甲一百四十九名。兵部□，升兵部主事□□，绍兴府推官。

《甘肃通志》：静宁人，佥事。

《甘肃新通志》：静宁人，佥事。

《甘肃通志稿》：静宁人。

三甲第一百九十八名　巩焴　(《明清进士题名碑录索引》)

巩焴，字育炉，陕西真宁人。任河南林县知县，升礼部郎中，擢升河南分巡参议，官至河南督学兼参政。

天一阁藏《崇祯四年辛未科三百五十名进士履历》作巩焴，诗二房。庚子四月初五日生，□□□□□□。

《甘肃通志》：真宁人，参政。

《甘肃新通志》：正宁人，参政。

《甘肃通志稿》：正宁人。

三甲第二百二十三名　关永杰　(《明清进士题名碑录索引》)

关永杰，字人孟，别号岳华，陕西巩昌府人。任河南开封府推官，后升兵部武选司主事，升河南按察史司佥事。有诗文集《岳华集》(亦名《晴云庭诗草》)。

天一阁藏《崇祯四年辛未科三百五十名进士履历》：关永杰，□□□□□，庚子十一月二十八日生，陇西人□□。会试二百一十六名，三甲一百二百二十三名。授开封府推官，升河南佥事□□。

康熙二十七年《巩昌府志》卷二五：字人孟，任兵部主事，赠光禄寺少卿。

《甘肃通志》：陇西人，副使。

《甘肃新通志》：陇西人，副使。

《甘肃通志稿》：陇西人。

崇祯七年(1634)甲戌科

三甲第一百八十六名　王门弼　(《明清进士题名碑录索引》)

王门弼，陕西清水人。

天一阁藏《崇祯七年进士履历便览》：映寰，诗经四房。壬辰二月二十八日生，巩昌府清水县人。甲子二十一名，会试一百七十一名，三甲二百八十六名。户部□政。

上图藏《崇祯七年甲戌科进士履历便览》(一卷)：映□，诗四房。壬辰年二月二十八日生，清水人。甲子二十三名，会试二百七十一名，三甲二百八十六名。户部□政。

康熙二十七年《巩昌府志》卷二五见载。

《甘肃通志》：清水人。

《甘肃新通志》：陇西人，副使。

《甘肃通志稿》：清水人。

崇祯十年(1637)丁丑科

三甲第二十三名进　郭九围　(《明清进士题名碑录索引》)

郭九围，字函九，陕西陇西人。任山西太原府推官，升刑部给事中。

天一阁藏《崇祯十年丁丑科进士三代履历》：巩昌府人，□□□，诗二房。壬子二月十一日生，陇西县人。癸酉五十八名，会试一百七十八名，三甲二十三名。大理寺观政，授山西太原府推官。

上图藏《崇祯十年丁丑进士三代履历便览》(一卷)：郭充，函九，治《诗经》，壬子年二月十一日生，陇西县人。癸酉乡试五十八名，会试二百七十八名，三甲二十三名。□□观政，本年六月授太原府推官，壬午考选刑科给事中，□□□□。

康熙二十七年《巩昌府志》卷二五载郭充原名郭九围。

《甘肃通志》：陇西人，给事中。

《甘肃新通志》：陇西人，给事中。

《甘肃通志稿》：巩昌人。

崇祯十三年(1640)庚辰科

一甲一名　魏藻德　(《明清进士题名碑录索引》)

魏藻德,顺天府通州人。

《甘肃通志》不载。

《甘肃新通志》:通渭人,云南北胜州知州。

《甘肃通志稿》:通渭人。

韩三杰　(《明清进士题名碑录索引》不见载)

《甘肃通志》:通渭人,知州。

《甘肃新通志》:通渭人,知州。

《甘肃通志稿》:通渭人。

崇祯十五年(1642)壬午科

特第三十一名　郭弥芳　(《明清进士题名碑录索引》)

郭弥芳,陕西陇南人。

《甘肃通志》、《甘肃新通志》、《甘肃通志稿》、《登科录》、《会试录》均不见载。

特二百二十五名　王廷霈　(《明清进士题名碑录索引》)

王廷霈,陕西永昌卫人。

《甘肃通志》、《甘肃新通志》、《甘肃通志稿》、《登科录》、《会试录》均不见载。

特二百四十七名　郑抚民　(《明清进士题名碑录索引》)

郑抚民,陕西宁夏后卫人。

《甘肃通志》无载。

《甘肃新通志》:宁夏后卫人。

《甘肃通志稿》:宁夏。

特二百五十二名　李倬　(《明清进士题名碑录索引》)

李倬,陕西庆阳卫人。

《甘肃通志》、《甘肃新通志》、《甘肃通志稿》、《登科录》、《会试录》均不见载。

崇祯十六年(1643)癸未科

三甲第二百一十三名　曹毓芬　(《明清进士题名碑录索引》)

曹毓芬,陕西永昌卫。

上图藏《崇祯十六年癸未科进士三代履历便览》(一卷):□□二房。戊申年九月二十一日生,永昌卫人。癸酉四十一名,会试七十二名,三甲二百三名。礼部观政。

《甘肃通志》:永昌人,知县。

《甘肃新通志》:永昌人,知县。

《甘肃通志稿》:永昌人。

第二节　清代甘宁青籍进士征录

顺治九年(1652)壬辰科[1]

三甲第五十一名　彭翮　(《皇清陕西历科进士录》)

彭翮,字羽,陕西庆阳府真宁人。戊子乡试第三十一名,会试第三百八十八名。授陕西平阳府推官。

国图藏《顺治九年壬辰科会试四百七名进士履历便览》(清顺治刻本):彭翮,字羽平,庚戌九年初五日生,真宁人。戊子乡试第三十一名,会试第三百八十八名,殿试三甲第五十一名。兵部观政,授山西平阳府推官。

《甘肃通志》、《甘肃新通志》:真宁人,推官。

《甘肃通志稿》:正宁人。

三甲第一百八十八名　张晋　(《皇清陕西历科进士录》)

张晋,字康侯,号戒庵,陕西临洮府狄道县人。辛卯乡试第十三名,会试第四十二名。授江南丹徒知县,顺治十四年任乡试同考官。著有《张康侯诗草》。

---

[1] 顺治八年辛卯科乡试陕西考官:吏部主事(清黄崇兰《国朝贡举考略》卷一载为员外)范光文,字潞公,浙江鄞县人,己丑进士;工部员外郎(《国朝贡举考略》卷一载为主事)梁知先,字郎公,山东邹平人,丙戌进士。解元萧恒,字月安,三原人,壬辰进士。(清法式善《清秘述闻》卷一)

国图藏《顺治九年壬辰科会试四百七名进士履历便览》(清顺治刻本)：张晋,字康侯,丁卯年七月初九日生,狄道人。辛卯乡试第十三名,会试第四十二名,殿试三甲第一百八十八名。刑部观政,授江南丹徒知县。

顺治十二年(1655)乙未科[1]

三甲第一百九十六名　慕天颜　(《皇清陕西历科进士录》)

慕天颜,字拱极,一字鹤鸣,陕西平凉府静宁州人。丙戌乡试第四十二名,会试第二百九十五名。官总督漕运,祀乡贤,知钱塘县,迁江苏布政使,康熙间官至江苏巡抚加太子太保,旋迁兵部尚书兼右副都御史,后迁漕运总督。

国图藏《顺治十二年乙未科会试三百八十五名进士三代履历便览》(清顺治刻本)：慕天颜,字鹤鸣,庚午年十二月□日吉时生,陕西静宁州平凉府人。丙戌乡试第四十二名,会试第二百九十五名,殿试三甲第一百九十六名。吏部观政,丁酉授浙江钱塘知县。

三甲第二百六十二名　黄虞再　(《皇清陕西历科进士录》)

黄虞再,字泰升,陕西巩昌府伏羌县人。甲午乡试第四名,会试第三百四十一名。官江西提督道,历任江西奉新县知县,以政绩升刑部主事,转员外郎、礼部郎中、江西提学佥事等。

国图藏《顺治十二年乙未科会试三百八十五名进士三代履历便览》(清顺治刻本)：黄虞再(1627—1680),又名虞载,字泰升(字宇九,号泰升),辛未年八月十九日生,巩昌府伏羌人。甲午乡试第四名,会试三百四十一名,殿试三甲第二百六十二名。大理寺观政。

顺治十五年(1658)戊戌科[2]

三甲第一百三十四名　胡大定　(《皇清陕西历科进士录》)

胡大定,字正庵,陕西平凉籍,江西金溪人。顺天甲午乡试第四十八

---

[1]　顺治十一年甲午科乡试陕西考官：吏部员外郎沈焊,字蕴公,浙江乌程人,己丑进士；户部员外郎陆朝瑛,字石斋(《国朝贡举考略》卷一载为石垒),江南吴县人,丁亥进士。解元雷庄,咸宁人(《国朝贡举考略》卷一载为教谕)。(《清秘述闻》卷一)

[2]　顺治十四年丁酉科乡试陕西考官：吏部主事刘祚远,字子延,山东安邱人,乙未进士；礼部员外郎陈戬,字□□,浙江仁和人,乙未进士。解元王景暄,汉中人。(《清秘述闻》卷一)

名,会试第三百二十名。授广东博罗知县,任淮徐兵备道,迁登州知州,擢兵部员外郎。

国图藏《顺治十五年会试录一卷》(清顺治刻本):胡大定,陕西平凉县监生。

顺治十六年(1659)己亥科[1]

三甲三十九名　黄玉铉　(《皇清陕西历科进士录》)

黄玉铉,字振公,号汉崖,洋县人(一作漳县人)。戊子乡试第三十二名,会试第二百十八名,殿试三甲第三十九名。

《增校清朝进士题名碑录(附引得)》、《明清进士题名碑录索引》:黄玉铉,三甲三十九名,陕西巩昌府漳县人。

国图藏《顺治十六年己亥科会试进士三代履历便览》(清顺治刻本):黄玉铉,字振公,治《易经》,丁卯年十二月初六日生,洋县人。戊子乡试三十二名,会试二百一十八名,三甲三十九名。都察院观政。

按:《甘肃通志》、《甘肃新通志》、《甘肃通志稿》均不载,又查康熙二十七年《巩昌府志》及民国《重修漳县志》均无黄玉铉记载,清邹容修《洋县志》卷四《人物》载黄玉铉为顺治己亥进士,可确定黄玉铉非甘肃籍进士。

顺治十八年(1661)辛丑科[2]

二甲第六名　米汉雯　(《皇清陕西历科进士录》)

米汉雯,字紫来,号秀岩,直隶宛平籍,陕西安化人。丁酉乡试第五十六名,会试第一百六十二名,殿试二甲第六名。历官日讲官、主事,河南长葛、江西建昌县知县,授翰林院编修,官至侍讲学士。著有《始存集》、《漫园诗集》等。

《甘肃新通志》:陕西安化人,翰林院侍讲。

《增校清朝进士题名碑录(附引得)》、《明清进士题名碑录索引》:米汉雯,顺天府大兴县人。

---

[1] 顺治十六年己亥科会试以云贵需人,今秋再行会试。
[2] 顺治十七年庚子科乡试陕西考官:吏部主事尹源进,字澜柱,广东东莞人,乙未进士;刑部郎中陈年谷,字丰之,汉军正红旗人(《国朝贡举考略》卷一载为奉天人),乙未进士。解元梁联馨,平凉人,甲辰进士(《通志》是科解元作周栖凤,咸阳人)。(《清秘述闻》卷一)

按:《甘肃通志》不见载,又查《庆阳府志》及《安化县志》均不见载,可确定米汉雯非甘肃籍进士。

三甲第一百名　丁斗柄　(《皇清陕西历科进士录》)

丁斗柄,字向桓,宁夏右卫人。丁酉乡试第二十七名,会试第九十八名。

国图藏《顺治十八年辛丑科会试四百名进士三代履历便览》:丁斗柄,字向桓,己巳年十二月二十七日生,宁夏右卫人。丁酉乡试二十七名,会试九十八名,三甲□名。户部观政。

《甘肃通志》、《甘肃新通志》、《甘肃通志稿》均作丁斗南。

按:《增校清朝进士题名碑录(附引得)》、《明清进士题名碑录索引》作丁斗柄,三甲九十九名。

三甲第二百八十名　杨纯臣　(《皇清陕西历科进士录》)

杨纯臣,字衷丹,陕西巩昌府漳县人。甲子乡试第四十七名,会试第五名。任山东青城知县。

国图藏《顺治十八年辛丑科会试四百名进士三代履历便览》:杨纯臣,字秉丹,戊申年十月十五日生,陕西巩昌府漳县人。甲子乡试三十七名,会试五名,殿试三甲二百八十名。礼部观政。

三甲第二百八十四名　蒲珩　(《皇清陕西历科进士录》)

蒲珩,字佩珩,陕西巩昌府秦州人。庚子乡试第三十七名,会试第一百二名。广西藤县知县。

国图藏《顺治十八年辛丑科会试四百名进士三代履历便览》:蒲珩,字佩珩,[治]《易》,丙寅年正月初二日生,秦州人。庚子三十七名,会试一百二名,殿试三甲二百八十四名。刑部观政。

康熙三年(1664)甲辰科[1]

二甲第十一名　梁聊馨　(《皇清陕西历科进士录》)

梁聊馨,字桐樵,陕西平凉府平凉人。顺治十七年庚子科乡试解元,会试第五十一名。由内阁中书升兵部员外郎,后任工部都水司员外郎。

---

[1] 康熙二年癸卯科乡试陕西考官:吏部员外郎刘子正,字坦公,直隶吴桥人,乙未进士;户部主事许畅,字琴公,江南江宁人,壬午举人。解元杨光训,长安人。(《清秘述闻》卷一)

康熙九年(1670)庚戌科[1]

三甲第二百二十四名　张辅辰　(《皇清陕西历科进士录》)

张辅辰,字澹庵,陇州籍伏羌人。己酉乡试第十二名,会试第一百五名。官江苏赣州信丰知县。著有《攀骊集》。

《甘肃通志》、《甘肃新通志》、《甘肃通志稿》作张辅宸,知县。

康熙十五年(1676)丙辰科[2]

三甲第八十二名　刘芳世　(《皇清陕西历科进士录》)

刘芳世,字彦度,江南江都籍,陕西兰州人。己酉乡试第四名,会试第八十六名。

国图藏《康熙十五年丙辰科会试二百九名进士三代履历便览》(一卷)(康熙刻本):扬州府十人。刘芳世,字彦度,治《易经》,丁亥年十一月二十一日生,兰州籍,江都人。己酉四名,会试八十六名,三甲八十二名。

《甘肃新通志》、《甘肃通志稿》见载,《甘肃通志》不见载。

《皇清陕西历科进士录》作江南江都籍,兰州人。

《明清进士题名碑录索引》作江南江都人。

康熙十八年(1679)己未科[3]

三甲第一百八名　武筹　(《皇清陕西历科进士录》)

武筹,字笔山,陕西巩昌府伏羌县人。壬子乡试第三十八名,会试第六十九名。广东番禺知县。

国图藏《康熙十八年己未科会试进士三代履历便览》:武筹,字笔山,治《易》,壬辰十二月十二日生,伏羌人。壬子三十八名,会试六十九名,殿试三甲一百八名。

---

[1] 康熙八年己酉科乡试陕西考官:修撰徐元文,字公肃,江南昆山人,己亥进士;兵部主事(《国朝贡举考略》卷一载为评事)迟煊,字默生,汉军正白旗人(《国朝贡举考略》卷一载为奉天广宁人),乙未进士。解元周蒲璧,字四峰,商州人,壬戌进士(《国朝贡举考略》卷一载为检讨)。(《清秘述闻》卷二)

[2] 康熙十四年乙卯科乡试,三藩反清,陕西停科。

[3] 康熙十七年戊午科乡试陕西考官:吏部郎中郑重,字山公(《国朝贡举考略》卷一载为次公),福建建安人,戊戌进士;刑部主事俞陈琛,字梦符,浙江钱塘人,庚戌进士。解元杨容,字孚若,华州人,甲戌进士。(《清秘述闻》卷二)

康熙二十一年(1682)壬戌科[1]

二甲第二十五名　慕琛　(《皇清陕西历科进士录》)

慕琛,字见时,陕西平凉府静宁州人,(顺治)乙未进士慕天颜子。乡试第十名,会试第一百四十七名。历官工科掌印给事中。

《甘肃通志》、《甘肃新通志》:礼科给事中。

康熙二十四年(1685)乙丑科[2]

三甲第四名　李渻仁　(《皇清陕西历科进士录》)

李渻仁,字芳崖,江南扬州籍,宁夏卫人。乙卯乡试第三十名,壬戌会试第一百三名。

国图藏《康熙二十四年乙丑科会试一百五十名进士三代履历便览》:李渻仁,字芳崖,书三房,甲午年九月二十七日生,江都人。乙卯乡试三十七名,会试一百三名,乙丑补殿试三甲四名。

《甘肃通志》不见载,《甘肃新通志》、《甘肃通志稿》见载,其中《甘肃通志稿》作李清仁。

《明清进士题名碑录索引》作李渻仁,江南江都人。

康熙二十七年(1688)戊辰科[3]

三甲第六十六名　宋朝楠　(《皇清陕西历科进士录》)

宋朝楠(1655—1709),字于蕃,号敬斋,又号拙庵,陕西巩昌府陇西县人。甲子乡试第九名,会试第五十五名,殿试三甲第六十六名。入选翰林

---

[1] 康熙二十年辛酉科乡试陕西考官:工科给事中许承宣,字力臣,江南江都人,丙辰进士;编修汪霦,字东川(《国朝贡举考略》卷一载为朝彩),浙江钱塘人,己未鸿博。解元范光宗,字谈一,邠阳人,戊辰进士(《国朝贡举考略》卷一载为赞善)。(《清秘述闻》卷二)

[2] 康熙二十三年甲子科乡试陕西考官:侍讲李振裕(《国朝贡举考略》卷一载为李振玉),字维饶,江西吉水人,庚戌进士;吏部员外郎汪錞,字钟如,湖广江夏人,庚戌进士。解元张曾庆,字昆诏,华州人,辛未进士(《国朝贡举考略》卷一载为御史)。(《清秘述闻》卷二)

[3] 康熙二十六年丁卯科乡试陕西考官:侍讲高裔,字案侯,顺天宛平人,丙辰进士;内阁中书许日琮,字亦苍,浙江钱塘人,丁未进士。解元孙鐔,邠州人。(《清秘述闻》卷三)

院庶吉士,散馆由检讨转广西道御史,再内调任太仆寺少卿、通政使司正卿、佥都御使等职,官通政使司右通政。

朱汝珍《词林辑略》:宋朝楠,字于蕃,陇西人,散馆授检讨,官至左佥都御史。

《甘肃通志》、《甘肃新通志》:佥都御史。

《增校清朝进士题名碑录(附引得)》、《明清进士题名碑录索引》:三甲六十六名,宋朝楠,陕西巩昌府陇西县人。

康熙三十年(1691)辛未科[1]

三甲第四十二名　张寿岗　(《皇清陕西历科进士录》)

张寿岗,字鹤峰,陕西平凉府平凉县人。庚午乡试第七名,会试第二十九名。翰林院庶吉士,现任湖广荆州府同知。

朱汝珍《词林辑略》:字广州,号鹤峰。散馆规班,官至湖北荆州府同知。

《增校清朝进士题名碑录(附引得)》、《明清进士题名碑录索引》作张寿峒。

康熙三十三年(1694)甲戌科[2]

三甲第六名　孟之珪　(《皇清陕西历科进士录》)

孟之珪,字瑞三,陕西灵州直隶州人。顺天癸酉乡试第七十六名,会试第一百五十八名。原铨广东华县知县。

康熙三十九年(1700)庚辰科[3]

三甲第二十八名　韩遇春　(《皇清陕西历科进士录》)

韩遇春,字曦仙,陕西巩昌府清水县人。甲子乡试第十三名,会试第二

---

[1] 康熙二十九年庚午科乡试陕西考官:侍讲学士王顼龄,字颛士,江南华亭人,已未鸿博(《国朝贡举考略》卷一载为丙辰);刑科给事中钱绍隆,字仲扶,浙江嘉兴人,癸丑进士。解元郭杞,字鑑云,耀州人,庚辰进士(《国朝贡举考略》卷一载为员外)。(《清秘述闻》卷三)

[2] 康熙三十二年癸酉科乡试陕西考官:编修汪灏,字文漪,山东临清人,乙丑进士;礼科给事中王原祁,字茂京,江南太仓人,庚戌进士。解元萧蕙,邠州人。(《清秘述闻》卷三)

[3] 康熙三十八年己卯科乡试陕西考官:庶子陈元龙,字广陵(《国朝贡举考略》卷一载为乾峦),浙江海宁人,乙丑进士;检讨海宝,字天植,满洲镶白旗人,甲戌进士。解元王鹏程,朝邑人。(《清秘述闻》卷三)

十四名。翰林院检讨。

上图藏《康熙三十九年庚辰科会试中式同年录》（钞本）：韩遇春，字曦仙，甲午十二月十四日生，巩昌清水廪。易三，甲子十三名，会试二十四名，殿试三甲。

朱汝珍《词林辑略》：散馆授检讨。

《甘肃通志》、《甘肃新通志》：庶吉士。

三甲第九十九名　孙克明　（《皇清陕西历科进士录》）

孙克明，字莰峰，陕西甘肃镇番卫人。甲子乡试第四十二名，会试第八十七名。湖广通城知县。

上图藏《康熙三十九年庚辰科会试中式同年录》（钞本）：孙克明，字鑑涵，号莰峰，庚子十月初七日生，甘肃镇番卫廪。易四，甲子四十二名，会试八十七名，三甲。

康熙四十二年（1703）癸未科[1]

吕光悦

吕光悦，西宁人，吏部郎中。

《甘肃新通志》、《甘肃通志稿》有载，但无科第名次。

又《皇清陕西历科进士录》、《甘肃通志》不见载，《明清进士题名碑录索引》亦不见载，可以确定吕光悦非甘肃籍进士。

康熙四十五年（1706）丙戌科[2]

三甲第一百一十九名　谢王宠　（《皇清陕西历科进士录》）

谢王宠，字观斋，宁夏后卫人。壬午乡试第三十一名，会试第一百二名。翰林院检讨。

朱汝珍《词林辑略》：字宾于，号观斋。散馆授检讨，历官左副都御史，

---

[1] 康熙四十一年壬午科乡试陕西考官：副都御史张睿，字涵白，江南山阳人，己未进士；御史吴甫生，字宣吕（《国朝贡举考略》卷一载为敬亭），湖广兴国人，甲戌进士。解元刘大年，绥德人。（《清秘述闻》卷三）

[2] 康熙四十四年乙酉科乡试陕西考官：中允凌绍雯，字子文，浙江仁和人，戊辰进士；礼部主事王俊，字□□，山东齐河人（《国朝贡举考略》卷一载为济河人），戊辰进士。解元王承烈，字逊公（《国朝贡举考略》卷一载为逊功），泾阳人，己丑进士（《国朝贡举考略》卷一载为侍郎）。（《清秘述闻》卷三）

左迁宗人府府丞。著有《愚斋反经》。

《甘肃通志》、《甘肃新通志》、《甘肃通志稿》：灵州人,宗人府丞。

《增校清朝进士题名碑录(附引得)》、《明清进士题名碑录索引》：谢王宠,三甲一百九十名。

康熙四十八年(1709)己丑科[1]

三甲第七十二名　刘云鹤　(《皇清陕西历科进士录》)

刘云鹤,字瞬千,兰州卫人。戊子乡试第六名,会试第十五名。任山丹卫教授,授江南福泉知县。

《增校清朝进士题名碑录(附引得)》、《明清进士题名碑录索引》作刘云翱。

《甘肃通志》、《甘肃新通志》、《甘肃通志稿》作刘云鹤,教谕。

三甲第一百八十七名　傅之铨　(《皇清陕西历科进士录》)

傅之铨,慎斋,泾阳人。丙子乡试三十九名,丙戌会试一百六十二名,殿试三甲一百八十七名。

《增校清朝进士题名碑录(附引得)》、《明清进士题名碑录索引》：傅之铨,陕西宁夏卫人,三甲第一百八十七名。

《甘肃通志》、《甘肃新通志》、《甘肃通志稿》不见载。

乾隆《宁夏府志》(清张金城修)不见载。雍正《陕西通志》卷三〇《选举志》载：傅之铨,康熙四十八年己丑科进士,陕西泾阳人。道光《泾阳县志》卷八《选举谱》载：傅之铨,康熙四十八年进士,上海知县。

康熙五十一年(1712)壬辰科[2]

三甲第一百一十一名　孙诏　(《皇清陕西历科进士录》)

孙诏,字素书,凉州卫人。壬午乡试第三十七名,会试第一百二十八名。翰林院庶吉士,后提升为宁波知府,迁宁绍道尹,转任两浙盐运使,进

---

[1] 康熙四十七年戊子科乡试陕西考官：庶子顾悦履,字丹宸,浙江海宁人,甲戌进士；吏部员外郎段曦,字罗青,云南安宁人,丁丑进士。解元来文燨,富平人。(《清秘述闻》卷四)

[2] 康熙五十年辛卯科乡试陕西考官：吏科给事中常绅,字□□,直隶雄县人,壬戌进士；编修涂天相,字宏亮(《国朝贡举考略》卷一载为燮庵),湖广孝感人,癸未进士。解元卢常吉,商州人。(《清秘述闻》卷四)

而升任江西按察使。

朱汝珍《词林辑略》：字凤书，号友石，陕西武威人。散馆改知县，官至湖北布政使。

《甘肃通志》：宁绍台道。

《甘肃新通志》：湖北布政使。

三甲第一百一十九名　潘祥　（《皇清陕西历科进士录》）

潘祥，兰峰，一作大千，靖远人。壬午乡试第十三名，会试第四十六名，殿试三甲。著有《大千文集》。

朱汝珍《词林辑略》：字大千，号拙斋，陕西靖远人。散馆授检讨，官至四川顺庆府知府。

《甘肃通志》、《甘肃新通志》作靖远人，编修。

康熙五十二年(1713)癸巳恩科[1]

三甲第九十五名　巩建丰　（《皇清陕西历科进士录》）

巩建丰，字子文，号渭川，又号介亭，陕西巩昌府伏羌县人。乡试第九名，会试第四十九名。任日讲官、翰林院侍讲学士，提督云南学政。

朱汝珍《词林辑略》：散馆授检讨。著有《朱圉山人集》。

康熙五十四年(1715)乙未科[2]

三甲第十名　栗尔璋　（《皇清陕西历科进士录》）

栗尔璋，字兰溪，陕西宁夏卫人。甲午乡试第四十三名，会试第一百四名。现任翰林院庶吉士。

朱汝珍《词林辑略》：字圭如，号兰溪。散馆授检讨，改广东道监察御史。

《甘肃通志》：员外。

三甲第五十六名　王用中　（《皇清陕西历科进士录》）

王用中，字东山，又字子极，陕西甘州左卫人。戊子乡试第二名，会试

---

[1] 康熙五十二年癸巳恩科乡试(二月举行，直省同)陕西考官：编修俞长策，字驭世，浙江桐乡人，丙戌进士；工部员外郎李士瑜，字子佩，顺天永清人（《国朝贡举考略》卷一载为直隶永清人），庚辰进士。解元张大本，郃阳人。（《清秘述闻》卷四）

[2] 康熙五十三年甲午乡试陕西考官：侍讲杨名时，字宾实，江南江阴人，辛未进士；编修索泰，字介山，满洲镶黄旗人，丙戌进士。解元孙昭，安定人，癸卯进士。（《清秘述闻》卷四）

第一百六十三名,官知县。著有《诗文合录》四卷。

康熙五十七年(1718)戊戌科[1]

三甲第三十二名　蔡曰逢　(《皇清陕西历科进士录》)

蔡曰逢,字方卜,陕西巩昌府秦安县人。癸巳乡试第三名,会试第一百二名。现任翰林院庶吉士,散馆后授检讨,后调刑部广西司主事,后任兵部武选司主事,提拔为员外郎、郎中。

《甘肃通志》、《甘肃新通志》:检讨,登州府知府。

三甲第四十八名　李根云　(《皇清陕西历科进士录》)

李根云,字玉成,号仙蟠,云南赵州籍,陕西平凉人。丁酉乡试第七名,会试第一百二十一名。授翰林院庶吉士,散馆授翰林院检讨,雍正四年出任山东主考官,官至两淮盐运使,迁光禄寺卿。

朱汝珍《词林辑略》:字玉成,号仙蟠,云南赵州人。散馆授翰林院检讨,官至两淮盐运使。

三甲第九十三名　解震泰　(《皇清陕西历科进士录》)

解震泰,字履菴,宁夏卫人。癸巳乡试第二十七名,会试第二十五名。翰林院庶吉士。

朱汝珍《词林辑略》:字履安,甘肃宁夏人。散馆除名。

《甘肃新通志》不见载。

康熙六十年(1721)辛丑科[2]

三甲第二十八名　杨魁甲　(《皇清陕西历科进士录》)

杨魁甲,字宾升,宁朔人。庚子乡试第四十七名,会试第一百五十三名,殿试三甲第二十八名。翰林院庶吉士,山西吉州知州。

朱汝珍《词林辑略》:三甲二十八名,杨魁甲,字宾升,甘肃宁夏人。散

---

[1] 康熙五十六年丁酉科乡试陕西考官:检讨王时宪,字若千,江南太仓人,己丑进士;内阁中书(《国朝贡举考略》卷一载为检讨)塞楞额,字允恭,满洲正白旗人,己丑进士。解元陈世蕴,洛川人。(《清秘述闻》卷四)

[2] 康熙五十九年庚子科乡试陕西考官:谕德彭维新,字肇周,湖广茶陵人,丙戌进士;修撰王世琛,字宝傅,江南长洲人,壬辰进士。解元李天秀字子俊,华阴人,癸丑进士(《国朝贡举考略》卷一载为庶常)。(《清秘述闻》卷四)

馆改山西吉州知州。

《甘肃通志》、《甘肃新通志》、《甘肃通志稿》：平罗人，吉州知州。

《增校清朝进士题名碑录(附引得)》、《明清进士题名碑录索引》：杨魁甲，三甲二十八名，陕西宁夏府宁夏县人。

雍正元年(1723)癸卯恩科[1]

二甲第五十四名　卢生薰　(《皇清陕西历科进士录》)

卢生薰，字文馥，陕西镇番卫人。癸卯乡试第十二名，会试第十七名。翰林院庶吉士。

朱汝珍《词林辑略》：字文馥，号同滨，陕西镇番人。

三甲第一百五十七名　孙诏　(《皇清陕西历科进士录》)

孙诏，字绍衣，号古拙，别号木斋山人，陕西巩昌府安定县人。康熙五十三年陕西乡试第一名解元，会试第七十七名，殿试三甲第一百五十七名。任广西迁江知县。著有《遂初堂诗草》。

《甘肃通志》、《甘肃新通志》、《甘肃通志稿》：安定人，迁江县知县。

《增校清朝进士题名碑录(附引得)》、《明清进士题名碑录索引》作孙昭，陕西安定人。

江庆柏《清代进士题名录》作陕西延安府安定县人，误。

三甲第一百七十六名　朱谌　(《皇清陕西历科进士录》)

朱谌，字子诚，陕西平凉府平凉县人。庚子乡试第四名，会试第一百六名。

《甘肃通志》、《甘肃新通志》、《甘肃通志稿》作平凉人。

三甲第一百七十七名　陈长复　(《皇清陕西历科进士录》)

陈长复，字来心，陕西巩昌府陇西县人。庚子乡试第十七名，会试第二十七名，殿试三甲第一百七十七名。以候选殁于京。著有《寿山集》。

《增校清朝进士题名碑录(附引得)》、《明清进士题名碑录索引》：陈长复，三甲一百七十七名，陕西巩昌府陇西县人。

《甘肃通志》、《甘肃新通志》、《甘肃通志稿》都作陇西人。

---

[1] 雍正元年癸卯恩科乡试(二月举行，直省同)陕西考官：侍读王国栋，字左吾，汉军镶红旗人(《国朝贡举考略》卷二载为奉天人)，癸巳进士(《国朝贡举考略》卷二载为乙未)；编修吴家骐，字晋绮，浙江桐乡人(《国朝贡举考略》卷二载为浙江归安人)，戊戌进士。解元王炎，渭南人，丁巳进士。(《清秘述闻》卷五)

雍正二年(1724)甲辰科[1]

三甲第九十八名　何宗韩　(《皇清陕西历科进士录》)

何宗韩(1687—1744),字桐籓,又字对溪,陕西巩昌府文县人。戊子乡试第三十四名,会试第一百四十八名。授礼部主事,此后历任仪制司主事、山西副考官、祭祠司员外郎、刑部福建司郎中、江南庐凤道大理寺少卿、崇祀乡贤等职。著有《族谱》、《敦仁堂集》等。

《甘肃通志》、《甘肃新通志》:庐凤道佥事。

三甲第一百四十五名　夏之瑚　(《皇清陕西历科进士录》)

夏之瑚,字荐玉,陕西巩昌府阶州人。甲辰乡试第二十五名,会试第二十三名。

雍正五年(1727)丁未科[2]

三甲第五十一名　汪执桓　(《皇清陕西历科进士录》)

汪执桓,字锐升,号碧峰,巩昌府陇西盐川人。雍正五年三甲第五十一名进士。历任直隶灵寿、江西庐陵等县知县,升刑部主事,授奉直大夫。

《增校清朝进士题名碑录(附引得)》、《明清进士题名碑录索引》:汪执桓,三甲第五十一名,陕西巩昌府陇西县人。

《甘肃通志》、《甘肃新通志》作陇西人,灵寿县知县。

三甲第一百三名　李愃　(《皇清陕西历科进士录》)

李愃,字诚菴,陕西宁夏府灵州人。戊子乡试第三十九名,会试第二百名。现任礼部主政。

《增校清朝进士题名碑录(附引得)》、《明清进士题名碑录索引》:三甲一百三名,陕西宁夏府灵州人。

---

[1] 雍正二年甲辰科乡试陕西考官:御史陆赐书,字愚正,江南长洲人,丙戌进士;编修徐雪瑞(《国朝贡举考略》卷二载为徐云瑞),字卿生(《国朝贡举考略》卷二载为卿升),浙江钱塘人,壬辰进士。解元游德宜(《国朝贡举考略》卷二载为游得宜),字圣衢,大荔人,丙辰进士(《国朝贡举考略》卷二载为庶常)。(《清秘述闻》卷五)

[2] 雍正四年丙午科乡试陕西考官:御史刘嵩龄,字洵直,顺天宝坻人,癸巳进士;宗人府主事耿之昌,字约斋(《国朝贡举考略》卷二载为约垒),河南虞城人,壬辰进士。解元唐若时,渭南人,丙辰进士。(《清秘述闻》卷五)

按：《甘肃通志》、《甘肃新通志》、《甘肃通志稿》此科不载，见载于康熙五十四年乙未科。

三甲第一百五十四名　马荣朝　（《皇清陕西历科进士录》）

马荣朝，字上卿，号红崖，陕西巩昌府陇西县人。辛卯乡试第十五名，会试第一百九十七名，殿试三甲第一百五十四名。河南西平知县。著有《红崖福堂遗稿》。

《甘肃通志》、《甘肃新通志》：陇西人，西平县知县。

《甘肃通志稿》：陇西人。

雍正八年（1730）庚戌科[1]

三甲第一百三十七名　王有德　（《皇清陕西历科进士录》）

王有德，字慎先，陕西凉州府镇番县人。甲辰乡试第四十七名，会试第十四名。知县。

《武威历代进士名录》（碑文，存武威文庙）：先后任山西榆次、湖南湘县知县。

三甲第二百四十九名　谢升　（《皇清陕西历科进士录》）

谢升，字允公，陕西宁夏府宁夏县人，康熙丙戌进士都察院左副都御史王宠子。己酉钦赐举人，会试第三百三十八名。

《甘肃通志》：灵州人。

三甲第二百七十一名　路于兖　（《皇清陕西历科进士录》）

路于兖，字东山，陕西平凉府镇原县人。己酉乡试第四十四名，会试第二百五十七名。选榆林府教授，充山西同考官。

《甘肃通志》、《甘肃新通志》、《甘肃通志稿》均作镇番人，误。

三甲第二百七十四名　苏暻　（《皇清陕西历科进士录》）

苏暻（又作苏璟），字元晖，号雪峰，陕西凉州府武威县人。己酉乡试第二十二名，会试第一百五十八名。山西文水知县。

《甘肃新通志》：山东汶上县知县。

---

[1] 雍正七年己酉科乡试陕西考官：户部员外郎冯祖悦，字敬斋（《国朝贡举考略》卷二载为敬斋），山西代州人，甲辰进士；编修开泰，字兆新，满洲正黄旗人，甲辰进士。解元孙龙竹，韩城人，庚戌进士。（《清秘述闻》卷五）

《武威历代进士名录》(碑文,存武威文庙):山西文水县知县。

雍正十一年(1733年)癸丑科[1]

三甲第一八三十三名　卢生莲　(《皇清陕西历科进士录》)

卢生莲,字文洁,陕西凉州府镇番县人。康熙五十三年乡试破额中举,甲午乡试第三十七名,会试第二百一十四名。授江西弋阳知县。

三甲第一百五十四名　张绣　(《皇清陕西历科进士录》)

张绣,字锦心,陕西平凉府固原县人。甲辰乡试第十三名,会试第二百九十八名,殿试三甲第一百五十四名。

《甘肃通志》不见载。

《甘肃新通志》、《甘肃通志稿》:三甲一百五十四名,张绣,固原人。

《增校清朝进士题名碑录(附引得)》、《明清进士题名碑录索引》:张绣,三甲一百五十四名,陕西平凉府固原州人。

乾隆元年(1736)丙辰科[2]

三甲第十七名　李玭　(《皇清陕西历科进士录》)

李玭,字君采,甘肃宁夏府灵州人。己酉乡试第五十六名,会试第二百八十名。

《甘肃新通志》、《甘肃通志稿》均作灵州人。

三甲第七十三名　刘叔堂　(《皇清陕西历科进士录》)

刘叔堂,字子升,陕西凉州府镇番县人。乙卯乡试第十一名,会试第一百六十名。现任刑部主事。

《甘肃新通志》:主事,保安县知县。

《武威历代进士名录》(碑文,存武威文庙):初授刑部山西司额外主事,后任陕西保安县知县。

---

[1] 雍正十年壬子科乡试陕西考官:编修吴文焕,字剑虹(《国朝贡举考略》卷二载为观侯),福建长乐人,辛丑进士;编修李天宠,字世来,福建南安人,乙未进士。解元上官德兴,字敬夫,朝邑人,壬戌进士。(《清秘述闻》卷五)

[2] 雍正十三年乙卯科乡试陕西考官:编修于辰,字向之(《国朝贡举考略》卷二载为北墅),江南金坛人,丁未进士;礼部郎中郭石渠,字介斿,贵州安化人,丁未进士。解元米嘉绩,字仲功,蒲城人。(《清秘述闻》卷五)

三甲第一百一十三名　吴之璘　(《皇清陕西历科进士录》)

吴之璘,字玉文,陕西平凉府平凉县人。乙卯乡试第四十二名,会试第三百三十八名。

《甘肃新通志》、《甘肃通志稿》均作平凉人,其中《甘肃新通志》作吴之遴。

三甲第一百七十七名　梁栋　(《皇清陕西历科进士录》)

梁栋,字飞虹,甘肃宁夏府灵州人。乙卯乡试第三十五名,会试第三百二十名。

《甘肃新通志》、《甘肃通志稿》均作灵州人。

乾隆二年(1737)丁巳科[1]

三甲第一百五十三名　杨名世　(《皇清陕西历科进士录》)

杨名世,字应五,陕西巩昌府陇西县人。壬子乡试第二十二名,会试第一百九十三名,殿试三甲第一百五十三名。

《甘肃新通志》、《甘肃通志稿》:陇西人。

《增校清朝进士题名碑录(附引得)》、《明清进士题名碑录索引》:乾隆二年丁巳恩科,三甲一百五十三名。陕西巩昌府陇西县人。

乾隆四年己未科(1739)[2]

二甲第六十八名　王化南　(《皇清陕西历科进士录》)

王化南,字荫棠,陕西凉州府武威县人。丙辰乡试第十五名,会试第二百四十三名。翰林院庶吉士,历任直隶、广昌、静海、怀来知县,后晋升山东平度州知州。

朱汝珍《词林辑略》:号雪崖。散馆改知县,官至山东莒州知州。

《甘肃新通志》:庶吉士,山东知州。

---

[1] 乾隆元年丙辰恩科乡试陕西考官:谕德嵇璜,字尚佐(《国朝贡举考略》卷二载为黼亭),江南无锡人,庚戌进士;检讨阮学浩,字裴园,江南山阳人,庚戌进士。解元王章。(《清秘述闻》卷五)

[2] 乾隆三年戊午科乡试陕西考官:编修董邦达,字孚存,浙江富阳人,癸丑进士;刑部主事张九钧,字陶甫(《国朝贡举考略》卷二载为陶万),湖南湘潭人,癸丑进士。解元卫学诗,字闻一,韩城人,壬戌进士。(《清秘述闻》卷五)

三甲第一百四十名　刘霖　（《皇清陕西历科进士录》）

刘霖,字苍泽,陕西宁夏府中卫县人。丙辰乡试第十八名,会试第九十六名,殿试三甲第一百四十名。

《增校清朝进士题名碑录(附引得)》、《明清进士题名碑录索引》：刘霖,三甲一百四十名,陕西宁夏府中卫县人。

《甘肃新通志》、《甘肃通志稿》：刘霖,中卫人。

三甲第一百五十六名　王肇基　（《皇清陕西历科进士录》）

王肇基,字子丕,陕西宁夏府中卫县人。乙卯乡试第二十五名,会试第一百九十三名,殿试第一百五十六名。

《增校清朝进士题名碑录(附引得)》、《明清进士题名碑录索引》：王肇基,三甲一百五十六名,陕西宁夏府中卫县人。

三甲第一百五十八名　石攻玉　（《皇清陕西历科进士录》）

石攻玉,字伯可,真宁人。丙午乡试第六十五名,会试第七十九名,前乙□科山西同考试官。任兰州府教授。著有《绎贤堂文集》、《诗经讲义》、《四书注解》等。

《增校清朝进士题名碑录(附引得)》、《明清进士题名碑录索引》：石攻玉,陕西庆阳府正宁县人。

《甘肃新通志》、《甘肃通志稿》不见载。

乾隆十年(1745)乙丑科[1]

二甲第九十名　梁济瀍　（《皇清陕西历科进士录》）

梁济瀍,字我东,陕西兰州府皋兰县人。辛酉乡试第一名,会试第二百八十二名,钦点翰林院庶吉士。

朱汝珍《词林辑略》：号静峰。散馆改主事,官至刑部郎中。

《甘肃新通志》：刑部郎中。

三甲第九十三名　郭成峻　（《皇清陕西历科进士录》）

郭成峻,字于天,陕西巩昌府岷州人。壬子乡试第四十一名,会试第十

---

[1] 乾隆九年甲子科乡试陕西考官：谕德兴泰,字孚山,满洲正黄旗人,丙辰进士;御史钱度,字希裴,江南武进人,丙辰进士。解元张馨,字秋芷,临潼人,乙丑进士(《国朝贡举考略》卷二载为御史)。(《清秘述闻》卷六)

八名。授直隶荣城县知县。

乾隆十三年(1748)戊辰科[1]

三甲第十八名　高遴　(《皇清陕西历科进士录》)

高遴,字子尤,甘肃宁夏府灵州人。辛酉乡试第四十一名,会试第二百一十七名。

乾隆十六年(1751)辛未科[2]

二甲第二十九名　路谈　(《皇清陕西历科进士录》)

路谈,字晋清,宁夏府宁夏县人。庚午科顺天乡试第一百四十四名,会试第一百三十一名,殿试二甲第二十九名,钦点翰林院庶吉士。

朱汝珍《词林辑略》：散馆授编修。

三甲第十三名　孙俌　(《皇清陕西历科进士录》)

孙俌,字仲山,号韦西,陕西凉州府武威县人。庚午科乡试第十一名,辛未科会试第二百二十八名,殿试三甲第十三名。

《甘肃新通志》：广东揭阳县知县。

《武威历代进士》(碑文,存武威文庙)作孙脯,广东翁源揭阳知县。

三甲第四十四名　吴墱　(《皇清陕西历科进士录》)

吴墱,字超西,陕西秦州秦安县人。甲子科乡试第六名,辛未科会试第十四名,殿试三甲第四十四名。官至河南通许知县。

三甲第九十三名　李方泰　(《皇清陕西历科进士录》)

李方泰,字桐音,陕西庆阳府安化县人。丁卯科乡试第五十七名,辛未科会试第一百十三名,殿试三甲第九十三名,钦点翰林院庶吉士。

《词林辑略》：字桐音,陕西安化人,散馆归班。

《甘肃新通志》、《甘肃通志稿》作李方泰,安化人,翰林院庶吉士。

---

[1] 乾隆十二年丁卯科乡试陕西考官：检讨程岩,字海苍,江西铅山人,己未进士;户部郎中时钧辙,字西岩(《国朝贡举考略》卷二载为若彬),江南嘉定人,癸丑进士。解元陈其策。(《清秘述闻》卷六)

[2] 乾隆十五年庚午科乡试陕西考官：刑科给事中汤聘,字稼堂(《国朝贡举考略》卷二载为稼轩),浙江仁和人,丙辰进士;编修李友棠,字西华,江西临川人,乙丑进士。解元赵文重,正宁人。(《清秘述闻》卷六)

《增校清朝进士题名碑录(附引得)》、《明清进士题名碑录索引》均作陕西庆阳府安化县人。

乾隆二十七年《重修庆阳府志》见载。

三甲第一百五十二名　南宫鼎　(《皇清陕西历科进士录》)

南宫鼎,字德宇,陕西凉州府永昌县人。庚午科乡试第四名,辛未科会试第一百四十九名,殿试三甲第一百五十二名。任岐阳府教授。

《增校清朝进士题名碑录(附引得)》、《明清进士题名碑录索引》:三甲一百五十二名,南宫鼎,陕西凉州府永昌县人。

《甘肃新通志》、《甘肃通志稿》:永昌人,凤翔府教授。

乾隆十七年(1752)壬申恩科[1]

二甲第三十三名　李芸芳　(《皇清陕西历科进士录》)

李芸芳,字湘洲,陕西凉州府武威县人。壬申科顺天乡试第八名,会试□□第十三名。任江西石城知县。著作有《迴飙草》、《省非草》等,现仅存《溉愚堂遗诗》手稿二卷。

《增校清朝进士题名碑录(附引得)》、《明清进士题名碑录索引》作李蕴芳。

《甘肃新通志》、《甘肃通志稿》作李蕴芳。

三甲第十六名　王宏善　(《皇清陕西历科进士录》)

王宏善,字协一,陕西凉州府镇番县人。丁卯科乡试第二十九名,会试第五十七名。官同州府教授。

《甘肃新通志》、《甘肃通志稿》:王宏善,镇番人。

三甲第一百二名　罗全诗　(《皇清陕西历科进士录》)

罗全诗,字冠南,陕西宁夏府中卫县人。甲子科乡试第三十三名,会试第一百三十九名。

《增校清朝进士题名碑录(附引得)》、《明清进士题名碑录索引》:三甲一百二名,罗全诗,陕西宁夏府中卫县人。

《甘肃新通志》、《甘肃通志稿》:罗全诗,中卫人。

---

[1] 乾隆十七年壬申恩科乡试(三月举行)陕西考官:侍读张九镒,字权万(《国朝贡举考略》卷二载为橘洲),湖南湘潭人,丁巳进士;编修杨述曾,字企山,江南阳湖人,壬戌进士(《国朝贡举考略》卷一载陈嗣韵典试此科)。解元张翼儒,通渭人。(《清秘述闻》卷六)

三甲第一百三十名　张士育　(《皇清陕西历科进士录》)

　　张士育,字隽公,陕西凉州府镇原县人。丁卯科乡试第四名,会试第二百一十三名。授当涂知县。

　　《甘肃新通志》、《甘肃通志稿》:张士育,镇原人。

乾隆十九年(1754)甲戌科[1]

三甲第一百二十九名　冯世和　(《皇清陕西历科进士录》)

　　冯世和,字泰宇,陕西甘州张掖县人。壬申科乡试第二十名,会试第七十三名。授四川永川知县。著有《出塞录》四卷。

　　国图藏《乾隆十九年甲戌科会试录》(清刻本):冯世和,陕西甘州府张掖县廪膳生。

　　《甘肃新通志》:四川富顺县知县。

乾隆二十二年(1757)丁丑科[2]

二甲第六十九名　陆允镇　(《皇清陕西历科进士录》)

　　陆允镇,字中夫,甘肃宁夏府灵州人。丁卯科乡试第十五名,会试第六十二名,殿试二甲第六十九名。

　　南京图书馆(以下简称南图)藏《乾隆丁丑科会试同年齿录》(不分卷):字中夫,号兰邺,行二,丁酉年九月六日生,甘肃宁夏府灵州民籍。廪膳生,治《诗经》。丁卯科乡试十五名,会试六十二名,殿试二甲六十九名进士。现任皋兰县教谕。

　　《甘肃通志稿》作宁州人。

三甲第五名　李荫椿　(《皇清陕西历科进士录》)

　　李荫椿,字千侯,陕西宁夏府宁夏县人。壬申科乡试第二十八名,会试第一百五十九名,殿试三甲第五名。

　　南图藏《乾隆丁丑科会试同年齿录》(不分卷)不见载。

---

[1] 乾隆十八年癸酉科乡试陕西考官:大理寺少卿张映辰,字星指,浙江仁和人(《国朝贡举考略》卷二载为钱塘人),癸丑进士;编修卢明楷,字端臣,江西宁都人,辛未进士。解元王大成。(《清秘述闻》卷六)

[2] 乾隆二十一年丙子科乡试陕西考官:庶子李宗文,字竹人(《国朝贡举考略》卷二载为延彬),福建安溪人,戊辰进士;吏部员外郎曹发先,字署山,江西新建人,戊辰进士。解元杨启聪。(《清秘述闻》卷六)

《甘肃新通志》、《甘肃通志稿》:李荫椿,宁夏人。

三甲第一百四十二名　郭成巍　(《皇清陕西历科进士录》)

郭成巍,字松岩,陕西巩昌府岷州人。甲子科乡试第九名,会试第一百四十七名。授四川荣昌县知县。

南图《乾隆丁丑科会试同年齿录》(不分卷)不载。

《甘肃新通志》、《甘肃通志稿》:郭成巍,岷州人。

乾隆二十六年(1761)辛巳恩科[1]

三甲第五十五名　刘作垣　(《皇清陕西历科进士录》)

刘作垣,字星五,陕西凉州府武威县人。丙子乡试第四十二名,会试第六十名。任安徽舒城县知县、泗州府知府。

《甘肃新通志》:安徽知州。

三甲第一百三十名　何浑　(《皇清陕西历科进士录》)

何浑,字星泉,陕西阶州文县人,甲辰进士、大理寺少卿、崇祀乡贤宗韩子。戊午乡试第四十八名,会试第一百三十二名。授广东存化知县。

《甘肃新通志》、《甘肃通志稿》:何浑,文县人。

乾隆二十八年(1763)癸未科[2]

三甲第八十六名　杨抡　(《皇清陕西历科进士录》)

杨抡,甘肃宁夏府中卫县人。乡试□名,会试□名。

《甘肃新通志》、《甘肃通志稿》均作中卫人。

乾隆三十一年(1766)丙戌科[3]

三甲第八名　张玘　(《皇清陕西历科进士录》)

张玘,字鸣相,陕西宁夏府宁夏人。乙酉乡试第四名,会试第二百

---

[1] 乾隆二十五年庚辰恩科乡试陕西考官:御史胡绍南,字衣菴(《国朝贡举考略》卷二载为衣庵),河南汝阳人,戊辰进士;编修朱佩莲,字东江,浙江海盐人,壬戌进士。解元雷尔杰,朝邑人。(《清秘述闻》卷六)

[2] 乾隆二十七年壬午科乡试陕西考官:御史吴绶诏,字青纡,江南歙县人,戊辰进士;编修王燕绪,字翼子,山东福山人,庚辰进士。解元张埰,宁夏人,己丑进士。(《清秘述闻》卷七)

[3] 乾隆三十年乙酉科乡试陕西考官:侍讲杨述曾,字二思,江南阳湖人,壬戌进士;宗人府主事左衢,字耕堂,江南桐城人,壬申进士。解元侯章,邠阳人。(《清秘述闻》卷七)

四名。

《甘肃新通志》、《甘肃通志稿》作张玭,宁夏人。

乾隆三十四年(1769)己丑科[1]

三甲第十一名　张埰　(《皇清陕西历科进士录》)

张埰,字应星,陕西宁夏府宁夏县人。壬午乡试第一名,会试第二十二名。

《甘肃新通志》、《甘肃通志稿》均作张琛。

三甲第十五名　张翱　(《皇清陕西历科进士录》)

张翱,字凤飏,号桐圃,陕西凉州府武威县人。乙酉乡试第五十五名,会试第六十八名,钦授户部额外主事。授户部郎中,出任江西吉安知府。著有《念初堂诗集》、《桐圃诗集》等。

《甘肃新通志》:户部额外主事、长沙府知府。

乾隆三十六年(1771)辛卯恩科[2]

三甲第四十七名　杨浣雨　(《皇清陕西历科进士录》)

杨浣雨,字滋瀍,陕西宁夏府宁夏人。庚寅乡试第十一名,会试第七名,殿试三甲第四十七名。

《甘肃新通志》、《甘肃通志稿》:杨浣雨,宁夏人。

乾隆三十七年(1772)壬辰科[3]

二甲第三十一名　冯灿　(《皇清陕西历科进士录》)

冯灿,陕西宁夏府宁夏县人。辛卯乡试第二十一名,会试第一百三十五名,钦点刑部额外主事。

---

[1] 乾隆三十三年戊子科乡试陕西考官:侍读学士哈靖阿(《国朝贡举考略》卷二载为阿靖阿),字士衢,满洲镶白旗人,乙丑进士;编修邹奕孝,字念乔,江南无锡人,丁丑进士。解元卢梦元,同州人。(《清秘述闻》卷七)

[2] 乾隆三十五年庚寅恩科乡试陕西考官:洗马史贻谟,字又襄,江南溧阳人,乙丑进士;户部员外郎杨嗣曾,字两松(《国朝贡举考略》卷二载为宛来),浙江海宁人,癸未进士。解元王琳,邻阳人。(《清秘述闻》卷七)

[3] 乾隆三十六年辛卯科乡试陕西考官:检讨熊为霖,字浣青,江西新建人,壬戌进士;编修王懿修,字勖嘉,江南青阳人,丙戌进士。解元朱谦,临潼人。(《清秘述闻》卷七)

《甘肃新通志》、《甘肃通志稿》：冯灿,宁夏人,刑部额外主事。

三甲第一百一名　李玩莲　(《皇清陕西历科进士录》)

李玩莲,字青藁,陕西巩昌府会宁县人。庚辰恩科乡试第二十一名,会试第八十三名。

《甘肃新通志》、《甘肃通志稿》：李玩莲,会宁人。

乾隆四十年(1775)乙未科[1]

三甲第六十九名　杨于果　(《皇清陕西历科进士录》)

杨于果,字硕亭,号审岩,陕西秦安府秦安县人。庚寅乡试第八名,会试第二十四名,以知县归吏部选用。著有《史汉笺论》四卷、《审岩斋诗文集》八卷。

《甘肃新通志》：荆州府通判。

三甲第七十七名　吴桂　(《皇清陕西历科进士录》)

吴桂,字可攀,陕西宁朔县人。乙酉乡试第十一名,会试第一百九名。

《增校清朝进士题名碑录(附引得)》、《明清进士题名碑录索引》：三甲第七十七名,吴桂,陕西宁朔县人。

《甘肃新通志》、《甘肃通志稿》：吴桂,宁朔人。

乾隆四十三年(1778)戊戌科[2]

三甲第八名　张位　(《皇清陕西历科进士录》)

张位,字伯素,号南园,陕西秦州秦安县人。甲午乡试第十九名,会试第一百三十三名,钦点翰林院庶吉士。散馆授检讨,充当国史馆纂修、武英殿协修。

朱汝珍《词林辑略》：散馆授检讨,改内阁中书。

三甲第六十五名　陈作枢　(《皇清陕西历科进士录》)

陈作枢,字文山,号南塘,宁夏府宁朔县人。戊子科乡试第二十四名,

---

[1] 乾隆三十九年甲午科乡试陕西考官：编修嵇承谦,字受之(《国朝贡举考略》卷二载为晴轩),江南无锡人,辛巳进士；宗人府主事姚梁,字甸之,浙江庆元人,己丑进士。解元张绎武,宁夏人。(《清秘述闻》卷七)

[2] 乾隆四十二年丁酉科乡试陕西考官：修撰陈初哲,字在初,江南元和人,己丑进士；户部主事程世淳(《国朝贡举考略》卷二载为程世錞),字端立,江南歙县人,辛卯进士。解元奚甲第,白水人。(《清秘述闻》卷七)

会试第二十七名。

《甘肃新通志》、《甘肃通志稿》：陈作枢，宁朔人。

三甲第六十六名　曹德元　(《皇清陕西历科进士录》)

曹德元，字善长，号东瀛，甘州府张掖县人。庚寅恩科乡试第四十二名，会试第九十七名。

《甘肃新通志》、《甘肃通志稿》：曹德元，张掖人。

乾隆四十五年(1780)庚子恩科[1]

三甲第九名　王晟　(《皇清陕西历科进士录》)

王晟，字晓亭，号杏洲，陕西宁夏府灵州人。丁酉乡试第二十一名，会试第一百三十一名，钦点翰林院庶吉士。

《甘肃新通志》、《甘肃通志稿》：王晟，灵州人，翰林院庶吉士。

三甲第六十七名　南济汉　(《皇清陕西历科进士录》)

南济汉，字汇东，号斗嵒，陕西凉州府永昌县人。己亥乡试第五十四名，会试第五十五名。

《甘肃新通志》、《甘肃通志稿》：南济汉，永昌人。

乾隆四十六年(1781)辛丑科[2]

三甲第十五名　严宜　(《皇清陕西历科进士录》)

严宜，字克训，号可亭，西宁府西宁县人。甲午乡试第五十四名，辛丑会试第六十四名。即用知县。

《甘肃新通志》：贵州知县，直隶蓟永盐运分司。

上图藏《乾隆辛丑科会试同年齿录》(清抄本，涵斋谨藏，附《粤西游草》)：字克训，号可亭，辛未十月二十一日辰时生，甘肃西宁府西宁县人，

---

[1] 乾隆四十四年己亥恩科乡试陕西考官：编修(《国朝贡举考略》卷二载为刑部员外郎)吴敬舆，字子贞(《国朝贡举考略》卷二载为恭铭)，江南娄县人，辛卯进士；刑部主事(《国朝贡举考略》卷二载为编修)祝云栋，字留村，河南固始人，辛卯进士。解元马钰，字念祖，咸宁人。(《清秘述闻》卷七)

[2] 乾隆四十五年庚子科乡试陕西考官：编修钱樾，字黼堂，浙江嘉善人，壬辰进士；编修裴谦，字子光，山西阳曲人，壬辰进士。解元柳迈祖，字宜斋(《国朝贡举考略》卷二载为振绪)，会宁人，丁未进士(《国朝贡举考略》卷二载为郎中)。(《清秘述闻》卷八)

民籍。乡试第五十四名,会试第六十四名。即用知县。

三甲第四十名　李实　(《皇清陕西历科进士录》)

李实,字子番,号声齐,宁夏府宁夏县人。甲午乡试第三十五名,会试第八十四名。

《增校清朝进士题名碑录(附引得)》《明清进士题名碑录索引》:李实,陕西宁夏府宁夏县,乾隆四十六年殿试,三甲第四十名。(四十五年未殿试)

《甘肃新通志》作庚子恩科。

三甲第九十名　张绶　(《皇清陕西历科进士录》)

张绶,字紫绅,号桂园,秦州徽县人。庚子乡试第九名,辛丑会试第五名,钦点翰林院庶吉士。著有《犁雨书屋古文集》《犁雪书屋公文集》。

朱汝珍《词林辑略》:字佩青,号桂园,又号佩书。散馆授检讨,官至侍读学士。

按:上图藏《乾隆辛丑科会试同年齿录》(清抄本,涵斋谨藏,附《粤西游草》),张绶和李实二人不见载。

乾隆五十二年(1787)丁未科[1]

二甲第二十六名　柳迈祖　(《皇清陕西历科进士录》)

柳迈祖(1763—1837),字振绪,号宜斋,陕西巩昌府会宁县人。庚子科乡试第一名,会试第九十三名,钦点翰林院庶吉士,改户部主事。著有《振绪诗文集》。

朱汝珍《词林辑略》:官至湖南宝庆府知府。

三甲第十九名　萧士双　(《皇清陕西历科进士录》)

萧士双,字亦韩,又字无双,号西池,甘肃凉州府武威县人。己亥科乡试第六十名,会试第七十一名,丁未科殿试。

按:《甘肃新通志》《甘肃通志稿》作乾隆四十九年甲辰科,而《增校清朝进士题名碑录(附引得)》《明清进士题名碑录索引》作四十九年未殿

---

[1] 乾隆五十一年丙午科乡试陕西考官:侍读韦谦恒,字慎占,江南芜湖人,癸未进士;编修陈嗣龙,字绍元(《国朝贡举考略》卷二载为春淑),浙江平湖人,己丑进士。解元侯尔昌,鄜州人。(《清秘述闻》卷八)

试,五十二年殿试。

《武威历代进士名录》(碑文,存武威文庙)作乾隆五十二年进士。

三甲第七十五名　任尚蕙　(《皇清陕西历科进士录》)

任尚蕙(1720—1803),字兰台,号震山,甘肃巩昌府西和县人。甲午科乡试第三十名,会试第一百一十六名,钦取兵部额外主事。授兵部武库清吏司主事。现存著作为乾隆三十九年参纂的《西和县志》及部分碑记。

《甘肃新通志》、《甘肃通志稿》:任尚蕙,西和人,兵部额外主事。

乾隆五十四年(1789)己酉科[1]

二甲第十七名　周栻　(《皇清陕西历科进士录》)

周栻,字静溪,陕西宁夏府宁夏县人。戊子乡试第十二名,会试第八十六名。现任翰林院编修。

朱汝珍《词林辑略》:周栻,字静溪,号藕堂。官至吏科掌印给事中。

《甘肃新通志》、《甘肃通志稿》作周栻。

《增校清朝进士题名碑录(附引得)》、《明清进士题名碑录索引》作周栻。

三甲第三十九名　张志濂　(《皇清陕西历科进士录》)

张志濂,字效周,宁夏府中卫县人。庚子乡试第五十九名,会试第二十三名。

《甘肃新通志》、《甘肃通志稿》:张志濂,中卫人。

乾隆五十五年(1790)庚戌恩科[2]

二甲第二十八名　秦维岳　(《皇清陕西历科进士录》)

秦维岳,字觐东,号晓峰,甘肃兰州府皋兰县人。癸卯科乡试第三十八名,会试第九十一名,钦点翰林院庶吉士。著有《听雨山房诗草》、《赋抄》等。

---

[1] 乾隆五十三年戊申恩科乡试陕西考官:侍讲学士吴璿,字式如,浙江钱塘人,戊戌进士;检讨张翺,字叔举,山东平原人,甲辰进士。解元谭淮,咸宁人。(《清秘述闻》卷八)

[2] 乾隆五十四年己酉科乡试陕西考官:吏部郎中(《国朝贡举考略》卷二载为吏部员外郎)江潓源,字孟宰(《国朝贡举考略》卷二载为岷雨),江南怀宁人,戊戌进士;洗马周兴岱,字长五,四川涪州人,辛卯进士。解元张绍学,平凉人,己未进士(《国朝贡举考略》卷二载为主事)。(《清秘述闻》卷八)

《甘肃新通志》：翰林编修，历任御史、给事中、湖北盐法道，署按察使、布政使。

三甲第二十一名　邢澍　（《皇清陕西历科进士录》）

邢澍，字雨民，一字自轩，号佺山，甘肃阶州人。己亥科乡试第二十名，庚戌科会试第十八名。授浙江永康县知县，后调任浙江长兴县知县，后迁江西饶州府、江西南安府知府。著有《南旋诗草》，有诗70首及部分散文。

乾隆六十年(1795)乙卯恩科[1]

三甲第十一名　郭锴　（《皇清陕西历科进士录》）

郭锴(1760—1840)，字也裴(一字仲仪)，号雪庄，甘肃凉州府武威县人。丙午科乡试第二十八名，会试第四十一名。著有《芙蓉山馆诗抄》。

《增校清朝进士题名碑录(附引得)》、《明清进士题名碑录索引》作郭楷。

《甘肃新通志》、《甘肃通志稿》：郭楷，河南原武县知县。

嘉庆元年(1796)丙辰科[2]

二甲第九名　慕鏊　（《皇清陕西历科进士录》）

慕鏊，字德仪，号循陔，甘肃平凉府静宁州人。戊申科乡试第一百三十一名，会试第一百一名。官至兵部员外郎，嘉庆六年任河南乡试副考官，同年又任会试同考官，嘉庆十三年任福建乡试副主考。

《甘肃新通志》：兵部主事。

三甲第四十一名　周泰元　（《皇清陕西历科进士录》）

周泰元，字德初，号竹坡，甘肃凉州府武威县人。戊申科乡试第六名，会试第一百一十二名，钦授礼部额外主事。

《甘肃新通志》：礼部郎中。

---

[1] 乾隆五十九年甲寅恩科乡试陕西考官：编修蒋攸铦，字颖芳，汉军镶蓝旗人(《国朝贡举考略》卷二载为奉天镶蓝旗人)，甲辰进士；检讨钱开仕，字补之，浙江嘉兴人，己酉进士。解元孟斗南，泾阳人。(《清秘述闻》卷八)

[2] 乾隆六十年乙卯恩科乡试陕西考官：侍读罗修源，字星来(《国朝贡举考略》卷二载为碧泉)，湖南湘潭人，乙未进士；刑部主事朱文翰，字屏兹，江南歙县人，庚戌进士。解元何承先(《国朝贡举考略》卷二载为何承仙)，武威人。(《清秘述闻》卷八)

宗其位

宗其位，武威人，恩赐检讨。(《甘肃新通志》)

按:《甘肃新通志》、《甘肃通志稿》有载，《皇清陕西历科进士录》、《增校清朝进士题名碑录(附引得)》、《明清进士题名碑录索引》不见载。宗其位其实为恩赐检讨，并非考取文进士，可知《新通志》显系误加。

嘉庆四年(1799)己未科[1]

三甲第四名　张绍学　(《皇清陕西历科进士录》)

张绍学，字逊甫，号晓村，甘肃平凉府平凉县人。己酉科乡试第一名，会试第二百八名，钦授兵部主事。

中国科学院(以下简称中科院)藏《嘉庆己未科会试录》(嘉庆四年刻本):张绍学，陕西平凉府平凉县廪膳生，嘉庆己未科会试第二百八名。

三甲第九十名　张澍　(《皇清陕西历科进士录》)

张澍(1776—1847)，字时霖，一字百瀹，号介侯，又号介白，甘肃凉州府武威县人。甲寅科乡试第四名，会试第一百六十四名，钦点翰林院庶吉士，散馆后授贵州省玉屏县知县，后改江西永新，后代理遵义县知县，代理广顺州知州。

中科院藏《嘉庆己未科会试录》(嘉庆四年刻本):张澍，陕西凉州府武威县附学生，嘉庆己未科会试第一百六十四名。

朱汝珍《词林辑略》:散馆改江西泸溪县知县。著有《续黔书》、《蜀典》、《姓氏五书》、《养素堂诗文集》。

嘉庆六年(1801)辛酉科[2]

二甲第六十六名　刘奕煜　(《皇清陕西历科进士录》)

刘奕煜，字炳文，号藜轩，甘肃庆阳府宁州人。戊午科乡试第十九名，会试第一百九十四名，钦点翰林院庶吉士。嘉庆十六年任会试同考官，后

---

[1] 嘉庆三年戊午科乡试陕西考官:编修王宗诚，字中孚，江南青阳人(《国朝贡举考略》卷三载为安徽青阳人)，庚戌进士;刑部主事王祖武，字绳其，江南吴江人，丁未进士。解元王晋墀，会宁人。(《清秘述闻》卷八)

[2] 嘉庆五年庚申恩科乡试陕西考官:检讨(《国朝贡举考略》卷三载为编修)王瑶台，字蓬山，山西阳城人，乙卯进士;刑部主事张志绪，字引之，浙江余姚人，乙卯进士。解元王步陵，□□人。(《清秘述闻续》卷一)

任河南、江西道监察御史。

朱汝珍《词林辑略》：散馆授编修，官至户科掌印给事中。

浙江图书馆(以下简称浙图)藏《嘉庆六年进士登科录》不见载。

三甲第九十名　祁飏廷　(《皇清陕西历科进士录》)

祁飏廷,字献臣,号修斋,宁夏府灵州人。甲寅科乡试第二十二名,会试第八十名。

浙图藏《嘉庆六年进士登科录》：祁飏廷,贯甘肃省宁夏府灵州民籍,廪膳生。甲寅科乡试第二十二名,辛酉科会试第八十名。

三甲第一百六名　张元鼎　(《皇清陕西历科进士录》)

张元鼎,字和羹,号西园,甘肃镇原县人。乡试第二十五名,会试第二百一十名。历经山东海阳、沂水、长清等县知县。

浙图藏《嘉庆六年进士登科录》：张元鼎,贯甘肃省泾州镇原县民籍,廪膳生。甲寅科乡试第二十五名,辛酉科会试第二百一十名。

嘉庆七年(1802)壬戌科[1]

二甲第七十一名　杨增思　(《皇清陕西历科进士录》)

杨增思,字孔庭,号临溪,甘肃凉州府武威县人。戊申乡试第三十九名,会试第一百二十二名。即用知县。

北大藏《重订壬戌齿录(嘉庆七年)》(清嘉庆十九年京都文茂斋刻本)：杨增思,字孔庭,号慎庵,行三,乾隆辛巳年十二月初三日生,甘肃武威县学廪生,民籍。戊申乡试第三十九名,壬戌会试第一百二十二名,殿试二甲第七十一名。分发陕西即用,现任同官县知县。

《甘肃新通志》：杨增思,陕西同官县知县。

《增校清朝进士题名碑录(附引得)》、《明清进士题名碑录索引》作杨增恩。

三甲第十名　阿应鳞　(《皇清陕西历科进士录》)

阿应鳞,字伯潜,号镜潭,甘肃甘州府张掖县人。戊午乡试第五十一

---

[1] 嘉庆六年辛酉科乡试(九月举行)陕西考官：编修靳文锐,字敏斯,山东聊城人,丙辰进士；内阁中书谭元,字琴溪,顺天宛平人,丙辰进士。解元白健翻,澄城人。(《清秘述闻续》卷一)

名,会试第一百一十八名。江西广丰知县,寻调江西南昌。

北大藏《重订壬戌齿录(嘉庆七年)》(清嘉庆十九年京都文茂斋刻本):阿应鳞,字伯修,号镜潭,行一,乾隆壬辰年正月二十二日生,甘肃张掖县学廪生,民籍。戊午乡试第五十一名,壬戌会试第十八名,殿试三甲第十名。分发江西,即用知县,现任广丰县知县。

《甘肃新通志》、《甘肃通志稿》均作阿应麟。

三甲第五十名　关元儒　(《皇清陕西历科进士录》)

关元儒,字仲张,号柳庄,兰州府皋兰县人。乙卯乡试第四十六名,会试第一百九十四名。历任河南新郑、温县等县知县,官至怀庆知府。

北大藏《重订壬戌齿录(嘉庆七年)》(清嘉庆十九年京都文茂斋刻本):关元儒,字仲张,号柳庄,又号东园,行二,乾隆辛卯年十月初十日生,甘肃皋兰县学附生,民籍。乙卯乡试第四十六名,壬戌会试第一百九十四名,殿试三甲第五十名。

《甘肃新通志》:温县知县。

嘉庆十年乙丑科(1805)[1]

三甲第五十八名　白种岳　(《皇清陕西历科进士录》)

白种岳,字太华,号云峰,甘肃兰州府靖远县人。戊午科乡试第七十五名,会试第二百二十四名,分发即用知县。授云南江川县知县。

清华大学图书馆(以下简称清华)藏《嘉庆十年乙丑科会试同年齿录》(清刻本):白种岳,字太华,号云峰,行五,甲午年三月十一日戌时生,甘肃兰州府学廪膳生,靖远县民籍,会试第二百二十四名。

三甲第六十八名　姬学周　(《皇清陕西历科进士录》)

姬学周,字述堂,号诚斋,宁夏府宁夏县人。戊申科乡试第二十一名,会试第一百名。□□知县。

清华藏《嘉庆十年乙丑科会试同年齿录》(清刻本):姬学周,字述堂,号惺斋,行三,乾隆辛巳年九月十三日亥时生,甘肃宁夏府宁夏县拔贡生,民籍。乡试第二十二名,会试第一百名,殿试三甲第六十八名,钦点□□。

---

[1] 嘉庆九年甲子科乡试陕西考官:编修李宗昉,字静远(《国朝贡举考略》卷三载为芝龄),江苏山阳人,壬戌进士;编修谢振定,字香泉(《国朝贡举考略》卷三载为芎泉),湖南湘乡人,庚子进士。解元康节,会宁人,丁丑进士。(《清秘述闻续》卷一)

三甲第一百二十五名　阿承先　(《皇清陕西历科进士录》)

阿承先,字美承,号梅生,甘肃凉州府武威县人。乙卯科乡试第一名,会试第八十四名,钦点翰林院庶吉士。福建知县。

清华藏《嘉庆十年乙丑科会试同年齿录》(清刻本):阿承先,字美承,号梅生,乾隆壬辰年十月十九日吉时生,凉州府武威县增广生。乡试中式第四十五名,会试第八十四名,殿试三甲第一百二十五名,钦点翰林院庶吉士。

《增校清朝进士题名碑录(附引得)》、《明清进士题名碑录索引》、《甘肃通志稿》作何承先。

朱汝珍《词林辑略》作何承先。

《武威历代进士名录》(碑文,存武威文庙)作何承先,福建知县。

嘉庆十三年(1808)戊辰科[1]

二甲第五十六名　张美如　(《皇清陕西历科进士录》)

张美如,字尊五,号玉溪,甘肃凉州府武威县人。丁卯科乡试第三十八名,会试第一百五十二名,钦点翰林院庶吉士。著有《张玉溪先生诗稿》。

北大藏《嘉庆戊辰科登科录》(清刻本):张美如,陕西凉州府武威县,民籍。副榜贡生,丁卯科乡试第三十八名,戊辰科会试第一百五十二名。

朱汝珍《词林辑略》:号玉谿,散馆改主事,官至户部员外郎。

三甲第一百一名　谢登科　(《皇清陕西历科进士录》)

谢登科,字捷三,号柳坡,甘肃安西州人。辛酉科乡试第五十一名,会试第二百五十六名。

北大藏《嘉庆戊辰科登科录》(清刻本):谢登科,贯陕西安西州民籍。辛酉科乡试第五十一名,戊辰科会试第二百五十六名。

《甘肃通志稿》作谢登堂。

三甲第一百四名　龚溥　(《皇清陕西历科进士录》)

龚溥,字百泉,号恩斋,甘肃凉州府武威县人。戊午科乡试第二十七名,会试第二百二十一名。

北大藏《嘉庆戊辰科登科录》(清刻本):龚溥,贯陕西凉州武威县民

---

[1] 嘉庆十二年丁卯科乡试陕西考官:御史程国仁,字济棠(《国朝贡举考略》卷三载为鹤樵),河南商城人,已未进士;检讨卓秉恬,字晴波(《国朝贡举考略》卷三载为海帆),四川华阳人,壬戌进士。解元张锦芳,皋兰人。(《清秘述闻续》卷一)

籍。戊午科乡试第二十七名,戊辰科会试第二百二十一名。

《甘肃新通志》:榜名玉堂,教授。

嘉庆十四年(1809)己巳恩科[1]

二甲第五十名　张思诚　(《皇清陕西历科进士录》)

张思诚,字诚之,甘肃秦州秦安县人。乾隆戊戌进士翰林院检讨位子,甲子乡试第九名,会试第一百八十六名,钦点翰林院庶吉士。直隶知县。

朱汝珍《词林辑略》:号榴岩。

三甲第十八名　昔光祖　(《皇清陕西历科进士录》)

昔光祖,字裕昆,号南麓,甘肃庆阳府宁州县人。戊辰恩科乡试第一名,会试第七十八名,钦点即用知县。

《增校清朝进士题名碑录(附引得)》、《明清进士题名碑录索引》作昔尤祖。

三甲第五十五名　黄在中　(《皇清陕西历科进士录》)

黄在中,字美五,号小山,甘肃皋兰府皋兰县人。乾隆乙卯乡试第三十名,会试第十八名。

《甘肃新通志》:清流县知县。

三甲第九十名　赵廷锡　(《皇清陕西历科进士录》)

赵廷锡,字金如,号竹溪,甘肃凉州府武威县人。戊辰恩科乡试第五名,会试联捷第一百六十四名。

《甘肃新通志》:直隶获鹿县知县。

三甲第一百八名　李蕡生　(《皇清陕西历科进士录》)

李蕡生,字蔼如,号桥西,甘肃凉州府武威县人。乾隆甲寅恩科第五名副贡生,嘉庆戊辰恩科乡试第四名,会试联捷第二百三十七名,钦点国子监学正。

《甘肃新通志》、《甘肃通志稿》:李蕡生,武威人,国子监学正。

---

[1] 嘉庆十三年戊辰恩科乡试陕西考官:编修姚元之,字伯昂(《国朝贡举考略》卷三载为荐青),安徽桐城人(《国朝贡举考略》卷三载为江南桐城人),乙丑进士;编修程家督,字端林(《国朝贡举考略》卷三载为小鹤),河南商城人,乙丑进士。解元昔光祖(《国朝贡举考略》卷三载为黄光祖),宁州人,己巳进士。(《清秘述闻续》卷一)

三甲第一百一十六名　马廷锡　(《皇清陕西历科进士录》)

马廷锡,字接三,号柏亭,甘肃凉州府武威县人。甲子科乡试第六十一名,会试第二百零四名,钦点即用知县。

《甘肃新通志》:广西知县。

嘉庆十六年(1811)辛未科[1]

三甲第一百一名　尹世衡　(《皇清陕西历科进士录》)

尹世衡,字仲平,号□□,行二,辛丑年十一月十一日吉时生,甘肃凉州府武威县人,廪生,民籍。庚午乡试第六名,会试第一百七名,钦点翰林院庶吉士。

清华藏《嘉庆辛未科会试同年齿录》(清刻本):尹世衡,字阶平,号仲舆,行二,乾隆辛丑年十一月十一日吉时生,系甘肃凉州府武威县廪生,民籍。乡试六名,会试一百七名,殿试第□名,钦点。

朱汝珍《词林辑略》:字仲与,号阶平。散馆改吏部主事,官至浙江粮道。

《甘肃新通志》:浙江粮道。

三甲第一百八名　周清现　(《皇清陕西历科进士录》)

周清现,字晋三,号竹亭,行一,壬午年五月十九日辰时生,甘肃阶州文县人,优廪副贡生,民籍。辛酉乡试第二十八名,会试第二百四名。历任四川安县、彭山、罗江等县知县,擢升直隶州知州。

清华藏《嘉庆辛未科会试同年齿录》(清刻本):周清现,贯甘肃阶州文县民籍,会试中式第二百四名。

嘉庆十九年(1814)甲戌科[2]

二甲第四名　牛鑑　(《皇清陕西历科进士录》)

牛鑑(1785—1858),字镜堂,号雪塘,甘肃凉州府武威县人。嘉庆癸酉

---

[1] 嘉庆十五年庚午科乡试陕西考官:编修洪占铨,字辅阶(《国朝贡举考略》卷三载为介亭),江西宜黄人,壬戌进士;编修傅棠,字继夏(《国朝贡举考略》卷三载为石坡),浙江诸暨人,辛酉进士。解元雷景鹏,邠阳人,辛未进士。(《清秘述闻续》卷二)

[2] 嘉庆十八年癸酉科乡试陕西考官:御史史祐,字理堂,江苏溧阳人,丙辰进士;内阁中书陈何龙,字□□,山西猗氏人,辛酉进士。解元翟用章,□□人。(《清秘述闻续》卷二)

科拔贡生,中式本省乡试第二十一名,会试第一百三十名,钦点翰林院庶吉士。道光八年五月授云南粮储道,同年任湖南乡试副主考,道光十三年调升山东按察使,道光十五年补授陕西布政使,道光十九年补授河南巡抚。

国图藏《嘉庆十九年甲戌科会试录》(清刻本):牛鑑,陕西凉州府武威县拔贡生,会试中式第一百三十名。

《甘肃新通志》:由湖广道监察御史官至两江总督。

《武威历代进士名录》(碑文,存武威文庙):牛鑑,嘉庆十九年进士,翰林院庶吉士,两江总督。

上图藏《嘉庆甲戌科会试同年齿录》(钞本一册):牛鑑,字镜塘,陕西武威人,会试一百三十名。

嘉庆二十二年(1817)丁丑科[1]

二甲第五十八名　俞登渊　(《皇清陕西历科进士录》)

俞登渊,字德潜,号□泉,行二,甘肃宁夏府平罗县人。由廪膳生中式丁卯科第六十名举人,丁丑科会试中式第二百一十一名,钦点翰林院庶吉士。授江苏知县,道光间官至两淮盐运使。

朱汝珍《词林辑略》:原名登渊,字原培,号陶泉。

《甘肃新通志》、《甘肃通志稿》作俞德渊,盐运使。

《清代硃卷集成:道光甲戌科会试硃卷》(第36册第285页):俞德渊,字原培,号陶泉,又号默斋。嘉庆丁卯举人,丁丑科进士,钦点庶吉士,散馆即用知县,历任江苏、荆溪、长洲知县,水利同知,苏州、常州、江宁府知府,江南巡盐道。著有《默斋公牍》、《默斋存稿》、《芸馆诗赋》,钞行于世。

二甲第七十四名　贾扬宗　(《皇清陕西历科进士录》)

贾扬宗,字仲铭,号彝堂,甘肃巩昌府安定县人。辛酉乡试中式第四十名,会试中式第二百一十四名。历官刑部江西司主事。

《增校清朝进士题名碑录(附引得)》、《明清进士题名碑录索引》作贾杨宗。

三甲第六名　康节　(《皇清陕西历科进士录》)

康节,字邵亭,号仰山,甘肃巩昌府会宁县人。甲子本省乡试中式第一

---

[1] 嘉庆二十一年丙子科乡试陕西考官:侍读学士顾皋,字缄石(《国朝贡举考略》卷三载为晴芬),江苏金匮人,辛酉进士;兵部员外郎李振祜,字锡民,安徽太湖人,辛酉进士。解元谢述孔,朝邑人。(《清秘述闻续》卷二)

名,会试中式第二百六名,钦点即用知县。

《甘肃新通志》、《甘肃通志稿》:康节,会宁人,即用知县。

三甲第十五名　吴思权　(《皇清陕西历科进士录》)

吴思权,字平一,号吴山,甘肃巩昌府会宁县人。辰申本省乡试中式第五十二名,会试中式第八十三名。历官内阁中书、温州府同知。著有《时势策》、《洗心亭记》、《木兰秋狝赋》、《平一日记》等。

《甘肃新通志》、《甘肃通志稿》:吴思权,会宁人,内阁中书。

三甲第一百三十七名　巫揆　(《皇清陕西历科进士录》)

巫揆,字义卿,号静溪,甘肃兰州府皋兰县人。丙子科乡试中式第六十四名,丁丑科会试中式第二百四十八名。

《甘肃新通志》:凤翔府教授。

《增校清朝进士题名碑录(附引得)》、《明清进士题名碑录索引》作巫楪。

嘉庆二十四年(1819)己卯恩科[1]

三甲第十四名　贾侍舜　(《皇清陕西历科进士录》)

贾侍舜,字虞臣,号赓堂,一号静斋,年三十岁,甘肃泾州镇原县人。戊寅乡试中式第三十二名,会试中式第二百六十三名,钦点内阁中书。授广东开建知县,后调署兴宁知县。

国图藏《嘉庆会试齿录(己卯恩科)》(清刻本)不见载。

三甲第十六名　潘一奎　(《皇清陕西历科进士录》)

潘一奎(1784—1830),字太冲,号石生,一号凫波,甘肃武威县人。戊辰乡试中式第十五名,会试中式第一百七十三名,钦点主事。著有《通鉴论》、《武威耆旧传》、《南京杂咏》等。

国图藏《嘉庆会试齿录(己卯恩科)》(清刻本):潘抱奎,榜名一奎,字太冲,号石生,一号凫波,行二,又行五,乾隆甲辰十一月十五日亥时生,甘肃凉州府武威县廪贡生。戊寅乡试十五名,会试一百七十三名,殿试三甲

---

[1] 嘉庆二十三年戊寅恩科乡试陕西考官:御史谭瑞东,字芝田,江苏长洲人,己巳进士;礼部主事宋其沆,字湘帆,山西汾阳人,己未进士。解元石声扬(《国朝贡举考略》卷三载为石扬声),富平人。(《清秘述闻续》卷二)

十六名,钦点主事签分吏部。

《甘肃新通志》作潘挹奎,吏部考功司主事。

《甘肃通志稿》作潘挹奎。

三甲第二十七名　王于烈　(《皇清陕西历科进士录》)

王于烈,字硕卿,号酉泉,甘肃武威县人。戊辰乡试中式第三十名,会试中式第四十名。

国图藏《嘉庆会试齿录(己卯恩科)》(清刻本):王于烈,字硕卿,号酉泉,行一,乾隆癸卯九月十三日子时生,甘肃凉州府武威县附生。戊辰乡试中式三十名,会试中式四十名,殿试三甲第二十七名。

三甲第七十五名　贺纬　(《皇清陕西历科进士录》)

贺纬,字炳文,号丽堂,宁夏府灵州人。戊午乡试中式第二十九名,会试中式第一百二十一名,钦点即用知县。

国图藏《嘉庆会试齿录(己卯恩科)》(清刻本):贺纬,字炳文,号丽堂,行二,乾隆庚寅十一月七日亥时生,甘肃宁夏府灵州廪生。戊午乡试二十九名,陕西沔县训导,会试一百二十一名,殿试三甲七十五名,钦点即用知县,分发广东。

嘉庆二十五年(1820)庚辰科[1]

三甲第八名　张兆衡　(《皇清陕西历科进士录》)

张兆衡,字仲嘉,号雪楂,行二,甘肃凉州府武威县人。由副贡生中式庚午科本省乡试第十四名,庚辰会试中式第二百一十名,钦点翰林院庶吉士。

朱汝珍《词林辑略》:号雪槎,散馆归班,官至山西朔州知州。

三甲第十四名　刘之蔼　(《皇清陕西历科进士录》)

刘之蔼,字伯吉,号梧圃,行一,甘肃泾州镇原县人。由廪生中式丙子科本省乡试第十六名,庚辰会试中式第一百五名,钦点翰林院庶吉士,散馆改任贵州普安同知。著有《镇原县志》。

---

[1] 嘉庆二十四年己卯科乡试陕西考官:侍讲陈官俊,字伟堂,山东潍县人(《国朝贡举考略》卷三载为范县人),戊辰进士;编修易元善(《国朝贡举考略》卷三载为易禧善),字石坪,湖北汉阳人,壬戌进士。解元高步月,韩城人。(《清秘述闻续》卷二)

朱汝珍《词林辑略》：号梧冈，散馆改知县。

三甲第二十名　褚裕仁　（《皇清陕西历科进士录》）

褚裕仁，字伯敦，号雪山，行一，甘肃西宁府西宁县人。由优贡生中式癸酉科乡试第二十六名，庚辰会试中式第八十七名，朝考入选第十三名，钦点即用知县。

《甘肃新通志》：直隶三角淀通判。

三甲第二十五名　马疏　（《皇清陕西历科进士录》）

马疏(1789—1853)，字经帷，号南园，行二，甘肃巩昌府安定县人。由拔贡生中式癸酉科本省乡试第十四名，庚辰会试中式第一百九十四名，钦点翰林院庶吉士。历任陕西雒南、府谷等县知县。有《日损益斋诗文集》二十卷。

朱汝珍《词林辑略》：字经帷，号南园，陕西安定人，散馆改知县。

《甘肃新通志》作安定人，翰林院庶吉士。

《甘肃通志稿》作安定人。

《(陕西省)安定县志》(道光二十六年钞本)不见载。

三甲第二十六名　李谦　（《皇清陕西历科进士录》）

李谦，字撝之，号衣谷，行二，甘肃秦州秦安县人。由增生中式丙子科本省乡试第十八名，丙辰会试中式第一百六十六名。

《甘肃新通志》：四川丰都县知县。

三甲第一百一十八名　顾名　（《皇清陕西历科进士录》）

顾名，字心田，号莪山，一号伯芳，甘肃兰州府金县人。丙辰恩科乡试中式第二十四名，庚辰会试中式第十五名。

《甘肃新通志》、《甘肃通志稿》：顾名，金县人。

道光二年(1822)壬午恩科[1]

二甲第六十七名　叶桂　（《皇清陕西历科进士录》）

叶桂，字月卿，号芗林，行一，甘肃平凉府静宁州人，拔贡生，民籍。辛

---

[1] 道光元年辛巳恩科乡试(九月举行)陕西考官：侍读廖鸿荃，字钰夫(《国朝贡举考略》卷三载为斯和)，福建侯官人，己巳进士；编修李煌，字栯堂，云南昆明人，丁丑进士。解元高树勋，城固人，癸未进士。(《清秘述闻续》卷三)

巳本省乡试第七十三名,会试第一百四十八名,殿试二甲第六十七名,朝考入选,钦点翰林院庶吉士。

朱汝珍《词林辑略》:字芗林,号月卿。散馆后任山西顺和县、湖宁县知县,军功擢湖南道州知州馆改知县,官至湖南道州知州。

道光三年(1823)癸未科[1]

三甲第三名 丁铠 (《皇清陕西历科进士录》)

丁铠,字厚甫,号松轩,行三,甘肃凉州府武威县人。道光壬午科本省乡试第十名,会试第二百二十六名,殿试三甲第三名,朝考入选,钦点翰林院庶吉士。

清华藏《道光癸未会试同年齿录》(清刻本):丁铠,字厚甫,号松轩,行三,乾隆乙卯相十一月十二日辰时生,甘肃凉州府武威县廪生,民籍。乡试中式第十名,会试中式第二百二十六名,殿试三甲第三名,朝考入选第四十名,钦点翰林院庶吉士。

浙图藏《道光三年进士登科录》(清刻本):丁铠,派名揆文,字厚甫,号松轩,行三,乾隆乙卯相十一月十二日辰时生,贯甘肃凉州府武威县民籍,廪生,年二十九岁,庶吉士。壬午科乡试第十名,癸未科会试第二百二十六名。

朱汝珍《词林辑略》:字厚甫,号松轩,甘肃武威人,散馆归班,官四川知县。

《甘肃新通志》:四川知县。

三甲第四十三名 蔡发甲 (《皇清陕西历科进士录》)

蔡发甲,字翰生,号罪崖,甘肃凉州府永昌县人。嘉庆丁卯科乡试第二十四名,会试第一百七十三名,殿试三甲第四十三名,钦点即用知县。

清华藏《道光癸未会试同年齿录》(清刻本):蔡发甲,字翰升,号槑崖,行一,戊戌年六月二十九日午时生,甘肃凉州府永昌县增广生,民籍。乡试中式第二十四名,会试中式第一百七十三名,殿试三甲第四十三名,朝考□□,钦点即用知县。

---

[1] 道光二年壬午科乡试陕西考官:御史吴杰,字梅梁,浙江会稽人,甲戌进士;修撰陈继昌,字莲史,广西临桂人,庚辰进士。解元郑士范,凤翔人。(《清秘述闻续》卷三)

浙图《道光三年进士登科录》(清刻本)：蔡发甲,字翰升,号崃崖,行一,乾隆戊戌年六月二十九日午时生,年四十六岁,贯甘肃凉州府永昌县民籍,增广生。丁卯科乡试第二十四名,癸未科会试第一百七十三名。

《甘肃新通志》：山东新泰县知县。

道光六年(1826)丙戌科[1]

三甲第一百三十六名　徐檀　(《皇清陕西历科进士录》)

徐檀,字乐园,甘肃兰州府皋兰县人。嘉庆戊辰乡试第二十七名,会试第二十一名,殿试三甲第一百三十六名。

国图藏《会试同年齿录(道光丙戌科)》：徐檀,字乐园,号梦泉,行一,乾隆壬寅年五月初六日未时生,甘肃兰州府皋兰县廪膳生,民籍,祖籍江苏常州府宜兴县。戊辰科本省乡试第二十七名,会试第二十一名,殿试三甲第一百三十六名。

道光九年(1829)己丑科[2]

二甲第一百六名　李蓉镜　(《皇清陕西历科进士录》)

李蓉镜,字鉴堂,号北村,别号花亭,行一,甘肃秦州秦安县人,廪膳生,民籍。道光八年戊子乡试中式第二十一名,会试中式第一百四十六名,殿试二甲第一百六名,钦点即用知县。

《甘肃新通志》：湖南湘阴县知县,升道州知州。

三甲第六十五名　张永福　(《皇清陕西历科进士录》)

张永福,字祉堂,号秋浦,行二,甘肃直隶泾州镇原人。由廪生中式壬午乡试第五十九名,会试第六十二名,殿试三甲第六十五名,钦点即用知县。

《甘肃新通志》、《甘肃通志稿》：张永福,镇原人,即用知县。

---

[1] 道光五年乙酉科乡试陕西考官：詹事龚守正,字季思,浙江仁和人,壬戌进士；编修李泰交,字昶林(《国朝贡举考略》卷三载为大来),贵州贵筑人(《国朝贡举考略》卷三载为贵阳人),庚辰进士。解元李培滋,武威人。(《清秘述闻续》卷三)

[2] 道光八年戊子科乡试陕西考官：编修池生春,字籥庭,云南楚雄人,癸未进士；内阁中书易长华,字子实,江苏上元人,己卯进士。解元王禹堂,鳌屋人,己丑进士。(《清秘述闻续》卷三)

道光十二年(1832)壬辰恩科[1]

三甲第一百二十名　李则广　(《皇清陕西历科进士录》)

李则广,字广西,号天一(又作字旷西,号天乙),行一,晚年自号看云道人,甘肃巩昌府伏羌县人,民籍。由廪膳生戊子科乡试中式第二名,壬辰恩科会试第一百六名,殿试第三甲第一百二十名。历任四川青神、云阳及浙江奉化县知县,咸丰元年任四川彭水县知县。著作现存有《读经笔记》、《读史笔记》各若干卷。

国图藏《会试同年齿录(道光壬辰恩科)》(清刻本):李则广,字旷西,号天一,行一,嘉庆己未年五月二十三日吉时生,甘肃巩昌府伏羌县人,廪生,民籍。戊子科乡试第二名,壬辰恩科会试第一百六名,殿试第三甲第一百二十名。

按:《增校清朝进士题名碑录(附引得)》、《明清进士题名碑录索引》:李则广,为三甲一百二名。

上图藏《道光十二年壬辰登科录》残破不全,第1页始于"玉音",到第85页孟先颖、王联堂完,无李则广。

道光十三年(1833)癸巳科[2]

二甲第九十四名　彭作籍　(《皇清陕西历科进士录》)

彭作籍,字史臣,号简亭,又号酉山,甘肃巩昌府伏羌县人,附生。道光元年辛巳恩科乡试中式第六十一名,癸巳科会试中式第一百九十一名,殿试第二甲第九十四名,钦点即用知县,分发四川。

来新夏主编《清代科举人物家传资料汇编》(学苑出版社):彭作籍,字史臣,号简亭,又号酉山,行三,嘉庆癸未年八月十三日酉时生,甘肃巩昌府伏羌县人,附生,民籍。乡试中式第六十一名,会试中式第一百九十一名,殿试第二甲第九十四名,钦点即用知县。

---

[1] 道光十一年辛卯恩科乡试陕西考官:修撰林召棠,字芾南,广东吴川人,癸未进士;编修侯桐,字叶唐,江苏无锡人,庚辰进士。解元呼延甲,长安人。(《清秘述闻续》卷三)

[2] 道光十二年壬辰科乡试陕西考官:编修王玥,字梦湘,贵州贵筑人,丙戌进士;编修赵光,字蓉舫,云南昆明人,庚辰进士。解元刘维禧,泾阳人,丙申进士。(《清秘述闻续》卷四)

《清代硃卷集成：道光癸巳科会试硃卷》（第 9 册第 313 页）：彭作籍，甘肃巩昌府伏羌县附生，民籍，字捡青，号酉山，一号简亭，行三，嘉庆癸亥年八月十三日生。乡试六十一名，会试一百九十一名，殿试二甲九十四名，钦点即用知县。世居县城西关。

三甲第二名　张炳　（《皇清陕西历科进士录》）

张炳，字子弢，号文菴，甘肃兰州府皋兰县人，贡生。道光辛巳恩科乡试中式第七十一名，癸巳科会试第二百九名，殿试第三甲第二名，钦点即用知县，分发安徽。历官四川荣昌、安徽天长知县。

《甘肃新通志》、《甘肃通志稿》：张炳，皋兰人，安徽即用知县。

道光十五年（1835）乙未科[1]

二甲第五名　张廷选　（《皇清陕西历科进士录》）

张廷选，字子青，号午桥，行二，甘肃兰州府狄道州人。道光乙酉科拔贡生，本科乡试中式第七名举人，乙未科会试中式第二十三名进士，覆试二等，殿试二甲第五名，朝考入选，钦点翰林院庶吉士。著有《北园文集》。

清华藏《乙未科会试同年齿录》（张云藻、徐有孚、丘建猷校，道光二十二年镌，下同，略）：字子青，号午桥，行一，又行二，嘉庆壬戌年二月十六日子时生，甘肃狄道州学廪生，民籍，道光乙酉科拔贡生。辛卯恩科本省乡试中式第七名，乙未科会试中式第二十三名，覆试一等第二十一名，殿试第二甲五名，朝考第七十名。翰林院庶吉士，授编修，丁酉科福建乡试副考官。

朱汝珍《词林辑略》：字午桥，号子青，甘肃狄道人，散馆授编修。

《甘肃新通志》：翰林院编修。

二甲第八十一名　戚维礼　（《皇清陕西历科进士录》）

戚维礼，字履伯，号卢溪，行一，甘肃兰州府靖远县人，附生。道光辛卯恩科中式本省乡试第六十二名举人，乙未会试中式第一百六十五名进士，殿试第一甲第八十一名，朝考入选，钦点翰林院庶吉士。

---

[1] 道光十四年甲午科乡试陕西考官：编修孙日萱，字春叔，安徽休宁人，丙戌进士；户部员外郎况澄，字少吴，广西临桂人，壬午进士。解元雷启秀，鳌屋人。（《清秘述闻续》卷四）

清华藏《乙未科会试同年齿录》：字履伯，号卢溪，行一，又行八，嘉庆丁卯年十二月二十二日吉时生，甘肃靖远县学附生，民籍。道光辛卯恩科本省乡试中式第六十二名，乙未科会试中式第一百六十五名，殿试二甲第八十一名，朝考第三十九名，翰林院庶吉士，改工部候补主事。

朱汝珍《词林辑略》：字履伯，号卢溪，甘肃靖远人。散馆改工部主事，官至员外郎。

三甲第一百二十名　高希贤　（《皇清陕西历科进士录》）

高希贤，字圣阶，号勉斋，甘肃庆阳府安化县人，拔贡生。道光八年戊子科乡试中式第四十二名，乙未科会试中式第八十名，殿试第三甲第一百二十名。四川盐源知县。

清华藏《乙未科会试同年齿录》：字圣阶，号勉斋，嘉庆甲子年七月二十六日戌时生，甘肃安化县学廪生，民籍，道光乙酉科拔贡生。戊子科本省乡试中式第四十二名，乙未科会试中式第八十名，殿试三甲第一百二十名。候选知县。

清华藏《乙未科会试同年齿录》：甘肃庆阳府安化县拔贡生，民籍，道光乙酉科拔贡生。戊子科本省乡试中式第四十二名，乙未科会试中式第八十名，殿试三甲第一百二十名。候选知县。

三甲第一百三十九名　赵绍武　（《皇清陕西历科进士录》）

赵绍武，字宗孟，号云轩，甘肃庆阳府正宁县人，民籍，廪膳生。道光五年乙酉科乡试中式第四十名，乙未科会试中式第一百八十七名，殿试第三甲第一百三十九名，钦点即用知县，分发陕西。

清华藏《乙未科会试同年齿录》：字宗孟，号云轩，行二又行四，乾隆甲寅年十一月十一日巳时生，甘肃正宁县学廪生，民籍。道光乙酉科陕甘乡试中式第四十名，乙未科会试中式第一百八十七名，殿试三甲第一百三十九名。分发陕西即用知县，补长武县知县，调安定县知县。

《甘肃新通志》：翰林院编修。

三甲第一百四十一名　邵桂芳　（《皇清陕西历科进士录》）

邵桂芳，字说一，号丹山，亦号广南，甘肃庆阳府宁州人，廪膳生。道光元年辛巳科乡试中式第四十七名，乙未科会试中式第二百六十八名，殿试第三甲第一百四十一名。

清华藏《乙未科会试同年齿录》：字说一，号丹山，行一，乾隆丁酉年三月十九日吉时生,甘肃宁州学廪生,民籍。道光辛酉恩科陕甘乡试中式第四十七名,乙未科会试中式第二百六十八名,殿试第三甲第一百四十一名。候选知县改府教授,任甘肃兰州府教授。

清华藏《乙未科会试同年齿录》:甘肃庆阳府宁州廪膳生。道光元年辛巳科乡试中式第四十七名,乙未科会试中式第二百六十八名,殿试第三甲第一百四十一名。

道光十六年(1836)丙申恩科[1]

三甲第七十三名　张兆熊　(《皇清陕西历科进士录》)

张兆熊,字渭渔,号卓山,行三,又行八,甘肃兰州府皋兰县人,副贡生。道光壬辰科乡试第二十九名举人,丙申恩科会试第二十六名进士,覆试三等,殿试三甲第七十三名,钦点即用知县,分发浙江。

上图藏《道光丙申科会试录》或称《道光十六年会试录》:会试二十六名,甘肃兰州府皋兰县人,副榜应考。

道光十八年(1838)戊戌科[2]

二甲第六十四名　杨昇　(《皇清陕西历科进士录》)

杨昇,字旭东,号凤山,嘉庆丁卯年二月初七日卯时生,甘肃巩昌府安定县人,廪膳生,民籍。道光甲午科本省乡试第二十一名,戊戌科会试第十三名,殿试第二甲第六十四名。历任江西靖安、吉水、新建、上饶等县知县,曾充任道光己酉科、咸丰壬子科江西乡试同考官,后调饶州府升直隶州知州,提授南昌首县帮办军务。写有《仁文课艺》、《堂课艺》等。

北大、浙图藏《道光十八年进士登科录》(清刻本):杨昇,贯甘肃巩昌府安化县民籍,廪膳生。甲午科乡试第二十一名,戊戌科会试第十三名。

---

[1] 道光十五年乙未恩科乡试陕西考官:御史(《国朝贡举考略》卷三载为编修)李儒郊,字东原(《国朝贡举考略》卷三载为宋伯),江西德化人,壬午进士;御史成观宣,字子旬,江苏宝应人,丙戌进士。解元赵振甲,武威人。(《清秘述闻续》卷四)

[2] 道光十七年丁酉科乡试陕西考官:编修彭舒萼,字棣楼,湖南长沙人,己丑进士;编修(《国朝贡举考略》卷三载为探花)苏敬衡,字樵林,山东沾化人,丙申进士。解元陈作枢,武威人,甲辰进士。(《清秘述闻续》卷四)

道光二十年(1840)庚子科[1]

二甲第四十六名　慕维城　(《皇清陕西历科进士录》)

慕维城,字宗之,号紫珊,行二,嘉庆甲子相六月二十六日吉时生,甘肃镇原县人,民籍。由优贡生中式道光壬辰科第二十名举人,庚子科会试中式第一百四十三名,殿试二甲第四十六名,钦点即用知县,分发□□。

清华藏《庚子科会试同年齿录》(清刻本):慕维城,字宗之,号紫珊,行一,大行二,嘉庆丙寅年六月二十六日吉时生,甘肃省直隶泾州镇原县优贡生,民籍。乡试第二十名,会试第一百四十三名,殿试第二甲第四十六名,钦点即用知县。

二甲第五十一名　颜履敬　(《皇清陕西历科进士录》)

颜履敬,字心齐,一字石生,号丁桥,行一,嘉庆辛酉相十月十七日吉时生,甘肃兰州府皋兰县人,贤籍。由廪生中式道光丁酉科本省乡试第三名举人,庚子科会试中式第四十三名,殿试二甲第五十一名,钦点即用知县,分发□□。

清华藏《庚子科会试同年齿录》(清刻本):颜履敬,字心齐,号丁桥,行□,年三十四岁,甘肃兰州府皋兰县学廪膳生,贤籍,即用知县。(名次信息同上)

二甲第七十八名　周诚之　(《皇清陕西历科进士录》)

周诚之,字子信,一字霁岚,行七,嘉庆乙丑相四月二十六日吉时生,甘肃巩昌府陇西县人,民籍,原籍江西九江府湖口县。由附生中式道光壬午科第十七名举人,庚子科会试中式第一百十三名,殿试二甲第七十八名,钦点即用知县,分发□□。

清华藏《庚子科会试同年齿录》(清刻本):周诚之,字子信,号霁岚,行七,嘉庆乙丑年四月二十六日吉时生,甘肃巩昌府陇西县人,民籍,原籍江西九江府湖口县。乡试第十七名,会试第一百一十三名,殿试二甲第七十八名。钦点即用知县分发。

---

[1] 道光十九年己亥科乡试陕西考官:户部郎中汤鹏,字海秋,湖南益阳人,癸未进士;(正考官汤中途丁忧)御史李方,字月桥,河南新安人,壬辰进士。解元郑学重,皋兰人。(《清秘述闻续》卷四)

二甲第八十二名　曹炯　（《皇清陕西历科进士录》）

　　曹炯,字镜侯,一字鑑秋,号月舫,行三,嘉庆壬寅年十月十二日吉时生,甘肃兰州府皋兰县人,民籍。由廪生中式道光丁酉科本省乡试第五十八名,庚子科会试中式第二十六名,覆试二等第七名,殿试二甲第八十二名,朝考入选第三十二名,钦点翰林院庶吉士。

　　清华藏《庚子科会试同年齿录》（清刻本）：曹炯,字镜侯,号月舫,行三,嘉庆壬申相十月十二日吉时生,甘肃兰州府皋兰县优廪生,民籍。乡试第五十八名,会试第二十六名,覆试二等第七名,殿试二甲第八十二名,朝考入选第三十六名,钦点翰林院庶吉士。

　　朱汝珍《词林辑略》：字南洲,散馆授编修,改内阁中书,官至江苏淮扬道。

　　《甘肃新通志》：编修,淮阳兵备道。

道光二十一年（1841）辛丑恩科[1]

二甲第三十名　田树桢　（《皇清陕西历科进士录》）

　　田树桢,字梓堂,号蔚峪,行一,嘉庆丙辰相正月二十八日吉时生,甘肃伏羌县人,民籍,廪生。由己卯科副榜贡生中式道光辛卯恩科第九名举人,辛丑恩科会试中式第二十六名,覆试一等十三名,殿试二甲第三名,朝考入选第二十八名,钦点翰林院庶吉士。著有《礼心辑要》《寻乐亭文稿》《水天清课赋钞》《芸馆寸香诗钞》。

　　北大、清华藏《道光二十一年辛丑恩科会试同年齿录》（清刻本）：田树桢,字笙斋,号蔚玉,行一,嘉庆丙辰年正月二十八日吉时生,甘肃巩昌府伏羌县人,民籍,廪生。己卯科副榜第三名,辛卯乡试中式第九名,会试中式第二十六名,覆试一等第十三名,殿试二甲三十名,朝考入选第二十八名,钦点翰林院庶吉士。

　　朱汝珍《词林辑略》：原名陈畴,字幹夫,一字笙斋,号梓堂,又号蔚峪。未散馆。

二甲第九十名　牛树梅　（《皇清陕西历科进士录》）

　　牛树梅（1799—1882）,字玉堂,号雪桥,一号省斋,行二,嘉庆己未相正

---

〔1〕　道光二十年庚子恩科乡试陕西考官：编修张锡庚,字星白（《国朝贡举考略》卷三载为秋舫）,江苏丹徒人,丙申进士;刑部主事王积顺,字若溪,浙江仁和人,癸巳进士。解元李正,凤翔人。（《清秘述闻续》卷五）

月二十四日吉时生,甘肃通渭县人,民籍,廪生。由乙酉拔贡生中式道光辛卯恩科第六名举人,辛丑恩科会试中式第一百七十七名,殿试二甲第九十名,钦点知县。官川臬司,历任四川雅安、隆昌、彰明知县,宁远知府,资州和茂州知州,同治元年擢四川按察使。著有《省斋全集》十二卷、《闻善录》四卷,另有《牛氏家言》和《渭叶文集》传世。

北大藏《道光二十一年辛丑恩科礼部会试同年齿录》(清刻本)(精华斋刻字铺承办):牛树梅,字玉堂,号雪桥,又号省斋,行二,嘉庆己未相正月二十四日吉时生,甘肃巩昌府通渭县人,拔贡生,民籍,乙酉科选拔贡生。辛卯本省乡试中式第六名,会试中式第一百七十七名,殿试二甲第九十名,钦点河南即用知县。

《甘肃新通志》:四川按察司。

《陇右近代诗钞》:牛树梅,字雪樵,又字玉堂,号省斋。

北大、清华藏《道光二十一年辛丑恩科会试同年齿录》(清刻本)不见载。

三甲第二十四名　杨兴林　(《皇清陕西历科进士录》)

杨兴林,字雨辰,号南园,行三,嘉庆庚午相十一月初二吉时生,甘肃西宁府西宁县人,民籍。由乙酉拔贡生中式道光庚子科第二十八名举人,辛丑恩科会试中式第一百九名,殿试三甲第二十四名,钦点知县。

北大、清华藏《道光二十一年辛丑恩科会试同年齿录》(清刻本):杨兴林,字雨辰,一字润三,号南园,行三,嘉庆庚午相十一月初二吉时生,甘肃西宁县人,优廪生,民籍。乡试中式第二十八名,会试中式第一百九名,殿试三甲第二十四名。钦点候选知县。

《甘肃新通志》:四川知县。

北大藏《道光二十一年辛丑恩科礼部会试同年齿录》(清刻本)(精华斋刻字铺承办)不见载。

三甲第三十六名　张自植　(《皇清陕西历科进士录》)

张自植,字培之,一字笃生,号右村,行一,嘉庆辛酉相五月二十八日吉时生,甘肃泾州灵台县人,民籍。由廪生中式道光己亥第十三名举人,辛丑科会试中式第一百七十一名,殿试第三甲第三十六名,钦点即用知县。

清华藏《道光二十一年辛丑恩科会试同年齿录》(清刻本):张自植,字培之,一字笃生,号右村,行一,嘉庆辛酉相五月二十八日吉时生,甘肃泾州灵台县人,民籍。由廪生中式道光己亥第十三名举人,辛丑科会试中式第一百七十一名,殿试第三甲第三十六名,钦点陕西即用知县。

北大藏《道光二十一年辛丑恩科礼部会试同年齿录》(清刻本)(精华斋刻字铺承办):张自植,字培之,一字笃生,号右村,行一,又行五,甘肃灵台县人,优廪生,民籍。乡试中式第十三名,会试中式第一百七十一名,殿试三甲第三十六名,钦点陕西即用知县。

《甘肃通志稿》作张自直。

道光二十四年(1844)甲辰科[1]

二甲第五十七名　陈作枢　(《皇清陕西历科进士录》)

陈作枢,字瑶卿,号星楼,一号桂轩,嘉庆戊辰年八月二十九日吉时生,甘肃凉州府武威县人,廪生,民籍。道光丁酉科乡试中式第一名举人,甲辰科会试中式第一百二十八名,殿试二甲第五十七名,钦点知县。

浙图藏《道光二十四年甲辰科进士同年录》(清松竹斋刻本):陈作枢,武威县人,二甲五十七名,归班知县。号星楼,行一,戊辰八月二十九日生,廪生,丁酉举人,会试一百二十八名。

《甘肃新通志》:陕西知县。

三甲第二十四名　柳渊　(《皇清陕西历科进士录》)

柳渊,字时菴,号雨桥,行七,嘉庆甲戌年六月十九日吉时生,甘肃巩昌府会宁县人,民籍。由廪生中式道光癸卯科第二十四名举人,甲辰科会试中式第十七名,殿试三甲第二十四名,朝考二等第四十七名,钦点主事。历任员外郎、郎中等职,后调任江西,先后出任袁州府、瑞州府知府。

浙图藏《道光二十四年甲辰科进士同年录》(清松竹斋刻本):柳渊,会宁县人,三甲二十四名,工部主事。字时菴,行七,甲戌六月十九日生,廪生,举人,会试十七名。

三甲第八十二名　郑选士　(《皇清陕西历科进士录》)

郑选士,字秀峰,号文泉,行一,嘉庆戊辰年九月初十日吉时生,甘肃秦州人,民籍。由廪生中式道光十七年丁酉科陕西省乡试第十六名举人,甲

---

[1] 道光二十三年癸卯科乡试陕西考官:编修王覆谦,字吉云,顺天大兴人,戊戌进士;编修吴敬羲,字薇客,浙江钱塘人,庚子进士。解元郭珍,扶风人,庚戌进士。(《清秘述闻续》卷五)

辰科会试中式第一百七十八名进士,殿试三甲第八十二名,朝考第三等九十八名,钦点即用知县。以即用知县分发贵州,历署大邑、清平知县,官至贵州威宁州知州。

浙图藏《道光二十四年甲辰科进士同年录》(清松竹斋刻本):郑选士,秦州人,三甲第八十二名,知县。字雪樵,行一,戊辰年九月初十日生,廪生,丁酉举人,会试一百七十八名,分签贵州。

《甘肃新通志》:贵州咸宁州知州。

道光二十五年(1845)乙巳恩科[1]

二甲第五十三名　张和　(《皇清陕西历科进士录》)

张和,字达山,号理堂,行一,嘉庆丙辰年八月二十七日吉时生,甘肃兰州府河州人,民籍。由拔贡生中式道光辛卯科第一名举人,乙巳恩科会试中式第一百三十一名,殿试二甲第五十三名,朝考三等第四名,钦点即用知县。著有《殉难纪略》、《鸿雪集》、《绍香堂诗抄》。

《甘肃新通志》:涿州知州。

《陇右近代诗钞》:张和,字理堂。道光五年拔贡,十一年举人,二十五年进士。历知成安、东安、宁津、大兴等县事,及涿州知州。著有《殉难纪略》、《鸿雪集》、《鸿雪续集》、《绍香堂诗草》等。

浙图藏《道光二十四年甲辰科进士同年录》(清松竹斋刻本)不见载。

三甲第十六名　张敏行　(《皇清陕西历科进士录》)

张敏行,原名烱辰,字懋西,号勉斋,行一,嘉庆丙寅相十月十三日吉时生,甘肃巩昌府陇西县人,民籍。由拔贡生中式道光丁酉科本省乡试第十九名举人,乙巳恩科会试中式第一百十一名,殿试三甲第十六名,钦点即用知县。以知县即用告近分发四川隆县知县。著作有《必有斋文集》。

《甘肃新通志》:四川知县。

浙图藏《道光二十四年甲辰科进士同年录》(清松竹斋刻本)不见载。

三甲第七十八名　王赞襄　(《皇清陕西历科进士录》)

王赞襄,字舜臣,一字月卿,号孟文,行一,嘉庆丁丑相三月二十七日吉

---

[1] 道光二十四年甲辰恩科乡试陕西考官:编修甘守先,字薪圃,云南白盐井人,庚子进士;编修陈宝禾,字子嘉,浙江钱塘人,乙未进士。解元赵于进,狄道人。(《清秘述闻续》卷五)

时生,甘肃宁夏府中卫县人,民籍。由附生中式道光丁酉科三十九名举人,甲辰会试中式一百八十八名贡生,乙巳恩科补应,殿试三甲七十八名,钦点户部主事。

浙图藏《道光二十四年甲辰科进士同年录》(清松竹斋刻本):王赞襄,中卫县附生,甲辰年年二十六,丁酉举人,会试一百八十八名。

《增校清朝进士题名碑录(附引得)》《明清进士题名碑录索引》:王赞襄,三甲七十八名,甘肃宁夏府中卫县人。

《甘肃新通志》:户部主事。

三甲第一百一十一名　张奋翼　(《皇清陕西历科进士录》)

张奋翼,字□南,号秋涧,行一,乾隆乙卯相十一月十六日吉时生,甘肃凉州府镇番县人,民籍。由廪生中式道光乙酉科本省乡试第二十三名举人,甲辰会试中式第二百二十七名贡士,乙巳恩科殿试三甲第一百十九名,钦点即用知县。著有《周礼集字》《礼记集对》《四书题论》《公余集句》。

浙图藏《道光二十四年甲辰科进士同年录》(清松竹斋刻本):张奋翼,镇番县廪生,甲辰会试二百二十七名,年五十岁,乙酉举人。

《增校清朝进士题名碑录(附引得)》《明清进士题名碑录索引》:三甲一百一十一名,张奋翼,甘肃凉州府镇番县人。

《甘肃新通志》:四川知县。

《武威历代进士名录》(碑文存于武威文庙):道光二十五年进士,四川清溪邻水等县知事。

道光二十七年(1847)丁未科[1]

二甲第九十三名　侯树衔　(《皇清陕西历科进士录》)

侯树衔(1807—1866),字瀚冰,号介亭,行一,嘉庆壬申十二月二十二日吉时生,甘肃巩昌府陇西县人,民籍。由廪膳生中式道光甲辰恩科本省乡试第四十八名举人,丁未科会试中式第一百五十三名,殿试二甲第九十三名,朝考三等五十三名,钦点即用知县。历任四川兴文、威远、铜梁等县知县。著有《可舣亭集》《可舣亭百花吟》《聊斋诗十六韵》等书。

---

[1] 道光二十六年丙午科乡试陕西考官:侍讲陈宝禾,字子嘉,浙江钱塘人,乙未进士;詹事青麐,字墨卿,满洲正白旗人,辛丑进士。解元刘余庆,长安人。(《清秘述闻续》卷五)

清华藏《道光丁未科会试同年齿录》（清刻本）：侯树衔，号介亭，行一，通行三，嘉庆庚午年十二月二十四日戌时生，甘肃巩昌府陇西县廪膳生，民籍。甲辰乡试第四十八名，会试第一百五十三名，殿试第二甲第九十三名，钦点即用知县签分山西。

《甘肃新通志》：四川知县。

三甲第三十七名　马纶笃　（《皇清陕西历科进士录》）

马纶笃，字□臣，号少园，一号厚菴，行一，嘉庆十五年五月二十日吉时生，甘肃巩昌府安定县人，民籍。由拔贡生中式道光己亥科乡试第四十七名举人，丁未科会试中式第八十二名贡士，殿试三甲第三十七名，钦点即用知县。

《增校清朝进士题名碑录（附引得）》、《明清进士题名碑录索引》作道光二十七年进士，甘肃巩昌府安定人。

清华《道光丁未科会试同年齿录》（清刻本）不见载。

三甲第九十四名　傅培峰　（《皇清陕西历科进士录》）

傅培峰，字擘三，号藕村，行五，嘉庆乙丑年正月初四日卯时生，甘肃镇番县人，民籍。由拔贡生中式道光甲辰恩科本省乡试第五十名举人，丁未科会试中式第六十七名，殿试三甲第九十四名，朝考三等一百二十二名，钦点即用知县。

清华藏《道光丁未科会试同年齿录》（清刻本）：傅培峰，字擘三，号藕村，行五，通行六，嘉庆甲子相己丑年正月初四日卯时生，甘肃凉州府镇番县拔贡生，民籍。丁酉科选拔贡生第一名，乡试第五十名，会试第六十七名，殿试第三甲第九十四名，钦点候选知县。

《甘肃新通志》：江西宜黄知县。

三甲第一百三名　杨师震　（《皇清陕西历科进士录》）

杨师震，字惺齐，一字少西，号渔笛，行一，嘉庆癸酉年二月初三戌时生，甘肃兰州府靖远县人，民籍。由廪膳生中式道光丙午科本省乡试第四十六名举人，丁未科会试中式第一百八十七名，殿试三甲第一百三名，朝考三等三十一名，钦点即用知县。本以知县即用，但呈请改就教职，授平凉府教授，主讲柳湖书院数年，调西宁府教授。

清华藏《道光丁未科会试同年齿录》（清刻本）：杨师震，字惺齐，一字少西，行一，嘉庆癸酉年二月初三戌时生，甘肃兰州府廪膳生，靖远县民籍。

丙午乡试第四十六名,会试第一百八十七名,殿试第三甲第一百三名,钦点即用知县。

三甲第一百四名　任国桢　(《皇清陕西历科进士录》)

任国桢,字□臣,号蒲溪,行一,大行六,嘉庆丁卯年十月十四日午时生,甘肃凉州府武威县人,民籍。由廪膳生中式道光癸卯科本省乡试第九名举人,丁未科会试中式第一百七十六名,殿试三甲,朝考三等,钦点即用知县。

清华藏《道光丁未科会试同年齿录》(清刻本):任国桢,字幹臣,号蒲溪,行一,大行六,嘉庆丁卯年十月十四日吉时生,甘肃凉州府武威县廪膳生,民籍。乡试第九名,会试第一百七十六名,殿试三甲第二百四名,钦点即用知县,分发陕西。

三甲第一百一十五名　刘铠　(《皇清陕西历科进士录》)

刘铠,字戚之,号莲生,又号苇沚,行六,嘉庆甲戌年十月二十二日吉时生,甘肃凉州人,武威县籍。由增生中式道光乙未恩科乡试第十九名举人,丁未科会试中式第一百四十六名,殿试三甲第一百一十五名,朝考三等第八十五名,钦点即用知县。

清华藏《道光丁未科会试同年齿录》(清刻本):刘铠,字戚之,号莲生,又号苇沚,行一,又行六,嘉庆甲戌年十月二十五日吉时生,甘肃凉州府武威县增生,民籍。乡试第十九名,会试第一百四十六名,殿试第三甲第一百一十五名,钦点即用知县,分发直隶。

道光三十年(1850)庚戌科[1]

二甲第七十六名　张尔周　(《皇清陕西历科进士录》)

张尔周,字小庄,号双楼,甘肃凉州府镇番县人,廪生,民籍。道光己亥科本省乡试中式第五十二名,道光庚戌科会试中式第二百二名,覆试二等第四十九名,殿试二甲第七十六名,朝考三等第一百四名,钦点即用知县。历官陕西浦城、四川夹江、长寿知县,以功擢升同知。

北大藏《道光庚戌科会试同年齿录》(北京龙文斋、精华斋刻本):张尔

---

[1] 道光二十九年己酉科乡试陕西考官:编修葛景莱,字蓬山,浙江仁和人,辛丑进士;编修黄倬,字恕皆,湖南善化人,庚子进士。解元乔荫甲,三原人,癸丑进士。(《清秘述闻续》卷五)

周,字小庄,号双楼,行三,嘉庆乙亥年正月初七日吉时生,甘肃凉州府镇番县廪生,民籍。道光己亥科本省乡试中式第五十二名,道光庚戌科会试中式第二百二名,覆试二等第四十九名,殿试二甲第七十六名,朝考三等第一百四名,钦点即用知县,签掣□□。

《甘肃新通志》:浦城知县。

《武威历代进士名录》(碑文存武威文庙):四川夹江、长寿知县,陕西西乡、紫阳、甘泉知县。

二甲第一百一名　吴可读　(《皇清陕西历科进士录》)

吴可读(1812—1879),字冶樵,号柳堂,行一,嘉庆壬申相十二月十一日吉时生,甘肃兰州府皋兰县人,增生,民籍。道光乙未恩科陕西乡试中式第十八名,甲辰科大挑二等,任伏羌县训导,道光庚戌科会试中式第八十三名,殿试二甲第一百零一名,钦点刑部主事。授刑部主事,官至监察御史。著有《携雪堂全集》。

《增校清朝进士题名碑录(附引得)》、《明清进士题名碑录索引》:二甲一百一名,甘肃兰州府皋兰县人。

《甘肃新通志》:御史赠道衔。

《清代硃卷集成:道光庚戌科会试硃卷》(第16册第247页):吴可读,字柳堂,号兰冶,一号南冶,行一,嘉庆壬申年十二月十一日吉时生,甘肃兰州府皋兰县,优增生,民籍。甲辰科大挑二等,伏羌县训导,乙未科乡试中式一百一十八名,会试八十三名,殿试二甲一百零一名,钦点刑部主事。世居省城南府街。

《陇右近代诗钞》:道光三十年进士,授刑部主事,晋员外郎。后迁吏部郎中,转河南道监察御史。

北大藏《道光庚戌科会试同年齿录》(北京龙文斋、精华斋刻本)不见载。

三甲第二十四名　李信芳　(《皇清陕西历科进士录》)

李信芳,字艺齐,号蓉裳,甘肃宁夏府宁朔县人,优廪生,民籍。道光丙午科本省乡试中式第六十一名,道光庚戌科会试中式第二百二十三名,覆试三等第二十四名,殿试三甲第二十四名,朝考三等第五十七名,钦点即用知县。

北大藏《道光庚戌科会试同年齿录》(北京龙文斋、精华斋刻本):李信芳,字艺斋,一字余乡,号蓉裳,行一,通行四,道光壬午年正月十三日吉时生,甘肃宁朔县优廪生,民籍。乡试中式第六十一名,会试第一百二十三名,殿试三甲第二十四名,钦点即用知县。

《清代硃卷集成:道光庚戌科会试硃卷》(第16册第327页):(履历缺)中式第一百二十三名,甘肃宁夏府宁朔县府学,优廪生,民籍。

三甲第九十七名　蔡式钰　(《皇清陕西历科进士录》)

蔡式钰,字心吾,号谷田,行三,又行四,嘉庆乙亥年正月二十日吉时生。甘肃凉州府武威县人,民籍。道光癸卯科本省乡试第三十名,道光乙巳科会试中式第九十六名,庚戌科殿试三甲第九十七名,钦点即用知县。

北大藏《道光庚戌科会试同年齿录》(北京龙文斋、精华斋刻本)不见载。

三甲第九十九名　刘观光　(《皇清陕西历科进士录》)

刘观光,字觐堂,号玉峰,甘肃庆阳府宁州人,民籍。由廪生中式道光壬午科陕西乡试第二十八名,道光庚戌科会试中式第一百九十七名,殿试三甲第九十九名,朝考三等第七十六名,钦点即用知县。

北大藏《道光庚戌科会试同年齿录》(北京龙文斋、精华斋刻本):刘观光,字觐堂,号玉峰,一号松轩,行一,嘉庆己未年二月二十九日吉时生,甘肃庆阳府宁州民籍,优廪生,陕西鄜州直隶州学正。乡试第二十八名,会试第一百九十七名,殿试三甲第九十九名,钦点即用知县。

博冲武

博冲武,凉州满营人,缙绎官主事。

《甘肃新通志》、《甘肃通志稿》有载,而《皇清陕西历科进士录》、《增校清朝进士题名碑录(附引得)》、《明清进士题名碑录索引》不见载。由此,博冲武为满蒙翻译科进士,非甘肃籍文进士。

咸丰二年(1852)壬子恩科[1]

二甲第九十九名　武尚仁　(《皇清陕西历科进士录》)

武尚仁,字静山,号连峰,甘肃陇西县人,道光己酉科本省乡试中式第

---

[1] 咸丰元年辛亥恩科乡试(广西省停科)陕西考官:编修贡璜,字荆山,浙江汤溪人,乙巳进士;检讨颜培瑚,字稼珊,广东连平人,辛丑进士。解元王锐堂,武威人。(《清秘述闻续》卷六)

八名,咸丰壬子恩科会试中式第九十七名,覆试二等第三十七名,殿试二甲第九十九名,朝考二等第五十名,钦点翰林院庶吉士。著述有《陇西抉微集》、《静山遗书》。

国图藏《咸丰壬子恩科会试同年齿录》(清刻本):武尚仁,字静山,号莲峰,行一,嘉庆丙子年二月二十一日吉时生,甘肃巩昌府陇西县附贡生,民籍。丙午乡试副榜第七名,己酉乡试第八名,会试第九十七名,覆试二等第三十七名,殿试第二甲第九十九名,朝考二等第五十名,钦点翰林院庶吉士。

朱汝珍《词林辑略》:字厚山,号莲峰,散馆改知县。

三甲第五十九名　王鑑塘　(《皇清陕西历科进士录》)

王鑑塘,字清如,号宝泉,又号西园,甘肃凉州府平番县人,优廪生,民籍。道光癸卯科本省中式乡试第四十七名,咸丰壬子恩科会试中式第一百五十五名,覆试三等,殿试三甲第五十九名,朝考三等第九十四名,钦点主事。

国图藏《咸丰壬子恩科会试同年齿录》(清刻本):王鑑塘,派名荷,字清如,一字宝泉,号西园,行二,大行三,道光辛巳年二月十八日吉时生,甘肃凉州府镇番县优廪生,民籍。乡试第四十七名,会试第一百五十五名,殿试三甲第□名,钦点主事,签掣户部。

《甘肃通志稿》又作王鑑堂。

三甲第九十五名　李友龄　(《皇清陕西历科进士录》)

李友龄,字梦九,一字益三,号寿山,甘肃巩昌府安定县人,民籍。道光癸卯科本省乡试第六十五名,道光丁未会试第一百六十五名,殿试三甲第九十五名,朝考三等第一百六名,钦点即用知县。

国图藏《咸丰壬子恩科会试同年齿录》(清刻本)不见载。

三甲第一百六名　马丙昭　(《皇清陕西历科进士录》)

马丙昭,字小初,号晴严,一号催年,甘肃宁夏府宁夏县人,附生,民籍。恩科本省乡试第三十一名,咸丰二年壬子恩科会试第一百九十七名,覆试三等,殿试三甲第一百六名,朝考三等第一百一十四名,钦点即用知县。

国图藏《咸丰壬子恩科会试同年齿录》(清刻本):马丙昭,字晓初,号晴岩,一号崔年,行五,道光己丑相十二月十六日吉时生,甘肃宁夏县学附生,民籍。辛亥恩科乡试三十一名,会试一百九十七名,殿试三甲一百六名,朝考第三等,钦点即用知县。

《甘肃新通志》:湖南知县。

三甲第一百八名　冯克勋　(《皇清陕西历科进士录》)

冯克勋,字子能,号一齐,一号南城,甘肃洮州厅,优廪生,民籍。咸丰辛亥恩科本省乡试中式第三十一名,咸丰壬子恩科会试中式第九十二名,殿试三甲第一百八名,钦点即用知县。

国图藏《咸丰壬子恩科会试同年齿录》(清刻本):冯克勋,字子能,号一齐,行一,道光辛巳相二月十七日吉时生,甘肃巩昌府洮州厅廪生,民籍。乡试第四十一名,覆试第□名,会试第九十二名,殿试三甲第一百八名,钦点即用知县。

三甲第一百一十五名　王之英　(《皇清陕西历科进士录》)

王之英,字涧石,号沙屿,甘肃武威县人,廪生,民籍。咸丰元年辛亥恩科本省乡试中式第六十名,壬子恩科会试中式第一百二十二名,覆试三等二十四名,朝考第一百一十八名,钦点即用知县。

国图藏《咸丰壬子恩科会试同年齿录》(清刻本):王之英,字润石,号少屿,行一,又行六,嘉庆乙亥年十二月初一日酉时生,甘肃凉州府武威县廪生,民籍。乡试第六十名,会试第一百二十二名,覆试三等第三十名,殿试三甲第一百一十五名,朝考三等第一百一十八名,钦点即用知县,签掣山西省。

三甲第一百一十六名　王锡　(《皇清陕西历科进士录》)

王锡,字嘉名,号椿轩,又号东圃,甘肃河州人,副贡生,民籍。咸丰辛亥恩科本省乡试中式第四十二名,壬子恩科会试中式第八十名,覆试三等第三十五名,朝考三等第九十三名,钦点主事。

国图藏《咸丰壬子恩科会试同年齿录》(清刻本):王锡,字嘉名,号东圃,行二,嘉庆辛酉年六月初九日寅时生,甘肃兰州府河州副贡生,民籍。壬辰科第五名副榜,乡试第四十二名,会试第八十名,殿试□甲□名,钦点兵部。

三甲第一百二十六名　赵福淳　(《皇清陕西历科进士录》)

赵福淳,字子厚,号琴方,又号晴舫,甘肃灵州高台县人,优廪生,民籍。癸卯科本省乡试中式第五十七名,咸丰壬子恩科会试中式第一百九十名,覆试二等第十二名,朝考一等二十四名,钦点翰林院庶吉士。

朱汝珍《词林辑略》:赵福纯,原名福淳,字子厚,一字荐如,号琴方,又号晴舫。散馆改主事。

《甘肃新通志》、《甘肃通志稿》作赵福纯。

国图藏《咸丰壬子恩科会试同年齿录》(清刻本)不见载。

三甲第一百二十八名　云蔚桐　(《皇清陕西历科进士录》)

云蔚桐,原名汝需,字通甫,号可琴,一号韵陔,行三,大行六,道光庚寅相十月初五日吉时生,甘肃西宁县西宁府人,附生,民籍。道光甲辰恩科本省乡试中式第五十七名,咸丰壬子恩科会试中式第二百四十四名,覆试二等第六十一名朝考三等四十一名,钦点内阁中书。

国图藏《咸丰壬子恩科会试同年齿录》(清刻本)不见载。

咸丰三年(1853)癸丑科[1]

二甲第一百四名　田际春　(《皇清陕西历科进士录》)

田际春,字少仁,号芳邨,又号石坪,行一,大行三,嘉庆癸亥年六月初十日吉时生,甘肃巩昌府陇西县人,增生,屯籍。道光十七年丁酉科本省乡试中式第二十六名,咸丰壬子恩科会试中式第三十四名,覆试三等第六十八名,癸丑科殿试二甲第一百四名,朝考三等第十九名,钦点主事。

上图藏《咸丰三年进士登科录》(清刻本一册):贯甘肃巩昌府陇西县民籍,增广生,丁酉科乡试二十六名,壬子会试三十四名。

国图藏《咸丰壬子恩科会试同年齿录》(清刻本):田际春,字芳卸,号石怦,行三,嘉庆癸亥年□月□日吉时生,甘肃巩昌府陇西县增生,民籍。丁酉乡试第二十六名,会试第三十四名,殿试□甲□名,钦点□□。

按:《皇清陕西历科进士录》咸丰二年有姓名,但无传记信息,由此可知,田际春咸丰二年未殿试,咸丰三年参加殿试。

三甲第九名　张煦　(《皇清陕西历科进士录》)

张煦,字蔼如,号菊龄,甘肃宁夏府灵州人,民籍。道光己酉科陕西乡试中式第六名,咸丰癸丑科会试中式第五十三名,覆试二等第三十三名,朝

---

[1] 咸丰二年壬子科乡试陕西考官:编修苏仲山,字重亭,山东日照人,丁未进士;礼科给事中梁同新,字旭初,广东番禺人,丙申进士。解元高岯,三原人。(《清秘述闻续》卷六)

考三等第四十一名,钦点主事。由刑部主事出为贵州镇远知府,后历官贵州知府,陕西按察使,广东、山西布政使,陕西、湖南、陕西巡抚。

国图藏《咸丰癸丑科会试同年齿录》(清刻本):张煦,字蔼如,号菊龄,行一,大行二,道光丙戌年七月初二日吉时生,甘肃宁夏府拔贡生,灵州民籍。己酉选拔第一名,本省乡试中式第六名,覆试二等第三十三名,朝考三等四十一名,殿试三甲第九名,钦点主事,签掣刑部湖广司。

上图藏《咸丰三年进士登科录》(清刻本,一册):贯甘肃宁夏府灵州民籍,拔贡生。己酉科陕西乡试第六名,癸丑科会试第五十三名。

《甘肃通志稿》作宁州人。

三甲第三十五名　张照南　(《皇清陕西历科进士录》)

张照南,字星舫,号午亭,甘肃皋兰县人,民籍。咸丰壬子科本省乡试中式第十九名,癸丑科会试中式第一百二十五名,覆试一等第二十六名,朝考三等第二十三名,钦点主事。授户部湖广司主事,官至户部郎中。

国图藏《咸丰癸丑科会试同年齿录》(清刻本):张照南,字星舫,号午亭,行一,又行三,嘉庆戊寅年九月初九日吉时生,甘肃兰州府皋兰县优廪生,民籍。咸丰壬子科本省乡试中式第十九名,癸丑科会试中式第一百二十五名,覆试二等第二十六名,朝考三等二十三名,钦点户部主事。

上图藏《咸丰三年进士登科录》(清刻本,一册):贯甘肃兰州府皋兰县,民籍,廪膳生。壬子科乡试第十九名,癸丑科会试第一百二十五名。

三甲第四十三名　柳炯　(《皇清陕西历科进士录》)

柳炯,字鑑堂,号瀛山,行五,嘉庆己卯年八月二十一日吉时生,甘肃凉州府静宁州人,优贡生,民籍。咸丰辛亥恩科陕西乡试中式第二十三名,癸丑科会试中式第九十九名,覆试二等第五十四名,朝考二等第四十一名,钦点翰林院庶吉士。

朱汝珍《词林辑略》:字照严,号鑑堂,又号瀛山。散馆改知县。

上图藏《咸丰三年进士登科录》(清刻本,一册):贯甘肃平凉府静宁州民籍,辛亥乡试第二十三名,癸丑科会试第九十九名。

国图藏《咸丰癸丑科会试同年齿录》(清刻本)不见载。

三甲第七十五名　高鸿儒　(《皇清陕西历科进士录》)

高鸿儒,字雪磐,号东村,行六,通行十三,嘉庆丙寅相二月十九日吉时生,甘肃兰州府金县人,拔贡生,民籍。道光己亥科本省乡试中式第十二名,癸丑科会试中式第一百六十三名,覆试三等第十九名,朝考三等第二十一名,钦点主事。历任礼部主事,荔浦、天河县知县。

上图藏《咸丰三年进士登科录》(清刻本,一册):贯甘肃兰州府金县民籍,己亥科乡试中式第十二名,癸丑科会试中式第一百六十三名。

国图藏《咸丰癸丑科会试同年齿录》(清刻本):不见载。

三甲第八十二名　周士俊　(《皇清陕西历科进士录》)

周士俊,字子英,号东皋,甘肃皋兰县人,增生,民籍。咸丰元年辛亥恩科本省乡试中式第十六名,癸丑科会试中式第一百二十二名,覆试三等第六十名,朝考三等第三十二名,钦点内阁中书。

国图藏《咸丰癸丑科会试同年齿录》(清刻本):周士俊,字子英,号东皋,行四,嘉庆丁丑年十二月二十七日吉时生,甘肃兰州府皋兰县增生,民籍。咸丰元年辛亥恩科本省乡试中式第十六名,癸丑科会试中式第一百二十二名,殿试三甲第八十一名,覆试三等第六十名,朝考三等第三十二名,钦点内阁中书。

《增校清朝进士题名碑录(附引得)》、《明清进士题名碑录索引》作三甲八十二名。

上图藏《咸丰三年进士登科录》(清刻本,一册):贯甘肃皋兰县,增广生。辛亥恩科乡试中式第十六名,癸丑科会试第一百二十二名。

三甲第九十六名　韩树屏　(《皇清陕西历科进士录》)

韩树屏,字建侯,号少垣,行一,道光甲申相十一月初四日吉时生,甘肃文县人,副贡生,民籍。咸丰元年辛亥恩科本省乡试中式第三十四名,癸丑科会试中式第一百二十九名,覆试三等第一百十三名,殿试三甲第九十六名,朝考三等第九十四名。

国图藏《咸丰癸丑科会试同年齿录》(清刻本):韩树屏,甘肃阶州直隶州文县副贡生,民籍。咸丰元年辛亥恩科本省乡试中式第三十四名,癸丑科会试中式第一百二十九名,覆试三等第一百十三名,殿试三甲第九十六名,钦点即用知县。

《增校清朝进士题名碑录(附引得)》、《明清进士题名碑录索引》作三甲九十六名。

三甲第九十八名　彭绳祖　(《皇清陕西历科进士录》)

彭绳祖,字世谷,号觐堂,行一,嘉庆乙丑年五月二十四日吉时生,甘肃秦州秦安县人,拔贡生,民籍。道光壬辰科本省乡试中式第二十五名,咸丰癸丑科会试中式第二百三十四名,覆试三等五十九名,朝考三等三十六名,钦点即用知县。

《甘肃新通志》：河南南召县知县。

上图藏《咸丰三年进士登科录》(清刻本,一册)：贯甘肃秦州秦安县民籍,拔贡生。壬辰科第二十五名,癸丑科会试第二百三十四名。

按：上图藏《咸丰三年进士登科录》只载至三甲九十九名曹以燡,之后不见载。

三甲第一百九名　刘灏　(《皇清陕西历科进士录》)

刘灏,字韫初,号玉帆,甘肃会宁县人,监生,民籍。道光丙午科本省乡试中式第三十一名,咸丰癸丑科会试中式第三十三名,覆试二等第五十三名,朝考三等第三十一名,钦点即用知县。

国图藏《咸丰癸丑科会试同年齿录》(清刻本)：刘灏,字韫初,号石帆,行九,道光癸未年五月十三日吉时生,系甘肃巩昌府会宁县监生,民籍。道光丙午科本省乡试中式第三十一名,咸丰癸丑科会试中式第三十三名,覆试二等第五十三名,朝考三等第三十一名,钦点即用知县。

咸丰六年(1856)丙辰科[1]

二甲第七十二名　赵贡玉　(《皇清陕西历科进士录》)

赵贡玉,字宝臣,号吴山,行三,嘉庆壬申年九月二十日吉时生,甘肃平凉府静宁州人,廪生,民籍。道光己亥科陕西乡试中式第六十一名,咸丰癸丑科会试中式第二百三名,覆试三等第六十三名,殿试二甲第七十三名进士,朝考三等第五名,钦点主事。著有《吴山遗稿》。

《增校清朝进士题名碑录(附引得)》、《明清进士题名碑录索引》作二甲七十二名。

三甲第二十一名　袁辉山　(《皇清陕西历科进士录》)

袁辉山,字小峰,号静菴,甘肃凉州府武威县人,廪生,民籍。咸丰辛亥恩科本省乡试中式第八十二名,丙辰科会试中式第八十八名,殿试三甲第

---

[1] 咸丰五年乙卯科乡试(江南、江西、湖北、湖南、河南、广东、广西、贵州停科)陕西考官：侍讲学士殷兆镛,字谱经,江苏吴江人,庚子进士；编修罗家福,字訏庭,顺天大兴人,乙巳进士。解元石汝瑚,富平人。(《清秘述闻续》卷六)

二十一名,朝考三等四十六名,钦点即用知县。

  北大藏《咸丰丙辰科会试同年齿录》(清咸丰刻本):袁辉山,字小峰,号静葊,行一,大行三,嘉庆辛酉三月二十六日吉时生,系甘肃凉州府武威县廪生,民籍。咸丰辛亥恩科本省乡试中式第八十二名,丙辰科会试中式第八十八名,殿试三甲第五十二名。

  《甘肃新通志》:广东东安县知县。

三甲第二十七名　张诏　(《皇清陕西历科进士录》)

  张诏,字凤衔,号麓樵,甘肃武威县人,廪生,民籍。道光丙午科本省乡试中式第二名,丙辰科会试中式第一百一十七名,殿试三甲第二十七名,钦点候选知县。

  北大藏《咸丰丙辰科会试同年齿录》(清咸丰刻本):张诏,字凤衔,号麓樵,行一,通行三,嘉庆癸亥年十月十九日吉时生,甘肃凉州府武威县优廪生,民籍。道光丙午科本省乡试中式第二名,丙辰科会试中式第一百一十七名,钦点拣选知县。

  《甘肃新通志》作候铨主事。

三甲第五十七名　张景福　(《皇清陕西历科进士录》)

  张景福,字介儒,号梦叟,甘肃武威县人,增生,民籍。咸丰辛亥恩科本省乡试中式第四十七名,丙辰科会试中式第一百六十一名,覆试三等第一百二名,朝考三等第三十三名,钦点主事。

  北大藏《咸丰丙辰科会试同年齿录》(清咸丰刻本):张景福,字介儒,号梦叟,又号南村,行一,道光庚寅年二月十九日吉时生,甘肃凉州府武威县增生,民籍。咸丰辛亥恩科本省乡试中式第四十七名,丙辰科会试中式第一百六十一名,覆试三等一百二名,朝考三等五十七名,钦点即用知县。

  《甘肃新通志》:陕西孝义厅同知。

三甲第八十名　黄成采　(《皇清陕西历科进士录》)

  黄成采,字载之,号振齐,甘肃巩昌府伏羌县人,廪生,民籍。咸丰乙卯科本省乡试中式第五十五名,丙辰科会试中式第一百七十七名,朝考三等第八十七名,钦点即用知县。任四川西昌知县、乡试同考官。

  北大藏《咸丰丙辰科会试同年齿录》(清咸丰刻本):黄成采,字载之,号振斋,行一,嘉庆庚寅年□月□日吉时生。咸丰乙卯科本省乡试中式第五十五名,丙辰科会试中式第一百七十七名,朝考三等第八十七名,覆试三等第一百六十六名,钦点即用知县。

《甘肃新通志》、《甘肃通志稿》作黄成彩。

三甲第一百名　田得吉　(《皇清陕西历科进士录》)

田得吉,字迪亭,号廉溪,甘肃兰州府靖远县人,廪生,民籍。咸丰壬子科本省乡试中式第四十一名,丙辰科会试中式第一百七十四名,朝考三等第一百名,钦点即用知县。

北大藏《咸丰丙辰科会试同年齿录》(清咸丰刻本):田得吉,字迪亭,号惠泉,行一,道光甲午年九月十七日吉时生,甘肃靖远县廪生,民籍。咸丰壬子科本省乡试中式第四十一名,丙辰科会试中式第一百七十四名,朝考三等第一百名,钦点即用知县。

咸丰九年(1859)己未科[1]

二甲第八十五名　鲁膺泰　(《皇清陕西历科进士录》)

鲁膺泰,字福亭,号佩兰,陕西兰州府皋兰县人,民籍。咸丰壬子科本省乡试第三十四名,会试中式第一百六十四名,覆试三等第二十一名,朝考三等第四十名,钦点即用知县。

北大藏《咸丰九年会试齿录》(北京文采斋、龙文斋刻本):鲁膺泰,字福亭,号佩兰,行一,又行三,道光丙戌年正月初一日吉时生,甘肃兰州府皋兰县廪生,民籍。咸丰壬子科本省乡试第三十四名,会试中式第一百六十四名,覆试三等第二十一名,朝考三等四十名,钦点即用知县,签掣四川。

三甲第七十一名　周光炯　(《皇清陕西历科进士录》)

周光炯,无字无号,甘肃武威县人,民籍。道光己酉科本省乡试第三十五名,会试中式第一百七十二名,覆试三等第二十五名,朝考三等第二十七名,钦点吏部主事。

北大藏《咸丰九年会试齿录》(北京文采斋、龙文斋刻本):周光炯,字戒吾,号觐臣,行一,通行三,嘉庆甲子年九月初四日吉时生,甘肃凉州府武威县优廪生,民籍。道光己酉科本省乡试第三十五名,会试中式第一百七十二名,覆试三等第二十五名,朝考三等第二十七名,钦点主事,签发户部。

---

[1] 咸丰八年戊午科乡试(江南、江西、福建、广东、广西、云南、贵州停科)陕西考官:侍讲学士潘祖荫,字伯寅,江苏吴县人,壬子进士;修撰翁同龢,字叔平,江苏常熟人,丙辰进士。解元康楷,大荔人。(《清秘述闻续》卷六)

三甲第七十四名　李清瑞　(《皇清陕西历科进士录》)

李清瑞,字辑堂,号莲溪,甘肃泾州镇原县人,民籍。咸丰戊午科本省乡试第二十名,会试中式第一百八十八名,覆试三等五十一名。

北大藏《咸丰九年会试齿录》(北京文采斋、龙文斋刻本):李清瑞,字辑堂,号莲溪,行一,嘉庆辛未相九月二十日吉时生,甘肃泾州镇原县廪膳生员,民籍。咸丰戊午科本省乡试第二十名,会试中式第一百八十八名,覆试三等五十一名,殿试三甲第七十四名,钦点部铨知县。

三甲第八十三名　刘光远　(《皇清陕西历科进士录》)

刘光远,字近堂,号望三,甘肃阶州人,民籍。咸丰辛亥恩科本省乡试第六十六名,会试中式第一百七十七名,覆试三等七十七名,殿试三甲八十三名,朝考三等八十二名,钦点即用知县。授广东归善知县,后擢升惠州知州。

北大藏《咸丰九年会试齿录》(北京文采斋、龙文斋刻本):刘光远,字近堂,号望三,一号旺珊,行一,道光甲申年十一月初三日吉时生,甘肃阶州民籍,廪生。咸丰辛亥恩科本省乡试第六十六名,会试中式第一百七十七名,覆试三等七十七名,殿试三甲八十三名,朝考三等八十二名,钦点即用知县,分发广东。

未殿试　吴耀先

北大藏《咸丰九年会试齿录》(北京文采斋、龙文斋刻本):吴耀先,字勉旂,号笔峰,行一又行二,道光丁亥年七月二十五日吉时生,甘肃平凉府静宁州人,廪生,民籍。乡试中式第五十六名,会试中式第一百七十六名,殿试□甲□名,钦点□□。

《增校清朝进士题名碑录(附引得)》、《明清进士题名碑录索引》、《皇清陕西历科进士录》、《甘肃通志》、《甘肃新通志》、《甘肃通志稿》不见载。

按:吴耀先显系未殿试。

胡己未

胡己未,甘肃秦州人。

《甘肃新通志》、《甘肃通志稿》作甘肃秦州人,咸丰九年进士。

《增校清朝进士题名碑录(附引得)》、《明清进士题名碑录索引》、《皇清陕西历科进士录》不见载。

(光绪)《重纂秦州直隶州新志》二十四卷首一卷及《甘肃新通志》作

"恩赐翰林检讨",显系非考取之文进士,系误加。

咸丰十年(1860)庚申恩科[1]

三甲第三十一名　张隽选　(《皇清陕西历科进士录》)

张隽选,字子青,号云樵,又号又渠,行一,大行二,道光辛巳年九月十七日吉时生,甘肃宁夏府灵州人,民籍。由廪生中式咸丰乙卯科陕西乡试第四十八名,庚申恩科会试中式第一百四十九名,贡生覆试二等三十七,朝考三等五十名,钦点即用知县。

《甘肃新通志》、《甘肃通志稿》：张隽选,灵州人,即用知县。

三甲第三十二名　雒宗易　(《皇清陕西历科进士录》)

雒宗易,字穆臣,一字梦三,号江园,行四,又行六,嘉庆己卯年三月初四日吉时生,甘肃兰州府靖远县人,民籍。由廪贡生中式咸丰己未科陕西乡试第二十七名,庚申恩科会试中式第一百七十二名,覆试三等第二十二名,朝考三等第六十九名,钦点即用知县。

《甘肃新通志》、《甘肃通志稿》：雒宗易,靖远人,即用知县。

三甲第四十九名　张炳星　(《皇清陕西历科进士录》)

张炳星,字仲文,一字翰文,号薇垣,行二,嘉庆戊寅年十一月十八日吉时生,甘肃兰州府皋兰县人,民籍。由廪生中式咸丰壬子科陕西乡试第三名,庚申恩科会试中式第一百四十七名,覆试三等第五十三名,朝考三等七十三名,钦点即用知县。

《甘肃新通志》：湖南即用知县。

三甲第七十三名　牟标　(《皇清陕西历科进士录》)

牟标,字霞臣,号锦堂,号晓峰,行一,又行二,嘉庆丙□年九月初一日吉时生,甘肃兰州府狄道州人,民籍。由廪生中式道光庚子科陕西乡试第六十二名,庚申恩科会试中式第八十七名,覆试三等第七十五名,朝考三等第六十三名,钦点即用知县。署陇州知州。

《甘肃新通志》：陕西即用知县。

---

[1] 咸丰九年己未恩科乡试陕西考官：编修马寿金,字介樵,顺天宛平人,庚子进士；编修吕耀斗,字庭芷,江苏阳湖人,庚戌进士。解元王贯三,安定人。(《清秘述闻续》卷六)

同治元年(1862)壬戌恩科[1]

二甲第二十四名　张寿庆　(《皇清陕西历科进士录》)

张寿庆,字朋三,号南蕃,行二,道光癸巳年二月十三日吉时生,甘肃兰州府皋兰县人,民籍。咸丰辛酉科本省乡试第五十五名,同治壬戌科会试中式第一百四十五名,覆试三等第七名,朝考二等第九名,钦点刑部主事。

《甘肃新通志》、《甘肃通志稿》:张寿庆,皋兰人,刑部主事。

二甲第四十六名　康敉　(《皇清陕西历科进士录》)

康敉(1830—1906),字仲抚,号杏村,行二,道光庚寅年八月二十五日吉时生,甘肃巩昌府安定县人,民籍。咸丰己未科乡试中式第五十六名,同治壬戌科会试中式第一百二十一名,覆试第二等十二名,朝考三等四十六,钦点主事。历任礼部主事、员外郎、郎中等职,调任山东泰安知府。

《甘肃新通志》:山东泰安府知府。

三甲第六十七名　张尔遴　(《皇清陕西历科进士录》)

张尔遴,原名鸿翼,甘肃宁夏府平罗县人,钦点即用知县。

《甘肃新通志》、《甘肃通志稿》:张尔遴,平罗人,即用知县。

《增校清朝进士题名碑录(附引得)》、《明清进士题名碑录索引》作张鸿翼,甘肃平罗人。

三甲第七十名　张庆麟　(《皇清陕西历科进士录》)

张庆麟,甘肃秦州人,钦点即用知县。

《甘肃新通志》:张庆麟,秦州人,广平知县。

三甲第九十七名　吴正丙

吴正丙,字勉旃,原名吴正炳,碑作吴正丙,甘肃平凉府静宁州人。同治元年三甲九十七名进士,以即用知县签发湖南。

按:《甘肃新通志》、《甘肃通志稿》作咸丰九年己未科进士。《甘肃通志稿》作吴正炳。

《皇清陕西历科进士录》不见载。

---

[1] 咸丰十一年辛酉科乡试陕西考官:中允何廷谦,字棣珊,安徽定远人,乙巳进士;礼科给事中唐壬森,字根石,浙江兰溪人,丁未进士。解元张鑑堂,鄠县人,戊辰进士。(《清秘述闻续》卷六)

三甲第一百七名　刘开第　(《皇清陕西历科进士录》)

刘开第,字梦惺,甘肃凉州府武威县人。授陕西临潼知县,历任泾阳、礼泉知县。著有《谷口归来客诗文集》。

《甘肃新通志》:陕西礼泉县知县。

《陇右近代诗钞》:刘开第,字梦星。同治元年进士,历知临潼、泾阳、醴泉各县。著有《谷口归来客诗文集》、《醉吟山房诗存》若干卷。

三甲第一百四名　张为章　(《皇清陕西历科进士录》)

张为章,甘肃宁夏府平罗县人,钦点即用知县。

《甘肃新通志》、《甘肃通志稿》作宁夏人。

三甲第一百八名　晁炳　(《皇清陕西历科进士录》)

晁炳,字虎文,号曜南,又号星垣,嘉庆庚辰年十二月二十三日吉时生,甘肃西宁府西宁县人,民籍。由廪生中式咸丰戊午科本省乡试第四十一名举人,同治壬戌科会试中式第一百八十四名,殿试三甲一百八名,朝考三等第二十七名,钦点即用知县,分发四川,补荣昌县知县。

《增校清朝进士题名碑录(附引得)》、《明清进士题名碑录索引》:三甲一百八名,晁炳,甘肃西宁府西宁县人。

《甘肃新通志》:晁炳,西宁人,四川知县。

同治四年(1865)乙丑科[1]

二甲第十九名　崔文海　(《皇清陕西历科进士录》)

崔文海,字玉坡,号福堂,甘肃迪化直隶州人,监生,民籍。咸丰己未科本省乡试中式第六十一名,同治乙丑科会试中式第二百八名,覆试一等八名,朝考一等四十二名,钦点翰林院庶吉士。

国图藏《光绪二十二年仲秋重修同治乙丑科齿录》(聚奎斋刻本):崔文海,字玉坡,号福堂,行三,道光己亥年六月初八日吉时生,甘肃迪化直隶州监生,民籍,原籍秦州。咸丰己未科本省乡试中式第六十一名,同治乙丑科会试中式第二百八名,覆试一等八名,朝考一等四十二名,殿试二甲第十九名,钦点翰林院庶吉士,授编修。

---

[1] 同治元年壬戌恩科乡试:江南、浙江、陕西、四川、云南、贵州停科,同治三年甲子科乡试,浙江、福建、陕西、云南、贵州停科。(《清秘述闻续》卷七)

上图藏《同治乙丑科会试同年录》（清钞本）：号福堂，甘肃迪化直隶州人。

《甘肃通志稿》不见载。

三甲第三十六名　任其昌　（《皇清陕西历科进士录》）

任其昌（1831—1900），字祀延，号士言，又号渔珊，甘肃秦州直隶州人，廪生，民籍。咸丰八年戊午科陕西乡试中式第十六名，同治四年乙丑科会试中式第二百二十六名，朝考二等第七十名，钦点户部主事。著有《敦苏堂诗文集》、《浦城县志》、《秦州新志》、《史臆》、《三礼会通》、《八代文钞》等。

国图藏《光绪二十二年仲秋重修同治乙丑科齿录》（聚奎斋刻本）：任其昌，号士言，行二，道光辛卯年九月十八日吉时生，甘肃秦州直隶州廪膳生，民籍。咸丰戊午科举人，同治乙丑科进士。户部主事，特赏员外郎衔。

上图藏《同治乙丑科会试同年录》（清钞本）：号士言，甘肃秦州人。

三甲第一百一十九名　马明义　（《皇清陕西历科进士录》）

马明义，字镜潭，号南都，甘肃凉州府镇番县人，优廪生，民籍。道光二十九年己酉科陕西乡试中式第五十二名，同治元年壬戌科会试中式第一百七十二名，覆试三等第二十三名，乙丑科补行朝考三等四十三名，钦点即用知县，授湖北知县，署枝江知县。

国图藏《光绪二十二年仲秋重修同治乙丑科齿录》（聚奎斋刻本）：马明义，字镜潭，号南都，行一，嘉庆己卯年十月初七日吉时生，甘肃镇番县廪膳生，民籍。道光己酉科举人，同治壬戌科贡生，乙丑科进士，福建即用知县。

上图藏《同治乙丑科会试同年录》（清秀文斋钞本）不见载。

按：《甘肃新通志》将马明义载入同治元年壬戌科。

同治十年（1871）辛未科[1]

二甲第九名　吴西川　（《皇清陕西历科进士录》）

吴西川，字梅龙，号蜀江，甘肃秦州直隶州人，民籍。由拔贡生内阁中书中式同治庚午科顺天乡试第一百十三名，辛未会试中式第二百六十五

---

[1] 同治九年庚午科乡试陕西考官：编修陆尔熙，字广夒，江苏阳湖人，癸亥进士；司业孙诒经，字子授，浙江钱塘人，庚申进士。（带补丁卯科）解元刘登瀛，长安人。（《清秘述闻续》卷七）

名,覆试二等第十二名,朝考二等第三十六名,钦点翰林院庶吉士。著有《沁芳吟馆文稿》《沁芳吟馆诗草》《沁芳吟馆外草》《偶一吟草》《雪鸿小草》。

　　北大藏《同治十年辛未科会试同年齿录》(龙文斋、文德斋、翰藻斋承办):吴西川,字蜀江,号梅龙,行三,大行六,道光戊戌年五月十三日吉时生,甘肃秦州直隶州拔贡生,民籍。内阁中书选拔第一名,顺天乡试中式第一百十三名,覆试一等第八名,会试中式第二百六十五名,覆试二等第十二名,殿试三甲第九名,朝考二等第三十六名,钦点翰林院庶吉士。

　　朱汝珍《词林辑略》:字梅龙,号蜀江,散馆授编修。

二甲第八十六名　许楣　(《皇清陕西历科进士录》)

　　许楣,字梦严,号萍洲,别号又甦,甘肃凉州府武威县人,民籍。由廪生中式咸丰五年乙卯科本省乡试第三十七名,壬戌大挑二等选静宁州学正,辛未会试中式第一百八十九名,覆试二等第六十一名,朝考二等第八十七名,钦点刑部主事。

　　北大藏《同治十年辛未科会试同年齿录》(龙文斋、文德斋、翰藻斋承办):许楣,字梦严,号萍洲,行五,道光壬辰年正月十四日吉时生,甘肃武威县民籍,廪生。咸丰五年乙卯科本省乡试第三十七名,辛未会试中式第一百八十九名,覆试二等第六十一名,朝考二等第八十七名,钦点刑部主事。

三甲第一百九名　张和　(《皇清陕西历科进士录》)

　　张和,字蔼堂,号芝云,甘肃秦州人,民籍。由廪生中式同治八年补行壬戌甲子科陕甘乡试第六十三名,辛未会试中式第一百九十二名,覆试三等第七十八名,朝考三等第一百十八名,钦点即用知县,改郎中。

　　北大藏《同治十年辛未科会试同年齿录》(龙文斋、文德斋、翰藻斋承办):张和,字蔼堂,号芝云,行一,通行三,道光壬辰科九月初四日吉时生,甘肃秦州直隶州人,优廪生,民籍。乡试第六十三名,辛未会试中式第一百九十二名,覆试三等第七十八名,朝考三等第一百十八名,钦点即用知县,签分江苏。

三甲第一百三十九名　阎朴　(《皇清陕西历科进士录》)

　　阎朴,字文圃,号丹塬,甘肃秦州清水县人,民籍。由廪生中式同治九年庚午科带补丁卯科陕甘乡试第六十三名,辛未会试中式第三百十三名,朝考二等六十五名,钦点即用知县。

北大藏《同治十年辛未科会试同年齿录》（龙文斋、文德斋、翰藻斋承办）：阎朴，字文圃，号丹塬，行一，道光甲午相九月二十四日吉时生，甘肃秦州清水县廪生，民籍。乡试第六十三名，辛未会试中式第三百十三名，朝考二等六十五名，钦点即用知县。

《甘肃新通志》：四川南江县知县。

同治十三年(1874)甲戌科[1]

二甲第九十七名　俞寿祺　（《皇清陕西历科进士录》）

俞寿祺，字季眉，号考叔，甘肃宁夏府平罗县人，民籍。由廪贡生中式辛酉科本省乡试第六十二名，甲戌科会试中式第八十一名，覆试三等三十七名，朝考二等八十六名，钦点主事。

来新夏主编《清代科举人物家传资料汇编》（学苑出版社）：派名思谦，行二，通行六，道光丙戌年十一月初三日吉时生，廪贡生，民籍，内阁候补中书。辛酉科本省乡试第六十二名，甲戌科会试中式第八十一名，覆试三等三十七名，朝考二等八十六名，钦点主事，签分户部。

《清代硃卷集成：同治甲戌科会试硃卷》（第36册第285页）：派名思谦，字季眉，号考叔，行二，通行六，道光丙戌十一月初三日吉时生，甘肃宁夏府平罗县廪贡生，民籍，内阁候补中书。辛酉第六十二名，会试八十一名，覆试三等三十七名，殿试二甲九十七名，朝考二等第八十六名，钦点主事，签分户部。世居宁夏府平罗县镇河堡，迁居平邑东乡正闇堡。

二甲第一百一十五名　马中律　（《皇清陕西历科进士录》）

马中律，字正五，号兰泉，行一，道光癸巳年四月二十九日吉时生，甘肃兰州府金县人，民籍，原籍皋兰县。由拔贡生中式同治癸酉科本省乡试第五十名，甲戌会试中式二百四十七名，覆试一等五十五名，朝考三等，钦点知县。

《甘肃新通志》、《甘肃通志稿》：马中律，金县人，即用知县。

北大藏《同治十三年甲戌科会试同年齿录》（清同治刻本）不见载。

二甲第一百一十六名　王作枢　（《皇清陕西历科进士录》）

王作枢，字辰垣，号少湖，一号文楼，行一，道光壬寅年十一月初三日吉

---

[1] 同治十二年癸酉科乡试陕西考官：编修吴宝恕，字子实，江苏吴县人，戊辰进士；编修潘衍桐，字绎琴，广东南海人，戊辰进士。解元王万魁，乾州人。（《清秘述闻续》卷七）

第一章 明清甘宁青进士征略

时生,甘肃巩昌府安定县人,学附生,民籍。丁卯年本省乡试第五名,会试第一百七十七名,覆试三等第五十八名,殿试二甲第一百一十六名,朝考第一等第四十七名,钦点翰林院庶吉士。国史馆闲修,将其诗文集成《慕陶山房诗文集》于光绪十六年刊行。

朱汝珍《词林辑略》：字辰垣,号少湖,甘肃安定人,散馆授编修。

北大藏《同治十三年甲戌科会试同年齿录》(清同治刻本)不见载。

三甲第九十二名　张协曾　(《皇清陕西历科进士录》)

张协曾,字省三,号雨农,一号西坪,甘肃兰州府河州县人,民籍。由廪生中式同治九年庚午科带补丁卯科陕西乡试第三十四名,甲戌科会试中式第一百十三名,覆试三等第一百三十四名,朝考三等第八十名,钦点即用知县。

北大藏《同治十三年甲戌科会试同年齿录》(清同治刻本)：张协曾,字省三,号秋农,行一,道光乙酉相十二月二十六日吉时生,甘肃兰州府学廪生,河州民籍,兼袭云骑尉世职,殿试三甲第九十二名,钦点即用知县,签掣四川。

《甘肃新通志》：彰明县知县。

三甲第一百三十名　安守和　(《皇清陕西历科进士录》)

安守和,字煦斋,号瀑峰,甘肃安定县人,民籍。由岁贡生中式同治十二年癸酉科本省乡试第六十二名,甲戌科会试中式第二百九十七名,覆试三等,朝考三等,钦点即用知县。官至陕西长安知县。

北大藏《同治十三年甲戌科会试同年齿录》(清同治刻本)：安守和,字煦斋,一字蔼如,号瀑峰,行二,道光甲午年十月十四日吉时生,甘肃巩昌府安定县岁贡生,民籍。乡试第六十二名,会试第二百九十七名,殿试□甲□名,朝考□等第□名,钦点即用知县,签分直隶。

三甲第一百七十三名　吴耀曾　(《皇清陕西历科进士录》)

吴耀曾,字自甫,嘉庆丙子相八月十五日吉时生,甘肃巩昌府会宁县人。由廪生中式同治九年庚午科带补丁卯科本省乡试第六十名,甲戌科会试中式第一百五十名,朝考三等一百四十七名,钦点知县。历任平凉府教授。

《甘肃新通志》、《甘肃通志稿》：吴耀曾,会宁人,即用知县。

北大藏《同治十三年甲戌科会试同年齿录》(清同治刻本)不见载。

145

三等第一百八十四名　张心铭　（《皇清陕西历科进士录》）

张心铭,字镜亭,号鑑三,道光丁酉年六月十七日吉时生,甘肃宁夏府中卫县人。由岁贡生中式癸酉科本省乡试第九十七名,甲戌科会试中式第三百三十七名,朝考三等第一百三十三名,钦点知县。

《甘肃新通志》、《甘肃通志稿》：张心铭,中卫人,即用知县。

北大藏《同治十三年甲戌科会试同年齿录》（清同治刻本）不见载。

三等第一百九十八名　张鹏举　（《皇清陕西历科进士录》）

张鹏举,字霞轩,号樵山,行三,又行六,道光丙戌年十二月十七日吉时生,甘肃平凉府固原县人,民籍。由拔贡生中式癸酉科本省乡试第二十四名,甲戌科本省会试中式第六十四名,朝考三等第一百四十六名,钦点知县。

《甘肃新通志》：湖北南漳县知县。

北大藏《同治十三年甲戌科会试同年齿录》（清同治刻本）不见载。

光绪二年（1876）丙子恩科[1]

二甲第六十八名　张继　（《皇清陕西历科进士录》）

张继,字择之,号少斋,又隆生,行三,咸丰壬子年八月二十八日吉时生,甘肃巩昌府陇西县人,民籍。由拔贡生中式光绪元年乙亥恩科带补壬戌恩科本省乡试第十名,丙子恩科会试中式第三百三十九名,覆试二等第十二名,朝考二等三十六名,钦点翰林院庶吉士。著有《友竹山房饮花吟社诗选》。

朱汝珍《词林辑略》：散馆改四川垫江县知县。

上图藏《光绪二年丙子恩科会试登录录》（清刻本）：张继,贯甘肃巩昌府陇西县,民籍,拔贡生,乙亥科乡试第十名,丙子科会试第三百三十九名。

上图藏《光绪二年丙子恩科会试录》（清刻本）：张继,会试第三百三十九名,甘肃巩昌府陇西县拔贡生。

清华、北大藏《光绪二年丙子恩科会试同年齿录》（龙文斋、文丰斋、文锦斋等刻本）不见载。

---

[1]　光绪元年乙亥恩科乡试（是科为甘肃分闱之始）甘肃考官：侍讲学士徐郙,字颂阁,江苏嘉定人,壬戌进士；御史刘瑞祺,字景臣,江西德化人,壬戌进士。（带补壬戌科）解元安惟峻,秦安人,庚辰进士。（《清秘述闻续》卷八）

第一章 明清甘宁青进士征略

二甲第一百二十二名　李应紫　(《皇清陕西历科进士录》)

李应紫,字秀峰,甘肃秦州礼县人。咸丰己未副榜,同治癸酉举人,光绪二年二甲一百二十二名进士。授奉天铁岭知县,后优先补用知州。

上图《光绪二年丙子恩科会试登科录》(清刻本):李应紫,贯甘肃秦州礼县人,民籍,副贡生,癸酉科乡试第五十七名,丙子科会试第三十四名。

上图《光绪二年丙子恩科会试录》(清刻本):李应紫,会试三十四名,甘肃秦州礼县[人],副贡生。

《新通志》:奉天铁岭知县。

清华、北大《光绪二年丙子恩科会试同年齿录》(龙文斋、文丰斋、文锦斋等刻本)不见载。

二甲第一百四十七名　于登瀛　(《皇清陕西历科进士录》)

于登瀛,字子俊,甘肃皋兰县人,民籍。由岁贡生中式光绪元年乙亥恩科本省乡试第七名,丙子恩科会试中式第二百七十一名,覆试三等第五十六名朝考二等四十九名,钦点主事。

清华、北大藏《光绪二年丙子恩科会试同年齿录》(龙文斋、文丰斋、文锦斋等刻本):于登瀛,字子俊,号仙洲,别号墨斋,行一,道光戊戌年二月十六日吉时生,甘肃兰州府皋兰县岁贡生,民籍。乙亥恩科乡试第七名,会试第二百七十一名,殿试第二甲第一百四十七名,朝考第二等第四十九名,钦点主事签分刑部。

上图藏《光绪二年丙子恩科会试登科录》(清刻本):于登瀛,贯甘肃兰州皋兰县,民籍,岁贡生,乙亥科乡试第七名,丙子科会试第二百七十一名。

三甲第三名　苏统武　(《皇清陕西历科进士录》)

苏统武,字少卿,号研农,行二,道光丙申年八月十五日吉时生,甘肃秦州人,民籍。癸酉科副榜中式光绪元年乙亥恩科乡试第十九名,丙子恩科会试中式第二百一十三名,覆试三等第九十三名,朝考二等第八名,钦点主事,签分吏部。

上图藏《光绪二年丙子恩科会试登科录》(清刻本):苏统武,贯甘肃秦州,民籍,副贡生,乙亥科乡试第十九名,丙子科会试第二百一十三名。

上图藏《光绪二年丙子恩科会试录》(清刻本):苏统武,二百一十三名,甘肃秦州人,副贡生。

清华、北大藏《光绪二年丙子恩科会试同年齿录》(龙文斋、文丰斋、文

147

锦斋等刻本)不见载。

三甲第六十二名　颜豫春　(《皇清陕西历科进士录》)

　　颜豫春,字建侯,号荆河,一号蒙泉,行二,大行五,道光丁酉年正月初五日吉时生,甘肃兰州府皋兰县人,廪生,民籍。由廪生中式同治庚午代补丁卯科本省乡试第四十八名举人,任海城县训导,丙子恩科会试中式第三百一十八名贡士,覆试三等第七十七名,殿试三甲第六十二名,朝考三等第十二名,钦点即用知县,签分陕西。

　　清华、北大藏《光绪二年丙子恩科会试同年齿录》(龙文斋、文丰斋、文锦斋等刻本):颜豫春,原派名顺祖,字建侯,号荆问,一号蒙泉,行二,大行五,道光丁酉年正月初五日吉时生,甘肃兰州府皋兰县,廪生,民籍。任海城县训导,原籍山东兖州府曲阜县贤籍。乡试中式第四十八名,会试中式三百一十八名,殿试三甲第六十二名,朝考三等第十二名,钦点即用知县,签掣陕西。

　　《增校清朝进士题名碑录(附引得)》、《明清进士题名碑录索引》:颜豫春,三甲六十二名,甘肃兰州府皋兰县人。

　　上图藏《光绪二年丙子恩科会试登科录》(清刻本)作顾豫春,贯甘肃兰州府皋兰县民籍,廪生,庚午并补丁卯乡试第四十八名举人,丙子恩科会试中式第三百一十八名贡生。

　　上图藏《光绪二年丙子恩科会试录》(清刻本):颜豫春,甘肃兰州府皋兰县,廪生,现任海城县训导。

　　清华、北大《光绪二年丙子恩科会试同年齿录》(龙文斋、文丰斋、文锦斋等刻本)不见载。

三甲第八十名　惠登甲　(《皇清陕西历科进士录》)

　　惠登甲,字胪三,号莲塘,甘肃安化县人,民籍。由廪生中式同治八年补行壬戌甲子科本省乡试三十三名,光绪丙子恩科会试中式第八十名,覆试三等第一百二十四名,朝考三等第九十三名,钦点即用知县,签分广东。历任广东海阳、番禺、花县等县知县,升阳江同知,南雄直隶州知州。著有《庆防纪略》二卷。

　　清华、北大藏《光绪二年丙子恩科会试同年齿录》(龙文斋、文丰斋、文锦斋等刻本):惠登甲,字胪三,号莲塘,行一,道光丁酉年十一月初五日丑时生,甘肃庆阳府安化县廪膳生员,民籍,候选教谕。同治八年补行壬戌甲子科本省乡试三十三名。

上图藏《光绪二年丙子恩科会试登科录》(清刻本)：惠登甲,贯甘肃庆阳府安化县民籍,廪生,同治八年补行壬戌甲子科乡试三十三名,丙子恩科会试第八十名。

上图藏《光绪二年丙子恩科会试录》(清刻本)：惠登甲,甘肃庆阳府安化县,廪生,八十名。

三甲第八十三名　万永康　(《皇清陕西历科进士录》)

万永康,光绪元年乙亥恩科本省乡试中式第三十二名举人,丙子恩科会试中式第三百一十名贡士,覆试三等第六十五名,朝考三等第二十一名。

清华、北大藏《光绪二年丙子恩科会试同年齿录》(龙文斋、文丰斋、文锦斋等刻本)：万永康,字晋侯,号尧衢,行三,道光乙未年九月十七日吉时生,系甘肃兰州府皋兰县民籍,五品衔,尽先选用教谕,署理宁州学正。乡试中式第三十二名,会试中式第三百一十名,殿试三甲第八十三名,朝考三等第二十一名,钦点即用知县,签分广东。

《增校清朝进士题名碑录(附引得)》、《明清进士题名碑录索引》：万永康,三甲第八十三名,甘肃兰州府皋兰县人。

上图藏《光绪二年丙子恩科会试登科录》(清刻本)：万永康,贯甘肃兰州府皋兰县民籍,附生,乙亥乡试第三十二名,丙子会试第三百一十名。

上图藏《光绪二年丙子恩科会试录》(清刻本)：万永康,三百一十名,甘肃兰州府皋兰县附生。

三甲第一百四十三名　崔奎瑞

崔奎瑞,甘肃隆德县人。

《皇清陕西历科进士录》载有此人,无小传。

上图藏《光绪二年丙子恩科会试登科录》(清刻本)：崔奎瑞,贯甘肃平凉府隆德县庄浪乡民籍,岁贡生,乙亥科乡试第三十一名,丙子科会试第一百八十一名。

上图藏《光绪二年丙子恩科会试录》(清刻本)：崔奎瑞,一百八十一名,甘肃平凉府隆德县岁贡生。

《增校清朝进士题名碑录(附引得)》、《明清进士题名碑录索引》：崔奎瑞,三甲一百四十二名。

《甘肃新通志》、《甘肃通志稿》作庄浪人,广西马平县知县。

清华、北大藏《光绪二年丙子恩科会试同年齿录》(龙文斋、文丰斋、文锦斋等刻本)不见载。

三甲第一百四十五名　李清鑑　(《皇清陕西历科进士录》)

李清鑑,字镜堂,号莲舫,行二,道光庚寅年正月二十四日吉时生,甘肃泾州镇原人,民籍。由廪生中式同治癸酉科陕甘乡试第一百二名,光绪丙子恩科中式第二百六十二名,覆试三等第九十三名,朝考三等第三十七名,钦点即用知县,签分云南。

上图藏《光绪二年丙子恩科会试登科录》(清刻本):李清鑑,贯甘肃泾州镇原县民籍,廪生,癸酉科乡试第一百二名,丙子恩科会试中式第二百六十二名。

上图藏《光绪二年丙子恩科会试录》(清刻本):李清鑑,二百六十二名,甘肃泾州镇原县,廪生。

清华、北大藏《光绪二年丙子恩科会试同年齿录》(龙文斋、文丰斋、文锦斋等刻本)不见载。

光绪三年(1877)丁丑科[1]

二甲第六十二名　刘永亨　(《皇清陕西历科进士录》)

刘永亨(1850—1906),字次元,一字子嘉,号晴帆,甘肃秦州直隶州人,民籍。由廪生中式光绪丙子科带补甲子科本省乡试第四十二名,丁丑科会试中式第五十二名,覆试二等第一百二十名,朝考二等第十四名,钦点翰林院庶吉士。甲午年任陕西乡试副考官,殿试读卷官,丙午年授工部侍郎,旋调任仓场侍郎。遗著有《来清阁日记》。

清华藏《会试同年齿录(光绪丁丑年)》(清刻本):刘永亨,字次元,一字子嘉,号晴帆,行一,咸丰辛亥年十月初五日吉时生,甘肃秦州直隶州人,廪生,民籍。丙子科带补甲子科本省乡试第四十二名,覆试二等第七十八名,会试中式第五十二名,覆试二等第一百名,殿试二甲第六十二名,朝考二等第十四名,钦点翰林院庶吉士。

《甘肃新通志》:编修,仓场侍郎。

---

[1] 光绪二年丙子科乡试甘肃考官:侍读黄毓恩,字泽臣,湖北钟祥人,乙丑进士;御史胡聘之,字蕲生,湖北天门人,乙丑进士。(带补甲子科)解元包永昌,洮州人,丙子中式,丁丑进士。(《清秘述闻续》卷八)

第一章 明清甘宁青进士征略

二甲第一百六名　张国常　（《皇清陕西历科进士录》）

张国常（1836—1907），字敦五，别署冬坞，号补盦，行一又行二，道光乙巳九月二十八日吉时生，甘肃兰州府皋兰县人，民籍。由癸酉科拔贡生中式本省陕西乡试第四名举人，丁丑会试中式第一百四十九名贡生，覆试二等第四十三名，殿试二甲第一百六名，朝考三等第三十二名，钦点主事，签分刑部。著有《听月山房诗文集》、《土司蕃族考》、《甘肃忠义录》、《新皋兰县志》。

《增校清朝进士题名碑录（附引得）》、《明清进士题名碑录索引》：张国常，二甲一百六名（又作二甲一百五名），甘肃兰州府皋兰县人。

《甘肃新通志》：皋兰人，刑部主事。

清华《会试同年齿录（光绪丁丑年）》（清刻本）不见载。

三甲第五十二名　包永昌　（《皇清陕西历科进士录》）

包永昌（1834—1911），字世卿，号西圃，甘肃洮州厅人，民籍。由岁贡生候选训导中式光绪丙子科本省乡试第一名，丁丑科会试中式第二百六十九名，覆试三等八十名，朝考三等九十六名，钦点即用知县。1881年署理万州，1885年任高要知县，翌年署理新会县，1887年晋授荣禄大夫三品衔加四级兼理新宁县，1891年任广东乡试同考官，后历任崖州知州、香山县知县。著述有《洮州厅志》十八卷、《甘肃人物志》四十卷、《西圃滕稿》八卷。

清华藏《会试同年齿录（光绪丁丑年）》（清刻本）：包永昌，字世卿，号西圃，行一，通行三，道光甲午年九月初三戌时生，甘肃巩昌府洮州厅人，由岁贡生候选训导，民籍。丙子科带补甲子科本省乡试第一名，会试本省乡试第一名，会试第二百六十九名，覆试三等八十名，殿试三等第五十二名，朝考三等九十六名，钦点即用知县，签分广东。

三甲第八十名　秦霖熙　（《皇清陕西历科进士录》）

秦霖熙，字春帆，号笠戆，甘肃兰州府皋兰县人，民籍。由拔贡生中式咸丰辛酉科本省乡试第二十一名，乙丑科考取咸安宫教习、户部候补主事，丁丑科会试中式第三百十四名，覆试二等第一名，朝考二等第九十二名，钦点户部即用主事。历官山东汶上县知县。所撰《外感辨证录》、《惊风治验》、《简易录》传世。

清华藏《会试同年齿录（光绪丁丑年）》（清刻本）不见载。

三甲第一百一十二名　马侃　(《皇清陕西历科进士录》)

　　马侃,字仲陶,号兰泉,一号筱舲,甘肃凉州府武威县人,民籍。由廪生中式同治癸酉科本省乡试第三十三名,丁丑科会试中式第一百十五名,覆试三等第三十八名,朝考三等第八十名,钦点即用知县,签分山东。

　　清华藏《会试同年齿录(光绪丁丑年)》(清刻本):马侃,字仲陶,号兰泉,一号筱舲,行三,又行十二,道光乙亥年六月十三日吉时生,甘肃凉州府武威县学廪生,民籍。乡试第三十三名,会试第一百十五名,保和殿覆试三等第三十八名,殿试二甲第一百一十二名,朝考三等第十八名,钦点即用知县,签掣山东。

三甲第一百二十九名　刘杭　(《皇清陕西历科进士录》)

　　刘杭,字霞舫,号贻屏,甘肃清水县人,民籍。由己酉科拔贡生中式同治庚午科带补丁卯科陕甘乡试第十四名,副榜光绪乙亥恩科并带补壬戌恩科本省乡试中式第二十八名,丁丑科会试中式第一百四十四名,覆试三等第一百四十一名,朝考三等第一百三十六名,钦点即用知县。

　　清华藏《会试同年齿录(光绪丁丑年)》(清刻本):刘杭,字霞舫,号贻屏,行五,又行十三,道光乙酉年正月十二吉时生,甘肃秦州清水县人,副贡生,民籍。己酉选拔第一名,庚午中式副榜第十四名,乙亥乡试中式第二十八名,会试第一百四十四名,覆试三等第一百四十一名,殿试三甲第一百二十九名,朝考三等一百三十六名,钦点即用知县,签分贵州。

三甲第一百三十九名　保鑑　(《皇清陕西历科进士录》)

　　保鑑,字宝三,号镜吴,一号韵□,甘肃平番县人,民籍。由辛酉拔贡生、礼部七品小京官中式同治壬戌恩科顺天乡试第一百四名,丁酉科会试中式第三百五名,朝考三等第四十八名,钦点即用知县,签发直隶。著有《春晖草堂集》。

　　清华藏《会试同年齿录(光绪丁丑年)》(清刻本):保鑑,字宝三,号镜吴,号韵青,行一,通行八,道光乙未十一月十五日子时生,甘肃凉州府平番县拔贡生,民籍,前礼部七品小京官俸满额外主事。选拔第一名,乡试第一百四名,会试第三百五名,殿试三甲第一百三十九名,朝考三等第四十一名,钦点即用知县,分发直隶。

三甲第一百八十四名　姜应齐　(《皇清陕西历科进士录》)

　　姜应齐,字次侯,号雨田,甘肃狄道州人,民籍。由拔贡生中式光绪二年丙子科本省乡试第十八名,丁丑科会试中式第三百十名,覆试一等,朝考二等,钦点主事,签分刑部安徽司。

清华藏《会试同年齿录(光绪丁丑年)》(清刻本):姜应齐,字雨田,一字次侯,号少湖,道光丁未年五月二十八日吉时生,甘肃兰州府狄道人,拔贡生,候选教谕,民籍。癸酉选拔第一名,朝考二等第七名,乡试第十八名,会试第三百十名,保和殿覆试一等第三十四名,殿试第三甲第一百八十四名,朝考第二等第二十二名,钦点主事,签分刑部。

光绪六年(1880)庚辰科[1]

二甲第二十九名　安维峻　(《皇清陕西历科进士录》)

安维峻(1854—1925),字小陆,号晓峰,又号梯云,一号槃阿道人,甘肃秦安县人。同治癸酉科拔贡生,甲戌朝考一等第一,钦点七品小京官俸满主事。庚辰科会试中式第一百九十八名,朝考一等第三十一名,钦点翰林院庶吉士。初授编修,光绪十九年任都察院福建道监察御史。著有《望云山房诗文集》、《四书讲义》等。

北大藏《光绪六年庚辰科会试同年齿录》(清刻本):安维峻,一号渭襟,行二,咸丰丙辰年七月十七日吉时生,甘肃秦州直隶州秦安县人,拔贡生,民籍,刑部七品小京官俸满主事。县试第一名,郡试第二名,院试第一名,癸酉科选拔贡生第一名,会考一等第十三名,朝考钦取一等第三名,保和殿覆试钦取一等第一名,钦点七品小京,签分刑部。

朱汝珍《词林辑略》:以事遣戍,起用内阁中书。

《陇右近代诗钞》:安维峻,字小陆,号晓峰,又号渭襟,光绪元年举人,六年进士,由翰林院庶吉士授编修,后转都察院福建道监察御史。著有《四书讲义》四卷、《谏垣存稿》八卷、《望云山房诗文集》八卷。

二甲第一百一十二名　金文同　(《皇清陕西历科进士录》)

金文同,字书舲,一字笙陔,号晓泉,甘肃兰州府皋兰县人,副贡生,民籍。中式己卯科本省乡试第十五名,庚辰科会试中式第一百九十名朝考三等第二十九名。授户部主事,升员外郎、郎中,出任兴安知府。著有《听云

---

[1] 光绪五年己卯科乡试甘肃考官:侍讲陈宝琛,字伯潜,福建闽县人,戊辰进士;御史周开铭,字桂午,湖南益阳人,乙丑进士。解元屈葆才,岷州人。(《清秘述闻续》卷八)

山馆集》、《书舫公牍》。

　　北大藏《光绪六年庚辰科会试同年齿录》（清刻本）：金文同，字书舫，一字笙陵，号晓泉，行三，道光乙巳年二月初五日吉时生，副贡生，蓝翎五品衔补用主事，民籍，祖籍江苏江宁府上元县人。癸酉带补甲子考取优贡生第一名，癸酉科中式副榜第十六名，己卯科本省乡试中式第十五名覆试二等，会试中式第一百九十名，保和殿覆试二等殿试二甲一百十二名，朝考入选，钦点户部主事。

　　《甘肃新通志》：陕西兴安府知县。

二甲第一百二十九名　张世英　（《皇清陕西历科进士录》）

　　张世英（1843—1915），字育生，号佩莪，甘肃秦州直隶州人，民籍。由副贡生中式光绪二年丙子科本省乡试第三十一名，庚辰科会试中式第一百二十四名，朝考二等第五名，钦点翰林院庶吉士。历知陕西武功、凤翔、浦城、石泉、渭南、商州、凤县、城固等县，终知邠州。著有《归山文牍》、《邻渭偶存》、《癸丑记别》、《乡饮习》、《秦州自治节录》。

　　北大藏《光绪六年庚辰科会试同年齿录》（清刻本）：张世英，行一，道光庚戌年七月二十四日吉时生，副贡生民籍，候选复设教谕。庚午科带补丁卯科陕甘乡试中式副榜第十一名，丙子科带补甲子科，本省乡试中式第三十一名，会试中式第一百二十四名，覆试二等第四名，殿试二甲第一百二十九名，赐进士出身，朝考二等第五名，钦点翰林庶吉士。

三甲第一百三十四名　陈彬　（《皇清陕西历科进士录》）

　　陈彬，字质夫，甘肃皋兰县人，民籍。由优廪生中式光绪五年己卯科本省乡试第五名，庚辰科会试中式第二百七十七名，朝考三等，钦点中书。

　　北大藏《光绪六年庚辰科会试同年齿录》（清刻本）：陈彬，字质夫，号啸雅，别号可均，行二，大派行六，咸丰丁巳年十一月十九日生，甘肃兰州府皋兰县人，优廪生，民籍，原籍广西桂林府临桂县。殿试三甲第一百三十四名，朝考三等第六十六名，钦点内阁中书。

三甲第一百五十三名　伦肇纪　（《皇清陕西历科进士录》）

　　伦肇纪，字子修，号协吾，甘肃武威县人，民籍。由优廪生中式光绪五年己卯科本省乡试第三十五名，庚辰科会试中式第九十二名，朝考三等，钦点即用知县，签分河南。

　　北大藏《光绪六年庚辰科会试同年齿录》（清刻本）：伦肇纪，字子修，号协吾,行一,道光乙巳年二月二十四日吉时生,甘肃凉州府武威县优廪生,民籍。乡试第三十五名,会试第九十二名,殿试、朝考均无名次记载。钦点。

《甘肃新通志》:陕西三水县知县。

三甲第一百五十四名　武颂扬　(《皇清陕西历科进士录》)

武颂扬(1842—1914),字赞卿,甘肃秦州直隶州人,民籍。由廪生中式光绪五年己卯科本省乡试第三十九名,庚辰科会试中式第二百九十四名,朝考三等,钦点即用知县,签分福建,后任台湾彰化、凤山、宁化、恒山等县知县。

北大藏《光绪六年庚辰科会试同年齿录》(清刻本):武颂扬,字赞卿,号云峰,行三,通行六,道光己酉年正月初八吉时生,甘肃秦州直隶州廪生,民籍。乡试中式第三十九名,覆试二等,会试中式第二百九十四名,保和殿覆试三等八十名,殿试三甲一百五十四名,朝考三等九十六名,钦点即用知县。

三甲第一百六十二名　赵文源　(《皇清陕西历科进士录》)

赵文源,字醴泉,号西河,甘肃秦安县人,民籍。由附生中式光绪五年己卯科本省乡试第四十二名,庚辰科会试中式第三百三十三名,朝考三等,钦点即用知县,签分贵州。

北大藏《光绪六年庚辰科会试同年齿录》(清刻本):赵文源,行一,咸丰甲寅五月初九日吉时生,秦州直隶州秦安县附生,民籍。覆试第三等第□几名,会试第三百十三名,覆试第三等第□名,殿试第三甲第□名,朝考第三等第□名,钦点即用知县,签分贵州。

三甲第一百八十二名　邢光祖

邢光祖,甘肃秦州直隶州人。

《皇清陕西历科进士录》:甘肃人。

《明清进士题名碑录索引》:三甲一百八十三名,邢光祖,甘肃秦州直隶州人。

《增校清朝进士题名碑录(附引得)》:三甲一百八十二名。

《甘肃新通志》:秦州人,河南补用知县。

《甘肃通志稿》:邢光祖,秦州人。

北大藏《光绪六年庚辰科会试同年齿录》(清刻本)不见载。

三甲第一百九十一名　张树滋　（《皇清陕西历科进士录》）

张树滋,字雨村,号兰渠,甘肃皋兰县人,民籍。由廪生中式光绪五年己卯科本省乡试第二十九名,庚辰科会试中式第二百五十名,朝考三等,钦点选用知县。

北大藏《光绪六年庚辰科会试同年齿录》(清刻本):张树滋,派名葆赋,字雨村,号兰渠,行二,大行三,道光丙申年正月十二日吉时生,甘肃兰州府皋兰县人,廪生,民籍。光绪五年己卯科本省乡试第二十九名,庚辰科会试中式第二百五十名,朝考三等第一百一十二名,殿试三甲一百九十二名,钦点选用知县。

《增校清朝进士题名碑录(附引得)》:三甲一百九十二名。

《明清进士题名碑录索引》:三甲一百九十一名。

光绪九年(1883)癸未科〔1〕

二甲第四十九名　张琦　（《皇清陕西历科进士录》）

张琦,字景韩,一字乐樵,甘肃西宁府西宁县人,民籍。由廪生中式光绪二年丙子科补行甲子科本省乡试第十三名,癸未科会试中式第二百五十四名,覆试二等,朝考三等第二名,钦点翰林院庶吉士。

朱汝珍《词林辑略》:字景韩,号乐樵,又号凤山。散馆改陕西武功县知县。

《甘肃新通志》:陕西知县。

北大藏《光绪九年癸未科会试同年齿录》(龙云斋刻字铺刻本)不见载。

二甲第九十七名　来维礼　（《皇清陕西历科进士录》）

来维礼,字敬甫,一字心耕,号韵陔,甘肃西宁府西宁县人,民籍。由岁贡生中式光绪五年己卯科本省乡试第三十八名,癸未科会试中式第二百六十六名,覆试一等五十九名,朝考三等四十七名,钦点主事。

北大藏《光绪九年癸未科会试同年齿录》(龙云斋刻字铺刻本):来维礼,字敬舆,一字心耕,号辰生,别号韵陔,道光己酉年五月十六日亥时生,岁贡生,候选训导,民籍,军功保举,赏戴蓝翎,分省尽先即补知县。乡试中

---

〔1〕　光绪八年壬午科乡试甘肃考官:编修杨颐,字蓉圃,广东茂名人,乙丑进士;编修江树畇,字韵涛,江西弋阳人,丁丑进士。解元刘先衷,合水人。(《清秘述闻续》卷八)

式第三十八名,覆试一等第二十四名,会试中式第二百六十六名,覆试一等第五十九名,殿试朝考三等四十七名,钦点主事,签发户部。

《甘肃新通志》:历保道员。

三甲第八十三名　周得程　(《明清进士题名碑录索引》)

周得程,字丁烋,一字莲峰,号廉丰,道光己丑年十月二十七日吉时生,甘肃兰州府皋兰县人,民籍。由廪生中式光绪元年乙亥恩科副榜,中式光绪二年丙子科补行甲子科第五十七名,丁丑科会试中式第一百八十二名癸未科补行朝考三等,钦点选用知县。

《甘肃新通志》、《甘肃通志稿》、《皇清陕西历科进士录》均在光绪三年丁丑科记载,《甘肃通志稿》作周得程,余作周德程。

北大藏《光绪九年癸未科会试同年齿录》(龙云斋刻字铺刻本)不见载。

三甲第九十名　李扬宗

李扬宗,字清潭,号筱峰,一号伯铭,行一,大行三,道光壬辰年正月二十五日寅时生,甘肃兰州府皋兰县人,民籍。由廪生中式同治癸酉科陕西省乡试第一百十名举人,丁丑科考取国史馆誊录,癸未科会试中式第三百九名贡生,覆试三等,朝考二等第八十五名,钦点□部主事。

北大藏《光绪九年癸未科会试同年齿录》(龙云斋刻字铺刻本)不见载。

三甲第一百三名　杨沛霖　(《皇清陕西历科进士录》)

杨沛霖,字雨岩,号柳衢,行二,道光甲午年十一月初四日吉时生,甘肃狄道州人,民籍。由岁贡生中式光绪八年壬午科第十六名,癸未科会试中式第三百十二名,覆试三等,朝考第一百三名,钦点即用知县,授河南新野县知县。著有《雨岩文集》。

北大藏《光绪九年癸未科会试同年齿录》(龙云斋刻字铺刻本):杨沛霖,字雨岩,号柳衢,行二,道光甲午年十一月初四日吉时生,甘肃兰州府狄道州人,岁贡生,民籍。乡试第十六名,会试第三百十二名,殿试三甲第一百三名,朝考三等第一百三名,钦点即用知县,签分河南。

三甲第一百五十七名　张汝洽　(《皇清陕西历科进士录》)

张汝洽,字润甫,一字少垣,号融谷,甘肃巩昌府会宁县人,民籍。癸酉科拔贡生中式光绪壬午科第六名,癸未科会试中式第一百六十八名,覆试一等,朝考三等,钦点即用知县。

北大藏《光绪九年癸未科会试同年齿录》（龙云斋刻字铺刻本）：张汝洽，字润甫，一字少垣，号融谷，行二，大行八，道光巳酉年五月初二日吉时生，拔贡生，民籍。癸酉选拔第一名，朝考三等第五十三名，钦点即用知县，签发直隶。

三甲第一百六十八名　李九江　（《皇清陕西历科进士录》）

李九江，字清溪，甘肃狄道州人，民籍。由廪贡生中式光绪八年壬午科第二十三名，癸未科会试中式第二百八十六名，覆试三等，朝考三等九十三名，钦点即用知县，授湖北枣阳知县，历署咸宁、江夏等县。

北大藏《光绪九年癸未科会试同年齿录》（龙云斋刻字铺刻本）：李九江，字清溪，行二，道光甲午年八月初九吉时生，甘肃兰州府狄道州廪贡生，民籍，现任庄浪乡学训导。乡试二十三名，会试二百八十六名，殿试第三甲第一百六十八名，朝考三等第九十三名，钦点即用知县。

三甲第一百七十三名　李士则　（《皇清陕西历科进士录》）

李士则，字偲堂，号柳潭，甘肃伏羌县人，民籍。由廪生中式光绪五年己卯科本省乡试第二十一名，癸未科会试中式第三百十一名，覆试三等，朝考三等，钦点候选知县。

北大藏《光绪九年癸未科会试同年齿录》（龙云斋刻字铺刻本）：李士则，号柳潭，行一，咸丰癸丑年九月初三日吉时生，甘肃巩昌府伏羌县人，廪生，民籍。己卯科本省乡试第二十一名，会试中式第三百十一名，殿试第三甲第一百七十二名，朝考第三等第九十八名，钦点归部铨选知县。

光绪十二年（1886）丙戌科[1]

二甲第十八名　丁秉乾　（《皇清陕西历科进士录》）

丁秉乾，字健堂，号鑑塘，行二，通行十，咸丰甲寅年四月初九日生，甘肃秦州直隶州人，民籍。由优贡生朝考知县中式光绪己卯科本省乡试十九名举人，癸未会试中式二百八十名贡生，覆试二等五十六名，丙戌科殿试二甲一十八名，朝考二等四十二名，钦点翰林院庶吉士。散馆改主事，复改陕西保安县知县。

---

[1] 光绪十一年乙酉科乡试甘肃考官：鸿胪寺卿文治，字叔平，满洲镶红旗人，乙丑进士；御史唐椿森，字辉庭，广西宣化人，丙子进士。解元傅揆远，镇番人。（《清秘述闻续》卷八）

北大藏《光绪九年癸未科会试同年齿录》(龙云斋刻字铺刻本)：丁秉乾,字健堂,号竹轩,行二,咸丰甲寅年四月初九日吉时生,甘肃秦州人,优贡生,朝考知县,丙子科正取优贡第二名。丁丑朝考一等以知县用,己卯乡试中第十九名,覆试一等第三十七名,癸未会试第二百八十名,覆试二等第五十六名,殿试□甲□名,朝考□等□名,钦点□。

按：《皇清》九年记载此人姓名,但无传记资料。《增校清朝进士题名碑录(附引得)》《明清进士题名碑录索引》作光绪十二年二甲十八名,甘肃秦州直隶州人。故应是丁秉乾九年未殿试,十二年参加殿试。

二甲第八十八名　张登瀛　(《皇清陕西历科进士录》)

张登瀛,字翰臣,号岛三,行一,通行二,道光己酉二月二十四日吉时生,甘肃秦州直隶州人,民籍。由恩贡生中式光绪八年壬午科本省乡试二十一名举人,丙戌科会试一百七十七名贡生,覆试二等第八十八名,殿试二甲第八十八名,朝考三等第三十五名,钦点主事,签掣刑部。

《甘肃新通志》《甘肃通志稿》：张登瀛,秦州人,刑部主事。

清华藏《光绪十二年丙戌科会试同年齿录》(清刻本)不见载。

三甲第四十五名　刘光祖　(《皇清陕西历科进士录》)

刘光祖,字荣唐,号远峰,行四,通行十一,道光庚戌年八月初三日吉时生,甘肃秦州直隶州人,民籍。由优贡生候选训导中式光绪二年丙子科本省乡试第三名举人,丙戌科会试中式第二百九十九名贡生,覆试一等第六十五名,殿试三甲第四十五名,朝考二等第九名,钦点主事,签掣刑部。

《甘肃新通志》《甘肃通志稿》：刘光祖,秦州人,刑部主事。

清华藏《光绪十二年丙戌科会试同年齿录》(清刻本)不见载。

三甲第七十一名　徐友麟　(《皇清陕西历科进士录》)

徐友麟,字石菴,一字云清,号柏严,行一,咸丰己酉年三月十六日吉时生,甘肃秦州直隶州人,民籍。由附生中式光绪二年丙子科本省乡试第二十三名举人,丙戌科会试第二百六十九名附生,保和殿覆试三等第九十名,殿试三甲第七十一名,朝考三等第十九名,钦点即用知县,签掣福建。

《甘肃新通志》《甘肃通志稿》：徐友麟,秦州人,福建即用知县。

清华藏《光绪十二年丙戌科会试同年齿录》(清刻本)不见载。

三甲第一百一十七名　王源瀚　(《皇清陕西历科进士录》)

王源瀚(1829—1899),字奋涛,号海门,行一,道光九年七月初十日吉时生,甘肃平凉府静宁州人,民籍。咸丰三年壬子科本省乡试中式第二名举人,是年十月分铨正宁县训导,十二年丙戌会试中式第一百六十八名贡生,覆试三等第七十九名,殿试三甲第一百十七名,朝考二等第五十八名,钦点即用知县,签掣江西。

清华藏《光绪十二年丙戌科会试同年齿录》(清刻本):王源瀚,优贡生,候补正宁学训导,壬子科陕甘优贡第四名,丙子科甘肃乡试第二名。

《陇右近代诗钞》:王源瀚,光绪二年举人,十二年进士,官江西南康知县。著有《六戌诗草》六卷。

三甲第一百二十九名　刘永清　(《皇清陕西历科进士录》)

刘永清,字海楼,一字熙臣,号花樵,道光己酉年五月十二日吉时生,甘肃秦州秦安县人,民籍。由增生中式光绪壬午科本省乡试第二十七名举人,癸未科会试中式一百五十六名贡生,丙戌科殿试三甲一百二十九名,朝考三等,钦点即用知县,签掣□□。

清华藏《光绪十二年丙戌科会试同年齿录》(清刻本)不见载。

三甲第一百四十七名　滕尚诚　(《皇清陕西历科进士录》)

滕尚诚,字至如,号镜青,行一,咸丰壬子年六月十六日吉时生,甘肃兰州府皋兰县民籍。由优廪生中式光绪乙酉科本省乡试第三十三名举人,丙戌科会试中式第二百三十九名贡生,覆试三等五十八名,朝考二等第一百零三名,钦点即用知县,签掣安徽。

《甘肃新通志》:安徽即用知县。

清华藏《光绪十二年丙戌科会试同年齿录》(清刻本)不见载。

三甲第一百五十名　宋万选　(《皇清陕西历科进士录》)

宋万选,字子青,号兰泉,行六,咸丰丁巳年八月初六日吉时生,甘肃兰州府皋兰县人,民籍。由廪生中式光绪乙酉科本省乡试第三十七名举人,丙戌科会试中式第三百名贡士,覆试三等第八名,殿试三甲第一百五十名,朝考三等第七十七名,钦点即用知县,签掣广西。

《甘肃新通志》、《甘肃通志稿》:宋万选,皋兰人,四川大竹知县。

《增校清朝进士题名碑录(附引得)》、《明清进士题名碑录索引》:三甲一百五十名,宋万选,甘肃兰州府皋兰县人。

清华藏《光绪十二年丙戌科会试同年齿录》(清刻本)不见载。

三甲第一百五十一名　刘炳青　(《皇清陕西历科进士录》)

刘炳青(1848—1921),字藜轩,号书圃,行一,道光丁未年十一月二十八日吉时生,甘肃巩昌府陇西县人,民籍。由光绪乙酉科拔贡生中式本科本省乡试第三十一名举人,丙戌科会试中式第二百五十一名贡士,覆试三等第八十二名,朝考三等第三十七名,钦点主事,签掣兵部。钦点即用知县,签掣江苏,光绪二十四年任江苏丹阳县知县,光绪二十八年升道员。

《甘肃新通志》：江苏丹阳知县。

清华藏《光绪十二年丙戌科会试同年齿录》(清刻本)不见载。

三甲第一百八十四名　潘泰谦　(《皇清陕西历科进士录》)

潘泰谦,字子久,号古渔,行五,咸丰乙卯年十一月二十二日吉时生,甘肃新疆省迪化府人,商籍。由监生中式丙子科补行甲子科本省乡试第四十六名举人,丙戌科会试中式第九十一名贡生,覆试一等第四十五名,朝考二等第五十五名,殿试三甲一百八十二名,部选知县。

《增校清朝进士题名碑录(附引得)》、《明清进士题名碑录索引》：三甲第一百八十四名。

清华藏《光绪十二年丙戌科会试同年齿录》(清刻本)不见载。

光绪十五年(1889)己丑科[1]

二甲第四十八名　张澍　(《皇清陕西历科进士录》)

张澍,字雁初,一字砚秋,甘肃古浪县人,民籍。由副贡生候补教习中式光绪乙酉科顺天乡试第九十九名举人,正白旗教习期满,己丑科会试中式第二百四十九名,覆试一等第五十五名,朝考一等第二十八名,钦点翰林院庶吉士。

北大藏《光绪己丑科会试同年齿录》(清刻本)：张澍,号覆轩,行二,又行三,咸丰丙辰年六月初三吉时生,甘肃凉州府古浪县副贡生,民籍,正白旗官学期满教习。乙亥顺天乡试中式副榜第四十二名,丁丑八旗官学汉教习第六十六名,乙酉顺天乡试中式第九十九名,保和殿覆试一等第三名,会试中式第一百四十九名,保和殿覆试一等五十五名,殿试二甲四十八名,朝

---

[1] 光绪十四年戊子科乡试甘肃考官：编修孔祥霖,字少霑,山东曲阜人,丁丑进士；编修周克宽,字容皆,湖南武陵人,丁丑进士。解元焦志贤,字少渊,礼县人,壬辰进士。(《清秘述闻再续》卷一)

考一等第二十八名,钦点翰林院庶吉士。

朱汝珍《词林辑略》:散馆授编修,官至福建建宁府知府。

《甘肃新通志》:编修,泉州府知府。

二甲第五十三名　刘尔炘　(《皇清陕西历科进士录》)

刘尔炘(1865—1931),字又宽,号晓岚,号果斋,甘肃皋兰县人,民籍。由廪生中式光绪乙酉科本省乡试第六名,己酉科会试中式第二百九十名,覆试二等六十三名,朝考二等第八,钦点翰林院庶吉士。著有《果斋一隙记》、《果斋日记》、《果斋前集》、《果斋别集》、《果斋续集》、《拙修太平书》、《武威李叔坚先生传》等。

北大藏《光绪己丑科会试同年齿录》(清刻本):刘尔炘,字又宽,号晓岚,行一,同治四年乙丑正月初七日吉时生,甘肃兰州府皋兰县人,廪生,民籍。覆试一等第七十一名,己丑科会试第二百九十名,殿试二甲第五十三名,赐进士出身。

朱汝珍《词林辑略》:散馆授编修。

《陇右近代诗钞》:刘尔炘(一八六五——一九三一),又号五泉山人。光绪十一年举人,十五年进士,授翰林院庶吉士,官翰林院编修。著述甚多,著有《果斋前集》一卷、《续集》一卷、《别集》一卷、《劝学迩言》一卷、《喫经日记》:《周易》一卷、《书经》一卷、《诗经》一卷、《春秋》一卷,《春秋大旨提纲表》一卷,《果斋一隙记》四卷,《果斋日记》八卷,《拙修子太平书》一卷,《陇右轶馀集》二卷。另有《五泉山修建记》、《重修小西湖记》。

三甲第六十二名　王济　(《皇清陕西历科进士录》)

王济,字既生,一字小艓,号海门,行一,大行二,咸丰戊午年五月二十日吉时生,甘肃秦州秦安县人,民籍,优增生。己丑科大挑二等,光绪五年己卯科本省乡试第二十四名,己丑科会试中式第二百名,覆试三等第九十四名,朝考三等第一名,钦点即用知县,签分江苏。

北大藏《光绪己丑科会试同年齿录》(清刻本)不见载。

三甲第六十三名　任廷飏　(《皇清陕西历科进士录》)

任廷飏(1849—1931),字庚六,号菊庄,行二,又行一,道光己酉年八月十四日吉时生,甘肃巩昌府伏羌县人,廪生,民籍。小试三元,乡试中式第三十六名,会试中式第二百六名,覆试一等第六十八名,殿试三甲第六十三名,朝考二等第二十三名,签分刑部。著有《晦园诗集》、《伏羌县志稿》。

北大藏《光绪己丑科会试同年齿录》(清刻本)不见载。

《甘肃新通志》：刑部主事。

三甲第一百一十四名　魏立　(《皇清陕西历科进士录》)

魏立，字礼庭，号又痴，行一，咸丰辛酉相八月初三日吉时生，甘肃巩昌府伏羌县人，民籍，优增生。光绪十一年乙酉科本省乡试第三十八名，己丑会试中式第二百五十九名，覆试三等第四十四名，朝考三等第四十三名，钦点即用知县，签分直隶。

北大藏《光绪己丑科会试同年齿录》(清刻本)不见载。

三甲第一百二十名　安荫甲　(《皇清陕西历科进士录》)

安荫甲，字乙垣，号涧南，行一，咸丰己未年十一月初八日吉时生，甘肃安定县人。由优廪生中式光绪己卯科本省乡试第十七名，己丑科大挑二等以教职用，是科会试中式第二百十七名，庚寅恩科补行朝考三等第四十一名，钦点即用知县，签分广东。著有《劝民浅说》。

北大藏《光绪己丑科会试同年齿录》(清刻本)不见载。

《甘肃新通志》、《甘肃通志稿》：安荫甲，光绪十五年己丑科，安定人，广东即用知县。

按：《增校清朝进士题名碑录(附引得)》作光绪十六年进士。

三甲第一百二十八名　武镰　(《皇清陕西历科进士录》)

武镰，字季鎏，号芷芬，行四，咸丰庚申年四月初六日吉时生，甘肃巩昌府陇西县人，增生，民籍，咸丰壬子恩科、翰林院庶吉士、四川岳池县知县、候选知府尚任之子。由增生中式光绪己卯科本省乡试第三十二名，己丑科会试中式第三百十七名，覆试二等第九十名，朝考二等第四十九名，钦点主事，签掣刑部。

《甘肃新通志》：四川阆中知县。

北大藏《光绪己丑科会试同年齿录》(清刻本)不见载。

三甲第一百四十三名　陈廷鑑　(《皇清陕西历科进士录》)

陈廷鑑，字沚明，号启愚，行一，通行四，咸丰己未年十月初六日吉时生，甘肃巩昌府宁远县人，民籍。拔贡生，朝考一等，钦点七品小京官，签分户部。戊子科本省乡试中式第三十八名，己丑科会试中式第二百四十九名，覆试三等第五十名，朝考三等第八十七名。

北大藏《光绪己丑科会试同年齿录》(清刻本)：陈廷鑑,字泚明,覆试二等第十七名。

三甲第一百四十九名　石作栋　(《皇清陕西历科进士录》)

石作栋,字郑卿,号洮溪,行一,咸丰丁巳年十一月初五日吉时生,甘肃巩昌府狄道人。由廪生中式光绪乙酉科本省乡试第十四名举人,丙戌科会试中式二百三十八名贡士,己丑科补应朝考三等第五十名,钦点即用知县,签分贵州。

《增校清朝进士题名碑录(附引得)》、《明清进士题名碑录索引》：光绪十五年,三甲第一百四十九名。

按：《甘肃新通志》、《甘肃通志稿》作光绪十二年丙戌科进士。

光绪十六年(1890)庚寅恩科[1]

二甲第一百九名　王海涵　(《皇清陕西历科进士录》)

王海涵(1858—1922),字镜潭,号南坡,行二,咸丰戊午年七月二十五日吉时生,甘肃巩昌府伏羌县人,廪生,原系通渭县籍。光绪戊子科本省乡试第十名,覆试二等第四十五名,庚寅恩科会试中式第五十七名,覆试二等第九十二名,朝考一等第十名,钦点翰林院庶吉士。

朱汝珍《词林辑略》：散馆改主事,复改陕西高陵县知县。

二甲第一百一十三名　黄毓麟　(《皇清陕西历科进士录》)

黄毓麟,字趾仁,号乐山,又号静泉,行一,咸丰己未年九月初八日吉时生,甘肃兰州府皋兰县人。由乙酉科拔贡生中式光绪戊子科本省乡试第十四名,庚寅恩科会试中式第一百五十九名,覆试三等第四名,朝考二等第七十二名,钦点主事,签掣刑部。

三甲第五十一名　周毓棠　(《皇清陕西历科进士录》)

周毓棠,字思召,号苕南,甘肃兰州府皋兰县人,咸丰癸丑科进士、内阁中书、广东嘉应直隶州知州讳士俊次子。由优廪生中式光绪戊子科本省乡试第十二名,己丑科会试中式第三百名,覆试三等第二十五名,庚寅恩科补

---

[1] 光绪十五年己丑恩科乡试甘肃考官：编修陈兆文,字荪石,湖南桂阳人,丙子进士；编修檀玑,字斗生,安徽望江人,甲戌进士。解元伏衍羲,字天一,号砚村,泰安人,壬辰进士。(《清秘述闻再续》卷一)

应,朝考三等第十二名,钦点即用知县,签分陕西。

《增校清朝进士题名碑录(附引得)》、《明清进士题名碑录索引》作光绪十六年庚寅恩科进士。

按:《甘肃新通志》、《甘肃通志稿》作光绪十五年己丑科进士,误。皋兰人,陕西南郑知县。

三甲第六十七名　葛汝葆　(《皇清陕西历科进士录》)

葛汝葆,字叔泷,号柏麓,行二,大行九,道光戊戌年四月十六日吉时生,甘肃秦州人,副贡生提举衔选用直隶州州判,民籍。己巳陕甘候补科乡试副榜第五名,同治癸酉陕甘乡试中式第二十名,光绪庚寅恩科会试中式第三百二十名,覆试二等第六十九名,朝考三等第二十九名,钦点即用知县,签分江西。

三甲第七十四名　谈廷瑞　(《皇清陕西历科进士录》)

谈廷瑞,字锡臣,号康侯,行一,咸丰辛酉年正月十三日吉时生,甘肃兰州府皋兰县人,学附生,民籍。光绪乙酉科本省乡试第三十九名,庚寅恩科会试中式第三百二十三名,覆试二等第一百四名,朝考二等第一百十二名,钦点主事,签分刑部。

《甘肃新通志》:陕西知府。

三甲第九十四名　任于正　(《皇清陕西历科进士录》)

任于正,字友端,号介石,行一,同治壬戌年十二月初一日吉时生,甘肃凉州府武威县人。由优廪生中式光绪戊子科本省乡试第三十二名,覆试二等第七十名,庚寅恩科会试中式第一百八十七名,覆试二等第十七名,朝考三等第九十名,钦点内阁中书。

三甲第一百三十名　尹世彩　(《皇清陕西历科进士录》)

尹世彩(1859—1930),字文乡,又字凤谷,号北泉,行一,咸丰庚申年三月十五日吉时生,甘肃巩昌府岷州人,学廪生,民籍。光绪壬午科本省乡试第二十五名,庚寅恩科会试中式第三十五名,覆试二等第九十五名,朝考三等第五十八名,钦点即用知县,签分陕西。

三甲一百四十七名　焦国理　(《皇清陕西历科进士录》)

焦国理,字治堂,一字变卿,号榆庄,行三,咸丰丙戌年四月初五日吉时生,甘肃泾州直隶州镇原县人,廪生,民籍。光绪己丑恩科本省乡试第三十六名,庚寅恩科会试中式第三百十七名,覆试二等,朝考三等,殿试三甲,以知县归部选用。

《增校清朝进士题名碑录(附引得)》、《明清进士题名碑录索引》作三甲一百四十七名进士。

光绪十八年(1892)壬辰科[1]

二甲第五十六名　伏衍羲　(《皇清陕西历科进士录》)

伏衍羲,字天一,号砚村,甘肃秦州秦安县人,民籍。由附生中式光绪戊子科本省乡试第二名,光绪己丑恩科本省乡试中式第一名,壬辰会试中式第一百九十一名,覆试二等一百一十二名,朝考二等六十七名,钦点主事,签分刑部。

清华藏《会试同年齿录(光绪十八年壬辰科)》(会文斋、聚魁斋、龙云斋、元会斋刻本):伏衍羲,字天一,号砚村,行二,大行六,同治丁卯年八月十五日吉时生,甘肃秦州直隶州秦安县人,副贡生,民籍。戊子乡试副榜第二名,己丑乡试第一名,会试第一百九十一名,覆试二等,殿试二甲朝考二等。钦点主事,签分刑部。

二甲第一百二名　哈锐　(《皇清陕西历科进士录》)

哈锐(1862—1932),字退轩、蜕庵,一字钝齐,号少泉,甘肃秦州直隶州人,民籍。由优廪生中式光绪壬午科本省乡试第五名,壬辰科会试中式第二百二十二名,覆试一等七名,朝考一等八十一名,钦点翰林院庶吉士。著有《哈锐集》。

清华藏《会试同年齿录(光绪十八年壬辰科)》(会文斋、聚魁斋、龙云斋、元会斋刻本):哈锐,字退轩,一字钝齐,号少泉,行一,同治壬戌年正月初一日吉时生,甘肃秦州直隶州人,优廪生,民籍。壬午科乡试第五名,覆试二等,壬辰科会试二百二十二名,保和殿覆试一等第七名,殿试二甲一百二名,赐进士出身,朝考一等八十一名,钦点翰林院庶吉士。

朱汝珍《词林辑略》:散馆改主事,复改四川南充县知县。

---

[1] 光绪十七年辛卯科乡试甘肃考官:编修熙瑛,字菊彭,镶蓝旗人,己丑进士;编修李联芳,字友梅,陕西平利人,辛未进士。解元李凤来,字□□,武威人。(《清秘述闻再续》卷一)

三甲第四十五名　焦志贤　(《皇清陕西历科进士录》)

　　焦志贤,字绍颜,号汉溪,甘肃秦州礼县人,民籍。由乙酉科拔贡生中式光绪乙酉科本省乡试第一名,壬辰会试中式第三百三名,覆试二等十三名,朝考二等三十六名,钦点主事,签分户部。

　　清华藏《会试同年齿录(光绪十八年壬辰科)》(会文斋、聚魁斋、龙云斋、元会斋刻本):焦志贤,字绍颜,亦字少渊,号汉溪,行一,咸丰庚申年三月十四日吉时生,甘肃秦州直隶礼县拔贡生,民籍。乙酉选拔第一名,丙戌朝考二等第二名,戊子乡试第一名,会试第三百三名,保和殿覆试二等第十三名,殿试三甲第四十五名,朝考二等第三十六名。钦点主事,签分户部。

三甲第七十一名　关天眷　(《皇清陕西历科进士录》)

　　关天眷(名念谷,原名天眷),字仲诒,一字顾西,号钝夫,甘肃秦州直隶州人,民籍。由廪生中式光绪辛卯科本省乡试第二十三名,壬辰会试中式第三百八名,覆试二等第六十四名,朝考三等第四十名,钦点即用知县,签分河南。

　　清华藏《会试同年齿录(光绪十八年壬辰科)》(会文斋、聚魁斋、龙云斋、元会斋刻本):关天眷(念谷),字仲诒,一字顾西,号义民,行二,同治壬戌年二月二十二日吉时生,甘肃秦州直隶州学廪生,民籍。光绪辛卯科本省乡试第二十三名,壬辰会试中式第三百八名,覆试二等六十四名,殿试三甲第七十一名,朝考三等四十名,钦点即用知县,签分河南。

　　《甘肃新通志》、《甘肃通志稿》均作关念毂,四川即用知县。

三甲第一百一十一名　卢秉钧　(《皇清陕西历科进士录》)

　　卢秉钧,字燮臣,号相卿,行一,咸丰三年十月十一日未时生,甘肃庄浪县人,民籍。由优廪生中式光绪八年壬午科本省乡试第八名举人,庚寅会试中式第二百五十四名贡生,壬辰补行朝考三等第四十二名,钦点即用知县,签分直隶,分发陕西,先后任平利、同官、旬阳知县。

　　清华藏《会试同年齿录(光绪十八年壬辰科)》(会文斋、聚魁斋、龙云斋、元会斋刻本)不见载。

　　按:《甘肃新通志》、《甘肃通志稿》作光绪十六年庚寅恩科,误。庄浪县人,即用知县。

三甲第一百二十二名　牛瑷　(《皇清陕西历科进士录》)

　　牛瑷,字小蘧,号幼樵,别号菊吾,行四,咸丰乙卯年正月二十六日吉时生,甘肃通渭县人。由廪生中式光绪十一年乙酉科本省乡试第十名举人,庚寅恩科会试中式第二百四十三名,覆试三等第九十七名,壬辰补行殿试三甲第一百二十二名,朝考二等七十九名,钦点分部学习主事,签分刑部。

《增校清朝进士题名碑录(附引得)》、《明清进士题名碑录索引》:三甲第一百二十二名。

清华藏《会试同年齿录(光绪十八年壬辰科)》(会文斋、聚魁斋、龙云斋、元会斋刻本)不见载。

按:《甘肃新通志》、《甘肃通志稿》作光绪十六年庚寅恩科,误。通渭人,刑部主事。

三甲第一百四十名　刘积义　(《皇清陕西历科进士录》)

刘积义,字正夫,号麦川,甘肃兰州府皋兰县人,民籍。由副贡生中式光绪辛卯科本省乡试第十八名举人,壬辰科会试中式第三百一十五名贡士,覆试三等第八十三名,朝考二等第九十名,钦点即用知县,签分广西。

清华藏《会试同年齿录(光绪十八年壬辰科)》(会文斋、聚魁斋、龙云斋、元会斋刻本):字正夫,号麦川,行四,咸丰戊午年六月二十五日吉时生,甘肃兰州府皋兰县副贡生,民籍。乙酉本省乡试副榜第四名,辛卯科本省乡试第十八名,会试第三百一十五名,殿试三甲第一百四十名,朝考二等第九十名,钦点即用知县,签分广西。

三甲第一百五十四名　孙尚仁　(《皇清陕西历科进士录》)

孙尚仁,字重甫,号晓塘,甘肃皋兰县人,民籍。由优廪生中式光绪十五年己丑恩科本省乡试第十七名举人,壬辰会试中式第一百八十四名贡士,覆试二等第二十六名,朝考二等二十七名,钦点主事,签分刑部。

清华藏《会试同年齿录(光绪十八年壬辰科)》(会文斋、聚魁斋、龙云斋、元会斋刻本):字重甫,号晓塘,又号退安(盦),行二,通行六,咸丰戊午年五月十四日吉时生,甘肃兰州府皋兰县人,优廪生,民籍。己丑恩科本省乡试第十七名,会试第一百八十四名,保和殿覆试二等第二十六名,朝考二等第二十七名,钦点主事,签分刑部。

三甲第一百七十一名　丁锡奎　(《皇清陕西历科进士录》)

丁锡奎,字聚五,号黼臣,又号虎臣,甘肃秦州秦安县人,民籍。由廪贡生中式壬午科本省乡试第一名副贡生,戊子科本省乡试中式第四名举人,壬辰会试中式第八十三名贡士,覆试三等六十六名,朝考三等第七十八名,钦点即用知县,签分陕西。著有《宜园文集》《宜园诗稿》《闻善原读录》。

清华藏《会试同年齿录(光绪十八年壬辰科)》(会文斋、聚魁斋、龙云斋、元会斋刻本):字聚五,号黼臣,又号虎臣,行一,道光乙巳年十月吉时生,甘肃秦州直隶州秦安县人,民籍,州同衔副贡生。壬午科本省乡试第一名副贡,戊子科本省乡试中式第四名举人,壬辰会试中式第八十三名贡士,覆试三等六十六名,朝考三等第七十八名,钦点即用知县,签分陕西。

光绪二十年(1894)甲午恩科[1]

二甲第一百四名　柴朴　(《皇清陕西历科进士录》)

柴朴,字子械,一字械亭,号春台,行二,咸丰己未年十一月二十二日吉时生,甘肃兰州府皋兰县人,民籍。由候选教谕副贡中式光绪辛卯科本省乡试第二十二名举人,壬辰科会试中式第一百七十二名贡士,甲午恩科补应,朝考三等第三十一名,钦点即用知县,签分安徽。

《增校清朝进士题名碑录(附引得)》《明清进士题名碑录索引》:光绪二十年甲午恩科进士。

中科院藏《会试同年齿录(光绪甲午恩科)》(精华斋、元会斋、龙光斋、龙文斋清刻本)不见载。

按:《甘肃新通志》《甘肃通志稿》作光绪十八年壬辰科进士,误。

三甲第七十名　刘庆笃　(《皇清陕西历科进士录》)

刘庆笃(1870—1936),字积圃,号穆如,甘肃会宁县人,民籍。由廪生中式光绪戊子科本省乡试第三十三名举人,甲午恩科会试中式第二十名贡士,覆试二等第十四名,朝考二等第九十三名,钦点内阁中书。授军机章京,钦赐二品衔,任外务部兼行内阁承宣厅佥事等职。著有《仁镜堂诗草》。

中科院藏《会试同年齿录(光绪甲午恩科)》(精华斋、元会斋、龙光斋、龙文斋清刻本):刘庆笃,字积圃,号穆如,一号厚菴,行三,同治庚午年七月初八日吉时生,甘肃巩昌府会宁县民籍。戊子乡试中式第三十三名,甲午会试中式第二十名,殿试三甲第七十名,朝考二等第九十三名,钦点内阁中书。

---

[1] 光绪十九年癸巳恩科乡试甘肃考官:编修程棫林,字少珊,贵州贵阳人,己丑进士;编修谢佩贤,字味馀,江西南城人,庚寅进士。解元史铭,字□□,安定人。(《清秘述闻再续》卷一)

《甘肃新通志》：军机处主事。

三甲第七十三名　王树中　(《皇清陕西历科进士录》)

王树中(1868—1916)，字建侯，号百川，行一，同治戊辰年十月初一日吉时生，甘肃兰州府皋兰县人，民籍。由附生中式光绪己丑恩科本省乡试第十五名举人，壬辰科会试中式第二百八十九名，覆试三等一百九名，甲午恩科补行朝考三等四十四名，钦点即用知县，签分安徽，授太和知县，署颍州知府。著有《梦梅轩诗草》。

《陇右近代诗钞》：王树中(一八六八—一九一六)，又号梦梅生。光绪十五年举人，二十年进士。出官安徽，代理颍上，摄阜阳，授太和，两知亳州，一署颍州府。著有《细阳小草》、《梦梅轩诗草》。

按：中科院《会试同年齿录(光绪甲午恩科)》(精华斋、元会斋、龙光斋、龙文斋清刻本)不见载。

《甘肃新通志》、《甘肃通志稿》作光绪十八年壬辰科进士，误。

三甲第七十六名　张林焱　(《皇清陕西历科进士录》)

张林焱，字仲明，号筱坞，甘肃皋兰县人，民籍。由贡生中式戊子科本省乡试第七名举人，己丑科挑取滕录第二十七名，甲午恩科会试中式第二百六十五名贡士，覆试二等第四十六名，朝考一等第二十二名，钦点翰林院庶吉士。著有《舣艇山房诗稿》。

中科院藏《会试同年齿录(光绪甲午恩科)》(精华斋、元会斋、龙光斋、龙文斋清刻本)：张林焱，字仲明，号筱坞，行二，咸丰辛酉年正月初三日吉时生，甘肃兰州府皋兰县人，优贡生，民籍。乙酉科优贡生第二名，戊子科本省乡试第七名举人，己丑科挑取滕录第二十七名，甲午恩科会试中式第二百六十五名贡士，覆试二等第四十六名，殿试三甲第七十六名，朝考一等二十二名，钦点翰林院庶吉士。

朱汝珍《词林辑略》：散馆授检讨。

三甲第八十七名　张肇基　(《皇清陕西历科进士录》)

张肇基，字永庵，一字海臣，号南溪，甘肃秦安县人，民籍。由廪生中式光绪乙酉科本省乡试第二十名举人，甲午恩科会试中式第二百六十三名贡士，覆试三等第十九名，朝考三等第八十七名，朝考三等第四十五名，钦点即用知县，签分江西。

中科院藏《会试同年齿录(光绪甲午恩科)》(精华斋、元会斋、龙光斋、龙文斋清刻本）：张肇基，字永庵，一字海臣，号南溪，行一，同治□癸年二月十五日吉时生，甘肃秦州直隶州秦安县廪生，民籍。乡试第二十名举人，会试中式第二百六十三名贡士，朝考三等第八名，钦点即用知县，签分江西。

三甲第一百一十三名　任承允　（《皇清陕西历科进士录》）

任承允(1849—1931)，字文卿，一字信臣，号松樵，甘肃秦州直隶州人，民籍。光绪戊子科本省乡试第二十名举人，甲午恩科会试中式第一百七十二名贡士，覆试三等六十九名，朝考二等第九十四名，钦点内阁中书。撰成《秦州新志续编》，后编《天水县志》未完。

中科院藏《会试同年齿录(光绪甲午恩科)》(精华斋、元会斋、龙光斋、龙文斋清刻本）：任承允，字文卿，一字信臣，一字信甫，号松樵，行一，同治甲子年三月初七日吉时生，甘肃秦州廪生，民籍。乡试第二十名，会试中式第一百七十二名，殿试三甲第□名，朝考二第□名，钦点内阁中书。

《陇右近代诗钞》：任承允（一八七一——一九四一），号上邽山人。光绪二十七年成进士（误），授内阁中书。著有《秦州直隶州新志续编》八卷，《桐自生斋诗文集》十八卷。

三甲第一百二十名　张斗南　（《皇清陕西历科进士录》）

张斗南，字奎垣，一字仲甫，号琹岩，甘肃巩昌府伏羌县人。由廪生中式光绪己丑恩科第二十四名举人，甲午恩科会试中式第二百四十四名贡生，覆试三等六十八名，朝考三等一百九名，钦点即用知县，签分贵州。

中科院藏《会试同年齿录(光绪甲午恩科)》(精华斋、元会斋、龙光斋、龙文斋清刻本）：张斗南，字奎垣，号琹岩，行五，咸丰九年十一月十四日吉时生，甘肃巩昌府伏羌县人，廪生，民籍。乡试第二十四名，会试第二百四十四名，覆试几等几名无记录，殿试三甲□名，朝考三等□名，钦点即用知县，签分贵州。

三甲第一百三十名　王玮　（《皇清陕西历科进士录》）

王玮，字玉汝，号渔邨，行四，道光庚子年五月二十九日吉时生，甘肃兰州府皋兰县人。光绪壬午科本省乡试第十一名举人，甲午恩科会试中式□□□，覆试三等九十八名，朝考三等，钦点内阁中书。

中科院藏《会试同年齿录(光绪甲午恩科)》(精华斋、元会斋、龙光斋、龙文斋清刻本）不见载。

三甲第一百五十三名　张协中　（《皇清陕西历科进士录》）

张协中,字虞民,号健菴,甘肃皋兰县人,民籍。由附生中式光绪己丑恩科本省乡试第二十一名举人,甲午恩科会试中式第一百二十名贡士,覆试三等五十三名,朝考三等一百五十四名,钦点即用知县,签分河南。

中科院藏《会试同年齿录(光绪甲午恩科)》(精华斋、元会斋、龙光斋、龙文斋清刻本):张协中,字虞民,号健菴,行二,通行三,同治戊辰年四月初一日辰时生,兰州府皋兰县附生,民籍。乡试中式第二十一名,覆试三等第五十一名,会试中式第一百二十名,殿试三甲第一百五十三名,朝考三等第一百五名,钦点即用知县,发河南。

光绪二十一年(1895)乙未科[1]

二甲第三十四名　吴钧　（《皇清陕西历科进士录》）

吴钧(1866—?),甘肃西宁府贵德厅人,原籍兰州府皋兰县人,廪生。光绪己丑恩科本省乡试中式第四十六名举人,乙未科会试中式第一百七十二名贡士,覆试二等四十六名,朝考一等四十五名,钦点翰林院庶吉士。

清华藏《光绪二十一年进士登科录》(清刻本):吴钧,贯甘肃西宁府贵德厅民籍,廪生,己丑科乡试第四十六名,乙未科会试第一百七十三名。

浙图藏《光绪乙未科会试同年齿录》(清刻本):吴钧,字秉丞,号筱谷,行一,同治丙寅年四月十五日吉时生,甘肃西宁府贵德厅人,原籍兰州府皋兰县。

北大藏《光绪二十一年乙未科会试同年齿录》(清刻本)不见载。

中科院藏《会试同年齿录(光绪甲午恩科)》(精华斋、元会斋、龙光斋、龙文斋清刻本)不见载。

二甲第三十五名　秦望澜　（《皇清陕西历科进士录》）

秦望澜(1870—1928),字少观,一字巨川,号筱塘,甘肃会宁县人,民籍。由增生中式光绪己丑恩科本省乡试第四名举人,乙未科会试中式第一百一十七名贡士,覆试二等第五十名,朝考二等第六十一名,钦点主事,签分兵部。授兵部主事,后升贵州及辽沈道监察御史。著有《退想斋词》、《少观疏稿》各一卷,《三省九斋文集》四卷,《文艺杂存》二卷,《枝阳诗集》十

---

[1] 光绪二十年甲午科乡试:解元黄居中,阶州人。(《甘肃新通志·学校志·选举上》)编修马步元为正考官,王以慜为副考官。(《〈清实录〉科举史料汇编》)

二卷。

清华藏《光绪二十一年进士登科录》(清刻本)：秦望澜,贯甘肃巩昌府会宁县民籍,增生,己丑科乡试第四名,乙未科会试第一百一十七名。

北大藏《光绪二十一年乙未科会试同年齿录》(宏文斋、翰藻斋等刻本)：秦望澜,字少观,一字巨川,号筱塘,行一,大行十四,同治庚午年四月二十一日吉时生,甘肃巩昌府会宁县人,增生,民籍,原籍陕西三原县。乡试第四名,覆试二等第二百七名,会试第一百一十七名,覆试二等第五十名,殿试二甲第三十五名,朝考二等第六十一名,钦点主事,签分兵部。

《甘肃新通志》：民政部员外郎。

浙图藏《光绪乙未科会试同年齿录》(清刻本)不见载。

中科院藏《会试同年齿录(光绪甲午恩科)》(精华斋、元会斋、龙光斋、龙文斋清刻本)不见载。

三甲第二十六名　李于锴　(《皇清陕西历科进士录》)

李于锴,字冶成,一字叔坚,甘肃武威县人,民籍。由廪生中式光绪壬午科本省乡试第三名举人,乙未会试中式第二百四十一名贡士,覆试一等三十三名,朝考一等第十一名,钦点翰林院庶吉士。著有《味檗斋遗稿》。

清华《光绪二十一年进士登科录》(清刻本)不见载。

中科院藏《会试同年齿录(光绪甲午恩科)》(精华斋、元会斋、龙光斋、龙文斋清刻本)不见载。

北大藏《光绪二十一年乙未科会试同年齿录》(宏文斋、翰藻斋等刻本)：李于锴,字冶成,一字叔坚,行三,同治癸亥年正月癸卯日吉时生,甘肃凉州府武威县人,廪生,民籍。乡试第三名,会试第二百四十一名,覆试一等第三十三名,殿试二甲第二十六名,朝考一等第十一名,钦点翰林院庶吉士。

朱汝珍《词林辑略》：散馆改知县,官至山东沂州府知府。

《陇右近代诗钞》：著有《味檗斋遗稿》,有《写经楼诗草》存诗百余篇。

浙图藏《光绪乙未科会试同年齿录》(清刻本)不见载。

三甲第五十三名　吕笃　(《皇清陕西历科进士录》)

吕笃,字行之,号石门,一字森县,甘肃阶州直隶州人,民籍。由廪生中式光绪戊子科本省乡试副榜第三名,己丑恩科本省乡试第二十名举人,甲午恩科会试中式第二百九十九名贡士,覆试三等第五十三名,朝考二等第十四名,钦点主事,签分户部。

中科院藏《会试同年齿录(光绪甲午恩科)》(精华斋、元会斋、龙光斋、龙文斋清刻本):吕笃,字行之,号石门,一字淼昙,同治乙丑年八月初二日吉时生,甘肃阶州直隶州附贡生,民籍。己丑乡试第二十名,会试第二百九十九名,覆试三等第五十三名,殿试、朝考□□□□,钦点□□。

《增校清朝进士题名碑录(附引得)》、《明清进士题名碑录索引》作光绪二十一年三甲五十三名进士。

清华藏《光绪二十一年进士登科录》(清刻本)不见载。

北大藏《光绪二十一年乙未科会试同年齿录》(宏文斋、翰藻斋等刻本)不见载。

《甘肃新通志》不见载。

三甲第八十六名　叶祖修　(《皇清陕西历科进士录》)

叶祖修,字敬吾,号民存,一号茗村,甘肃静宁县人,民籍。由监生中式光绪己丑恩科本省乡试第二十三名举人,乙未科会试中式第一百五十名贡士,覆试二等第四十五名,朝考三等第二十九名,钦点主事,签分工部。

清华藏《光绪二十一年进士登科录》(清刻本):叶祖修,贯甘肃平凉府静宁州民籍,监生,己丑乡试第二十三名,乙未科会试第一百五十名。

北大藏《光绪二十一年乙未科会试同年齿录》(宏文斋、翰藻斋等刻本):叶祖修,字敬吾,号民存,一号茗村,行二,咸丰辛酉年九月十七日吉时生,甘肃平凉府静宁州监生,民籍。光绪己丑恩科本省乡试第二十三名举人,乙未科会试中式第一百五十名贡士,覆试二等第四十五名,朝考三等二十九名,殿试三甲第八十六名,钦点主事,签分工部。

浙图藏《光绪乙未科会试同年齿录》(清刻本)不见载。

中科院藏《会试同年齿录(光绪甲午恩科)》(精华斋、元会斋、龙光斋、龙文斋清刻本)不见载。

三甲第一百名　罗经权　(《皇清陕西历科进士录》)

罗经权(1867—1931),字子衡,一字谨菴,甘肃兰州府金县人,民籍。由廪生中式光绪己丑恩科本省乡试第三十七名举人,覆试二等,乙未科会试中式第一百十六名贡士,覆试三等第一百名,朝考一等第三十五名,钦点翰林院庶吉士,散馆改任山东沂水县知县。著有《蛱蝶吟草》、《画蝶诗》、《青城诗抄》等。

清华藏《光绪二十一年进士登科录》（清刻本）：罗经权，贯甘肃兰州府金县民籍，廪生，己丑科乡试第三十七名，乙未科会试第一百一十六名。

浙图藏《光绪乙未科会试同年齿录》（清刻本）：行一，大行十，同治戊辰年二月十二日吉时生。

中科院藏《会试同年齿录（光绪甲午恩科）》（精华斋、元会斋、龙光斋、龙文斋清刻本）不见载。

北大藏《光绪二十一年乙未科会试同年齿录》（宏文斋、翰藻斋等刻本）不见载。

三甲第一百一十七名　马如鑑

马如鑑，甘肃陇西县人。

清华藏《光绪二十一年进士登科录》（清刻本）：马如鑑，贯甘肃巩昌府陇西县民籍，廪生，戊子科乡试第二十六名，乙未科会试第五十一名。

北大藏《光绪二十一年乙未科会试同年齿录》（宏文斋、翰藻斋等刻本）：马如鑑，原名江，字月麓，号景庄，咸丰丁巳年正月初五日吉时生，甘肃巩昌府陇西县廪生，民籍。乡试第二十六名，覆试二等，会试第五十一名，保和殿覆试二等第二十一名，殿试三甲第一百一十七名，朝考三等第七十九名，钦点即用知县，签分湖北。

浙图藏《光绪乙未科会试同年齿录》（清刻本）不见载。

中科院藏《会试同年齿录（光绪甲午恩科）》（精华斋、元会斋、龙光斋、龙文斋清刻本）不见载。

三甲第一百四十名　陈养源　（《皇清陕西历科进士录》）

陈养源（1865—1905），字镜泉，号恕齐，甘肃秦州人，民籍。由增生中式光绪癸巳恩科本省乡试第三名举人，甲午科会试中式第二百二十六名贡士，覆试三等第一百三十名，乙未科补行，朝考三等第四十七名，钦点即用知县，签分山东。分发山东即用知县，历任历城、夏津、成武等县知县。

中科院藏《会试同年齿录（光绪甲午恩科）》（精华斋、元会斋、龙光斋、龙文斋清刻本）：陈养源，字镜泉，号恕斋，行一，同治丙寅年七月十二日吉时生，甘肃秦州直隶州增生，民籍。乡试第三名，覆试二等第□名，会试第二百二十六名，殿试□甲□名，朝考□等□名，钦点。

浙图藏《光绪乙未科会试同年齿录》（清刻本）作光绪二十一年进士。

《增校清朝进士题名碑录(附引得)》、《明清进士题名碑录索引》：光绪二十一年,三甲一百四十名。

清华藏《光绪二十一年进士登科录》(清刻本)不见载。

北大藏《光绪二十一年乙未科会试同年齿录》(宏文斋、翰藻斋等刻本)不见载。

《甘肃新通志》、《甘肃通志稿》均作甲午科。

三甲第一百四十一名　梁士选　(《皇清陕西历科进士录》)

梁士选,字万青,号汉溪,甘肃秦州直隶州礼县人,民籍。由廪生中式光绪甲午科第八名举人,乙未科会试中式第二百二十七名贡士,覆试二等第三十五名,朝考三等第八十五名。

清华藏《光绪二十一年进士登科录》(清刻本)：梁士选,贯甘肃秦州礼县民籍,廪生,甲午科乡试第八名,乙未科会试第二百二十七名。

浙图藏《光绪乙未科会试同年齿录》(清刻本)：行一,同治庚午年正月二十四日吉时生,钦点内阁中书。

《甘肃新通志》：内阁中书。

中科院藏《会试同年齿录(光绪甲午恩科)》(精华斋、元会斋、龙光斋、龙文斋清刻本)不见载。

北大藏《光绪二十一年乙未科会试同年齿录》(宏文斋、翰藻斋等刻本)不见载。

三甲第一百四十八名　米穜　(《皇清陕西历科进士录》)

米穜,字秀宝,号福田,甘肃文县人,民籍。由廪生中式光绪癸巳恩科本省乡试第十一名举人,乙未科会试中式第二百二十二名贡士,覆试二等第三十三名,朝考三等四十四名,钦点即用知县,签分奉天。

清华藏《光绪二十一年进士登科录》(清刻本)：米穜,贯甘肃阶州文县民籍,廪生,癸巳科乡试第十一名,乙未科会试第二百二十二名。

浙图藏《光绪乙未科会试同年齿录》(清刻本)：行一,同治癸亥年正月二十日吉时生,甘肃阶州文县人。

中科院藏《会试同年齿录(光绪甲午恩科)》(精华斋、元会斋、龙光斋、龙文斋清刻本)不见载。

北大藏《光绪二十一年乙未科会试同年齿录》(宏文斋、翰藻斋等刻本)不见载。

三甲第一百五十三名　王曜南　(《皇清陕西历科进士录》)

王曜南,字有轩,号午天,别号荣臣,甘肃平凉府静宁州人,壬子优贡、丙子举人、丙戌进士、即用知县、署江西南康县知县名源瀚之子。由优廪生中式光绪戊子科本省乡试第二十一名举人,乙未会试中式第二百五十九名,覆试三等第七十三名,朝考三等第五十八名,钦点即用知县,签分河南。以四川即用知县去成都候差,任成都慈善机构粥厂厂长。著有《学古轩诗草》。

北大藏《光绪二十一年乙未科会试同年齿录》(宏文斋、翰藻斋等刻本):王曜南,字有轩,号午天,别号荣臣,行三,咸丰庚申年十二月初八日吉时生,甘肃平凉府静宁州,优廪生。光绪戊子科本省乡试第二十一名举人,乙未会试中式第二百五十九名,覆试三等第七十三名,朝考三等第五十八名,殿试三甲第一百五十三名,钦点即用知县,签分河南。

浙图藏《光绪乙未科会试同年齿录》(清刻本)不见载。

中科院藏《会试同年齿录(光绪甲午恩科)》(精华斋、元会斋、龙光斋、龙文斋清刻本)不见载。

清华藏《光绪二十一年进士登科录》(清刻本)不见载。

光绪二十四年(1898)戊戌科[1]

二甲第六十七名　魏鸿仪　(《皇清陕西历科进士录》)

魏鸿仪(1871—1928),又名鸿翼,字蕴可,原字舸庄,号备斋,甘肃皋兰县(一作伏羌)人。中式辛卯科本省乡试第三十六名举人大挑一等,戊戌科会试中式第三百十名贡士,覆试一等,朝考二等,钦点翰林院庶吉士。散馆改任四川南江知县,后调任山东候补知县。

《增校清朝进士题名碑录(附引得)》、《明清进士题名碑录索引》:甘肃巩昌府伏羌县人。

朱汝珍《词林辑略》:散馆改四川南充县知县。

浙图藏《光绪戊戌科会试同年齿录》(清刻本):行一,同治辛未相六月十二日未时生,甘肃巩昌府伏羌县人。

北大、清华藏《光绪二十四年戊戌科会试同年齿录》(清刻本)不见载。

---

[1] 光绪二十三年丁酉科乡试:解元梁登瀛,金县人,官法部主事。(《甘肃新通志·学校志·选举上》卷三九)

二甲第六十八名　王世相　(《皇清陕西历科进士录》)

王世相(1871—1925),字说岩,号梦沅,甘肃皋兰县人,廪生,民籍。辛卯科本省乡试第三十五名举人,军功保举花翎监运使衔,陕西补用知府,戊戌科会试中式第三百十九名贡士,覆试一等第五十一名,朝考二等第三十六名,奉旨著以知府发往陕西补用。签分陕西候补道,后任知府、盐运使等。

北大、清华藏《光绪二十四年戊戌科会试同年齿录》(清刻本):王世相,字说岩,号梦沅,行一,大行二,同治庚午年十二月十八日吉时生,甘肃兰州府皋兰县学廪生,民籍,军功花翎监运使衔,指分陕西补用知县。乡试中式第三十五名,覆试一等第二十二名,会试中式第三百十九名,保和殿覆试一等第五十一名。

二甲第一百一十名　杨润身　(《皇清陕西历科进士录》)

杨润身,字雨亭,一字德馨,号槐山,甘肃秦州直隶州人,民籍。由廪生中式光绪戊子科本省乡试第二十五名举人,戊戌科会试中式第二百六十六名贡士,覆试三等第十四名,朝考二等第六十六名。钦点主事,签分刑部,辛亥后被选为众议院议员。著述有《槐山诗文集》、《律例讲义》、《千家四时诗选》、《当代名人杂抄》各若干卷。

北大、清华藏《光绪二十四年戊戌科会试同年齿录》(清刻本):杨润身,字雨亭,一字德馨,号槐山,行三,通行四,咸丰戊午年五月二十七日吉时生,甘肃秦州直隶州民籍,廪生。光绪戊子科本省乡试第二十五名举人,戊戌科会试中式第二百六十六名贡士,保和殿覆试三等第十四名,殿试三甲第一百一十名,朝考一等第七十一名,钦点刑部主事。

《甘肃新通志》作杨润身。

《甘肃通志稿》作杨润生。

浙图藏《光绪戊戌科会试同年齿录》(清刻本)不见载。

二甲第一百四十七名　苏耀泉　(《皇清陕西历科进士录》)

苏耀泉(1869—1908),字朗亭,一字文星,号奎垣,甘肃会宁县人。由廪生中式光绪甲午科本省乡试第二十三名举人,戊戌科会试中式第一百三十二名贡士,覆试三等第三十八名,朝考三等第十四名,钦点即用知县,签分浙江。有批注《纲鉴汇纂》八十九卷,所撰并书有《岁贡张敏斋德教碑铭》碑刻。

北大、清华藏《光绪二十四年戊戌科会试同年齿录》(清刻本)：苏耀泉,字朗亭,号奎垣,行二,同治己巳年七月十七日吉时生,甘肃巩昌府会宁县廪生,民籍。光绪甲午科本省乡试第二十三名举人,戊戌科会试中式第一百三十二名贡士,覆试三等三十八名,朝考三等第十四名,殿试二甲第一百四十七名,钦点即用知县,签分浙江。

浙图藏《光绪戊戌科会试同年齿录》(清刻本)：行二,通行四,同治己巳年七月十七日吉时生。

《清代硃卷集成：光绪戊戌科会试硃卷》(第86册第431页)：苏耀泉,字朗亭,一字文星,号奎垣,行二,大行四,同治己巳年七月七日吉时生,甘肃巩昌府会宁县廪生,民籍。乡试第二十三名,覆试二等第十二名,会试一百三十二名,保和殿覆试三等一百三十八名,殿试二甲一百四十七名,赐进士出身,朝考三等第十四名,钦点即用知县,签分浙江省。世居县城东乡苏家堡。

三甲第一百八名　权尚忠　(《皇清陕西历科进士录》)

权尚忠,字荩臣,甘肃武威县人,廪生,民籍。中式光绪癸巳恩科本省乡试第十四名举人,戊戌科会试第二百六十三名贡士,覆试三等第一百三十六名,朝考二等第七十三名,钦点即用知县,签分广西。

北大、清华藏《光绪二十四年戊戌科会试同年齿录》(清刻本)：权尚忠,字荩臣,号南樵,行二,咸丰丁巳年正月二十六日吉时生,甘肃凉州府武威县廪生,民籍。乡试中式第十四名,会试中式第二百六十三名,保和殿覆试、朝考、殿试名次均无。

浙图藏《光绪戊戌科会试同年齿录》(清刻本)：咸丰乙卯年正月十八日寅时生。

三甲第一百三十六名　郑元潽　(《皇清陕西历科进士录》)

郑元潽,字镜泉,号云樵,甘肃皋兰县人,民籍。中式丁酉科本省乡试第二十四名举人,戊戌科会试中式第二百六十五名,覆试三等第五十九名,朝考二等第一百十名,钦点即用知县,签分直隶,官抚宁知县。著有《东游日记》。

北大、清华藏《光绪二十四年戊戌科会试同年齿录》(清刻本)：郑元潽,字镜泉,号云樵,行二,光绪戊寅年四月十七日吉时生,系甘肃兰州府皋兰县人,附生,民籍。丁酉科本省乡试第二十四举人,戊戌科会试中式第二百六十五名,覆试三等第五十九名,朝考二等,殿试三甲第一百三十六名,钦点即用知县,签分直隶。

《增校清朝进士题名碑录(附引得)》、《明清进士题名碑录索引》作邓元濬,三甲一百三十六名,甘肃皋兰人。

浙图藏《光绪戊戌科会试同年齿录》(清刻本)不见载。

三甲第一百四十九名　魏命侯　(《皇清陕西历科进士录》)

魏命侯,字番臣,号晋峰,甘肃金县人,民籍。中式光绪甲午科本省乡试第十三名举人,戊戌科会试中式第二百九十六名贡士,覆试三等第一百二十六名,朝考三等第一百二名,钦点即用知县,签分广西。

北大、清华藏《光绪二十四年戊戌科会试同年齿录》(清刻本):魏命侯,字蕃臣,号晋山,行二,同治辛未年四月初五日吉时生,甘肃兰州府金县附生,民籍。光绪甲午科本省乡试第十三名举人,戊戌科会试中式第二百九十六名贡士,覆试三等第一百二十六名,朝考三等第一百二名,殿试三甲第一百四十九名,钦点即用知县,签分广西。

浙图藏《光绪戊戌科会试同年齿录》(清刻本):字蕃臣,号晋峰。

《甘肃新通志》:山西榆社县知县。

三甲第一百七十二名　孙云锦　(《皇清陕西历科进士录》)

孙云锦,甘肃静宁州人,官四川知县。光绪三十三年参与修《甘肃省通志》,著有《天算图说》。

北大、清华藏《光绪二十四年戊戌科会试同年齿录》(清刻本):孙云锦,字天章,号宝山,行一,咸丰辛酉正月初四日吉时生,系甘肃平凉府静宁州人,副贡生,民籍。乡试中式第二十九名,会试中式第二十五名。

浙图藏《光绪戊戌科会试同年齿录》(清刻本)不见载。

三甲第一百八十三名　王世奎　(《皇清陕西历科进士录》)

王世奎,字聚五,号筱春,甘肃兰州府皋兰县人,民籍。由附生中式光绪戊子科本省乡试第二十九名举人,戊戌科会试中式第二百八十二贡士,覆试二等第六名,朝考二等,钦点主事,签分吏部。

浙图藏《光绪戊戌科会试同年齿录》(清刻本):行一,通行二,同治癸亥相十月十一日吉时生。

《清代硃卷集成:光绪戊戌科会试硃卷》(第88册第67页):王世奎,字小春,号聚五,行一,大行二,同治癸亥年十月十一日吉时生,甘肃兰州府皋兰县附生,民籍。乡试二十九名,会试二百八十二名,覆试二等第六名,殿试三甲第□名,朝考二等第□名,钦点主事,签分吏部。

北大、清华藏《光绪二十四年戊戌科会试同年齿录》(清刻本)不见载。

光绪二十九年(1903)癸卯科[1]

二甲第一百三十二名　段士俊　(《皇清陕西历科进士录》)

段士俊,字彦生,号筱园,甘肃皋兰县人,民籍,优廪生,乙酉科拔贡,朝考二等签分四川试用直隶州州判。中式辛卯科本省乡试第十七名举人,军功保举同知衔,指分陕西补用知县,癸卯科会试中式第二百九十二名贡士,覆试二等第五十名,朝考三等第二十一名,奉旨著以知府发往陕西补用。

清华藏《光绪辛丑、壬寅恩正并科会试同年齿录》(龙光斋、会文斋、精华斋、翰藻斋承办刻本):字彦生,号筱园,又号慕轩,行二,同治戊辰年七月初八日吉时生,甘肃兰州府皋兰县拔贡生,民籍,同知衔陕西补用知县。选拔第一名,乡试中式第十七名,会试中式第二百九十二名,保和殿覆试二等第五十二名,殿试二甲第一百三十二名,朝考三等第二十一名,奉旨以知县发往陕西补用。

浙图藏《光绪辛丑壬寅科会试同年齿录》(清刻本):覆试二等第五十一名,殿试二甲第一百三十一名。

三甲第四十五名　杨思　(《皇清陕西历科进士录》)

杨思(1882—1956),号心田,甘肃会宁县人,民籍。由优廪生中式辛丑补行庚子恩正并科第七十五名举人,癸卯会试中式第一百四十七名贡士,覆试一等三十三名,朝考二等第三名,钦点翰林院庶吉士。

清华藏《光绪辛丑、壬寅恩正并科会试同年齿录》(龙光斋、会文斋、精华斋、翰藻斋承办刻本):字慎之,号心田,行一,大行八,光绪壬午相四月初七日吉时生,民籍,甘肃巩昌府会宁县廪生。乡试中式第七十五名,会试中式第一百四十名,覆试一等第三十三名,殿试三甲第四十五名,朝考二等第三名,钦点翰林院庶吉士。

朱汝珍《词林辑略》:散馆授检讨。

---

[1]　光绪二十七年辛丑补行庚子恩科乡试:解元祁酉源,河州人。(《甘肃新通志·学校志·选举上》)翰林院编修饶士端为正考官,郑沅为副考官。(《〈清实录〉科举史料汇编》)

三甲第五十二名　张铣　（《皇清陕西历科进士录》）

张铣,字灵堂,号柳坡,甘肃武威县人,民籍。由丁酉拔贡生八旗官学教习中式辛丑补行庚子恩正并科本省乡试第二十二名举人,癸卯会试中式第三百名贡士,覆试一等第六十二名,朝考二等第五十名,钦点主事,签分刑部。

清华藏《光绪辛丑、壬寅恩正并科会试同年齿录》(龙光斋、会文斋、精华斋、翰藻斋承办刻本):张铣,字泽堂,号柳坡,行三,同治甲戌年正月初四日吉时生,甘肃凉州府武威县拔贡生,民籍。丁酉科选拔第一名,戊戌考取八旗教习第六十九名,乡试第二十二名,覆试一等第□名,会试第三百名,覆试一等第六十二名,殿试三甲第五十二名,朝考二等第五十名,钦点签分刑部。

浙图藏《光绪辛丑壬寅科会试同年齿录》(清刻本)不见载。

三甲第一百一十四名　张文源　（《皇清陕西历科进士录》）

张文源,字□泉,一字会亭,号远峰,甘肃静宁州人,民籍。由增贡生中式辛丑补行庚子恩正并科本省乡试第八十一名,癸卯科会试中式第一百八十八名贡士,覆试三等第十八名,朝考三等第七十八名,钦点即用知县,签分四川。

清华藏《光绪辛丑、壬寅恩正并科会试同年齿录》(龙光斋、会文斋、精华斋、翰藻斋承办刻本):张文源,字宝泉,号会廷,行一,同治庚午年八月二十二日吉时生,甘肃平凉府静宁州增贡生,民籍。乡试第八十一名,会试第一百八十八名贡生,殿试三甲第一百一十四名,朝考三等第七十八名,钦点即用知县。

浙图藏《光绪辛丑、壬寅科会试同年齿录》(清刻本):张文源,字宝泉,号会廷,通行二,同治庚午年八月二十二日吉时生,甘肃平凉府静宁州增贡生,民籍。乡试第八十一名,会试第一百八十八名贡生,殿试三甲第一百一十四名,朝考三等第七十八名,钦点即用知县。

三甲第一百一十五名　彭立栻　（《皇清陕西历科进士录》）

彭立栻,字敬甫,号幼□,甘肃兰州府皋兰县人,民籍。由府学廪生中式光绪辛丑补行庚子恩正并科本省乡试第三十五名举人,癸卯会试中式第二百五十七名贡士,覆试三等第五十一名,朝考三等第九十五名,钦点即用知县,签分四川。

清华藏《光绪辛丑、壬寅恩正并科会试同年齿录》（龙光斋、会文斋、精华斋、翰藻斋承办刻本）：彭立栻，字敬甫，号幼樵，行一，通行七，同治已巳年四月十三日亥时生，甘肃兰州府皋兰县学廪生，皋兰县民籍，原籍湖南长沙府长沙县青山大田铺。辛丑补行庚子恩正科本省乡试第三十五名，覆试一等，会试第二百五十七名，覆试三等，殿试三甲，朝考三等，钦点即用知县，签分四川。

浙图藏《光绪辛丑、壬寅科会试同年齿录》（清刻本）不见载。

三甲第一百二十三名　魏垂象　（《皇清陕西历科进士录》）

魏垂象，字辰垣，一字介石，甘肃秦州秦安县人，民籍。由附生中式丁酉科本省乡试第十八名举人，癸卯会试中式第二百七十九名贡士，覆试三等第八十二名，朝考三等第一百三名，钦点即用知县，签分福建。

浙图藏《光绪辛丑壬寅科会试同年齿录》（清刻本）：字辰垣，一字介石，甘肃秦州秦安县民籍，由附生中式，行一，同治乙丑年十月十七日吉时生。

清华藏《光绪辛丑、壬寅恩正并科会试同年齿录》（龙光斋、会文斋、精华斋、翰藻斋承办刻本）不见载。

三甲第一百三十二名　范振绪　（《皇清陕西历科进士录》）

范振绪（1872—1960），字禹勤，号南皋，甘肃兰州府靖远县人，民籍。由优廪生中式光绪辛丑补行庚子恩正并科本省乡试第四名举人，癸卯会试中式第二百十六名，覆试一等第七十六名，朝考二等第一百六名，钦点主事，签分工部。清廷工部主事，后出任河南济源县知县。诗文有《东雪草堂笔记》、《画学随笔》、《夜窗漫录》、《诗联存稿》、《东雪杂文》等。

清华藏《光绪辛丑、壬寅恩正并科会试同年齿录》（龙光斋、会文斋、精华斋、翰藻斋承办刻本）：范振绪，字禹勤，号南皋，行一，光绪丙子年七月二十四日吉时生，甘肃兰州府靖远县优廪生，民籍。乡试第四名，会试第二百一十六名，覆试一等第七十六名，朝考二等第一百名，殿试三甲第六名。钦点主事，签分工部。

浙图藏《光绪辛丑壬寅科会试同年齿录》（清刻本）：同治甲戌年七月二十四日吉时生，殿试三甲第一百三十二名，朝考二等一百六名。

《陇右近代诗钞》：范振绪（一八七四—一九六零），号东雪老人，又号太和山民。历官刑部主事，河南济源、孟县知县。著有《东雪草堂文稿》、

《东雪草堂诗稿》、《东雪草堂联语》、《东雪草堂小说》、《夜窗漫录》、《学画随笔》、《书画题跋》、《双十二兰州事变记》、《改编〈桃花扇〉秦腔剧本》等十多种。

三甲第一百四十三名　黄居中　(《皇清陕西历科进士录》)

黄居中(1866—1927)，字堂吉，号芦溪，甘肃阶州人，民籍。由廪膳生中式光绪甲午科本省乡试第一名举人，癸卯会试中式第二百八十六名贡士，覆试三等第二十六名，朝考三等第一百一十名，钦点即用知县，签分贵州，贵州铜仁县知县。

浙图藏《光绪辛丑、壬寅科会试同年齿录》(清刻本)：黄居中，字堂吉，号芦溪，行一，同治丙寅年九月二十三日吉时生，甘肃阶州直隶州民籍。

田树椶

田树椶(1877—?)，字芎谷，皋兰人，民政部主事。

《甘肃新通志》、《甘肃通志稿》有载。

按：《皇清陕西历科进士录》、《明清进士题名碑录索引》不见载，据《增校清朝进士题名碑录(附引得)》记载其为游学进士，而非考取文进士。

光绪三十年(1904)甲辰恩科[1]

二甲第四十九名　苏源泉　(《皇清陕西历科进士录》)

苏源泉(1871—1931)，甘肃会宁县人，授礼部主事，著有《时敬斋诗草》四卷。

清华藏《光绪三十年甲辰恩科会试同年齿录》(文奎斋、龙华斋、元会斋、龙云斋刻本)：苏源泉，字本如，号鑑清，行四，同治甲戌年九月十六日吉时生，甘肃巩昌府会宁县廪生，民籍。甲午乡试第三十四名，会试第一百七名，殿试二甲第四十九名，朝考三等第三名，钦点礼部主事。

清华藏《光绪三十年甲辰恩科进士登科录》(清刻本)：贯甘肃巩昌府会宁县民籍，廪生，甲午科乡试第三十四名，甲辰科会试第一百七名。

按：《甘肃通志稿》见载于光绪二十九年。

---

[1]　光绪二十九年癸卯恩科乡试：解元邓隆，河州人。(《甘肃新通志·学校志·选举上》)编修马吉樟为正考官，湖广道监察御史朱锡恩为副考官。(《〈清实录〉科举史料汇编》)

二甲第六十名　阎士璘　(《皇清陕西历科进士录》)

阎士璘,陇西人,翰林院编修。

《甘肃新通志》、《甘肃通志稿》作阎士璘,陇西人,翰林院编修。

《增校清朝进士题名碑录(附引得)》、《明清进士题名碑录索引》:甘肃巩昌府陇西县人,二甲六十名进士。

朱汝珍《词林辑略》:阎士璘,字简斋,号玉彬。

清华藏《光绪三十年甲辰恩科进士登科录》(清刻本)、清华《光绪三十年甲辰恩科会试同年齿录》(文奎斋、龙华斋、元会斋、龙云斋刻本)均不见载。

二甲第一百七名　杨巨川　(《皇清陕西历科进士录》)

杨巨川,甘肃金县人。

清华藏《光绪三十年甲辰恩科会试同年齿录》(文奎斋、龙华斋、元会斋、龙云斋刻本):杨巨川,字济舟,号松岩,行一,同治癸酉年二月二十八日生,甘肃兰州金县优廪生,民籍。庚子辛丑乡试第八名,会试第六十一名,覆试二等第七十二名,殿试二甲第一百七名,朝考□等□名,钦点刑部主事。

清华藏《光绪三十年甲辰恩科进士登科录》(清刻本):杨巨川,贯甘肃兰州府金县民籍,优廪生,庚子辛丑并科乡试第八名,甲辰科会试第六十一名。

《甘肃通志稿》:湖南麻阳县知县。

《陇右近代诗钞》:杨巨川(一八七三——一九五四),字楫舟。光绪二十六年、二十七年并科举人,三十年进士,授刑部主事。著有《青城记》、《学诗萃言》、《五朝近体诗选》、《三通概论》、《天文汇存》、《琴学杂谈》、《窥豹集》、《游东瀛日记》、《梦游吟草》、《公余闲咏》、《鸣秋集》、《识小杂咏》各一卷。

三甲第四十二名　王烜　(《皇清陕西历科进士录》)

王烜,甘肃皋兰县人。

清华藏《光绪三十年甲辰恩科会试同年齿录》(文奎斋、龙华斋、元会斋、龙云斋刻本):王烜,字著名,号晴初,行三,光绪戊寅年十二月二十日吉时生,兰州府皋兰县廪生,民籍。乡试第十八名,会试第八十二名,覆试三等第十六名,殿试三甲第四十二名。钦点分□部主事。

清华藏《光绪三十年甲辰恩科进士登科录》（清刻本）：王烜，贯甘肃兰州府皋兰县民籍，廪生，癸卯科乡试第十八名，甲辰科会试第八十二名。

《陇右近代诗钞》：王烜（一八七八——一九五九），字著明，一字竹民。著有《皋兰明儒遗文集》、《存庐诗文集》、《陇音》、《陇右文献录》、《陇右文献补录》、《击柝集》等。

三甲第六十一名 邓隆 （《皇清陕西历科进士录》）

邓隆（1884—1938），甘肃河州人。

清华藏《光绪三十年甲辰恩科会试同年齿录》（文奎斋、龙华斋、元会斋、龙云斋刻本）：邓隆，字德舆，号玉堂，行一，光绪十年三月十一日吉时生，甘肃兰州府河州人，廪生，民籍。癸卯乡试第一名，会试第一百五十五名，殿试三甲第六十一名，朝考三等第六十九名，钦点即用知县，签分直隶。

清华藏《光绪三十年甲辰恩科进士登科录》（清刻本）：邓隆，贯甘肃兰州府河州民籍，廪生，癸卯科乡试第一名，甲辰科会试第一百五十五名。

《甘肃通志稿》：四川南充县知县。

《陇右近代诗钞》：邓隆（一八八四——一九三八）又号睫巢居士。分发四川权新都县，实授南充。著有《壶庐诗集》四卷、《续集》一卷，《敬恭桑梓录》二卷，《密宗四上师传》二卷，均有印本；《拙园文存》四卷，《密藏问津录》六卷，《番佛名义》二卷、《藏文注解》一卷、《文字般若集》一卷，都为稿本。

三甲第一百六名 程天锡 （《皇清陕西历科进士录》）

程天锡（1869—1951），甘肃文县人。授云南陆丰知县，后任永昌知县。著有《涤月轩集》六卷，《甲午吟草》、《爨余集》、《翠竹斋诗》各一卷，《楹联剩语》二卷。

清华藏《光绪三十年甲辰恩科会试同年齿录》（文奎斋、龙华斋、元会斋、龙云斋刻本）：程天锡，字纯溪，号肖白，行一，同治己巳年六月初五日吉时生，甘肃阶州直隶州文县人，廪生，民籍，拣选知县。乡试第四十五名，覆试二等第九十名，会试第二百五十五名，覆试三等第九十四名，朝考三等第三十二名，钦点即用知县。

清华藏《光绪三十年甲辰恩科进士登科录》（清刻本）：程天锡，贯甘肃阶州文县民籍，廪生，甲午科乡试第四十五名，甲辰科会试第二百五十五名。

《甘肃通志稿》作阶州人。

《陇右近代诗钞》：程天锡，字晋三，著有《涤月轩集》、《爨余集》、《甲后吟草》等。

三甲第一百四十六名　万宝成　（《皇清陕西历科进士录》）

万宝成，会宁人，山西即用知县，历任户部主事。

《甘肃新通志》、《甘肃通志稿》作万宝成，会宁人，山西即用知县。

《增校清朝进士题名碑录（附引得）》、《明清进士题名碑录索引》：三甲一百四十六名，甘肃巩昌府会宁县人。

清华藏《光绪三十年甲辰恩科进士登科录》（清刻本）、清华《光绪三十年甲辰恩科会试同年齿录》（文奎斋、龙华斋、元会斋、龙云斋刻本）均不见载。

未殿试　祁荫杰

祁荫杰（1882—1945），字少潭，号漓云，甘肃巩昌府陇西县人。光绪三十年进士，任礼部主事，袭云骑尉世职。著有《漓云初草》、《漓云贡草》、《闺秋吟馆诗草》、《水云香阁诗草》、《前后韬罗词》等，集为《漓云诗存》。

《甘肃新通志》、《甘肃通志稿》作祁荫杰，陇西人，礼部主事。

《陇右近代诗钞》：祁荫杰（一八八一——一九四六），字少昙，号漓云。官礼部光禄司主事。著有《漓云诗存》三卷。

《增校清朝进士题名碑录（附引得）》、《明清进士题名碑录索引》、清华藏《光绪三十年甲辰恩科会试同年齿录》（文奎斋、龙华斋、元会斋、龙云斋刻本）均不见载。

第二章　明清甘肃进士特色论

科举制度是中国封建社会选拔人才的重要制度,它从隋创立到清末废止,存在了1 300多年。科举制度是中国历史上各种制度中历时最久、变化最小但影响最大的一种制度,是与中国无数知识分子的命运息息相关的制度。科举出身成为入仕的主要途径,明代明文规定"中外文臣皆由科举而进,非科举者毋得与官"。在1 300年间,进士出身者构成了官员队伍的基干和主体,是士阶层中文化素养最高的部分,政治的演进、朝代的嬗变皆与之密切相关。一个地区进士人数的多少成为评价该地方长官政绩好坏的一个标准,因而科名不仅成为个人和家族奋斗的目标,也是地方团体追求的对象。而进士人数的多少和时空分布,不仅反映一个地区的文化发展水平,也反映了一定时期内一个地区的政治、经济状况。由于明清两代考取进士的士子的名录历来就有记载,可供量化分析,而全国各地考生通过统一的考试进行可资比较的考试竞争,因而科举及第的进士的多寡便成为衡量一个地区教育发达与否的最重要、最客观的评价标准。

第一节　明清甘肃进士总数的考订

明清两代先后举行过201次进士科考试,其中明代89次,清代112次。需要特别说明的是,本著述中所讲的甘肃主要包括现今甘肃省、宁夏回族自治区和青海东部的河湟地区,而清代后期被析置的新疆省的迪化直隶州、镇西府将不列入详细的考察当中。全国考中进士人数的统计,学界多有歧见:范金民认为有进士51 681人,其中明代24 866人,清代26 815人(含博学鸿词科);[1]陈国生认为有进士51 078人,其中明代24 687人,清代26 391人;[2]沈登苗认定有进士51 561人,其中明代24 814人,清代

---

[1] 范金民:《明清江南进士数量、地域分布及其特色分析》,《南京大学学报》1997年第2期。

[2] 陈国生:《清代四川进士的地域分布及其规律》,《中国历史地理论丛》1994年第2期;陈国生:《明代人物的地理分布研究》,《学术研究》1998年第1期。

26 747 人；[1] 谢宏维认定有进士 51 744 人，其中明代 24 898 人，清代 26 846 人（含博学鸿词科、特恩保举经学科及经济特科共 100 人）；[2] 李润强认为清代有 26 848 人；[3] 毛晓阳综合各种文献认为清代应有 26 849 人。[4] 这些研究数字是由目前国内的几种科举文献统计出的，结果却不同，数据甚至有 497 人的差距。究竟哪一个数字可信，难以决断。《明清进士题名碑录索引》（以下简称《索引》）是迄今为止公认的研究明清进士最权威、最可靠的工具书，我以此书为基础进行统计，又参校《增校清代进士题名碑录（附引得）》、《明实录》、《清实录》等史料，得出明清进士共有 51 623 人，其中明代 24 876 人，清代 26 747 人。这个数字不包括顺治九年、十二年满洲进士及博学鸿词科、翻译科、特恩保举经学科、经济特科进士。

至于明清时期甘肃进士的数量，也没有一个确切的统计数字，学界往往依据以下资料得出不同的人数：宣统《甘肃新通志》载明清两代进士 484 人，其中明代 184 人，清代 300 人；《甘肃省新通志稿》载明清两代进士 496 人，其中明代 190 人，清代 306 人；吴宣德《中国教育制度通史》（第四卷）载明代进士 106 人；张利荣认为明代进士 175 人，清代进士 280 人；[5] 漆子扬认为明代进士 218 人，清代进士 348 人；[6] 雍际春统计明清进士 483 人，其中明代 183 人，清代 300 人。[7] 这些统计数字统计标准不明确，没有进行认真的界定，户籍在甘肃的计入，户籍在外省、乡贯是甘肃的也计入。

笔者以户籍在甘肃的考生登科后应认定为甘肃进士，而户籍在外省、乡贯在甘肃的不能认定为甘肃进士这一标准，依据各科登科文献资料，同时参阅《索引》、《甘肃通志》、《甘肃新通志》进行比较考订，明代甘肃各科进士详细考证参见本著《明代甘宁青进士征录》部分，这里仅公布考证结果

---

[1] 沈登苗：《明清全国进士与人才的时空分布及其相互关系》，《中国文化研究》1999 年冬之卷。
[2] 谢宏维：《论明清时期江西进士的数量变化与地区分布》，《江西师范大学学报》2000 年第 4 期。
[3] 李润强：《清代进士群体与学术文化》，中国社会科学出版社 2005 年版。
[4] 毛晓阳：《清代文进士总数考订》，《清史研究》2005 年第 4 期。
[5] 张利荣：《选举取士制与古代甘肃》，《档案》2001 年第 5 期。
[6] 漆子扬：《科举、书院与陇右学术》，胡大浚主编：《陇右文化丛谈》，甘肃教育出版社 1998 年版。
[7] 雍际春：《陇右文化研究》，中国社会科学出版社 2005 年版。

如下：

洪武十八年，王恪、曹铭二进士，"王恪"还见载于康熙二十七年《巩昌府志》卷二五，而"海永清"只见《索引》，《甘肃通志》、《甘肃新通志》、《甘肃通志稿》、《登科录》、《会试录》均不见载。

洪武二十七年，景清一进士。

洪武三十年，贺润、党理二进士。

永乐四年，韩缙一进士。

永乐十年，何贤一进士。

永乐十三年，曹衡、王珏、徐琦三进士。

永乐十六年，朱孟得、王弘二进士，而张纶《明清进士题名碑录索引》不见载，《皇明进士登科考》、《登科录》、《会试录》亦不见载。

永乐十九年，孔文英一进士，而袁锭《明清进士题名碑录索引》不见载，《皇明进士登科考》、《登科录》、《会试录》亦不见载。

正统丙辰科，无进士，《甘肃通志》、《甘肃新通志》、《甘肃通志稿》均作宣德丙辰科进士狄道人"张昇"，但没有宣德丙辰科，且《明清进士题名碑录索引》不见载，《皇明进士登科考》、《登科录》、《会试录》亦不见载。

正统四年，汪浒、张勋、王晏三进士，而李翱《明清进士题名碑录索引》、《皇明进士登科考》、《登科录》、《会试录》不见载，只见三部省志。

正统七年，黄谏、宋儒、倪让三进士，而李翔《明清进士题名碑录索引》、《皇明进士登科考》、《登科录》、《会试录》不见载，只见于三部省志，而王竑系湖广武昌府江夏军籍、河州卫人。

正统十年，冯时一进士，而杜铭系四川进士，三部省志及康熙《巩昌府志》均作洪武十八年进士，阶州人，显误。

景泰二年，赵铭一进士。

景泰五年，程景云、滕佐、朱绅、聊让、茂彪、段坚六进士。

天顺元年，文志贞、段宁二进士。

天顺四年，周凤、曹英、李锐三进士，而刘景《明清进士题名碑录索引》不见载，《皇明进士登科考》、《登科录》、《会试录》亦不见载，只见于三部省志。

天顺八年，梁翰、张九畴、魏容三进士。

成化二年，刘晟、罗睿、王伟三进士。

成化五年，邵宗、张锦、杨重三进士，而赵聪《明清进士题名碑录索引》

作"湖广谷城军籍,陕西阶州人",天一阁及台湾版《登科录》均作"贯湖广襄阳府谷城军籍",三部省志及康熙二十七年《巩昌府志》均作"阶州人"。

成化八年,张琡、陈瑗、吕钲、赵英、王绅、李宽六进士。

成化十一年,张锐、史书、齐廷珪、陈祥四进士。

成化十四年,宋琮、张伦、王存礼三进士。

成化十七年,王瓒、马体元、韩鼎、郭文、张安五进士,而李玑天一阁《成化十七年进士登科录》及《皇明进士登科录考》卷八作"右军都督府官籍,陕西西宁卫人"。

成化二十年,何宗贤、王璠、杨纶、林廷玉、王铨五进士。

成化二十三年,胡汝砺、黄世经、王铎、陈震、夏景和五进士。

弘治三年,何宗理、彭泽、张䌽、尹璟、刘峣、赵士元、贾瑾七进士。

弘治六年,李梦阳、曹廉、李鳌、范镛、吕洁五进士。

弘治九年,张潜、王纶二进士,而罗璋台湾版《弘治九年进士登科录一卷》作山东历城民籍,《皇明进士登科考》作"山东历城人",三部省志作"兰州人"。

弘治十二年,高良弼、赵斌、刘庆、马昊四进士,而张维新上图版《弘治十二年进士登科录》作"贯腾骧右卫军籍,陕西华亭县人"。

弘治十五年,张嘉谟一进士,而李伸天一阁版《弘治十五年进士登科录》作"陕西西安后卫军籍,平凉县人",三省志作"平凉人"。

弘治十八年,冯友瑞、段炅、胡如楫三进士,而苏民天一阁版《弘治十八年进士登科录》作"陕西仪卫司校籍,浙江处州府遂昌县人",陕西仪卫司在今陕西还是甘肃的哪个王府,尚不能确定。

正德三年,胡瓒宗、韩守愚、吕经、骆用卿四进士。

正德六年,马应龙、姚爵、田荆、杨朝凤、申理五进士。

正德九年,侯一元、王廷瑶、张鹏翰、韩奕、高杰、张幾、殷承叙七进士。

正德十二年,刘世纶、王官、桑仟、刘漳、崛华、陈大纲六进士,而曹嘉天一阁版《正德十二年进士登科录》作"河南开封府扶沟县民籍,陕西宁州人",三部省志及会试录不见载。

正德十六年,於敖、王朝用、王继礼、徐元祉、管律五进士。

嘉靖二年,吕颛、段续、楚书、孙巨鲸、孙廷相、王学古、张文泰、刘耕八进士。

嘉靖五年,赵时春、杨经、傅学礼三进士。

嘉靖八年,白世卿、黄绥二进士,而李栋,《索引》作"山东寿张民籍,陕西宁夏卫人",天一阁《嘉靖八年进士登科录》及《皇明进士登科录考》均作"山东寿张民籍,陕西宁夏卫人",《甘肃通志》、《甘肃新通志》、《甘肃通志稿》均不见载。

嘉靖十一年,吴伯亨、刘思唐二进士。

嘉靖十四年,许登瀛、陆坤二进士。

嘉靖十七年,吕顒、葛廷章二进士。

嘉靖二十年,俞鸾、刘应熊二进士,而周镐天一阁版《嘉靖二十年进士登科录》作"河南卫卫辉府汲县民籍,陕西狄道县人",三部省志作"狄道县人"。

嘉靖二十三年,杨应元一进士。

嘉靖二十六年,张嘉孚、张万纪二进士。

嘉靖二十九年,王希尧、王言二进士。

嘉靖三十二年,周斯盛、周监、杜实三进士。

嘉靖三十五年,张问仁一进士,而梁栋天一阁版《嘉靖三十五年进士登科录》及台湾版《同年世讲录》作"陕西西安前卫军籍,巩昌府安定县人",邹应龙天一阁版《嘉靖三十五年登科录》及台湾版《同年世讲录》作"陕西长安县民籍,长安县人",三部省志作兰州人。

嘉靖三十八年,胡执礼一进士。

嘉靖四十一年,李崧、杨愈茂二进士。

嘉靖四十四年,孟学易、麻永吉二进士,刘承宽三部省志作"嘉靖四十四年进士,安化人",而《索引》作"同治十年二甲六十四名进士,顺天府大兴人"。

隆庆二年,粟在庭、王继祖、郭庄、曹昉四进士。

隆庆五年,双凤鸣、李桢、段补三进士。

万历二年,朱衣、李廷彦二进士。

万历五年,王元、杜和春二进士。

万历八年,穆来辅一进士。

万历十四年,侯廷珮一进士。

万历十七年,胡忻一进士。

万历二十年,赵邦清一进士。

万历二十三年,杨恩、李廷训二进士,而米万钟天一阁版《进士履历便览》与上图版《同年序齿录》均作"锦衣卫官籍,陕西庆阳府安化县人"。

万历二十六年,蒯谏一进士,而张国儒《索引》作"山西榆次籍,陕西镇夷所人"。

万历二十九年,王道成一进士。

万历三十五年,麻僖一进士。

万历三十八年,张国绅一进士。

万历四十一年,杨寿、杨蛟二进士。

万历四十四年,关光一进士,而薛文周,嘉庆《延安府志》见载,字晴岚,并在《乡贤传》中有薛文周小传,道光《安定县(系现陕西子长县)志》亦有载,薛文周显系陕西安定人,非甘肃安定人。

万历四十七年,王建侯一进士,而续翀玄《索引》作"陕西高平籍,陕西宁州人",三部省志均不见载。

天启二年,杨行恕、罗世锦、韩谦、王懋学四进士。

天启五年,潘光祖、杨泰升二进士。

崇祯元年,朱家仕、李希沆二进士。

崇祯四年,王瓆、巩焴、关永杰三进士。

崇祯七年,王门弼一进士。

崇祯十年,郭九围(又名充)一进士。

崇祯十三年,无进士,魏藻德《索引》作"顺天府通州人",《甘肃通志》不载,而《甘肃新通志》及《甘肃通志稿》作"通渭人",韩三杰只有三部省志记载为通渭县人,其他科举史料不载。

崇祯十五年,四名特进士,郭弥芳、王廷霈、李倬三进士,《甘肃通志》、《甘肃新通志》、《甘肃通志稿》、《登科录》、《会试录》均不见载,只见载于《索引》,郑抚民《甘肃通志》、《登科录》、《会试录》不见载,只见于《索引》、《甘肃新通志》、《甘肃通志稿》。

崇祯十六年,曹毓芬一进士。另有洮州人曹文华、汪大溶二人系科分无考的所谓进士,只见三部省志,不见《索引》等其他科举史料,理应不算。

还要重点指出的是,这里还存在这样一个现象:明代陕西包括陕西、甘肃、宁夏和青海东部,所以有两个地名出现在今甘肃和陕西省,安定有陕西巩昌府的安定县和陕西延安府的安定县,安化有陕西庆阳府的安定县和延安府的安化县,笔者仔细查阅了康熙《巩昌府志》、康熙《安定县(甘肃)志》、道光《安定县(陕西)志》及乾隆《庆阳府志》、嘉庆《安化县志》(陕西安化县）的相关志传,将两省两地的进士进行比勘,最终得出较为合乎逻辑的结论。比如薛文周,嘉庆《延安府志》见载,字晴岚,并在《乡贤传》中有其小传;道光《安定县（系现陕西子长县）志》亦有载。虽然三部甘肃省志均记载为甘肃安定县进士,但《巩昌府志》及《安定县志》均不见载,薛文周显系陕西安定人,非甘肃安定人。统而言之,明代甘肃进士应是196人。

清代甘肃进士总人数学界也多有歧见,有朱允明的306人说、[1]漆子扬的348人说、[2]吴宣德的344人说、[3]张利荣的280人说等等。[4] 迄今所见比较完整地记录清代甘肃进士名录的史料主要是:一、《明清进士题名碑录索引》(简称《索引》),记录了进士姓名、户籍、乡贯、科名、甲次等资料,另外《增校明清进士题名碑录(附引得)》也可以用来参校;二、三部省志,其中《甘肃通志》著录到雍正十一年,主要使用宣统元年《甘肃新通志》,民国《甘肃通志稿》基本抄录《甘肃新通志》,价值不大;三、《皇清陕西历科进士录》,清代王承列编,后人不断增补,甘肃图书馆藏有三种不同的版本,分别著录到同治七年戊辰科、光绪三年丁丑科、光绪三十年甲辰科。陕西师范大学图书馆亦藏有著录至光绪三年丁丑科的版本,上海图书馆亦藏有著录至光绪三年丁丑科的版本。笔者以光绪三十年甲辰科版本为底本,参校其他版本做了详细的校勘。另外笔者还查阅了现存国家图书馆、北大图书馆、清华大学图书馆、北师大图书馆、科学院图书馆、上海图书馆、南京图书馆、浙江图书馆中的清代科举文献资料,以及顾廷龙先生主编的《清代硃卷集成》中甘肃籍进士的履历资料。

清代甘肃进士人数的统计不需要按明代的方式统计,只要将有争议的进士拿出来进行仔细考订即可。

顺治十六年己亥科进士黄玉铉,《增校清朝进士题名碑录(附引得)》、《明清进士题名碑录索引》:"黄玉铉,三甲三十九名,陕西巩昌府漳县人。"《皇清陕西历科进士录》、国图藏《顺治十六年己亥科会试进士三代履历便览》(清顺治刻本)均作"陕西洋县人",《甘肃通志》、《甘肃新通志》、《甘肃通志稿》均不载,又查康熙二十七年《巩昌府志》及民国《重修漳县志》均无

---

[1] 朱允明:《甘肃乡土志稿》,《中国西北文献丛书》,甘肃古籍书店1999年版。
[2] 漆子扬:《科举、书院与陇右学术》,胡大浚主编:《陇右文化丛谈》,甘肃教育出版社1998年版。
[3] 吴宣德:《中国区域教育发展概论》,湖北教育出版社2003年版。
[4] 张利荣:《选举取士制与古代甘肃》,《档案》2001年第5期。

黄玉铉记载,清邹容修《洋县志》卷四《人物》载黄玉铉为顺治己亥进士,可确定黄玉铉非甘肃籍进士。

顺治十八年辛丑科进士米汉雯,《增校清朝进士题名碑录(附引得)》、《明清进士题名碑录索引》作"顺天府大兴县人",《皇清陕西历科进士录》、《甘肃新通志》作"陕西安化人",《甘肃通志》不见载,又查《庆阳府志》及《安化县志》均不见载,可确定米汉雯非甘肃籍进士。

康熙十五年丙辰科刘芳世,《明清进士题名碑录索引》作"江南江都人",《皇清陕西历科进士录》作"江南江都籍,兰州人",国图藏《康熙十五年丙辰科会试二百九名进士三代履历便览一卷》(康熙刻本一卷)作"兰州籍,江都人",《甘肃新通志》、《甘肃通志稿》作"兰州人",《甘肃通志》不见载,显然刘芳世非甘肃进士。

康熙二十四年乙丑科李涺仁,《皇清陕西历科进士录》作"江南扬州籍,宁夏卫人",《明清进士提名碑录索引》作"李涺仁,江南江都人",国图藏《康熙二十四年乙丑科会试一百五十名进士三代履历便览》作"江都人",《甘肃通志》不见载,《甘肃新通志》、《甘肃通志稿》作"宁夏卫人",可以肯定李涺仁非甘肃籍进士。

康熙四十二年癸未科进士吕光悦,《甘肃新通志》、《甘肃通志稿》有载,但无科第名次,作"西宁人"。《皇清陕西历科进士录》、《甘肃通志》不见载,《明清进士题名碑录索引》亦不见载。可以确定吕光悦非甘肃籍进士。

康熙四十八年己丑科傅之铨,《增校清朝进士题名碑录(附引得)》、《明清进士题名碑录索引》作"陕西宁夏卫人",《皇清陕西历科进士录》作"陕西泾阳人",《甘肃通志》、《甘肃新通志》、《甘肃通志稿》不见载,乾隆《宁夏府志》(清张金城修)不见载,雍正《陕西通志》卷三〇《选举志》载傅之铨"康熙四十八年己丑科进士,陕西泾阳人",道光《泾阳县志》卷八《选举谱》载傅之铨"康熙四十八年进士,上海知县",显然傅之铨非甘肃籍进士。

康熙五十七年戊戌科进士李根云,《皇清陕西历科进士录》:"云南赵州籍,平凉人。"《增校清朝进士题名碑录(附引得)》、《明清进士题名碑录索引》、朱汝珍《词林辑略》载"云南赵州人",《甘肃新通志》、《甘肃通志稿》载"平凉人",《甘肃通志》不载,可见李根云非甘肃籍进士。

乾隆四年己未科石攻玉,《甘肃新通志》、《甘肃通志稿》不见载,《增校清朝进士题名碑录(附引得)》、《明清进士题名碑录索引》作"陕西庆阳府正宁县人",《皇清陕西历科进士录》作"正宁人"。

乾隆四十三年戊戌科李遇春,《甘肃新通志》、《甘肃通志稿》作"狄道人",《增校清朝进士题名碑录(附引得)》、《明清进士题名碑录索引》作"山西临汾人",《皇清陕西历科进士录》不见载,又查光绪《山西通志》卷五见载,民国《临汾县志》作"临汾人",显然李遇春非甘肃进士。

嘉庆元年丙辰科宗其位,《甘肃新通志》、《甘肃通志稿》有载,作武威人;《皇清陕西历科进士录》、《增校清朝进士题名碑录(附引得)》、《明清进士题名碑录索引》不见载。宗其位其实为恩赐检讨,并非考取文进士,故《新通志》显系误加。

道光三十年博冲武,凉州满营人,缙绎官主事。《甘肃新通志》、《甘肃通志稿》有载,而《皇清陕西历科进士录》、《增校清朝进士题名碑录(附引得)》、《明清进士题名碑录索引》不见载。其实,博冲武为满蒙翻译科进士,非甘肃籍文进士。

咸丰九年己未科吴耀先,北大《咸丰九年会试齿录》:"甘肃平凉府静宁州廪生,民籍。"《增校清朝进士题名碑录(附引得)》、《明清进士题名碑录索引》、《皇清陕西历科进士录》、《甘肃新通志》、《甘肃通志稿》不见载,其实吴耀先未参加殿试。

咸丰九年己未科胡己未,《甘肃新通志》、《甘肃通志稿》作"甘肃秦州人,咸丰九年进士",《增校清朝进士题名碑录(附引得)》、《明清进士题名碑录索引》、《皇清陕西历科进士录》不见载,(光绪)《重纂秦州直隶州新志》二十四卷首一卷及《甘肃新通志》作"恩赐翰林检讨",显系非考取之文进士,系误加。

光绪二十九年癸卯科田树棪,《甘肃新通志》、《甘肃通志稿》载为皋兰人,《皇清陕西历科进士录》、《明清进士题名碑录索引》不见载,据《增校清朝进士题名碑录(附引得)》记载其为"游学进士",而非考取文进士。

光绪三十年甲辰科祁荫杰,《增校清朝进士题名碑录(附引得)》、《明清进士题名碑录索引》不见载;《甘肃新通志》、《甘肃通志稿》作祁荫杰,陇西人,礼部主事;《陇右近代诗钞》:"未殿试。"

另外还有两位新疆籍进士:同治四年乙丑科崔文海,系迪化直隶州进士;光绪十二年丙戌科潘泰谦,系迪化府进士,这两人不能算入甘宁青进士。

综上,我们根据《清代甘宁青进士征录》及相关考证资料,可以核定清代甘肃进士应该是342人。那么,明清甘肃进士总数应是538人,其中明代196人,清代342人。也就是说明清全国有51 623名进士,明清甘肃进士在全国的比例约为百分之一,这对于一个省来说是很落后的。

第二节 甘宁青进士的时空分布

明洪武二年(1369)四月置陕西等处行中书省,治西安府。九年六月改为陕西承宣布政使司,全国共设13个布政使司,简称"司",俗称"省",实行省、府(州)、县三级制。陕西的政区经过洪武初年的调整后,相对比较稳定,变化较小。随着明军的推进,洪武二年至三年间在元代陕西行省和甘肃省东部沿置了西安府、凤翔府、延安府、庆阳府、巩昌府、临洮府、平凉府、汉中府、宁夏府九府,归陕西行省管辖。宁夏府于洪武五年除,其地人口全部迁往关中,从此这一带归由卫所管辖。此后除洪武六年至十二年间一度增设过河州府外,陕西行省及后来的陕西布政司一直领西安等八府。元末陕西行省的直隶州在明初或改为属州,或降为县,在万历二十三年(1595)汉中府兴安州升为直隶州之前,陕西布政司没有一个直隶州。陕西布政司的县绝大多数在洪武年间已确立。明代,甘宁青地区东部属陕西布政司管辖,下辖庆阳府、平凉府、巩昌府、临洮府及洮州卫、岷州卫、靖虏卫等一些卫所;西部河西地区其最东端为黄河,包括今青海西宁地区属陕西行都司管辖,下辖甘州五卫(甘州左卫、甘州右卫、甘州中卫、甘州前卫、甘州后卫)、肃州卫、山丹卫、永昌卫、西宁卫、凉州卫、镇番卫、庄浪卫、沙州卫等。此外,还有镇夷守御千户所、古浪守御千户所、高台守御千户所等。

庆阳府:洪武二年五月因元庆阳府设府,隶陕西行省。元末庆阳府只领有合水一县,洪武二年增设了安化县(附郭),同时降元环州直隶州为环县,隶于府,宁州直隶州也改为庆阳府属州。万历二十九年,宁州下的真宁县改直隶于府。此后,庆阳府领安化、合水、环、真宁四县和宁州,府治在今甘肃西峰。安化县,洪武二年置,治在今庆阳县。合水县,治在今甘肃合水县东北城关乡。环县,洪武二年降元环州直隶州为环县,属庆阳府,治在今甘肃环县。真宁县,洪武二年属庆阳府宁州,万历二十九年改直属庆阳府,治在今甘肃正宁县西南罗川乡。宁州,洪武二年改元宁州直隶州为庆阳府属州,领真宁县;万历二十九年真宁县改直隶于庆阳府,州治在今甘肃宁县。

平凉府：明代平凉府是在元代平凉府和镇原、泾、开成、静宁、庄浪五直隶州的基础上形成的。平凉县，治在今平凉市。崇信县，治在今甘肃崇信县。华亭县，治在今甘肃华亭县。镇原县，洪武三年降元镇原州为县，属平凉府，治在今甘肃镇原县。隆德县，元静宁州属县，洪武三年起属平凉府静宁州，嘉靖三十八年十一月己卯改直属府，治在今宁夏隆德县。泾州，洪武三年改元泾州直隶州隶平凉府，附郭的泾川县入州，州只领灵台县。静宁州，洪武三年静宁州属平凉府，下有隆德一县，八年三月庄浪县来属，嘉靖三十八年十一月隆德县改属府。固原州，弘治十五年五月升开成县为固原州，属平凉府。

巩昌府：洪武二年四月设巩昌府，有五直辖县、六州、三州辖县。成化九年后领三州、十四县。陇西县，附郭。安定县，洪武二年为巩昌府安定州，十年降为县，直属府。会宁县，洪武二年为巩昌府会宁州，十年降为县，直属府。通渭县，治在今甘肃通渭县。漳县，原治在今甘肃漳县西南五里，正统中迁于今漳县。宁远县，治在今甘肃武山县。伏羌县，治在今甘肃甘谷县。西和县，洪武二年为巩昌府西和州，十年降为县，直属于府。成县，洪武二年为巩昌府成州，十年降为县，直属于府。秦州，洪武二年为巩昌府秦州，省附郭的成纪县入州，州领秦安、清水二县。成化九年十二月又增设礼县，共领三县。秦安县，治在今甘肃秦安县。清水县，治在今甘肃清水县。礼县，成化九年十二月癸酉置县。阶州，洪武四年傅友德率军克阶、文诸州，阶州当年便降为县，属巩昌府。洪武五年迁到今武都县。洪武十年六月后领文县。洪武二十三年至成化九年十二月间文县被废，后复置。徽州，洪武二年为巩昌府徽州，领两当县。岷州，嘉靖二十四年置，隶巩昌府，嘉靖四十年闰五月废。

临洮府：洪武二年设，下辖金县、兰县、狄道、渭源。成化九年置河州，隶于府。成化十三年升兰县为兰州，金县隶属其下。府治在今临洮县。狄道县，倚。渭源县，治在今甘肃渭源县。兰州，成化十三年升为州，领金县（今榆中）。河州，在今临夏。

洪武十二年，设置陕西行都指挥使司，治所在庄浪。二十六年，迁置甘州。这是一个跨越今甘肃、青海等地的军事机构，"自兰州渡河所辖诸卫绵亘二千余里"，[1]控制了东西交流的孔道。设置之初行都司共辖有十一

---

[1]《明世经文编》卷一一九。

卫,即甘州中中卫、甘州左卫(后改为肃州卫)、甘州右卫、甘州前卫、甘州后卫、甘州中卫、永昌卫、山丹卫、庄浪卫、凉州卫、西宁卫,后又增设了碾伯守御千户所、镇彝(夷)守御千户所、高台守御千户所、古浪守御千户所。

明初在各行省置行都督府,设官一如中央之都督府。后来改称都指挥使司,管理各省的军政事务,下辖若干卫和千户所。洪武七年(1374),置西安都卫指挥使司于河州。八年,下令都卫一律改为都指挥使司。西安都卫改为陕西都指挥使司。陕西都指挥使司领有西安左、西安前、西安后、固原、平凉、庆阳、延安、绥德、榆林、巩昌、临洮、汉中、秦州、兰州、洮州、岷州、河州、潼关、宁夏前、宁夏后、宁夏左屯卫、宁夏右屯卫、宁夏中屯卫、宁羌、靖虏等26卫,其中在今甘肃和宁夏的有16个卫。其中洮州卫,治今临潭县东新城;岷州卫,治今岷县;宁夏卫,治今银川市;有灵州、兴武、韦州(宁夏群牧千户所)、平虏守御千户所。宁夏前卫以及宁夏左屯卫、宁夏右屯卫,俱在宁夏城内;宁夏后卫,治今盐池县;花马池守御千户所,弘治七年置,正德元年改卫;靖虏卫,治今甘肃靖远,正统二年以原会州之地设置。

清康熙六年(1667)改陕西右布政使司为甘肃布政使司。次年,又改巩昌布政使司。次年,又改巩昌布政使司为甘肃布政使司,治所移至兰州。康熙八年(1669)正式建甘肃省(地跨甘、宁、青),实行省、府(直隶州、直隶厅)、县(散州、散厅)三级制。省辖兰州府、平凉府、巩昌府、庆阳府、甘州府、凉州府、泾州直隶州、秦州直隶州、阶州直隶州和肃州直隶州,以及安西直隶厅、化平川直隶厅。

清代的甘肃原是明代陕西布政使司及陕西行都指挥使司辖地,清初,其辖区相当于今甘肃、宁夏及青海、新疆东部地区。康熙三年(1664),以临洮、巩昌、平凉、庆阳四府设置甘肃省,移陕西右布政使司治下,驻巩昌。六年改陕西右布政使司为巩昌布政使司。八年始分置甘肃布政使司,迁治兰州,领临洮府、平凉府、庆阳府、巩昌府等府及一些州、厅、县。雍正三年,裁撤行都指挥使司及诸卫所,改置甘州、凉州、宁夏、西宁府,升肃州及秦、阶二州为直隶州。乾隆三年(1738),废临洮府置兰州府,驻皋兰县。乾隆二十四年,置安西府。乾隆二十九年,裁撤巡抚事。乾隆三十八年,置镇西府于巴里坤,置迪化直隶州于乌鲁木齐。乾隆三十九年,降安西府为安西直隶州。乾隆四十二年,升泾州为泾州直隶州。同治十一年(1872),置化平川直隶厅。同治十二年,升固原州为固原直隶州。光绪十二年(1886),以迪化、镇西属新疆。

清代甘肃领八府、六直隶州、一直隶厅、八厅、六州、四十七县。兰州府:领州二、县四,即狄道、河州及皋兰、金县、渭源、靖远县四县。平凉府:领州一、县三,即静宁州、平凉、华亭、隆德县及庄浪县丞。巩昌府:领厅一、州一、县七,即洮州厅、岷州、陇西、安定、会宁、通渭、宁远、伏羌、西和县。庆阳府:领州一、县四,即宁州、安化、合水、环县、正宁及董志原县丞。宁夏府:领厅一、州一、县四,即宁灵厅、灵州、宁夏、宁朔、平罗、中卫县。西宁府:领厅四、县三,即贵德、循化、丹噶尔、巴燕戎格厅、西宁、大通、碾伯县。凉州府:领厅一县五,即庄浪厅武威、镇番、永昌、古浪、平番县。甘州府:领厅一、县二,即抚彝厅、张掖、山丹县及东乐堡县丞。泾州直隶州:领县三,即崇信、镇原、灵台县。固原直隶州:领县二,即平远、海城县。阶州直隶州:领县二,即文、成县。秦州直隶州:领县五,即秦安、清水、徽县、两当、礼县。肃州直隶州:领县一,即高台县及毛目县丞、毛目分县及王子庄分州。安西直隶州:领县二,即敦煌、玉门县。

明清甘肃进士的地理分布情况,及在全国所占比例,下面通过表格的形式来进行展示。这里还需指出的是,明代有15科没有甘肃籍进士被录取:洪武四年辛亥科、洪武二十一年戊辰科、洪武二十四年辛未科、建文二年庚辰科、永乐二年甲申科、永乐九年辛卯科、永乐二十二年甲辰科、宣德二年丁未科、宣德五年庚戌科、宣德八年癸丑科、正统元年丙辰科、正统十二年戊辰科、万历十一年癸未科、万历三十二年甲辰科、崇祯十三年庚辰科。清代有11科没有甘肃籍进士被录取:顺治三年丙戌科、顺治四年丁亥科、顺治六年己丑科、顺治十六年己亥科、康熙六年丁未科、康熙十二年癸丑科、康熙三十六年丁丑科、康熙四十二年癸未科、乾隆四十九年甲辰科、乾隆五十八年癸未科、同治二年癸亥科。

表一　明代进士在各直省中的分布情况

	洪武十八年	洪武二十七年	洪武三十年	永乐四年	永乐十年	永乐十三年	永乐十六年
山东	17	6	18	5	1	10	8
山西	27	2	5	2	3	5	2

续　表

	洪武十八年	洪武二十七年	洪武三十年	永乐四年	永乐十年	永乐十三年	永乐十六年
广　东	21	4	1	17	2	17	11
广　西	11	4	0	4	1	2	2
云　南	0	1	2	0	1	0	2
北直隶	11	1	13	3	0	6	10
四　川	1	3	8	7	2	12	9
江　西	66	14	18	54	28	94	65
河　南	19	7	12	11	2	12	17
陕　西	17	5	5	1	3	4	3
南直隶	36	8	1	20	18	48	39
贵　州	0	0	0	0	0	0	0
浙　江	100	24	17	41	16	60	38
湖　广	36	4	1	21	5	19	9
福　建	58	16	9	32	23	59	33
都司等	0	0	0	0	0	0	0
交趾等	0	0	0	0	0	0	0
甘　肃	2	1	2	1	1	3	2

	永乐十九年	正统四年	正统七年	正统十年	景泰二年	景泰五年	天顺元年
山　东	3	3	5	10	6	14	13
山　西	6	3	3	7	3	6	8
广　东	10	1	3	3	4	17	15
广　西	3	0	0	0	3	2	3
云　南	0	0	0	0	1	1	2
北直隶	9	7	17	11	17	37	34
四　川	4	8	9	8	19	26	28

续表

	永乐十九年	正统四年	正统七年	正统十年	景泰二年	景泰五年	天顺元年
江　西	73	16	33	23	39	60	35
河　南	11	12	10	5	11	23	20
陕　西	1	3	2	5	6	8	6
南直隶	23	17	17	30	36	57	44
贵　州	0	0	0	2	0	2	2
浙　江	27	11	29	22	34	41	34
湖　广	9	4	6	8	5	13	15
福　建	21	10	11	13	12	25	22
都司等	0	1	1	2	4	9	11
交趾等	0	0	0	0	0	2	0
甘　肃	1	3	3	1	1	6	2

	天顺四年	天顺八年	成化二年	成化五年	成化八年	成化十一年	成化十四年
山　东	5	10	19	19	10	15	18
山　西	8	13	9	10	12	5	20
广　东	3	9	15	7	9	12	11
广　西	2	0	2	0	4	1	3
云　南	3	2	5	2	2	5	4
北直隶	19	35	41	18	22	27	37
四　川	7	18	24	16	15	16	25
江　西	14	31	44	22	24	26	41
河　南	15	10	20	23	20	26	28
陕　西	3	3	14	7	6	12	6
南直隶	26	26	57	45	42	49	52
贵　州	0	1	0	1	4	0	0

续 表

	天顺四年	天顺八年	成化二年	成化五年	成化八年	成化十一年	成化十四年
浙 江	23	36	43	29	25	50	37
湖 广	7	17	15	13	19	8	22
福 建	12	24	30	25	22	26	29
都司等	5	9	12	7	10	18	14
交趾等	1	0	0	0	0	0	0
甘 肃	3	3	3	3	6	4	3

	成化十七年	成化二十年	成化二十三年	弘治三年	弘治六年	弘治九年	弘治十二年
山 东	17	20	22	22	16	17	14
山 西	14	14	13	13	12	17	11
广 东	10	16	11	10	10	6	9
广 西	3	1	5	5	2	5	1
云 南	3	3	2	2	3	1	3
北直隶	27	32	29	33	35	29	42
四 川	19	19	31	18	21	16	22
江 西	31	29	37	31	26	28	33
河 南	23	11	23	12	9	15	13
陕 西	10	10	9	12	12	10	8
南直隶	46	55	61	43	49	74	48
贵 州	0	1	1	0	0	0	2
浙 江	39	34	52	47	35	36	43
湖 广	17	19	20	20	23	14	16
福 建	25	20	19	16	26	11	17
都司等	7	11	11	7	14	17	14
交趾等	0	0	0	0	0	0	0
甘 肃	5	5	5	7	5	2	4

	弘治十五年	弘治十八年	正德三年	正德六年	正德九年	正德十二年	正德十六年
山 东	16	21	21	19	33	20	19
山 西	14	8	10	24	19	11	15
广 东	21	12	12	8	13	15	9
广 西	4	0	0	4	5	5	0
云 南	2	3	2	2	6	3	6
北直隶	29	33	36	25	27	30	32
四 川	18	21	28	28	25	23	24
江 西	31	25	40	41	43	25	26
河 南	14	21	23	13	27	30	21
陕 西	13	6	11	14	16	16	14
南直隶	47	52	62	58	47	55	49
贵 州	0	0	0	0	2	0	1
浙 江	35	37	41	37	52	44	38
湖 广	11	22	18	28	25	13	21
福 建	24	23	25	24	29	40	33
都司等	17	15	17	19	20	13	17
交趾等	0	0	0	0	0	0	0
甘 肃	1	3	4	5	7	6	5

	嘉靖二年	嘉靖五年	嘉靖八年	嘉靖十一年	嘉靖十四年	嘉靖十七年	嘉靖二十年
山 东	28	25	29	16	20	21	27
山 西	16	20	11	16	24	11	10
广 东	20	9	12	11	16	12	17
广 西	7	3	5	3	1	2	2
云 南	4	7	3	6	6	1	1
北直隶	33	21	27	30	16	26	26

续　表

	嘉靖二年	嘉靖五年	嘉靖八年	嘉靖十一年	嘉靖十四年	嘉靖十七年	嘉靖二十年
四川	21	15	18	22	21	19	23
江西	37	24	29	22	24	31	25
河南	28	22	19	22	21	24	18
陕西	15	6	16	6	16	11	5
南直隶	69	32	56	44	40	34	46
贵州	0	1	0	1	0	4	1
浙江	54	51	30	48	59	54	50
湖广	25	22	20	17	13	18	11
福建	26	29	37	36	37	32	25
都司等	19	11	9	14	9	14	9
交趾等	0	0	0	0	0	0	0
甘肃	8	3	2	2	2	2	2

	嘉靖二十三年	嘉靖二十六年	嘉靖二十九年	嘉靖三十二年	嘉靖三十五年	嘉靖三十八年	嘉靖四十一年
山东	38	23	21	24	20	24	19
山西	15	21	13	22	20	12	19
广东	10	4	13	9	14	6	9
广西	2	5	4	5	2	2	4
云南	2	5	3	3	0	3	3
北直隶	29	27	39	39	31	36	33
四川	28	16	19	23	17	17	17
江西	31	29	20	36	28	31	22
河南	14	13	20	20	20	21	11
陕西	12	8	8	16	8	7	9
南直隶	49	49	42	61	35	48	34

续　表

	嘉靖二十三年	嘉靖二十六年	嘉靖二十九年	嘉靖三十二年	嘉靖三十五年	嘉靖三十八年	嘉靖四十一年
贵　州	0	3	3	2	0	2	0
浙　江	49	49	47	50	50	49	54
湖　广	14	14	16	35	20	14	22
福　建	18	27	39	41	24	24	26
都司等	9	6	11	15	6	6	15
交趾等	0	0	0	0	0	0	0
甘　肃	1	2	2	3	1	1	2

	嘉靖四十四年	隆庆二年	隆庆五年	万历二年	万历五年	万历八年	万历十四年
山　东	35	36	35	22	31	31	28
山　西	22	19	27	11	21	8	16
广　东	18	12	16	8	6	4	11
广　西	3	4	3	0	3	0	7
云　南	2	3	10	4	4	5	3
北直隶	30	31	25	28	28	26	32
四　川	24	29	18	20	18	14	21
江　西	44	45	42	17	28	26	32
河　南	36	33	22	30	17	27	26
陕　西	10	10	12	14	5	11	13
南直隶	60	64	68	53	44	43	54
贵　州	3	0	3	1	2	3	1
浙　江	46	51	39	33	52	45	37
湖　广	18	23	32	13	11	22	26
福　建	35	37	29	41	24	33	39
都司等	6	7	12	2	5	3	4
交趾等	0	0	0	0	0	0	0
甘　肃	2	4	3	2	2	1	1

第二章 明清甘肃进士特色论

	万历十七年	万历二十年	万历二十三年	万历二十六年	万历二十九年	万历三十五年	万历三十八年
山 东	26	27	24	29	31	31	33
山 西	13	21	14	16	20	16	6
广 东	15	5	4	6	9	7	15
广 西	1	1	2	1	1	2	1
云 南	4	5	1	3	4	3	8
北直隶	32	18	13	16	14	17	17
四 川	20	19	20	17	16	15	18
江 西	31	26	20	18	20	27	20
河 南	35	23	27	28	23	16	29
陕 西	10	7	20	11	10	18	19
南直隶	58	48	59	53	48	49	46
贵 州	1	1	1	3	2	4	1
浙 江	36	40	33	39	47	37	32
湖 广	26	24	25	26	24	18	24
福 建	30	30	34	25	27	33	29
都司等	8	8	5	4	4	4	3
交趾等	0	0	0	0	0	0	0
甘 肃	1	1	2	1	1	1	1

	万历四十一年	万历四十四年	万历四十七年	天启二年	天启五年	崇祯元年	崇祯四年
山 东	28	23	28	38	34	29	31
山 西	12	14	18	25	13	19	10
广 东	12	8	11	13	7	21	17
广 西	3	1	1	5	0	2	2
云 南	6	5	4	9	4	4	5
北直隶	26	23	25	31	14	21	21

207

续　表

	万历四十一年	万历四十四年	万历四十七年	天启二年	天启五年	崇祯元年	崇祯四年
四　川	16	17	24	15	22	19	18
江　西	28	26	25	33	21	17	26
河　南	28	37	40	22	20	27	31
陕　西	20	20	10	18	19	20	17
南直隶	60	57	46	72	50	69	79
贵　州	3	2	5	2	0	0	1
浙　江	50	44	52	52	36	38	30
湖　广	19	26	26	36	26	23	24
福　建	27	37	28	26	29	37	28
都司等	4	3	1	8	3	6	3
交趾等	0	0	0	0	0	0	0
甘　肃	2	1	1	4	2	2	3

	崇祯七年	崇祯十年	崇祯十五年	崇祯十六年
山　东	27	37	5	30
山　西	18	18	10	36
广　东	6	10	30	6
广　西	0	0	8	3
云　南	6	2	3	2
北直隶	12	29	10	31
四　川	11	15	18	20
江　西	32	25	40	17
河　南	31	20	3	20
陕　西	14	2	8	23
南直隶	57	54	54	94
贵　州	3	4	2	1

第二章 明清甘肃进士特色论

续 表

	崇祯七年	崇祯十年	崇祯十五年	崇祯十六年
浙 江	37	40	21	63
湖 广	20	26	14	11
福 建	20	16	30	42
都司等	2	2	3	7
交趾等	0	0	0	0
甘 肃	1	1	4	1

表二　明代甘肃进士各府县地理分布表

府县	科名\人数	洪武十八年乙丑科	洪武二十七年甲戌科	洪武三十年丁丑科	永乐四年丙戌科	永乐十年壬辰科	永乐十三年乙未科	永乐十六年戊戌科	合计
巩昌府	伏羌	1							3
	会宁	1							
	陇西				1				
平凉府	泾州						1		1
庆阳府	正宁		1	1					3
	宁州			1					
临洮府	狄道					1			2
	河州							1	
宁夏卫	宁夏						2	1	3

府县	科名\人数	永乐十九年辛丑科	正统四年乙未科	正统七年壬戌科	正统十年乙丑科	景泰二年辛未科	景泰五年甲戌科	天顺元年丁丑科	合计
巩昌府	会宁		1						3
	成县		1						
	安定		1						

209

续　表

府县	科名	永乐十九年辛丑科	正统四年乙未科	正统七年壬戌科	正统十年乙丑科	景泰二年辛未科	景泰五年甲戌科	天顺元年丁丑科	合计
平凉府	平凉							1	1
庆阳府	安化	1				1			5
庆阳府	庆阳			1			1		
庆阳府	宁州				1				
临洮府	兰县				1		3	1	6
临洮府	河州						1		
宁夏卫	宁夏			1			1		2

府县	科名	天顺四年庚辰科	天顺八年甲申科	成化二年丙戌科	成化五年己丑科	成化八年壬辰科	成化十一年乙未科	成化十四年戊戌科	合计
巩昌府	安定	1	1						6
巩昌府	秦州						1		
巩昌府	陇西							1	
巩昌府	通渭							1	
巩昌府	岷州				1				
平凉府	灵台				1		1		6
平凉府	镇原					1			
平凉府	泾州					1			
平凉府	隆德						1		
平凉府	平凉							1	
庆阳府	宁州			1					2
庆阳府	安化					1			

续 表

府县\科名\人数	天顺四年庚辰科	天顺八年甲申科	成化二年丙戌科	成化五年己丑科	成化八年壬辰科	成化十一年乙未科	成化十四年戊戌科	合计
临洮府 狄道	1	2						
临洮府 兰县			1	1	2			8
临洮府 临洮	1							
凉州卫 凉州	1							1
甘州卫 甘州						1	1	2

府县\科名\人数	成化十七年辛丑科	成化二十年甲辰科	成化二十三年丁未科	弘治三年庚戌科	弘治六年癸丑科	弘治九年丙辰科	弘治十二年己未科	合计
巩昌府 通渭	1				1			
巩昌府 秦州	2		2	1				
巩昌府 宁远		1						14
巩昌府 岷州			1			1		
巩昌府 安定				2	1			
巩昌府 巩昌					1			
平凉府 泾州		1		1	1			
平凉府 隆德		1						6
平凉府 平凉		1					1	
庆阳府 合水	1							
庆阳府 环县	1							
庆阳府 安化		1						7
庆阳府 庆阳			1		1			
庆阳府 宁州				1		1		
临洮府 兰县				1				
临洮府 河州				1				3
临洮府 临洮							1	
宁夏卫 宁夏			1				2	3

府县 \ 科名 人数	弘治十五年壬戌科	弘治十八年乙丑科	正德三年戊辰科	正德六年辛未科	正德九年甲戌科	正德十二年丁丑科	正德十六年辛巳科	合计
巩昌府 秦安				1		1		9
安定					1			
岷州						1	1	
陇西						1	1	
秦州							1	
文县							1	
平凉府 镇原				1	1			5
静宁				1				
安东						1		
平凉					1			
庆阳府 宁州	1	1						7
安化				1				
庆阳					2	1		
合水			1					
临洮府 兰县		1		1	1			5
河州				1				
宁夏卫 宁夏	1	1	1		1			5
庆府长史司							1	

府县 \ 科名 人数	嘉靖二年癸未科	嘉靖五年丙戌科	嘉靖八年己丑科	嘉靖十一年壬辰科	嘉靖十四年乙未科	嘉靖十七年戊戌科	嘉靖二十年辛丑科	合计
巩昌府 徽州	1							3
陇西						1		
秦州			1					

续 表

府县 \ 科名（人数）		嘉靖二年癸未科	嘉靖五年丙戌科	嘉靖八年己丑科	嘉靖十一年壬辰科	嘉靖十四年乙未科	嘉靖十七年戊戌科	嘉靖二十年辛丑科	合计
平凉府	平凉	1	1						2
庆阳府	宁州	1					1		3
	安化		1						
临洮府	兰县	2			1	2	1		7
	渭源	1							
宁夏卫	宁夏	2	1	1	1			1	6

府县 \ 科名（人数）		嘉靖二十三年甲辰科	嘉靖二十六年丁未科	嘉靖二十九年庚戌科	嘉靖三十二年癸丑科	嘉靖三十五年丙辰科	嘉靖三十八年己未科	嘉靖四十一年壬戌科	合计
巩昌府	安定		1						3
	陇西			1					
	秦州							1	
平凉府	平凉				1				1
庆阳府	安化			1				1	4
	庆阳					1			
	宁州					1			
临洮府	临洮		1						1
甘州卫	甘州	1							1
西宁卫	西宁						1		1
永昌卫	永昌						1		1

府县 \ 科名（人数）		嘉靖四十四年乙丑科	隆庆二年戊辰科	隆庆五年辛未科	万历二年甲戌科	万历五年丁丑科	万历八年庚辰科	万历十四年丙戌科	合计
巩昌府	会宁		1						4
	徽州		1						

213

续 表

府县\科名人数		嘉靖四十四年乙丑科	隆庆二年戊辰科	隆庆五年辛未科	万历二年甲戌科	万历五年丁丑科	万历八年庚辰科	万历十四年丙戌科	合计
巩昌府	岷州				1				4
	陇西					1			
平凉府	灵台	1							1
庆阳府	庆阳	1		2					4
	安化		1						
临洮府	兰县			1					1
宁夏卫	宁夏		1		1	1	1	1	5

府县\科名人数		万历十七年乙丑科	万历二十年壬辰科	万历二十三年乙未科	万历二十六年辛未科	万历二十九年辛未科	万历三十五年丁未科	万历三十八年庚戌科	合计
巩昌府	秦州	1							3
	陇西		1						
	安定							1	
平凉府	固原		1						1
庆阳府	正宁		1						2
	庆阳						1		
临洮府	兰县					1			1
宁夏卫	宁夏				1				1

府县\科名人数		万历四十一年癸丑科	万历四十四年丙辰科	万历四十七年己未科	天启二年壬戌科	天启五年乙丑科	崇祯元年戊辰科	崇祯四年辛未科	合计
巩昌府	两当				1				2
	陇西						1		
平凉府	静宁						1		1

续 表

府县\科名\人数		万历四十一年癸丑科	万历四十四年丙辰科	万历四十七年己未科	天启二年壬戌科	天启五年乙丑科	崇祯元年戊辰科	崇祯四年辛未科	合计
庆阳府	安化	1	1						4
	庆阳						1		
	正宁							1	
临洮府	狄道				1				5
	兰县				1	1			
	临洮					1			
	河州						1		
宁夏卫	宁夏	1							1
山丹卫	山丹			1					1
永昌卫	永昌				1				1

府县\科名\人数		崇祯七年甲戌科	崇祯十年丁丑科	崇祯十五年壬午科	崇祯十六年癸未科				合计
巩昌府	清水	1							3
	陇西		1						
	阶州			1					
庆阳府	庆阳			1					1
宁夏卫	宁夏			1					1
永昌卫	永昌			1	1				2
总 计		196							

表三　明代甘肃各府县进士时期分布表

府	县	明代			合计		
		前期（洪武—弘治）	中期（正德—隆庆）	后期（万历—崇祯）	前期（洪武—弘治）	中期（正德—隆庆）	后期（万历—崇祯）
巩昌府	伏羌	1	0	0	26	16	10
	会宁	2	1	0			
	陇西	2	4	4			
	成县	1	0	0			
	安定	6	2	1			
	秦州	6	3	1			
	通渭	3	0	0			
	岷州	3	1	1			
	宁远	1	0	0			
	巩昌	1	0	0			
	秦安	0	2	0			
	文县	0	1	0			
	徽州	0	2	0			
	两当	0	0	1			
	清水	0	0	1			
	阶州	0	0	1			
平凉府	泾州	5	0	0	14	9	2
	平凉	4	4	0			
	灵台	2	1	0			
	镇原	1	2	0			
	隆德	2	0	0			

续 表

府	县	明 代			合 计		
		前期（洪武—弘治）	中期（正德—隆庆）	后期（万历—崇祯）	前期（洪武—弘治）	中期（正德—隆庆）	后期（万历—崇祯）
平凉府	静宁	0	1	1			
	安东	0	1	0			
	固原	0	0	1			
庆阳府	正宁	2	0	2	18	18	7
	宁州	6	5	0			
	安化	4	5	2			
	庆阳	4	7	3			
	合水	1	1	0			
	环县	1	0	0			
临洮府	狄道	4	0	1	20	13	6
	河州	3	1	1			
	兰县	11	10	3			
	临洮	2	1	1			
	渭源	0	1	0			
宁夏府	宁夏	10	9	7	10	10	7
	庆府	0	1	0			
凉州卫	凉州	1	0	0	1	0	0
甘州卫	甘州	2	1	0	2	1	0
西宁卫	西宁	0	1	0	0	1	0
永昌卫	永昌	0	1	3	0	1	3
山丹卫	山丹	0	0	1	0	0	1

表四　明代每科甘肃进士人数变化图

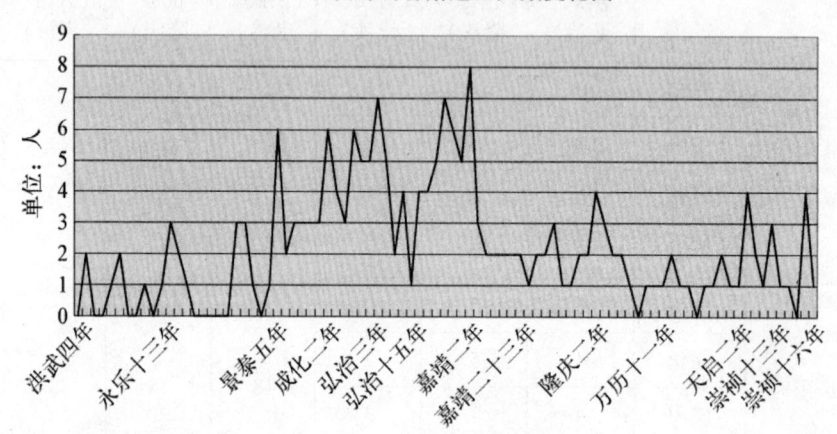

注：图中横轴为科年，纵轴为人数，曲线为人数变化情况。　　　单位：科年

表五　明代甘肃进士人数占全国比例图

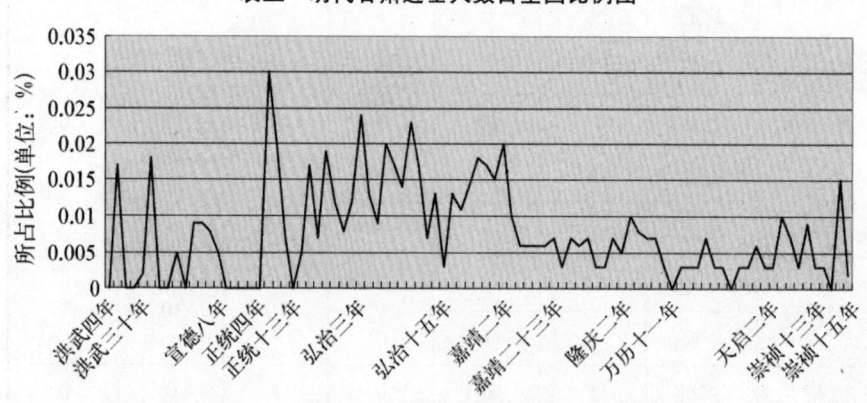

注：图中横轴为科年，纵轴为所占比例，曲线为平均百分比变化情况。　　　单位：科年

表六 清代甘肃进士在各直省中的分布情况

	顺治十二年	康熙三年	康熙二十一年	康熙五十二年	雍正元年	雍正十一年	乾隆四年
满洲	35	0	0	5	12	10	11
汉军	0	0	0	1	3	4	2
顺天	16	7	6	8	11	15	15
直隶	33	15	16	14	17	12	18
江苏	69	19	43	30	34	34	29
浙江	46	32	25	25	34	44	38
安徽	24	11	6	3	8	8	12
山东	48	28	15	15	17	22	21
山西	22	20	17	13	9	16	19
河南	30	16	8	20	9	16	17
陕西	11	8	12	9	6	10	11
福建	17	8	11	9	20	24	21
江西	7	8	5	12	21	21	30
湖北	16	6	11	10	18	18	14
四川	4	3	0	4	3	8	10
广东	3	5	3	5	6	20	19
广西	0	3	0	3	2	6	7
贵州	0	0	0	3	3	8	8
云南	0	1	0	3	7	13	8
湖南	6	4	0	2	3	14	7
蒙古	0	0	0	0	1	1	2
奉天	0	0	0	1	0	1	3
台湾	0	0	0	0	0	0	0
甘肃	2	1	1	1	4	2	4

	乾隆十七年	乾隆三十一年	乾隆五十五年	嘉庆元年	嘉庆十三年	嘉庆二十四年	道光三年
满 洲	6	4	3	6	11	13	12
汉 军	1	0	0	2	4	3	5
顺 天	14	13	6	6	18	12	8
直 隶	7	10	4	7	11	11	14
江 苏	23	27	17	14	22	20	18
浙 江	27	28	7	15	23	19	24
安 徽	18	5	9	10	14	15	15
山 东	12	15	10	12	20	14	20
山 西	16	11	6	6	13	11	13
河 南	9	13	4	6	14	9	10
陕 西	8	9	0	5	8	5	6
福 建	14	11	3	6	14	4	12
江 西	25	23	7	18	23	17	17
湖 北	10	13	3	5	13	9	11
四 川	8	7	3	5	7	8	7
广 东	14	9	3	7	8	6	10
广 西	5	4	2	2	6	6	6
贵 州	7	6	3	3	9	9	6
云 南	7	5	1	3	12	9	11
湖 南	3	5	2	5	9	8	11
蒙 古	1	0	1	1	2	1	3
奉 天	1	1	1	3	1	2	2
台 湾	0	0	0	0	0	0	1
甘 肃	4	1	2	2	3	4	2

第二章 明清甘肃进士特色论

	道光十三年	道光二十四年	咸丰三年	咸丰十年	同治四年	同治十三年	光绪六年
满　洲	11	7	8	7	9	11	10
汉　军	5	4	3	3	6	6	5
顺　天	7	7	6	4	11	8	11
直　隶	13	15	13	12	18	18	13
江　苏	18	17	11	11	21	26	25
浙　江	21	21	16	14	13	23	27
安　徽	14	8	10	5	12	20	18
山　东	13	18	14	15	23	24	22
山　西	11	9	11	10	12	9	10
河　南	10	8	20	19	18	18	19
陕　西	6	5	12	14	5	19	14
福　建	12	9	8	8	10	20	21
江　西	18	18	17	16	22	24	20
湖　北	10	8	8	9	22	15	14
四　川	9	8	10	8	23	14	15
广　东	10	9	10	6	15	15	15
广　西	5	6	6	6	12	14	15
贵　州	4	6	10	5	3	14	10
云　南	9	6	11	4	6	10	15
湖　南	7	6	7	5	13	15	14
蒙　古	4	3	1	1	2	3	3
奉　天	2	2	4	3	4	3	2
台　湾	0	0	0	0	0	0	0
甘　肃	2	3	9	4	2	8	9

221

	光绪十五年	光绪二十四年	光绪三十年
满 洲	8	13	5
汉 军	7	9	1
顺 天	5	6	3
直 隶	14	24	15
江 苏	24	26	21
浙 江	22	26	19
安 徽	20	14	15
山 东	19	26	18
山 西	9	9	9
河 南	15	17	14
陕 西	14	11	9
福 建	18	27	16
江 西	19	21	19
湖 北	16	16	11
四 川	13	17	12
广 东	13	19	18
广 西	11	15	13
贵 州	10	13	9
云 南	11	13	9
湖 南	14	15	12
蒙 古	3	2	2
奉 天	2	14	2
台 湾	0	0	0
甘 肃	7	9	7

表七　清代甘肃各府县进士地理分布表

府县	科名 人数	顺治九年壬辰科	顺治十二年乙未科	顺治十五年戊戌科	顺治十八年辛丑科	康熙三年甲辰科	康熙十八年己未科	康熙二十一年壬戌科
临洮府	狄道	1						
平凉府	静宁		1					1
	平凉			1		1		
庆阳府	正宁	1						
巩昌府	伏羌		1				1	
	漳县				1			
	秦州				1			
	宁夏				1			

府县	科名 人数	康熙二十七年戊辰科	康熙三十年辛未科	康熙三十三年甲戌科	康熙三十九年庚辰科	康熙四十五年丙戌科	康熙四十八年己丑科	康熙五十一年壬辰科
兰州府	兰州						1	
	靖远							1
平凉府	平凉		1					
巩昌府	陇西	1						
	清水				1			
凉州府	镇番				1			
	凉州							1
宁夏府	宁夏					1		
	灵州			1				

府县	科名 人数	康熙五十二年癸巳科	康熙五十四年乙未科	康熙五十七年戊戌科	康熙六十年辛丑科	雍正元年癸卯科	雍正二年甲辰科	雍正五年丁未科
平凉府	平凉					1		
巩昌府	伏羌	1						

续表

府县	科名\人数	康熙五十二年癸巳科	康熙五十四年乙未科	康熙五十七年戊戌科	康熙六十年辛丑科	雍正元年癸卯科	雍正二年甲辰科	雍正五年丁未科
巩昌府	秦安			1				
	安定					1		
	陇西					1		2
	文县						1	
	阶州						1	
凉州府	镇番					1		
甘州府	甘州		1					
宁夏府	宁夏		1	1	1			
	灵州							1

府县	科名\人数	雍正八年庚戌科	雍正十一年癸丑科	乾隆元年丙辰科	乾隆二年丁巳科	乾隆四年己未科	乾隆十年乙丑科	乾隆十三年戊辰科
兰州府	皋兰						1	
平凉府	镇原	1						
	固原		1					
	平凉			1				
庆阳府	正宁					1		
巩昌府	陇西				1			
	岷州						1	
凉州府	镇番	1	1	1				
	武威	1				1		
宁夏府	宁夏	1						
	灵州			2				1
	中卫					2		

第二章 明清甘肃进士特色论

府县	科名\人数	乾隆十六年辛未科	乾隆十七年壬申科	乾隆十九年甲戌科	乾隆二十二年丁丑科	乾隆二十六年辛巳科	乾隆二十八年癸未科	乾隆三十一年丙戌科
庆阳府	安化	1						
巩昌府	秦安	1						
	岷州				1			
	文县					1		
凉州府	武威	1	1			1		
	永昌	1						
	镇番		1					
	镇原		1					
甘州府	张掖			1				
宁夏府	宁夏	1			1			1
	灵州				1			
	中卫		1				1	

府县	科名\人数	乾隆三十四年己丑科	乾隆三十六年辛卯科	乾隆三十七年壬辰科	乾隆四十年乙未科	乾隆四十三年戊戌科	乾隆四十五年庚子科	乾隆四十六年辛丑科
巩昌府	会宁			1				
	秦安				1	1		
	徽县							1
凉州府	武威	1						
	永昌						1	
甘州府	张掖					1		
宁夏府	宁夏	1	1	1				1
	宁朔				1	1		
	灵州						1	
西宁府	西宁						1	

225

府县 \ 科名 人数		乾隆五十二年丁未科	乾隆五十四年己酉科	乾隆五十五年庚戌科	乾隆六十年乙卯科	嘉庆元年丙辰科	嘉庆四年己未科	嘉庆六年辛酉科
兰州府	皋兰			1				
平凉府	静宁					1		
	平凉						1	
庆阳府	宁州							1
	镇原							1
巩昌府	会宁	1						
	西和	1						
	阶州			1				
凉州府	武威	1			1	1	1	
宁夏府	宁夏		1					
	中卫		1					
	灵州							1

府县 \ 科名 人数		嘉庆七年壬戌科	嘉庆十年乙丑科	嘉庆十三年戊辰科	嘉庆十四年己巳科	嘉庆十六年辛未科	嘉庆十九年甲戌科	嘉庆二十二年丁丑科
兰州府	皋兰	1			1			1
	靖远		1					
庆阳府	宁州				1			
巩昌府	秦安				1			
	文县					1		
	安定							1
	会宁							2
凉州府	武威	1	1	2	3	1	1	
甘州府	张掖		1					
安西州				1				
宁夏府	宁夏		1					
	平罗							1

第二章 明清甘肃进士特色论

府县	科名 人数	嘉庆二十四年己卯科	嘉庆二十五年庚辰科	道光二年壬午科	道光三年癸未科	道光六年丙戌科	道光九年己丑科	道光十二年壬辰科
兰州府	皋兰	1				1		1
	金县		1					
	靖远							
庆阳府	宁州							
	镇原	1	1				1	
巩昌府	秦安		1				1	
	文县							
	安定		1					
	伏羌							1
凉州府	武威	2						
	永昌				1			
甘州府	张掖							
平凉府	静宁			1				
宁夏府	宁夏		1					
	灵州	1						1
西宁府	西宁		1					

府县	科名 人数	道光十三年癸巳科	道光十五年乙未科	道光十六年丙申科	道光十八年戊戌科	道光二十年庚子科	道光二十一年辛丑科	道光二十四年甲辰科
兰州府	皋兰	1		1		2		
	狄道		1					
	靖远		1					
庆阳府	安化		1					
	正宁		1					
	宁州		1					
	镇原					1		
	灵台						1	

227

续　表

府县	科名\人数	道光十三年癸巳科	道光十五年乙未科	道光十六年丙申科	道光十八年戊戌科	道光二十年庚子科	道光二十一年辛丑科	道光二十四年甲辰科
巩昌府	伏羌	1					1	
	安定				1			
	陇西					1		
	通渭						1	
	秦州							1
	会宁							1
凉州府	武威							1
西宁府	西宁						1	

府县	科名\人数	道光二十五年乙巳科	道光二十七年丁未科	道光三十年庚戌科	咸丰二年壬子科	咸丰三年癸丑科	咸丰六年丙辰科	咸丰九年己未科
兰州府	皋兰		1			2		1
	河州	1		1				
	靖远		1				1	
	金县				1			
平凉府	静宁					1		
庆阳府	宁州			1				
	镇原							1
巩昌府	陇西	1	1		1	1		
	安定		1		1			
	洮州				1			
	文县					1		
	秦安					1		
	会宁					1		
	阶州							1
	伏羌						1	

续 表

府县\人数\科名		道光二十五年乙巳科	道光二十七年丁未科	道光三十年庚戌科	咸丰二年壬子科	咸丰三年癸丑科	咸丰六年丙辰科	咸丰九年己未科
凉州府	镇番	1	1	1				
	武威		2	1	1		3	1
	平番				1			
宁夏府	中卫	1						
	宁朔			1				
	宁夏				1			
	灵州				1	1		
西宁府	西宁				1			

府县\人数\科名		咸丰十年庚申科	同治元年壬戌科	同治四年乙丑科	同治十年辛未科	同治十三年甲戌科	光绪二年丙子科	光绪三年丁丑科
兰州府	靖远	1						
	皋兰	1	1				3	2
	狄道	1						1
	金县					1		
	河州					1		
平凉府	静宁		1					
	固原					1		
	隆德						1	
庆阳府	安化						1	
	镇原						1	
巩昌府	安定		1			2		
	秦州		1	1	2		1	
	清水				1			1
	会宁					1		

续 表

府县	科名\人数	咸丰十年庚申科	同治元年壬戌科	同治四年乙丑科	同治十年辛未科	同治十三年甲戌科	光绪二年丙子科	光绪三年丁丑科
巩昌府	陇西						1	
	礼县						1	
	洮州							1
凉州府	武威		1		1			1
	镇番			1				
	平番							1
宁夏府	灵州	1						
	平罗		2			1		
	中卫					1		
西宁府	西宁		1					

府县	科名\人数	光绪六年庚辰科	光绪九年癸未科	光绪十二年丙戌科	光绪十五年己丑科	光绪十六年庚寅科	光绪十八年壬辰科	光绪二十年甲午科
兰州府	皋兰	3	2	2	1	3	2	5
	狄道		2					
平凉府	静宁			1				
	庄浪						1	
庆阳府	镇原					1		
巩昌府	秦安	2		1	1		2	1
	秦州	3		4		1	3	1
	会宁		1					1
	伏羌		1		2	1		1
	陇西			1	1			
	安定				1			
	宁远				1			

230

续 表

府县 \ 科名 人数		光绪六年庚辰科	光绪九年癸未科	光绪十二年丙戌科	光绪十五年己丑科	光绪十六年庚寅科	光绪十八年壬辰科	光绪二十年甲午科
兰州府	狄道				1			
	岷州					1		
	通渭						1	
	礼县							
凉州府	武威	1				1		
	古浪				1			
西宁府	西宁		2					

府县 \ 科名 人数		光绪二十一年乙未科	光绪二十四年戊戌科	光绪二十九年癸卯科	光绪三十年甲辰科			
兰州府	金县	1	1		1			
	皋兰		3	2	1			
	靖远			1				
	河州				1			
平凉府	静宁	2	1	1				
巩昌府	会宁	1	1	1	2			
	阶州	1		1				
	陇西	1			1			
	秦州	1	1					
	礼县	1						
	文县	1			1			
	伏羌		1					
	秦安			1				
凉州府	武威	1	1	1				
西宁府	贵德	1						

表八 清代甘肃各府县进士时期分布统计表

府	县	明代			合 计		
		前期（顺治—雍正）	中期（乾隆—道光）	后期（咸丰—光绪）	前期（顺治—雍正）	中期（乾隆—道光）	后期（咸丰—光绪）
兰州府	兰州	1	0	0	3	17	50
	靖远	1	3	3			
	皋兰	0	11	34			
	金县	0	1	5			
	狄道	1	1	5			
	河州	0	1	3			
平凉府	静宁	2	2	9	8	4	12
	平凉	4	2	0			
	镇原	1	0	0			
	固原	1	0	1			
	隆德	0	0	1			
	庄浪	0	0	1			
庆阳府	正宁	1	2	0	1	14	4
	安化	0	2	1			
	宁州	0	4	0			
	镇原	0	5	3			
	灵台	0	1	0			
巩昌府	伏羌	2	3	7	13	31	72
	漳县	1	0	0			
	秦州	1 4 1 1 1 1 1 0 0 0 1	1	19 7 2 9 3 3 1 0 9 5			

续 表

府	县	清 代			合 计		
		前期（顺治—雍正）	中期（乾隆—道光）	后期（咸丰—光绪）	前期（顺治—雍正）	中期（乾隆—道光）	后期（咸丰—光绪）
巩昌府	通渭	0	1	1	13	31	72
	洮州	0	0	2			
	礼县	0	0	3			
	宁远	0	0	1			
	徽县	0	1	0			
凉州府	镇番	4	6		6	36	17
	凉州	1	0				
	武威	1	26				
	永昌	0	3				
	镇原	0	1				
	平番	0	0				
	古浪	0	0				
巩昌府	陇西	4	4	7	9	25	39
	清水	1	0	2			
	秦安	1	6	9			
	文县	1	2	3			
	阶州	1	1	3			
	岷州	0	2	1			
	西和	0	1	0			
	会宁	0	4	9			
	安定	1	5	5			
甘州府	甘州	1	0	0	1	2	0
	张掖	0	2	0			
宁夏府	宁夏	6	9	1	8	26	7
	灵州	2	7	3			

续表

府	县	清代			合计		
		前期（顺治—雍正）	中期（乾隆—道光）	后期（咸丰—光绪）	前期（顺治—雍正）	中期（乾隆—道光）	后期（咸丰—光绪）
宁夏府	中卫	0	6	1	8	26	7
	宁朔	0	3	0			
	平罗	0	1	2			
西宁府	西宁	0	2	4	0	2	5
	贵德	0	0	1			

表九 清朝每科甘肃进士人数变化折线图

注：图中横轴为科年，纵轴为人数，曲线为人数变化

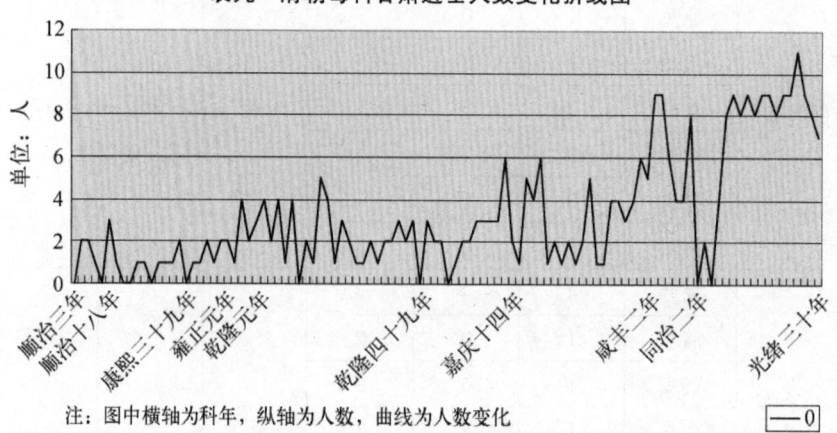

表十 清朝甘肃进士人数占全国录取比例图

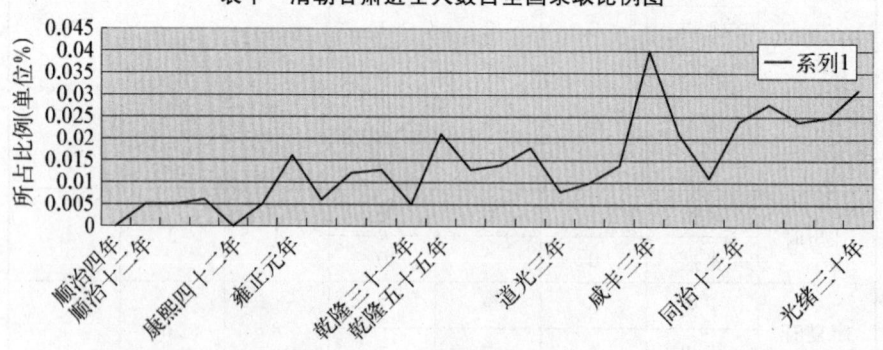

注：图中横轴为科年，纵轴为百分比，曲线为平均百分比。

单位：科年

从表一可知,明代进士主要集中分布在东南沿海与沿江的四个富庶直省:南直隶、浙江、江西与福建,其人数占到总数的53.56%之高;而北方直省只有北直隶、山东、河南的进士人数较多,但也占20.34%。明代甘肃共有196名进士,在全国16个地区当中排名倒数第二;贵州81名,排名倒数第一;广西201名,排名倒数第三;云南240名,排名倒数第四;陕西792名,排名倒数第五。倒数第五的陕西比倒数第二的甘肃多4倍的进士,而排名前四名的东南各省的进士人数竟然是甘肃的20—12倍之多。除前述明代15科没有甘肃籍进士外(也就是说,甘肃是这15科进士人数的倒数第一),我们仔细核查其余各科进士户籍,可以统计出各科进士人数的倒数三名或四名:

洪武十八年,云南、贵州倒数第一,四川倒数第二,甘肃倒数第三;

洪武二十七年,贵州倒数第一,甘肃、云南、北直隶倒数第二,山西倒数第三;

洪武三十年,贵州、广西倒数第一,南直隶、广东、湖广倒数第二,甘肃、云南倒数第三;

永乐四年,贵州、云南倒数第一,陕西、甘肃倒数第二,山西倒数第三;

永乐十年,贵州、北直隶倒数第一,甘肃、云南、广西、山东倒数第二,四川、河南、广东倒数第三;

永乐十三年,云南、贵州倒数第一,广西倒数第二,甘肃倒数第三;

永乐十六年,贵州倒数第一,甘肃、云南、广西、山西倒数第二,陕西倒数第三;

永乐十九年,云南、贵州倒数第一,甘肃、陕西倒数第二,广西、山东倒数第三;

正统四年,云南、广西、贵州倒数第一,广东倒数第二,甘肃、陕西、山西、倒数第三;

正统七年,云南、广西、贵州倒数第一,陕西倒数第二,甘肃、山西、广东倒数第三;

正统十年,广西、云南倒数第一,甘肃倒数第二,贵州倒数第三;

景泰二年,贵州倒数第一,云南、甘肃倒数第二,广西倒数第三;

景泰五年,云南倒数第一,广西、贵州倒数第二,甘肃、山西倒数第三;

天顺元年,甘肃、贵州、云南倒数第一,广西倒数第二,陕西倒数第三;

天顺四年,贵州倒数第一,广西倒数第二,甘肃、陕西、云南倒数第三;

天顺八年,广西倒数第一,贵州倒数第二,云南倒数第三,甘肃倒数第四;

成化二年,贵州倒数第一,广西倒数第二,甘肃倒数第三;

成化五年,广西倒数第一,贵州倒数第二,云南倒数第三,甘肃倒数第四;

成化八年,云南倒数第一,广西、贵州倒数第二,甘肃、陕西倒数第三;

成化十一年,贵州倒数第一,广西倒数第二,甘肃倒数第三;

成化十四年,贵州倒数第一,甘肃、广西倒数第二,云南倒数第三;

成化十七年,贵州倒数第一,广西、云南倒数第二,甘肃倒数第三;

成化二十年,贵州、广西倒数第一,云南倒数第二,甘肃倒数第三;

弘治三年,贵州倒数第一,云南倒数第二,广西倒数第三,甘肃倒数第四;

弘治六年,贵州倒数第一,云南倒数第二,广西倒数第三,甘肃倒数第四;

弘治九年,贵州倒数第一,云南倒数第二,甘肃倒数第三;

弘治十二年,广西倒数第一,贵州倒数第二,云南倒数第三,甘肃倒数第四;

弘治十五年,贵州倒数第一,甘肃倒数第二,云南倒数第三;

弘治十八年,贵州、广西倒数第一,云南倒数第二,甘肃倒数第三;

正德三年,贵州、广西倒数第一,云南倒数第二,甘肃倒数第三;

正德六年,贵州倒数第一,云南倒数第二,广西倒数第三,甘肃倒数第四;

正德九年,贵州倒数第一,云南倒数第二,广西倒数第三,甘肃倒数第四;

正德十二年,贵州倒数第一,云南倒数第二,广西倒数第三,甘肃倒数第四;

正德十六年,广西倒数第一,贵州倒数第二,甘肃倒数第三;

嘉靖二年,贵州倒数第一,云南倒数第二,甘肃倒数第三;

嘉靖五年,贵州倒数第一,甘肃、广西倒数第二,云南倒数第三;

嘉靖八年,贵州倒数第一,甘肃倒数第二,云南倒数第三;

嘉靖十一年,贵州倒数第一,甘肃倒数第二,广西倒数第三;

嘉靖十四年,贵州倒数第一,广西倒数第二,甘肃倒数第三;

第二章 明清甘肃进士特色论

嘉靖十七年,云南倒数第一,甘肃、广西倒数第二,贵州倒数第三;
嘉靖二十年,贵州、云南倒数第一,甘肃、广西倒数第二,陕西倒数第三;
嘉靖二十三年,贵州倒数第一,甘肃倒数第二,云南、广西倒数第三;
嘉靖二十六年,甘肃倒数第一,贵州倒数第二,广东倒数第三;
嘉靖二十九年,甘肃倒数第一,贵州、云南倒数第二,广西倒数第三;
嘉靖三十二年,贵州倒数第一,甘肃、云南倒数第二,广西倒数第三;
嘉靖三十五年,贵州、云南倒数第一,甘肃倒数第二,广西倒数第三;
嘉靖三十八年,甘肃倒数第一,贵州、广西倒数第二,云南倒数第三;
嘉靖四十一年,贵州倒数第一,甘肃倒数第二,云南倒数第三;
嘉靖四十四年,甘肃、云南倒数第一,广西、贵州倒数第二,陕西倒数第三;
隆庆二年,贵州倒数第一,云南倒数第二,甘肃、广西倒数第三;
隆庆五年,甘肃、贵州、广西倒数第一,云南倒数第二,陕西倒数第三;
万历二年,广西倒数第一,贵州倒数第二,甘肃倒数第三;
万历五年,甘肃、贵州倒数第一,广西倒数第二,云南倒数第三;
万历八年,广西倒数第一,甘肃倒数第二,贵州倒数第三;
万历十四年,甘肃、贵州倒数第一,云南倒数第二,广西倒数第三;
万历十七年,甘肃、贵州、广西倒数第一,云南的倒数第二,陕西倒数第三;
万历二十年,甘肃、贵州、广西倒数第一,云南的倒数第二,陕西倒数第三;
万历二十三年,贵州、云南倒数第一,广西、甘肃倒数第二,广东倒数第三;
万历二十六年,甘肃、广西倒数第一,云南、贵州倒数第二,广东倒数第三;
万历二十九年,广西、甘肃倒数第一,贵州倒数第二,云南倒数第三;
万历三十五年,甘肃倒数第一,广西倒数第二,云南倒数第三;
万历三十八年,甘肃、贵州、广西倒数第一,山西倒数第二,云南倒数第三;
万历四十一年,甘肃倒数第一,贵州、广西倒数第二,云南倒数第三;
万历四十四年,甘肃、广西倒数第一,贵州倒数第二,云南倒数第三;

237

万历四十七年，甘肃、广西倒数第一，云南倒数第二，贵州倒数第三；

天启二年，贵州倒数第一，甘肃倒数第二，广西倒数第三；

天启五年，广西、贵州倒数第一，甘肃倒数第二，云南倒数第三；

崇祯元年，贵州倒数第一，甘肃倒数第二，广西倒数第三；

崇祯四年，贵州倒数第一，广西倒数第二，甘肃倒数第三；

崇祯七年，广西倒数第一，甘肃倒数第二，贵州倒数第三；

崇祯十年，广西倒数第一，甘肃倒数第二，云南、陕西倒数第三；

崇祯十五年，贵州倒数第一，云南、河南倒数第二，甘肃倒数第三；

崇祯十六年，甘肃、贵州倒数第一，云南倒数第二，广西倒数第三。

上述统计足以说明，有明一代，甘肃进士录取率在全国的排名是倒数第二。

从表六可知，清代的进士主要集中在江苏和浙江，这两省的进士人数占全国进士总数的28%。笔者依据多种科举文献，核查各科进士的户籍，除顺治三年丙戌科、顺治四年丁亥科、顺治六年己丑科、顺治十六年己亥科、康熙六年丁未科、康熙十二年癸丑科、康熙三十六年丁丑科、康熙四十二年癸未科、乾隆四十九年甲辰科、乾隆五十八年癸未科、同治二年癸亥科这11科甘肃无进士外，统计出表中其余26科进士人数最少的三个或四个省份：

顺治十二年，广西、贵州、云南、奉天倒数第一，甘肃倒数第二，广东倒数第三；

康熙三年，贵州、奉天倒数第一，甘肃、云南倒数第二、广西、四川倒数第三；

康熙二十一年，贵州、云南、广西、奉天倒数第一，甘肃倒数第二，广东倒数第三；

康熙五十二年，甘肃、奉天倒数第一，湖南倒数第二，贵州、广西、云南、安徽倒数第三；

雍正元年，奉天倒数第一，广西倒数第二，四川、贵州、湖南倒数第三，甘肃倒数第四；

雍正十一年，奉天倒数第一，甘肃倒数第二，广西倒数第三；

乾隆四年，奉天倒数第一，甘肃倒数第二，广西、湖南倒数第三；

乾隆十七年，奉天倒数第一，湖南倒数第二，甘肃倒数第三；

乾隆三十一年，奉天、甘肃倒数第一，广西倒数第二，云南、安徽倒数第三；

乾隆五十五年,陕西倒数第一,奉天、云南倒数第二,甘肃、广西、湖南倒数第三；

嘉庆元年,甘肃、广西倒数第一,奉天、云南、贵州倒数第二,陕西、湖南、湖北、四川倒数第三；

嘉庆十三年,奉天倒数第一,甘肃倒数第二,广西倒数第三；

嘉庆二十四年,奉天倒数第一,甘肃、福建倒数第二、陕西倒数第三；

道光三年,甘肃、奉天倒数第一,广西、贵州、陕西倒数第二,四川倒数第三；

道光十三年,奉天、甘肃倒数第一,贵州倒数第二,广西倒数第三；

咸丰三年,奉天倒数第一,广西倒数第二,湖南倒数第三,甘肃倒数第五；

咸丰十年,奉天倒数第一,甘肃、云南、顺天倒数第二,贵州、安徽、湖南倒数第三；

同治四年,甘肃、贵州倒数第一、奉天倒数第二,陕西倒数第三；

同治十三年,奉天倒数第一,甘肃、顺天倒数第二,山西倒数第三；

光绪六年,奉天倒数第一,甘肃倒数第二,贵州、山西倒数第三；

光绪十五年,奉天倒数第一,顺天倒数第二,甘肃倒数第三；

光绪二十四年,顺天倒数第一,甘肃、山西倒数第二,陕西倒数第三；

光绪三十年,奉天倒数第一,顺天倒数第二,甘肃倒数第三。

甘肃进士在全国的比例前后变化较大,为清晰起见,笔者绘制成明清两代甘肃进士在全国的录取比例图及人数变化折线图,详见表四、表五、表九、表十。细察甘肃这538名进士在各府县的地理分布特点,发现他们的分布是极不平衡的。笔者依据诸多科举文献而作出的甘肃进士征录,统计出各科各府、州县进士的分布表,即表二《明代甘肃进士地理分布表》、表七《清代甘肃进士地理分布表》。同时,表三《明代甘肃各府县进士时期分布表》及表八《清代甘肃各府县进士时期分布统计表》也表明,明清甘肃进士在时间上的分布也是不平衡的。

第三节 明清甘肃籍进士出身文人叙略

一、黄谏

黄谏(1403—1465),字廷臣,号卓庵,又号兰坡。陕西兰县人(也有资料说他的乡贯是直隶高邮)。明正统七年探花,历官侍讲学士兼尚宝寺卿。黄谏是明代知名学者,才华出众,诗文并茂,著有《诗经集解》、《书经集解》、《古正文》、《使南稿》、《兰坡集》等,大多散佚,现存诗1首、赋2篇、散文7篇。他写的《游五泉山》一诗:"水结禅林左右连,萧萧古木带寒烟。共夸城外新兰若,自是人间小洞天。僧住上方如罨画,雨余下土应丰年。明朝再拟同游赏,竹里行厨引涧泉。"在陇右文坛颇有声誉。

二、段坚

段坚(1419—1484),甘肃皋兰(今兰州)人,字可大,号柏轩,又号容思,门人私谥文毅,是理学河东学派的重要人物。"早岁受书,即有志圣贤"。景泰五年进士,历任山东福山县知县、莱州知府、河南南阳知府。著有《容思录》、《柏轩语录》,均散佚,现存诗60首、文17篇。

段坚一生信奉儒家的"爱民"、"仁政"、"洁身"等正统思想,任福山知县时,从发展教育入手,建社学,育童士,教以小学、四书,"政教大行","吏不敢欺","士民仰戴"。在莱州知府任上,"教化大行"。在南阳创立了志学书院,召集"府学"及属诸生,亲自讲解五经要义。对官吏中的不法分子,"案问不贷"。经过几年治理,"民风翕改观"。他说:"天下无不可化之人,无不可变之俗。"并题诗:"天下有材皆可用,世间无草不从风。"段坚在南阳为官九载,郡人敬之。后引病归里,以"奉先、事兄、教子、睦族、善俗"为旨,并"授徒讲业",仍关心国家兴亡。段坚一生清廉,离任时"行李萧然","仅有祭器、书卷十数箧"。士民遮道欢送,号泣挽留。卒后,死讯传到南阳,士民"敬做木主",建立段氏专祠,"塑像为祖"。段坚在兰州东关段家台创建书院,桃李盈门,如彭泽等名士都出于他的门下,所建书院被后人称为容思书院。在兰州原东稍门外,立有牌坊,前额书"段容思先生德教坊",背书"理学名臣",以作纪念。

段坚是程朱理学的推崇者,是河东学派的重要人物。程朱理学认为天地万物的本源是理,理通过气而派生万物,理在气先。段坚继承了这个思想,认为:"天地未开辟,有天地必开辟之理;天地既开辟,有必生圣贤之理;圣贤既生,有必建极立言之理。何哉?生生之理,自不得而止之。""天地之开辟,乃天理之不容已;天地之生圣人,乃天理之不容已也。"

薛瑄、段坚继承了朱熹的一物一理、万物同理的"理一分殊"思想。薛瑄说:"物格是知,逐事逐物各为一理。"就是说天地万物各有其生成的理,但所有的存在还有一个终极的理,即"理一分殊"。格物致知就是要对每一件事物穷究其理。但从本质上看,万事万物的本质是终极的理,即"天理"。圣人之所以成为圣人,是因为他禀理之最全,得气之最正,与"天理"合而为一。一个人要想成为圣人,只有不断地修养自己,反躬自问,才能使其心接近"天理",才有可能成为圣人。段坚在《请开言路》奏文中说:"臣闻……景泰六年闰六月初一日朝钟失音,中外汹汹,皆以为异。然钟之所以失音固为异矣,而其所以异者,不可不知也。"段坚认为朝钟失音的原因即是理不正、气不顺,如果这个问题解决了,那么"则灾不为灾,异不为异矣"。这个观点和前面提到的那个事例一样听起来有些荒谬,但从哲学的角度看,这种认识观毕竟给予了万事万物一个评判的终极依据,假如人的心中都存有这种终极依据,那么"天理"、"正气"必然普遍于社会,灾异现象最终都会在"天理"和"正气"下迎刃而解。段坚说:"吾之心即天地之心,吾身之理即天地之理。"如此敬畏"天理"并以这样标准来要求自己,十分了不起。在认识方法上,段坚主张"主敬",即敬畏"天理",通过恭敬和专心的态度来穷究"天理"。

"存天理,灭人欲"似乎是在否定人性,但段坚却有自己的观点,认为"人欲"为万恶之源,天理和人欲是绝对对立的,人欲的膨胀即意味着天理的衰微,即如他所说:"人欲肆则天理微。"社会的一切黑暗和不公都来自人心中"天理"的丧失、人欲的膨胀。用人欲的膨胀来解释社会的昏暗和道德的沦丧虽然不够全面和深刻,但是不可否认这也是一个非常重要的因素。但人欲又是人的本性,消除人欲是绝对做不到的,那么"存天理,灭人欲"就存在深刻的矛盾,怎样才能解决这一矛盾呢?段坚认为只有用理学去匡正,才能挽救世道人心。具体说就是要用理学去"变化气质",让人们敬畏天理,不断反躬自问,修身求理,实践理,如此就可"风俗美而人性复其初,礼让兴而当然之道尽"。一个人不断用理学去匡正膨胀的私欲,克己复礼,就可以接近一个君子,甚至会成为一个君子。一个完全能和"天理"合一的人即圣人,是不存在的,就是说人的欲望总会存在于人性之中,否定人欲是绝对错误的,段坚的理学思想由于历史的局限显示出它的不合理性。但一个人格和精神值得称道的人一定是一个有信仰和原则的人,在这里我们不妨说他的心中一定存在一个"天理",并总能拿这个标准来判断自己的言行,不断反省自我,因而他能做到不断克服人性中的弱点,加强修养,这样的人虽不是什么圣人,但将其称之为一个品行和修养好的人,应该不为过。从这个角度看,段坚的思想是值得肯定的。

三、彭泽

彭泽(1459—1530),字济物,号华庵,陕西兰州卫官籍,弘治三年进士。由工部主事历官刑部侍郎,后迁浙江副使,升为右副都御史,再迁左督御史,后官至兵部尚书,谥襄毅。著有《幸庵行稿》十二卷、《读史目录》、《怀古集》、《幸庵诗文稿》,惜均已散佚。现仅存诗35首、文16篇、散曲32首、词3首。文多应酬之作,诗表达防卫边关的壮志、仕途的起落,散曲文学性最强,抒发对大自然的热爱之情及对亲友的思念。

四、李梦阳

李梦阳(1473—1530),字献吉,号空同子,陕西庆阳人(今甘肃庆阳),生于明成化八年(1473),卒于嘉靖八年(1530),主要活动于孝宗弘治、武宗正德年间,弘治七年(1494)中进士,官户部主事、员外郎、郎中、江西提学副使。为人刚正,以气节著称,曾因有名的弹劾外戚寿宁侯张鹤龄的疏文《上孝宗皇帝书稿》,以及为户部尚书韩文起草的弹劾宦官刘瑾等的疏文《代劾宦官状稿》和其他一些得罪权势的事情而三次下狱,多次遭打击。著有《空同集》六十六卷、《白鹿洞书院新志》八卷。《明史》有传。这些都是研究李梦阳生平和文学思想的重要资料。在文学事业上,李梦阳反对虚假做作的"台阁体"文风,倡导"文必秦汉,诗必盛唐",并形成了以他和何景明为首的"前七子"文学复古流派,是中国古代文学史上著名的甘肃籍人物。

同时,李梦阳也是中国古代文学史上很有影响力的人物,他所倡导的文学复古运动对扭转"台阁体"的不良文风起到了积极作用。李梦阳的文学成就也是可见的,他的诗歌、辞赋、散文无不透露出真挚情感和对现实的关怀,处处折射出诗人的人格美,这一切对当时乃至之后的文学发展都产生了深远的影响。李梦阳才思雄健敏捷,以诗文要恢复秦唐的风格而自命不凡,卓著闻名。孝宗弘治时代,宰相李东阳以"馆阁体"领导全国文坛,天下文人都学习和崇尚李东阳的文风,只有李梦阳一人讥笑这种文体的萎弱。他提倡写文章要以秦汉文章为范本,写诗要以盛唐诗体为榜样,即"文必秦汉,诗必盛唐"。如不按此风格来作文吟诗,都不是好的文章和诗歌。他与何景明、徐祯卿、边贡、朱应登、顾璘、陈沂、郑善夫、康海、王九思等,人称十才子。又与何景明、徐祯卿、边贡、康海、王九思、王廷相等,人称七才子。为了与以后文坛中出现的七才子相区别,又称"前七子",以李梦阳为魁首。又与何景明有"北李南何"之说。李梦阳还说真诗在民间,他要求诗歌创作深入民间,联系实际,汲取营养,这个文学观点对包括诗歌在内的文学创作起了很大推动作用。江苏人黄省曾、浙江人周祚曾写信表示愿作李梦阳的弟子。到了世宗嘉靖年间,李攀龙、王世贞等人又以秦汉文、盛唐诗为仿照的样板,搞文坛复古运动,天下推崇李梦阳、何景明、王世贞、李攀龙为四大家,称"李何王李",文人们争着仿效他们的文体。华州王维桢认为七言律诗在杜甫以后善于用顿、挫、倒、插方法的,只有李梦阳一人。李梦阳所倡导的文坛复古运动盛行了一个世纪,后被以袁宗道、袁宏道、袁中道三兄弟为代表的"公安派"所替代。李梦阳的文学成就具体可归纳为以下几点:

（一）倡导文学复古运动。李梦阳之世,盛行以"三杨"（杨士奇、杨荣、杨溥）为代表的"台阁体",这种文体以歌功颂德、粉饰太平为能事,以不痛不痒、平正肤廓为特点,题材大多是应制、颂圣、应酬之类。李梦阳倡导的文学复古运动与当时的时代和社会环境有密切的联系,明朝进入弘治、正德年间,土地兼并严重,人民生活困苦不堪,农民起义时有发生,藩王叛乱、外族入侵时时威胁着明王朝的统治,在这样的时代背景下,歌功颂德的"台阁体"文风必然遭到有良知的知识分子的谴责,反映现实关怀的文学题材才是迫切需要。李梦阳等人倡导的文学复古运动,其要旨在于转变文风,创作出具有真情实感的作品,以重现古代文学的活泼精神,从而达到"回积衰,脱俗套"的作用。李梦阳的文学复古运动也有致命的缺点,比如对唐以后的文学成就认识很不全面,认为汉无骚、唐无赋、宋无诗,主张一点一滴都要遵循古法,从而使学古变为盲目复古,复古运动最终流为形式主义。李梦阳等倡导的文学复古运动左右文坛达百年之久,直到万历三年"公安三袁"（袁宗道、袁宏道、袁中道）所倡导的"主真崇变"的反复古运动的兴起,文学复古运动才告结束。

（二）诗歌上的成就。李梦阳强调诗歌的真情和以情制理的作用,他认为,"夫诗者,天地自然之音也","情者,性之发也"。在李梦阳看来,诗歌是真情的流露,这和"台阁体"的文风是迥然不同的。他还提出了"今真诗乃在民间"的观点,表明了他对现实的关怀。李梦阳的诗歌大多折射了社会的动荡、政治的黑暗、人民的苦难以及诗人的悲愤等,如"长安夺地塞巷陌"、"夷坟伐屋白日黑"、"人心嗟怨入骨髓"、"黄河青海入狼烟,汉将胡兵杀气连"等诗句。李梦阳的诗除承袭了杜诗风格外,亦从汉魏乐府和民歌中吸收营养,具有"饶歌童谣之风",如"嘈嘈鸣山泉,日日喷悲壑。日照一匹练,空中万珠落"。笼中鸭望水中鸭,一鸣一答:"汝虽有羽翼,不如我泛绿波,食鱼虾,奔萍拍藻入烟浦。笼中之鸭心徒苦。"李梦阳诗歌的语言技巧也颇高,用语工整、自然,善用叠字,特别是对自然美的展示非常到位,如"喜气真随阳气发,愁云化做卿云飞"、"山禽水禽交止语,桃花梨花相逐飞"等诗句,使人不由融入了诗的情景中,经历了和诗人一样的感受。雄奇豪放也是其诗歌的一大特色,《元夕》诗:"千年烂熳鳌山地,少小看灯忽二毛。兵后忍闻新乐曲,月前真愧旧宫袍。南州楼阁烟花起,北极风云嶂塞高。怅望碧天聊独立,夜阑车马尚滔滔。"《得家书寄兄歌》:"独虞四海干戈满,生别悲伤见面稀。"《于公庙会王帅以其防秋北行》:"时来拜命防秋将,老去狂歌避世身。醉别赠君双玉剑,持将西北扫风尘。"这些具有浓厚现实主义风格的诗歌给人以雄奇豪放、沉郁苍凉的气氛。

（三）简洁朴实的散文。李梦阳的散文内容充实,文笔隽永,具有简洁、朴实的史家笔法。如《梅山先生墓志铭》:"正德十六年秋,梅山子来。李子见其体腴厚,喜握其手,曰:'梅山肥邪?'梅山笑曰:'吾能医。'曰:'更奚能?'曰:'能形家者流。'曰:'更奚能?曰:'能诗。'李子乃大诧喜,拳其背曰:'汝吴下阿蒙邪?别数年而能诗、能医、能形家者流!'"这种墓志铭的写法打破常规,不是对人直接而简单的称颂,而是通过具体、生动的事情以及对生活细节的描写来刻画和展现梅山先生的性格、人品,使人读后能产生真实感和亲切感,因此就其艺术手法而言应该是较为成功的。

（四）李梦阳的辞赋。李梦阳的辞赋共有三十五篇,大多是抒情的骚体赋。如《宣归赋》:"心与迹既我逆兮,焉饮食之遑宁?愤粉饰之乱姣兮,畴知余结驷而懑膺?"又如《吊鹦鹉洲赋》:"我既佩明月与宝璐兮,何不遂凌世而高步?舍玉骊而不驾兮,又奚暇与豺狼而争路?"这些辞赋感情真挚,将情置于理之上,抒发了诗人对现实的悲愤与不满,辞赋之中自然地流露出诗人的人格美。李梦阳的写景赋也很传神,如《贬彭蠡赋》:"涛沃日而明暗兮,峦鸟渚而涣散。澜已俛而复昂兮,涡溢濞而接连。泷无风以横飞兮,潭澄渟而布涟。"诗人神思飞动,气势博大,将湖水写得生动传神,给人一种大气和动感的美。

五、胡缵宗

胡缵宗(1480—1560),字孝思,又字世甫,号可泉,又别号鸟鼠山人。明巩昌府秦州秦安人。正德三年(1508)进士,授翰林院检讨。是明代唐宋派的著名文人。著作有《鸟鼠山人集》十八卷、《拟古乐府》二卷。胡氏在史志编撰、经学等方面成就突出,有《巩郡记》、《仪礼集注》、《春秋集注》、《愿学编》等。他的文学主张与李梦阳一致,主张"文必秦汉,诗必盛唐"。他的诗以揭露和讽刺封建最高统治者和慨叹仕途艰险,反映农民疾苦为主,风格激昂慷慨。《四库全书总目》评价他的诗时说:"其诗激昂悲壮,颇近秦声,无妩媚之态,是其所长;多粗厉之音,是其所短。"指出胡的诗歌在艺术上比较粗糙,情感过于粗放,被后人嘲讽为假古董。

六、张万纪

张万纪,字舜卿,号兑溪,陕西临洮卫军籍,治易经,己卯年十一月二十九日生,卒年不详。嘉靖二十六年(1547)进士,拜礼部右给事中。刚直敢言,不畏权贵,曾弹劾权奸严嵩罪恶,上疏为杨继盛辩冤,被调迁安徽庐州知府。在任期间廉洁奉公,不断深入民间,访疾问苦,考查风俗民情,停止或缓办各项不急需的事务,捐助俸金倡导和组织群众凿山开渠,兴修水利,灌溉农田数千顷,群众得到实惠,万民称颂。著有《讲学语录》、《超然山人集》。他的《超然台怀椒山年兄》是作者晚年退居家乡时登上临洮城东山(岳麓山)超然台,怀念好友杨继盛的诗篇。诗中借景抒情,情景交融,思念之情,绵绵无尽。

七、赵时春

赵时春(1509—1568),字景仁,号浚谷,平凉人。赵时春幼时天资聪慧,在他父亲的严格教育下,十四岁举于乡,为诗魁(单科"诗试第一"),总成绩第二。明嘉靖五年(1522),会试第一,选翰林院庶吉士。后授户部主事、刑部河南司主事,寻调兵部武库司。赵时春严毅坦率,乐论时政缺失,曾呈《上崇治本疏》,因言辞切直,被黜为民。不久,又被起用为翰林编修,复以言事被黜。政务之余,与王慎中、唐顺之、李开先、陈束、熊过、任瀚、吕高等人或聚而切磋学问,或翰墨激励,学益长进,被时人称为"嘉靖八才子"。京师被寇,起官,擢御史,巡抚山西,拟奋立功业。旋遇寇于广武,一战而败。时将帅率多避寇,功虽未成,天下均壮其气。被论,解官归。

《明史》记载说:"时春读书善强记,文章豪肆,与唐顺之、王慎中齐名。诗伉浪自喜,类其为人。"赵时春解官后,回到平凉老家,曾写下诗句"腰捋印绶春衣暖,手卸兵符病骨轻"聊以自慰。为了排解苦闷,赵时春曾一度沉浸在诗词饮酒中。一生坎坷遭遇,理想和抱负未能实现,这些都让赵时春难以平静,只好借诗歌来宣泄自己。嘉靖三十五年,与赵时春有相似遭遇的胡松被起用为陕西布政司分守平凉等地右参政。到任后不久,"命有司汇故实",请赵时春编纂《平凉府志》,历时近五载,计十三卷、二十九万多字,于嘉靖三十九年脱稿付梓。这部志书广征博采,"爬罗遗漏,黜浮为雅,核伪存贷",故书成后,名重一时,《四库全书总目》和王世祯的《池北偶谈》均提及此书。近代方志学家张维曾指出:浚谷《平凉府志》"指斥时政,能言人所不敢言;于民生疾苦,兢兢焉,唯恐言之不尽"。其史料价值为世人所推重。除"府志"外,《明史》载赵时春有《浚谷集》十六卷。另外,还有《赵浚谷诗集》六卷、《赵浚谷文集》十卷、石印本《浚谷文抄》二卷。赵时春一生诗文作品众多,时人及后人对其评价颇高。同时代的戏曲家、文学家李开先云:"诗有秦声,文有汉骨。"著名的思想家李贽说:"海内伺其有所制作,争传诵之。""所为文若诗,豪宕闳肆,伸行纸墨,滚滚而出,若不经意,而于古人之法度,靡所不合。说者以为有司马子长、李太白之风,不虚也!荆川唐公(顺之)于文士鲜所称许,尝有言:'宋有欧苏,明有王赵(王指明朝文坛"唐宋派"的代表人物之一王慎中)。'"

八、潘光祖

潘光祖,字义绳,号海虞,陕西临洮卫人。天启四年乡试解元,天启五年(1625)进士,历官吏、户二部,官至山西参议道按察副使。潘光祖博闻强记,熟通经史,擅长诗文,曾与昆山蔡懋德同修《广舆通志》,后来蔡的独生子蔡方炳稍加增补,就窃为己作,雕版刊行。他的著作有《介园集》、《血孤集》、《旧孤集》、《易钥》、《四书秘》、《四书九丹》等,多已散佚。《明诗选略》录有他的七律《游栖霞寺》一首,诗恬淡自然,清新可诵。

九、张晋

张晋(1629—1659),字康侯,号戒庵,狄道人。顺治九年(1652)进士,著有《戒庵诗草》六卷(乾隆吴镇刻本,后经西北师大赵逵夫教授整理,补辑了不少作品,书名从《四库全书总目》作《张康侯诗草》,兰州大学出版社1989年版)。四库馆臣评其诗歌创作"颇学李白,兼及李贺之体"。徐世昌编《晚晴簃诗汇》认为他的诗歌创作"纵横凌厉,出入风骚"。

十、邢澍

邢澍(1760—1830),字雨民,一字自轩,号佺山,甘肃阶州人。己亥科乡试第二十名,庚戌科会试第十八名,乾隆五十五年庚戌恩科三甲二十一名进士。任浙江永康县知县,后调任浙江长兴县知县,后迁江西饶州府、江西南安府知府。为官清廉,有"邢青天"的美誉。著作有《十三经释天》、《关右经籍考》、《全秦艺文志》、《金石文字辨异》、《寰宇访碑录》、《两汉希姓录》、《孙子》辑本、《宋会要》辑本、《南旋诗草》、《旧雨诗谭》、《守雅堂文集》和《长兴县志》等十六种,其中现存六种,即《关右经籍考》、《金石文字辨》、《寰宇访碑录》、《南旋诗草》、《守雅堂文集》和《长兴县志》。邢澍的主要成绩在史学方面,他所主张的书本与金石学互证的观点,到了近代,由王国维发展成为纸上材料与地下材料互证的"二重证据法"。文学方面有《南旋诗草》一卷,存诗七十首,这是我们目前能见到的邢澍唯一的诗集。他还撰有诗话专集《旧雨诗谭》,惜已散佚。

十一、张澍

张澍(1776—1847),著名学者,字百瀹,又字寿谷、时霖等,号介侯、鸠民、介白,凉州府武威县(今武威市)人,《清史稿·文苑列传》有传。张澍年幼丧母,在秀才父亲的教导下读书,后来师从名师刘作垣,进步颇快。19岁中举人,24岁中进士,选翰林院庶吉士,两年后出任贵州省玉屏县知县。其后先后代理遵义县知县,广顺州(今贵州长顺县)知州,四川省屏山、兴文、大足、铜梁、南溪知县,江西省永新县知县,临江府通判,泸溪县(今江西省资溪县)知县。张澍性格刚直不阿,对待工作一丝不苟,在公文中与上级争辩是非,因而得罪了不少上级,仕途并不顺利。正如其好友所评论的:"以子之精心果力,著书当可传;以子之直气严情,筮仕实不合。"其治国、平天下的远大抱负难以实现,1830年,张澍引疾辞职,结束了仕宦生涯。1832年他回到西安,客居城内和乐巷,从事学术研究,整理刊印自己的著作,成为全国范围内颇具影响力的学者。后来患眼疾,最终失明。

张澍一生著述甚丰,已刊印的有《姓氏寻源》、《姓氏辨误》、《西夏姓氏录》、《续黔书》、《蜀典》、《大足县志》、《养素堂文集》、《养素堂诗集》、《二酉堂丛书》、《诸葛忠武侯文集》、《凉州府志备考》等;他的诗集《养素堂诗集》二十六卷,共收诗3 051首,尤其是其咏史诗对历史上的120位人物给予评判,在文学史上有一定的影响。

刊印的著作主要有《诗小序翼》、《元史姓氏录》、《帝王世纪》辑本、《续敦煌实录》、《鹑野诗微》、《文字指归》、《韵学一得》、《小学识别》、《叠字谱》、《天文管窥》、《消夏录》等。张澍的辑佚工作,所辑一般是后世佚失的古代关陇地区学者有影响的著作。其《二酉堂丛书》,现在国内各大图书馆都有收藏,大半收录的是甘肃籍的作者。其中所刻的《世本》、《三辅决录》、《三秦记》、《三辅旧事》、《三辅故事》、《五凉旧闻》等二十余种,均是作于周、秦、汉、隋、唐等时期而后世已经佚失的著作,后经张澍辑录而得以保存。通过张澍的这些工作,后人可以了解当初西北学者著述的盛况。张澍的辑佚工作,在当时是独树一帜的,对当时和后来均产生过重大影响,鲁迅就是在辑佚方面深受张澍影响的学者之一。

张澍研究的领域非常广泛,其在学术上的成就得到了学者们的充分肯定,如清代著名学者张之洞《书目答问》将其列入经学家、史学家和金石学家。清代初年,顾亭林开一代考据学风,学术思想为之一变。然而西北学者多抱残守缺,不能顺应学术潮流。清代嘉庆、道光之际,西北学者只有张澍精通经史,于汗牛充栋、浩如烟海的文献中,网罗散佚,考证寻研,从事辑佚考据工作,与全国著名学者如孙星衍、任大春、俞曲园等并驾齐驱,为学术界作出了不可磨灭的贡献。

不仅如此,张澍还首次发现了西夏碑文。张澍于嘉庆甲子年(1804)在家乡武威养病,一日与友人共游清应寺,寺内有碑亭,前后砌砖,封闭已久。当地传闻,若启封则有风雹之灾。张澍求知心切,请和尚拆封,再三要求不得准允。最后张澍提出如有灾祸,愿意自己承担,才被允许。拆开碑亭前面所砌封砖后,见一高碑,上面所刻文字体形方整,乍一看,好像都能认识,细看则无一字可识。张澍认定碑后一定有文字,又令拆除后面封砖,果然见到碑的另一面刻有汉文,其中有建碑年款"天祐民安五年岁次甲戌十五年戊子建"。"天祐民安"是西夏年号,张澍以此定碑前所刻文字为西夏文字。这通石碑就是有名的《重修凉州护国寺感应塔碑》。张澍的这一偶然发现不仅使这一重要文物重光于世,也使久已死亡的西夏文又开始为世人所知,可以说张澍是第一个明确识别出西夏文字的学者。他把这一重要发现记在《书西夏天祐民安碑后》一文中,于1837年收入《养素堂文集》卷一九中刊出。稍后,清道光七年(1827)初尚龄所著《吉金所见录》一书中,引用清朝金石学家刘青园在武威发现的数瓮古钱中,除有不少西夏年号的汉文钱外,还有所谓"梵宇钱"。他把梵宇钱上的文字和《重修凉州护国寺感应塔碑》碑阳文字对照后,知道所谓"梵宇钱"即为西夏文钱。张澍和刘青园两位学者的发现,并未很快引起中外专家特别是西方学者的注意,直到19世纪末才真正解决辨认西夏文的问题。而在此之前,英、法诸国学者竟为识别西夏文字打了二十多年的笔墨官司。元顺帝至正五年(1345)所修建的居庸关云台门洞内刻有六种文字,至十九世纪中期尚有一种不能识别。1870年英国人伟烈(A.Wylia)考定其为"女真文字"。十二年后,法学者德维利亚(Deveria)判定此种不识文字不是女真文,因为它与已知河南开封的女真文宴台碑不同,怀疑它可能是西夏文。又经过十三年,即1895年,其再次撰文论述这种文字为西夏文,但仍不敢决断。直至1898年考证了《凉州碑》后,在《西夏国字研究》一文中,他才确认这种文字就是西夏文。而这时上距张澍发现《凉州碑》已近一个世纪,距张澍将所识公之于世也已有六十多年了。

十二、牛树梅

牛树梅(1799—1882),字玉堂,号雪桥,一号省斋,甘肃通渭人。道光二十一年(1841)进士。他一生大部分时间在四川做官,《清史稿》有传。牛树梅一生作有大量诗歌,都收录在《省斋全集》(十二卷)中。他的诗歌质朴厚重,音律优美,诗句甚见功力,主要反映现实问题。

十三、任其昌

任其昌(1831—1901),字士言,甘肃秦州(今天水市)人,同治四年进士,著有经学著作《三礼会通》及史学类著述《史臆纂要》、《史评》、《蒲城县志》等。其诗宗法杜少陵,用现实主义的手法反映西北社会的各个层面,达到很高的水平。如他在《流民叹》中揭示灾荒后关中百姓流离失所的情景,其中有云:"客从长安来,走马武康道。赤日正行天,禾苗已枯槁。道旁流民推车走,仓皇有似丧家狗。手穿足瘃骨如柴,头发不栉面蒙垢。男呻女吟越趄行,前者无力后掣肘。惊沙扑人道途遥,石角钩倒斑白叟。我行见此心恻恻,指困欲赠苦无力。为问老翁何所往?对客未语先呜咽。云自三年来，久旱苦无雨。蝗螟蔽天飞，家家空杼柚。今春幸有雪，喜救须臾死。典衣买耕牛，辛勤种禾黍。那识旱魃复为虐，千村万落成焦土。北自邺城隈，南至黄河头。十室九无烟，儿女声啾啾。鸿雁鸣中野，稻粱向谁谋。尚闻滑卫年有秋，襁儿负女泣道周。白日敢辞汗流血，只恐前路长悠悠。我今年衰腰脚软，十里五里且勾留。自分饿死填沟壑，可怜白骨无人收。"

十四、安维峻

安维峻（1854—1925），字小陆，号晓峰，又号渭襟，秦安县人。光绪元年举人，六年（1880）进士，由翰林院庶吉士授编修，后转都察院福建道监察御史。著有《四书讲义》四卷、《谏垣存稿》四卷、《望云山房诗文集》八卷，总纂有《甘肃新通志》（一百卷）。安维峻性情耿直，不阿权贵，中日甲午之战前夕，支持光绪皇帝为首的主战派，连续上疏六十五道，最著名的是《请诛李鸿章疏》、1894年《请明诏讨倭法》。安维峻的上书声震京都，却因言获罪，被革职发派张家口军台。京城时人以"陇上铁汉"四字相赠，大刀王五及京城应考文人为之送行。1899年后，安维峻主讲陇西南安书院，在家乡办学。辛亥革命中任京师大学堂总教习。安维峻一生写下了大量的诗歌，收录在其《望云山房诗文集》。

十五、刘尔炘

刘尔炘（1865—1931），字又宽，号晓岚，又号果斋、五泉山人，甘肃皋兰人。光绪十五年（1889）进士，官至翰林院编修。著有《果斋前集》、《果斋续集》、《果斋别集》、《劝学迩言》等多种。他一生好学不倦，为甘肃的近代教育事业做出了巨大贡献。刘尔炘存诗140首，喜欢以历史故事、神话传说入诗，婉转表达他的心意。他的诗立意清奇，新颖别致，情趣横生，不傍人篱下，拾人遗唾，就是常见的题目也能做到落想奇警，推陈出新，联系现实，关切国计民生，有很高的艺术价值和社会价值。但也有一些咏物、抒情、写景之作，过多地堆砌典实，罗列故事，考究辞藻，言之无物，阅读时需加以甄别。

第三章 明清甘肃社会经济发展概况

从明代开始,由于戍边需要,基本全部纳入明王朝版图的甘肃实行了大规模的屯田制度。耕地面积的扩大和内地人口的大批迁移使得甘肃地区的农业经济获得了较快发展,农业的发展带动了水利发展,而水利发展又进一步促进了农业的发展,实现了双赢局面,随之而来的是商业的兴旺和城镇化的发展。但是,甘肃地区在经济发展的同时,也面临着蒙古贵族的侵扰,甘肃甘州、凉州、镇番、兰州、平凉、庆阳、环县等地时常受到蒙古族的侵扰,生产与生活遭到严重破坏。尚未解决的民族问题成了经济发展的一大阻力。而且,少数民族之间的政权之争直接造成了对城市的破坏。特别是明末以后,政治上的腐败和土地兼并,再加上自然灾害,使得稍有起色的农业经济在一次次破坏中不断滑落。

面对残破、财用匮乏的社会经济,入主中原的清王朝决定"轻徭薄赋",采取了招民垦荒,永准为业,"更名田"与"屯田归县",调整赋税政策,抑制豪强地主,严惩贪官,地丁合一,调整民族政策,安定开发环境等措施恢复凋敝的社会经济,借此维持新生政权的稳定性。甘肃人民的辛勤劳作、地方官员兢兢业业的努力,使农业生产得到了较大的恢复与发展,也带动了区域性商业贸易的兴盛,城镇化进程进一步加快,全国性商品流通的发展与早期现代化的启动也使清代中国进入一个新的历史发展时期。

第一节 明代甘肃社会经济发展

明代甘肃没有省一级的行政建制,陕西布政使司管辖的有庆阳府、平凉府、巩昌府、临洮府、宁夏府。而明代甘肃的军政建设,隶属于陕西都司的卫所,据《明史·兵二·卫所班军》载,有平凉卫、庆阳卫、巩昌卫、临洮卫、兰州卫、秦州卫、岷州卫、靖虏卫、礼店前千户所、环县千户所、文县千户所、阶州千户所、西固城千户所;隶属于陕西行都司卫所的有甘州左卫、甘州右卫、甘州中卫、甘州前卫、甘州后卫、永昌卫、凉州卫、庄浪卫、山丹卫、肃州卫、镇番卫、镇夷千户所、古浪千户所、高台千户所。明代为了加强边防，抵御"北虏"劫掠，在西部先后设立固原、宁夏、甘肃三镇，通称"西三边"。每镇一般有10万兵马，负责保卫边防。镇设镇守总兵官，通称镇守或总兵官，简称总兵，是一镇的军事长官，持将军印信，负责指挥本镇兵马保卫所辖边地。甘肃镇，总兵驻节甘州，曾移住高台，后又迁回甘州。固原镇，又称陕西镇，总兵官驻节固原，辖境主要在今甘肃。临洮镇总兵原为固原镇副总兵，后因"海虏"西番屡屡发动侵扰，万历二十三年（1595）改为镇守总兵，兰、河、洮、岷、阶、文、成、西固等地参将、守备等均改隶之，以加强该地区的防务。明王朝为了统一提调西北诸镇兵马，保卫边疆，成化十年（1474）设立三边总制，命王樾提督军务，驻节固原，控制延绥、宁夏、甘肃三镇兵马，以备边事，三镇总兵、巡抚皆听其节制。嘉靖十九年（1540），改称"总督陕西三边军务"（简称"陕西总督"或"三边总督"）。三边总督是明王朝设在西北的最高军政长官，设府于固原，辖甘肃、临洮、固原、宁夏、延绥五镇总兵及甘肃（驻甘州）、宁夏（驻花马池）、陕西（驻西安）三巡抚，总督由朝廷派大臣充任。

一、农业

（一）屯田制度

明代甘肃地区的土地开垦有屯田和民间开垦两种形式，而屯田又分为军屯、民屯和商屯，就其规模和地位而言，军屯占主要位置，民屯次之，商屯则是对军屯和民屯的补充。屯田的兴废和明代经济的发展息息相关，也在一定程度上反映了国力的强弱。

明代甘肃治境内有21卫8所，形成了以甘肃镇为中心的颇具特色的卫所防御体系。要防御严密，就需要大量的军队，仅驻扎在甘肃境内的戍边军队就达10多万人。如此庞大的行军队伍，在明初经济凋敝的情况下朝廷根本无法供养，只能依靠军队屯垦来自足，明代甘肃耕地面积的扩大，主要得力于这些戍边士兵的屯垦。

明代甘肃军屯大体以兰州为界，分为河东（包括陇东、陇中、陇西）、河西两大区域。河东军屯最先兴起，并且规模浩大，其中最早见诸史料的是平凉卫。嘉靖《平凉府志》卷二《兵志》云："洪武三年正月，命平凉侯费聚集军士，立平凉卫中、左、右、前、后五所，五千人，以指挥秦虎帅之，屯田西（安）、凤（翔）、平凉三府境内，人百二十亩。"洪武三年（1370）邓愈攻克河州,洪武四年(1371)设河州卫(今临夏市),朱元璋下令留三分之一御城,其余全部屯田。河州卫参与屯田的士兵超过7000人,若以人均50亩屯田计,可开垦屯田3500顷。之后又设立了岷州卫(今岷县)、洮州卫(今卓尼县东北)、靖虏卫(今靖远县)、庄浪卫(今永登县)、秦州卫(今天水市)、巩昌(今陇西县)、临洮(今临洮县)和兰州(今兰州市)。从地方志记载推算的军屯数额看,明代甘肃河东地区有记载的军屯数额超过5万余顷,再加上未被记录在册的,可知河东地区的军屯数额应在6万余顷之上。而明代河西军屯是甘肃乃至九边的重点军屯之一,河西军屯始于洪武年间,在正德年间达到顶峰,嘉靖后开始衰落。据《明太祖实录》卷二四九载,洪武三十年(1397),据此推算,每人屯田约48.7亩。则洪武三十年整个河西地区军屯当有245.448万亩,约24545顷,这是一个相当可观的数字。河西驻军平均每人1704.5斤,实现自给自足。当然,甘肃、肃州、西宁等地的军屯未必都如此,但就总体而言,明代屯田兴盛时,河西军粮能够自给是不成问题的。宣德至正德年间,出现了叶向高在《屯政考》中描述的"宣德中,屯法大行,频岁丰登,边土一切用度多以粟易"的局面。[1] 以及潘潢在《请复军垦疏》中所描述的:"国初三分守城,四(七)分屯种,岁入之厚,利尤无穷。至于马蒭,亦止给采青牧放,所以其时随在各足,边粮常够防秋数年支用。"[2] 据万历《明会典》卷一八《户部五》"屯田"记载,永乐以来,陕西都司与陕西行都司所辖各卫所共屯田4.3万顷,占同期全国各都司卫所所屯田总额89.3万顷的4.8%;万历初年,陕西都司和陕西行都司卫所屯田增至16.8万顷,占同期全国各都司卫所所屯田总额64.6万顷的26%,足见甘肃治境的军屯是卓有成效的。

按明朝卫所兵制,一卫有军士5600人,1120人为一个千户所,112人为一个百户所。一个百户所就是一屯,军士七分屯种,三分守城。屯田军士"每军种田五十亩为一分。又或百亩,或七十亩,或三十亩、二十亩不等",如果以八卫军士的70%和一军士屯田五十亩计算,陇中屯田军士为31360人,屯田15680顷。实际上,陇中的军屯规模远大于此,这是因为陇中地区荒地较多,一方面有更多的土地拨给军士,陕西给每个军士授田就通常以百亩为额,而陇中地区的靖虏卫每军士授田多达二百亩;另一方面,

---

[1]《明经世文编》卷四六一《苍霞正续集》"屯政考"。
[2]《明经世文编》卷一九八。

军士又有开垦更多土地的能力和愿望。除正军屯田外,此时的军士家属(又称军余或余丁)为谋生计,也都参与屯垦,并成为军屯的重要组成部分。余丁及军卒家属参加屯田是军户子孙日益繁衍的必然结果,为使军士安心戍边,政府允许余丁及军卒家属"寄籍屯种","供给正军",所垦之田"三年后与土著军户一体输租应役"。同时,政府还倡导军士开垦份额之外的剩余田土,"不拘顷亩,任其开垦,子粒自收,官府不许比较"。可见军士家属也要算在军屯之内的,所以实际从事垦殖的人远远多于卫所兵员。同时,"任其开垦,子粒自收"的政策大大激发了军士及其家属的开垦热情,这使得军屯的实际数额远远大于记载,大大促进了甘肃地区的土地开垦。

由于地理位置特殊,定西在明代以军屯为主。明政府规定临洮、巩昌、岷州等卫所的军士,以十分之七屯种,十分之三守御城池,每个军士一般屯种50亩,平均亩产60斤(一年一熟计算),每年所收除谷种外,以十分之二上交国库,供给守城军士之用。但由于土地瘠薄,规定产量很难达到,到明代中期以后,屯田名存实亡。军屯之外还有民屯,民屯主要由移民或招募流民构成。屯田扩大了耕地面积,这有助于定西农业生产的恢复和发展。而且经过屯田,人口也有所增加,新建、扩建了不少城镇,更新建了安定监城(今通渭县马营城)。明代屯田保证了军粮供应,减轻了政府的财政负担,基本达到了"强兵足食"的目的。

《秦州直隶州新志》卷三《食货》:"其屯田,则移民就宽乡,及招募罪徒者曰民屯。"《明惠宗实录》卷一五:"曰民屯,凡荒闲可耕之地,招募军民商贾有捐资开垦者,给为永业。其愿耕无力者,照佃发给资,待二年后起科。"民屯之民有这样几个来源:首先是"民之无田者"或"丁多田少之家",其次是招募的军民商贾,再就是故元士卒及家属还有边境地区的少数民族。相应的有三种途径:移民屯田、募民屯田和徙罪屯田。在民屯过程中,朝廷"量给牛具种子,使各安生业,毋致失所",给予流民一定的生活补贴;"各州县官有设法招抚流民复业,及招人开垦承种荒白田地数多者,供作贤能官,保荐擢用",[1]实行一定的鼓励措施。民屯过程中的移民和招募流民,不但有利土地开垦,同时人口定居也增加了当地的劳动力,对甘肃地区的长久发展无疑起到了积极的作用。

明代甘肃受政治影响,军屯在甘肃的屯田体系中占主要地位,民屯则

---

[1]《明史》卷七七《食货志一》。

占次要位置。但明中叶之后,西北边防形势日益严峻,向边地移民的规模也越来越大,民屯就这样在西北地区发展起来了。甘肃民屯虽然有很大的发展,仍抹不掉作为军事系统内的农垦经济体制的事实。

正统年间,西北地区因战乱和军屯本身的弊病,军士流亡严重,劳动力减少,明朝廷迅速做出补救措施,积极招募流民和迁徙民户屯田,并颁布"减免灾粮"等一系列优惠措施。景泰初,令边州土地"先尽军种,遗下余田,听令近边官豪势要一应人等有力之家尽力开垦。无种子者,官为借给,秋成抵斗还官,明行榜示。景泰二年(1451),籽粒并地亩税粮具免征纳,所得花利,令自巢卖",并对"有用勤必得谷多者",让地方"指实具奏,量加褒赏,以劝其余"。[1] 正德九年(1514),督理陕西粮饷右侍郎冯清提出的对流民给田兴屯的建议,不但解决了流民的温饱问题,还增加了国家的税收,一举两得。

万历年间,河西军事形势紧张,朝廷和甘肃地方当局又进一步加强对河西民屯的扶持。对陕西延边和受战乱影响而被抛弃、荒废的田地,"夏秋税……户部悉与蠲免"。[2] 而且对于无人耕种的田地,"每年秋收责令纳粟十一石,所垦田地给与执照,永为己业",[3]"抛荒土地,听小民开垦",[4]"愿耕者给照开垦,授为世业,额外荒土,永不起科,额内者亦俟十年之后",[5]可见明朝廷对民垦摆出了足够宽容的姿态。同时,土地渐有向私人化转变的趋势,这大大激发了百姓对民垦的积极性,促进了甘肃地区民屯的恢复和发展。"正德五年,户部覆奏核实过甘肃等处十五卫所新旧水旱田共12 960余顷,为粮487 740余石,为草47 800 160余束",[6]民屯的成果由此可见一斑。

商屯作为军屯和民屯的补充形式,在促进甘肃耕地面积扩大、经济发展等方面同样有着不可忽视的作用。边防的物资储备耗费巨大,朝廷无力支付,就采取了国家"宏观调控"的方法,"太祖时,以边军屯田不足,召商输

---

[1] 《明经世文编》卷三三《于忠肃公文集·议处边计疏》。
[2] (明)杨寿修,黄机等纂:《朔方新志》卷一《食货·屯田》,甘肃省图书馆藏。
[3] 《明神宗实录》卷三九。
[4] 《明神宗实录》卷二三三。
[5] 《明神宗实录》卷二七五。
[6] 《明武宗实录》卷六四。

边粟而与之盐,富商大贾悉自出财力,募民垦田塞下,故边储不匮",〔1〕来帮助解决边防军费、物资紧缺等问题。这种方式又叫"开中法",具体而言,即令盐商在边境地区纳粮(纳马、纳布、纳铁、纳钞、纳钱等),政府发给盐引,之后盐商凭引支盐运销、贩卖。当然,盐商贩运的物资和交易的地区都需服从政府的安排。商屯的好处不言而喻,《续文献通考》卷二〇《征榷考》总结道:"第一为商人自募民耕种塞下,得粟以输边,有偿盐之利,无运输之苦;第二为流亡之民,因商招募,得力作而食其利;第三为兵卒就地受粟,无和籴之扰,无侵渔之弊;第四为不烦转运,坐得刍粮,以佐军兴。"甘肃商屯之盛,从《明史》卷七七《食货志》"盐法边计,相辅而行"和"商屯盛于九边,而以三边(甘肃、固原、延绥)为最"之说即可窥见。这一特殊的财政政策不仅在一定程度上满足了边境地区的军费、物资之需,对边地的稳定和开发也起到了相当大的促进作用。

但是甘肃等地存在着"道远险,趋中者少"的问题。〔2〕 于是,朝廷采取了根据运输路程相应减少运输数量的做法,成效显著。但后来,朝廷忘记了供给边地储备的初衷,认为商屯使朝廷遭受损失,在政策上对商屯的支持大大减弱,导致商人们对中盐态度消极,最终导致了商屯的萎缩。

在特殊的时期里,军屯、民屯、商屯对甘肃地区的经济发展和地区稳定起过不可代替的作用,其数量之多、规模之大、历史之久和收效之显是其他时代无法比拟的。如兰、岷、临洮、宁夏四卫军粮可与平凉、巩昌等府"对拨供给";正统年间,"时陕仓储充溢,有军卫者足支十年,无者直可百年";兰州黄河西岸"昔为荆棒场,今为衣冠会";靖远一带一次可"籴粟五万余石"。究其原因,都离不开朝廷的支持和重视。无论军屯、民屯还是商屯,都是国家支持和鼓励的结果,国家的"宏观调控"在"三屯"政策中发挥了不可替代的作用。就军屯而言,朝廷不但提供生产、生活资料,而且还有奖励措施,在赋税征收方面更是大大予以减免。如屯田之始,军士所需"籽种、器具、牛只,皆给于官"。〔3〕 军士口粮也由国家供给,月供米五斗,新垦土地三年免科后,也只"亩收租一斗"。〔4〕 民屯中,政府也有"官给牛种"、"给钞锭"

---

〔1〕《明史》卷九一《兵志三》。
〔2〕《明史》卷七七《食货志一》。
〔3〕《明会典》卷二〇二《工部二十二·屯种》。
〔4〕《明会典》卷一八《户部五·屯田》。

等补贴,并颁布"减免灾粮"等一系列优惠措施。甚至有田地向私人化转变的趋势,更激发了百姓开垦的积极性。而朝廷在商屯过程中的调控作用更是明显,可以这样说,没有政府的参与就没有商屯的存在。明王朝采取的这一系列政策不但解决了边地的军粮供应问题,而且也实现了巩固边防的目的。

宁夏在九边之中军事战略地位极为重要,明初即于此大兴屯政。自洪武至崇祯,屯田以"九边为多,而九边屯田又以西北为最"。[1] 明代宁夏屯田始于洪武三年(1370),河州卫指挥使宁正兼领宁夏卫事,率军民"修筑汉唐旧渠,引河水溉田,开屯田数万顷,兵食饶足"。六年,帝诏令"屯田宁夏"。九年,立宁夏卫,"徙五方之人实之",从此开始大规模屯田。军屯之外,大量召集流亡来宁夏屯垦,称为民屯。明初宁夏军屯、民屯相继发展,致使人口大增。

在青海境内,西宁自洪武十年(1377)开始实施屯田。永乐十年(1412)归德千户所开展屯田生产。据《明宣宗实录》卷四二、卷八〇中的记载,宣德时期,西宁在卫士卒有3 560人(按定额应有5 600人),其中入屯生产的士卒就达3 000人之多。军屯除了军士屯田外,家眷也往往入屯垦种。明代西宁卫的屯田主要分布在今湟源峡以东湟水河谷地区,归德千户所的屯田分布于今贵德到循化之间的黄河及其支流隆务河河谷地区。明代青海的军屯在洪武、永乐初兴时即取得显著成效,曾有"累岁丰稔"的记载。除军屯外,明代青海也有民屯和商屯。据《西宁府新志》卷一六所载,洪武十三年(1380),由河州移民48户到归德千户所"开垦守城,自耕自食,不纳丁粮"。明时,为储备边粮,采取了招商运粮支盐例,即所谓"中纳盐粮"。一些商人为了节省运费,便投资于边地卫所,就地组织农业生产,以收获粮食上纳官仓,换取盐引,于是便有了商屯。

(二) 水利建设

明代甘肃农业的恢复与发展,还依赖于其时甘肃水利资源的开发和利用。其显著特点是政府和各卫所的重视,实行蓄、引、提工程并举。明廷非常重视兴修水利,曾明令各地方官吏人民如有水利建设要立刻呈报;明太祖提出对不重视水利开发的官吏要严加惩治处理的要求。宣德六年(1431),朝廷不仅专遣御史巡视宁夏、甘州水利,而且专设宁夏、甘州二河

---

[1]《明史》卷七七《食货志一》。

渠提举司,这都是史无前例的。

明代河西地区的水利建设资源,一为泉水,一为雪山融水,于是蓄、引、提并举。工程措施包括修筑渠、渡槽、坝等,形成河西十五卫,东起庄浪,西抵肃州,绵亘凡两千里所资的内陆河水利灌溉体系,其中以甘州五卫的成效最为显著。黄河、泾河、洮河流域的水利开发以引、提工程进行,兰州、靖远的沿黄灌区的水车的出现是属于提的范畴。临洮府狄道县,嘉靖年间杨继盛贬官于此,他创制的杨杆井也是属于提的范畴。会宁县城内打井也是如此。河州卫、兰州卫、靖虏卫也都有开河引渠兴修水利、开发水资源的事例。其余如陇东、陇南诸地也有蓄、引、提并举的好事例。而这些水利工程的出现都是当地居民从实际出发,开发泉水、河水之源的德政,多记于史册。

经过明廷不遗余力的整修,甘州地区既有可灌田351顷的小满渠、可灌田849顷的大满渠、100余顷的虎剌孩东渠,还有中小灌渠100余条。统而言之,甘州五卫有灌渠79条,溉田7 700余顷。成化二十一年(1485)三月动工的"利民渠",就是决引泾水,共修渠道61道,总长2 000里,灌田3 000余顷,初步形成了比较完整的灌溉体系。同时,镇原县由徐镛主持修建的利民渠,长200余里,灌田3 000余顷。这些算得上当时的大型水利工程。万历年间巩昌府、陇西县和分守陇西右道的官员自出俸银20两,筑永济渠20里,灌田12顷,算是小型农田水利工程。渭河流域的伏羌通济渠、惠民渠、陆田渠等分别灌地40余里、灌地30余里和灌地20余里,分别各为不同时期的伏羌知县所为。文县、武都、成县、西固等地亦有小型农田水利建设。

水利资源开发与水力资源开发相结合,并兼顾解决人畜的饮水问题。如平凉府华亭县境内汭水岸深水急,向治轮磨,至嘉靖三十四年(1555)亦兴水利,知县王官命取仙姑山东麓之石,遏汭半流,逼水东注,治渠引水从县西北入城,经县学泮池注东郊灌溉民田,称"惠民渠"。静宁州,成化年间知州祝鲜于州城东郊上峡引水疏渠治磨,开水利先。万历年间,州判杨守约又分开数渠,州郊水磨数十轮,余水则用以灌溉园圃,后自城东绕城西入河,长堤一带,萦绕曲折,名"玉带堤"。州南尚有暖水泉及涌泉,其实为温泉,不冻不涸,居民疏以灌园治碾,多享其利。万历三十年(1605)夏,分守陇西右道岳万阶、巩昌知府刘涌、陇西知县张信民等,将科羊河水蓄于池中,进一步解决了城厢内外的引水问题。工成之际,如杨思《巩郡新开永济渠碑记》所云,"民皆手额呼视,欢声载道"。在此之前的嘉靖十二年(1553),按察院侍御张鹏和巩昌卫指挥阎清采取以力赎罪的方式在陇西城凿井16眼,缓解了陇西城人民的饮水困难。在此后的万历四十三年(1615),通渭知县刘世纶、县丞芮时杞等捐俸置料,雇请民工,在通渭城西北鞍头寺筑堤数十丈,开渠截引两河水,绕城迤南,灌溉农田20顷,并供人畜引用。万历五年(1577)临洮知府申维岱率众修筑洮河河堤,是当时较大的河堤工程。

杨博于嘉靖二十五年(1546)以右佥都御史巡抚甘肃,在河西地区兴修水利。如甘州龙首渠,在"城西七十里,旧名木龙坝,湮废岁久,荒田百余顷。嘉靖二十六年,杨博躬诣咨画,改浚新渠,其荒田尽为沃壤。因募兵防守,且继修浚是渠"。甘州城北二十里的鸣沙渠,"旧为昔剌上坝,灌田二十七顷。因山水冲决,湮废二十余年。嘉靖二十九年,巡抚都御史杨博、分巡副史石永咨画改修,沿冲搭橙槽十连,长四五丈,小者丈余;棚阴沟十余处,以避冲溃。共延六十里,兴复田五十七顷"。[1] 此外,杨博督修疏浚的水渠还有甘州左卫的小慕化上坝,甘州右卫的大满渠、东泉渠、红沙渠、仁寿渠,甘州中卫的二坝河西渠,甘州前卫的德安渠、宁西渠,山丹卫的红崖子渠、暖泉渠、童子寺东渠、寺沟渠、白石崖渠等。石茂华于嘉靖四十五年(1565)以佥都御史巡抚甘肃,他在甘州左卫的梨园堡策划新开了一条长15里的渠坝。还在甘州右卫的古浪渠新开了一道渠闸,又在小满渠新开渠20里。[2]《甘州府志·食货·水利》称赞:"明巡抚都御史杨博、石茂华于左卫之慕化、梨园,右卫之小满、龙首、东泉、红沙、仁寿,中卫之鸣沙河、西瀚、树哇哇、德宁、德安、宁西,山丹卫之树沟、白石崖等处,悉力经营,淘成美利。"在肃州,千户曹赟在肃州城西南讨来河到城东北水磨渠坝之间,督修了一条宽1丈、深3尺5寸、长60余里的黄草坝渠。此外曹赟还开修了洞子坝渠。副使陈其学派军士修通了肃州红水坝。

定西人民在地方官员的组织与鼓励下,兴修了一批灌溉工程、堤防工程和饮水工程,又推广了灌溉工程。嘉靖十二年(1533)间按察院侍御张鹏和巩昌卫指挥使阎清采取以力赎罪的办法,在陇西城凿井1眼,深10丈多,水甜且旺,接着又凿井15眼,解决了陇西城人民的饮水困难,这是迄今为止定西有史记载的最早的一项饮水工程。万历三十三年(1605)分守陇西

---

[1] 参阅杨春茂著、张志纯等校点《重刊甘镇志》,甘肃文化出版社1996年版,第72、74页。
[2] 同上书,第68—84页。

右道岳万阶、巩昌知府刘涌、陇西知县张信民自出俸银20两,并率领群众凿修永济渠,引科羊河水入陇西城,沿渠灌田,后失修壅塞。万历四十五年(1617)分守陇右道朱燮元又寻迹修浚,并改称永利渠。嘉靖三十年(1551)被贬为狄道县典史的杨继盛在狄道教民制作桔槔,引水灌溉。万历五年(1577)临洮知府申维岱率众修筑洮河堤,为定西最早的河堤工程。万历四十三年(1615)通渭知县刘世纶、县丞芮时杞等捐俸置料,雇请民工,在通渭城西北鞍头寺(今斩岘下)筑堤数十丈,开渠截引两河水,绕城迤南,灌溉农田20顷,并供人畜引用。水利工程的修筑,提高了粮食产量,推动了农业的发展,当时定西广建粮仓,其中岷州有32间,通渭有15间,安定修建有广富仓。这些粮仓的兴建在一定程度上也反映了粮食产量的增加。

明代宁夏农田水利建设,基本上是修复宋元以前被破坏和长期失修的较大型渠堰、水道,大规模的整修兴建在弘治时期及其以后各朝。宪宗成化年间,右副都御史宁夏巡抚张鏊建议并修浚花果园、沙井等处渠道,灌田700余顷。[1] 宁夏镇西南的中卫境内,先后修建了蜘蛛渠、石空渠、白渠、枣园渠、羚羊角渠、七星渠。到了嘉靖时期,已有大小渠道18条,全长700余里,灌溉156万亩。明代在整理和利用前代旧渠的同时,开凿了不少新渠,宁夏平原上渠道纵横,阡陌遍布,水乡腴田,呈现出"汉唐渠水流潇潇,冬则涸兮夏则溢"的平原灌区的四季景象。[2] 这一切构成了黄河农业文明独特的"塞上江南"景观。

元明时期,青海东部河湟地区的农田水利也随着农业的发展而发展。到明末,西宁地区已经形成了以伯颜川、车卜鲁川、那孩川和沙塘川四大干渠为主,拥有近30条分渠的农田灌溉体系,受益农田达15万亩之多。少数民族地区对兴修水利也颇为重视,特别是在今民和一带,当地土族农民往往能因地制宜、因势利导地兴修水利,开渠引水。在巴州、三川一带,就开挖有巴州渠、暖州渠、骞占渠以及刽都渠等等。

二、手工业

(一) 官府手工业的发展

《明史·食货四·盐法》中记载:"陕西灵州有大小盐池,又有漳县盐

---

[1] 参阅《宪宗实录》卷七一,台湾中研院历史语言研究所校印,1962年。
[2] 参阅潘元凯《贺兰九歌之一》,《嘉靖宁夏新志》卷七,宁夏人民出版社1982年版。

井、西和盐井。洪武时，岁办盐，西和十三万一千五百有奇，漳县五十一万五千六百斤有奇，灵州二百八十六万七千四百斤有奇。弘治时同。万历时，三处共办千二百五十三万七千六百余斤。盐行陕西之巩昌、临洮二府及河州。岁解宁夏、延绥、固原饷银三万六千余两。"由户部主管漳县和西和盐井的盐业生产。

卫所戎器兵工业的新发展，由甘肃镇五卫（左、右、中、前、后五卫）、山丹卫、高台所等承担由右军都督府派办额造的戎器生产。《肃镇志》卷之三记载：肃镇左卫派办：西安府七分熟铁八千八百五十斤；熟铜八两；青布一百七十一丈二尺，白布三百四十二丈四尺；桐油五十八斤；猪油六十斤；清油一十四斤；麻子油一斤三两二钱；麻布五十七丈六尺；麻皮二斤；心红五斤一两二钱八分；黄丹三十二斤；白锡二十三斤；官粉五斤；牛筋六十三斤；鱼鳔四十五斤；牛角弓面三百二十块；水胶一十五斤八两；鹅翎一万四千四百；枝藤黄六两四钱；无名异三斤一十两；黄蜡四斤；生漆二十五斤；生丝一十五斤；生丝线二斤。本卫三分：松炭九百三十六包；石炭八十八包；万鞘木一百六十副；圆牌胎八十面；牛皮八十张。撒带：马皮一百六十张；羊皮五十二张；弓胎桑木一百六十副；箭杆木四千八支百；灰牌猪血三十二斤；灰牌荞麦四升。额造：每岁按季额造盔一百六十顶，甲一百六十副，刀一百六十把，弓一百六十张，弦三百二十条，撒袋一百六十副，箭四千八百支，圆牌八十面。肃镇右中前卫四卫派办额造俱与左卫同。至于山丹卫派办的额造属于西安府七分、本卫三分的原材料的投入，戎器也基本相同，唯多了"长枪一百六十支，铳箭一百六十支"。因此可以推断，属于甘肃镇受命于右军都督府（即西安府）派造额办的卫所军事手工业是承担戎器制造的结论，这是可以确定的。西宁兵备副使刘敏宽撰《西宁铁厂碑》载"陕西行省岁供甘州军需熟铁十万九百余斤"，足见肃镇是兵器制造中心。

《明史·食货五·坑冶》记载："铁冶所，洪武六年（1373）置。……凡十三所，岁输铁七百四十六万余斤。……十八年（1385）罢各布政司铁冶。"巩昌铁冶所就是这十三所中的一所。《春明梦余录》载："陕西巩昌冶，岁一十七万八千二百十七斤。"其被终止是由于当时仓存铁过量所致。它属于陕西布政司管理的铁冶，"太祖时，廉州巡检官言：'阶州界西戎，有水银坑冶及青绿、紫泥，愿得兵取其地。'帝不许"，"景帝时，办事吏请复陕西宁远铁矿，工部劾其违法"。可以说，除巩昌铁冶所短期存在外，有明一代，甘肃再无地方官府办的铁冶手工业机构。

明代甘肃卫所兵器制造业是一项重要的手工业，在一些重要的卫所均有军器局，如嘉靖《庆阳府志》记载庆阳卫有军器局和军器库。军器局管辖的工匠称为局匠军，庆阳卫"局匠军并花马池有地正军一千三百八十八名"。其中，卫属各个户所所有局匠军87名，若加之庆阳卫直属局匠军，则庆阳卫局匠军人数大体在130名。嘉靖《庆阳府志》记载庆阳府"各项匠共九百二十四名"中，有铁匠、钉铁匠、腰机匠、弓匠、箭匠等。由此可见，府办的手工业既有从事兵器制造业的，又有从事民用手工业的，这种府办手工业属于"征办"。

由于明朝政府的重视，定西的手工业得到长足发展，自然资源得到进一步的开发和利用。洪武元年至三十年（1368—1397），明政府在巩昌设立铁冶所、军械局、鞍子局，制造盔甲、刀、矛、箭、铁炮、马鞍等。唐末裔芳羊种从西域传入临洮后，毛纺织业发展迅速，家家户户都以纺织毛褐为能事。毛褐不但成为人们主要的衣饰材料之一，并用其交换生活必需品。明清两代，毛褐纺织业长盛不衰。制盐业也颇有盛名，狄道、渭源等县还产土盐。

明代青海西宁卫是羊绒产地之一。正德间，太监张玉"假采办进贡之名，于西宁、兰州等处，织造各色织金大红绒段，殆及数千"。[1]估计当时西宁工匠织绒技术有相当高的水准。元明时期，青海地区出现了一大批藏传佛教寺院，其中不乏像乐都瞿昙寺那样体现出很高设计水平和建筑艺术的名刹。明代青海还首次举办了官营冶铁业。另外，据口碑资料和后世文献追溯，青海大通地区的采煤业也肇始于明代。

（二）民间手工业的发展

康熙《靖远县志》载："明万历十九年（1591）三月，煤窑火出触人，死者三人，其一人雾气提升十丈，坠地首足俱碎。"记录了煤窑发生的一次瓦斯煤尘爆炸事故，说明当时的小煤窑已颇具规模。《明史·杨继盛传》载："（临洮府狄道）县有煤山，为番人所据有，民仰薪二百里外。继盛召番人谕之，咸服曰：'杨父即须我曹穿帐亦舍之，况煤耶？'番民信爱之，呼曰'杨父'。"这就是锁林峡煤矿开采的由来。明代，甘肃兰州阿干煤矿、平凉土圪堆煤矿、华亭砚峡煤矿和安口煤矿、永登窑街炭窑、崇信新窑镇煤矿等相继被开采，且多在嘉靖朝。

随着煤矿的开采，煤矿附近地方的陶瓷业也随之发展起来，兰州阿干、

---

[1]《明世宗实录》卷三。

平凉华亭的陶瓷业均有长足发展。《天工开物》中已经记载了华亭的陶瓷制造业,其黑瓷被列为朝廷贡品,"凡白土曰垩土,为陶家精美器用。中国出唯五六处",平凉华亭即为其中之一。《天下郡国利病书》中载"狄道县瓦窑十座","兰州磁窑三十四座,瓦窑十座","金县磁窑二座","河州磁窑七座,瓦窑十一座",这是临洮府以陶瓷、砖瓦为代表的建材业的发展状况。

白银市区东北的折腰山、火焰山、铜厂沟一带,明洪武年间设立了官方采矿机构——白银厂。明中叶以后,采矿规模不断扩大,陕西、山西、河南等地商贾纷至沓来,倒卖金银。明末清初,采矿工人达4 000人,有"日出斗金"之说。景泰寿鹿山金矿区,盛时右矿炉12座,工人数百人。下家台金厂沟淘金亦起于明代,历数百年不衰。顾炎武《天下郡国利病书》记载"兰州北二百五十里松山之南有矿炉二十座",狄道县"铸泻炉四座",兰州"铸泻炉二座",金县"铸泻炉一座",河州"铸泻炉一座"。这是明代临洮府铸造业的情形。

明代甘肃纺织业有毛纺织业、麻纺织业和棉纺织业,尤以毛纺织业名闻天下,为明代甘肃最著名的传统手工业、制造业。《皋兰载笔》云:"兰州所产,惟绒最佳。择羊毛之细软者纺线,斜纹织为绒;毛之粗者,亦以治之为褐也。""在明盛时,公卿贵人每当寒月风寒,闭居设宴,簪裾相映,莫不以此雅素相尚,自下贱者流,不敢僭彼于礼也。"明中叶以后,绒褐更进一步成为皇室贵族的特需产品,绒褐得到很大发展,由此兰绒在明代风靡全国。《明史·食货六》记载:"陕西织造绒袍,弘正年间偶行,嘉隆时复遣,亦遂沿为常例。"万历年间,"陕西织造羊绒七万四千有奇",而羊绒均取之兰州。于是,兰绒制造业由百姓以织褐为生,演变为上差太监开局西安的官府手工业了。

明代甘肃水磨除普通山水、川水磨外,还有船磨。于是,有立轮磨、平轮磨和船磨三种。明代河州人王径以其足迹所至,对明代甘肃水磨分布较为集中的区域进行考察,并在《水磨赋》中写道:"及予宦迹经由之地,北临隆庆,东历漳水,渭源东畔,泾水上游,俱有水磨运于中流,予验其气数之盛,制作之优,未有过于河州也。"《明史·食货六》中记载:"明初,上供简省。郡县贡香米、人参、葡萄酒,太祖以为劳民,却之。……宣宗时,罢永乐中河州官买乳牛造上供酥油者,以其牛给屯军。"甘州的乌江大米据说是明代上供的"香米",可见甘州的大米加工技术也是上乘的。同书同志的"采造"中记载,孝宗时,甘肃巡抚罗名言:"镇守、分守内外官竞尚贡献,各遣使属边卫搜方物,名曰'采办',实扣士月粮马价,或巧取番人犬马奇珍。且设膳乳诸房,金厨役造酥油诸物。比及起运,沿途骚扰,乞悉罢之。"这则史料可证明明代甘肃河西地区采办当地土特奇珍产物以贡献朝廷的事例,同时也证实了其地土特产品制造业的发展状况。

三、交通运输业与商业贸易

(一)交通运输业的发展

明代甘肃驿传制度较宋元更为完善,就地方管理系统而言,陕西右布政使、按察司副使、佥事、府(州)县的驿丞各职其事。驿传、递运所制度、驿马制度,都较宋元完备,各种条规也健全。据黄汴《天下水陆路程》记载:北京至陕西、四川的路程从甘肃陇南经过;以北京为中心,通往北边的路线,有陕西黄甫川至榆林镇、宁夏镇、固原镇、兰州、庄浪、西宁三卫路,有由庄浪卫至古浪、凉州、镇番卫路,有由凉州至甘肃二卫、嘉峪关路。

据《明会典》卷一四九《驿传五》记载北宋与明代甘肃诸卫所的路程如下:陕西行都司,并甘州后卫,陆路5400里,计87站;秦州卫,陆路3320里,计55站;岷州卫,陆路4100里,计61站;河州卫,陆路4200里,计63站;洮州卫,陆路4220里,计63站;庄浪卫,陆路4460里,计70站;阶州守御千户所,陆路3240里,计67站;西固城,陆路4500里,计61站。以上路线中途有庄浪卫、古浪所、凉州卫、永昌卫、镇番卫、山丹卫、甘州五卫,西边可以联系高台所、镇彝所、肃州卫。明初,洪武、永乐时期,在嘉峪关之西设置的安定、阿瑞、曲先、罕东、赤斤蒙古、哈密等卫。明朝廷与这些卫的联系,也完全是依靠这条路线,实际上这条路线也成为与内地交流的一条商道和中亚及新疆各族向明政府进贡的大贡道。

还有一条东西交通的陆路,即是从江浙地区经扬州、泗水、永城至汴梁,再经郑州、洛阳至西安,继续西行就是沿着以前的丝绸之路直达新疆及中亚各地。这条路为明代东西最长的一条陆路交通要道。而这条东西交通要道的关键路段就是甘肃境内的交通要道。

明代定西的驿站制度更加完善。经过定西的驿道主要有新开辟的由平凉经安定至兰州的运粮驿道和从秦州经通渭、安定或经陇西、渭源去兰州的传统民间商道,还疏通了由陇西经漳县、岷州至阶州的道路。在驿道沿途设立通云驿、称钩湾驿、通安驿、延寿驿、西巩驿、三岔驿、泥沙驿、庆坪驿、安羌城驿、酒店子驿、岷山驿、西津驿、窑店驿等13处驿站,并置有陇西甸子川、陇西城北关、熟羊镇布谷、安定好地掌、称钩湾、安定城、西巩镇、渭源石井、岷州酒店子、野狐桥、梅川、狄道柳林等12处递运所,修建了永宁浮桥、宏济浮桥、陵桥、渭桥、野狐桥、永济桥、迭藏长桥、岷州东西二桥、断涧仙桥和康家崖渡口。

明代宁夏由都察院主管,全部用军卒充役,各驿站递运所由"百户"负责,当时又称之为"军站"。各种畜力大车,一般由军队制造,并集中在宁夏镇城、平房(平罗)城及中卫等地的兵车厂,统一管理使用。各驿道的交通工具,则集中在站、所统一使用。明代因军事防御的重点转到东北部,宁夏镇经灵州南下关中的驿道成为重要的交通干线,其次为陕甘驿站,经过固原镇的瓦亭、隆德。

明时,西宁到兰州、贵德到河州之间也都建置了比较完备的驿递机构。西宁到兰州间分别设有驿站、递运所和铺(主要用来传达公文信函)。驿站有7个,即西宁在城、平戎(今青海平安县平安镇)、嘉顺(今青海乐都县碾伯镇)、冰沟(今青海乐都冰沟)、老鸦(今青海乐都老鸦)、古鄯(今青海民和古鄯)和巴州(今青海民和巴州);递运所5个,即西宁在城、平戎、嘉顺、老鸦和冰沟;铺有14个,即西宁在城、洪水、石峡、土山子湾、迭烈逊、杨玘、马哈剌、碾伯、东驽木赤、白崖子、甜水、山岭、冰沟及冰沟口。贵德到河州间则有"番站"6处,据清康熙《河州志》所载,6站名称为三岔、鸾沟、讨来、保安、边都和清水。"每站设番官一员,如内地驿丞例,各种印信、站马,应付往来公使"。但此种"番官"不仅仅要"应付往来公使",他们一般也都是当地落头人,有治民之责。

（二）商业的发展

嘉靖《河州志》称河州为"秦陇以西繁华称首"。《河州志》卷一记载:"大市,即粮食市也,五谷充积,贸易至午而散,在城市大十字街。中市,即畜类市也,六畜咸集,贸易至午而散,在城中小十字街。南关市,客店一十八座,四方商贾居焉。宁河镇,州南六十里,居民五百余家。弘治乙卯(即弘治八年,1495年)立市,每三日一聚会。定羌镇,州南百二十里,居民五百余家,弘治乙卯立市,每三日一聚。"河州为明代临洮府所辖的一个州,与临洮府治所狄道相比,其城乡设市的规则应是一致的。城市内的市为常市,并有专业市场区,距城60里设集市。所谓"三日一聚"是指十日三集,即采用一旬(十日)逢一四七日、二五八日、三六九日有集的形式。这是一种比较常见的定期集市,这种定期集市有利于城乡物资交流,又会使专业经营者经常有集日活动,这是一种历史性的进步。《明史·宁正传》记载:"洪武三年,授河州卫指挥使。上言:'西民转粟饷甚劳,而茶布可易粟。请以茶布给军,令自相贸易,省挽运之苦。'诏从之。(宁)正出至卫,城邑空虚,勤于劳徕。不数年,河州遂为乐土。"从洪武三年到弘治八年的125年间,河州卫与河州并设,从茶布易粟的物物交换发展成为城乡市场体系比较完善的以货币为媒介的商品交换,从"一方乐土"发展到"秦陇以西繁华称首",主要就是依靠市场机制起基础性的作用。这是明代甘肃商业贸易发展的基本规律或基本趋势。

说到明代甘肃商品市场体系的发展,还必须着重指出,不仅是陕西右布政使司专管的四府所辖州县的商品市场体系的完善,明代甘肃各卫的治所同样存在城镇市场,且各有特点。洮州卫、岷州卫治所所在地依明代应天府之制,开辟"跟营"的城镇贸易形式。明代甘肃河西的区域市场当推陕西行都司、甘肃镇、甘肃巡抚所在地的甘州卫和肃州卫等地的商品市场体系。甘州卫、肃州卫不仅是河西重要的地方性市场,而且是西方贡使("回回互市")商人和旅行家的聚居地。明中叶后,越来越多的西域和外国商人到来,于是不得不对这些西来之人进行必要的限制,一般规定两年或三年来一次,且每次来使不超过一二十人。在这样的限制性条件下,大多数留居甘州卫、肃州卫,使这两地的治所成为国际性都会。宣德五年(1430)定各处纳盐粮例。甘州寓居回回沙八思等中纳盐粮,该支两浙盐1.012 5万引,因浙盐少,以山东盐如数给之。马儿丁等应支两淮盐5.23万引,因淮盐亦少,以河间、长芦盐如数给之。依此可见,这些人还经营起中纳盐粮了。另外,明代甘肃的庙会和花儿会既是各民族民俗文化汇集与交流的场所,也是城乡商品市场体系的组成部分。

在民族贸易发展方面,茶马互市达到历史巅峰。明代将茶马互市作为"以茶驭番"之术,先后实行以下几种措施,创茶马互市的历史新高度。

置茶马司。洪武五年(1372)置秦州茶马司,诏户部运汉中茶叶至秦州,以易番马。随后相机置河州茶马司。明代,甘肃是置茶马司最多的一个地方,诸多茶马司的设置,适应了甘肃多民族聚居地及其民族贸易的发展。

金牌信符。《明史·食货四》记载:"制金牌信符,命曹国公李景隆赍入番,与诸番要约,篆文上曰'皇帝圣旨',左曰'合当差发',右曰'不信者斩'。凡四十一面。洮州火把藏思囊日等族,牌四面,纳马三千五十匹;河州必里卫西番二十九族,牌二十一面,纳马七千七百五匹;西宁曲先、阿瑞、罕东、安定四卫,巴哇、申中、申藏等族,牌十六面,纳马三千五十匹。下号金牌诸降番,上号藏内府以为契,三岁一遣官合符。其通道有二,一出河州,一出硇门,运茶五十余万斤,获马万三千八百匹。太祖之驭番如此。"

严禁私茶。明太祖以为贩鬻之禁,不可不严,于是派遣佥都御史邓文铿等察川陕私茶,驸马都尉欧阳伦以私茶坐死。并开创由御史巡督陕西茶马之制。

召商中茶。《明史·食货四》记载:"弘治三年(1490),御史李鸾言:'请于西宁、河西、洮州三茶马司召商中茶,每引不过百斤,每商不过三十引,官收其十之四,余者令货卖,可得茶四十万斤,易马四千匹,数足而止。'从之。"召商中茶,使岷州卫、洮州卫、河州卫等地的藏传佛教寺院也投入到其中。它们拥有茶马田地作为寺产,并世袭;还把召商中茶的茶马作为"以马代赋"的政策手段,深获其利,实质上是"计地贡马法"。

易马定额。万历十六年(1588)放马宽,规定明代甘肃茶马易马定额:河州3 500匹、岷州160匹、甘州1 000匹、庄浪800匹、临洮府1 800匹。

以盐易马,实质上是茶马互市的有益补充。规定河州纳盐中的马"上马二十五引,中减五引"。河州卫与河州地方都是藏族聚居的地方,纳盐中马同样是民族贸易的一种形式。《天下郡国利病书》卷五八中记载:"盐马,岁征盐于西和一十三万一千□百四斤十一两,有闰月一十四万三千五十一斤。於漳,五十一万六百八十七斤,有闰月五十五万六百七斤。招商纳马支盐,每上马盐百斤,中马八十斤。其马给军骑操,或折银给军易马。"

明代甘肃与蒙古族市易,是通过设置马市进行的。甘肃河西凉州和河东庄浪、庆阳设有马市,与蒙古族进行市易贸易。双方必须在固定的官市上按规定的茶马比价进行交易。同时,在沿边地区进行自由贸易,是为"私市"。官府起初严加取缔,后被迫认可,称"民市"。

明代分内商和边商后,晋商作为边商的重要组成部分,活跃于明代甘肃的商业贸易中。明代晋商代表人物王瑶,山西蒲州宣化坊人,弘治时就随父在邓州做生意。据《韩苑洛全集》卷五《封刑部河南司主事王公墓志铭》记载:"贸易邓裕襄陕间,而资渐丰……至正德中,资渐耗费,公行货张掖、酒泉间,又尝同诸商依酒泉兵宪陈公赴河西,忽传兵至,急趋近堡,守者不纳,众惶惧失措,公从容安置货物城下,团列骡马,挽弓抽刀,倚城自保。

陈公行城见之,纳入堡,问曰:敌迫近何尔整肃不乱也。公曰:等死耳,须竭力拒卫,安能俯首待戮。陈公壮之,公因出布绢犒军吏,陈公义之,随陈公至酒泉。适哈密之变,军将多密约寇为内应,陈公孤危,无可与计事者,乃召公集诸商誓曰:今我与尔辈寄命于此,即有变化,俱当首祸,其为我亲军。公率诸商昼夜披甲胄,挟弓刀环卫,俨然一裨将矣。陈公尽收反者诛之。复货盐淮、浙、苏、湖间,往返数年,资乃复丰。"这是记载晋商王瑶率领武装押护商队运送布绢到甘肃河西张掖(甘州)、酒泉(肃州)一带去进行商业贸易的史料。可见晋商的开拓者们早已涉及甘肃河西地区的布匹贩运贸易。

据《受祺堂文集》卷四《先府君李公孝贞先生行实》记载:陕西富平县李月峰大约于嘉靖、隆庆年间,自己率领武装保护运粮队伍,贩运粮食于陕北陇东一带的史实。"李氏自长一公以来,行义修举,以财雄里中,而月峰公起为边商,输粟延安之柳树洞,主兵常谷,容兵常谷数千万石,食安边、定边、安塞军数万人,通引淮扬,给冠带,自按部御史而下,率礼待之。月峰公任侠好施,善骑射,凡往来荒徼中,挽强弓,乘骏马,不逞之徒望风逃匿,他商旅或假其名号以自免"。《明史·地理三·陕西》载庆阳府安化县北有定边巡检司。边商的山陕帮大商人都在弘治、嘉靖、隆庆年间涉足甘肃以长途贩运为特征的粮食、布绢生意中,这既是大商人规模经商发展的特点,也是其时甘肃商业贸易空前发展的特征。

明廷利用"番人嗜奶酪,不得茶,则困以病"的特点,用茶叶交换藏族各部的马匹,借以加强与藏族的联系,增强他们对明朝的向心力,达到"隔绝羌胡"、稳定河西的政治目的,此即茶马互市。洪武五年(1372),明廷设立了第一个茶马司——秦州茶马司。洪武十五年(1382),司令、司丞改为大使、副使,专司茶马互市。明廷还曾实行过中茶制,即将粮食运交边境卫所,取得"茶引",凭"引"取得一定量茶的贩卖权。洪武、永乐时期,茶马互市三年一次,若积茶较多或马匹需求量很大,也可以增加易马次数和数量。茶马互市必须在规定的时间、地点进行,且要"两平交易",否则要予以严惩。茶马互市的比价,多因时而异。

明代定西的商业贸易较为发达,商贸形式除官营藏汉茶马互市外,更有藏汉民间民族贸易和集市贸易。岷州南门外西营城设有番厂,番厂就是藏汉民间贸易的场所,每遇朔望,番人挈土物来和汉民共市,使岷州出现了"输賨番女尽编氓,连袂蒙头竟上盈"(《岷州竹枝词》)的经济繁荣景象。

后来,副使王云凤改置"番厂"于城南,同知韩三接增修厅房30余间,并派兵守护,使藏汉间的民族贸易更趋稳定。各地集镇逐渐兴起,其中岷州有6处,通渭11处。据万历四十四年(1616)《通渭县志》载:"市集在县月单日,共一十五集。鸡川店、安远店、蔡家铺店、白塔寺店、寺子川店、义岗川,俱旧乡集。""步路川店、十八盘店、塔泥店、第三铺店,俱新乡集,兴废无常。蔡家堡、寺子川差胜,然上乡村土,初略相贸易,无大商贾奇货也。"市场上交换的商品主要是农副产品和生活日用品,流通的货币除金砖、金条之外,主要有"洪武通宝"、"崇祯通宝"等银币,"大明通行宝钞"等纸币和各类铜钱,另有少量的西班牙本洋、墨西哥鹰洋等外币。

据《嘉靖宁夏新志》卷一《街坊市集》所载,当时宁夏镇内有"熙春"、"泰和"、"咸宁"等32个街坊市集。这些市集上,分别交易"胡麻糟糠杂物"、"苏杭杂货、鱼肉瓜菜五谷"、"布帛"、"果品颜料纸毛山货市帽"、"猪羊肉"及"骡马猪羊"等。实际上,当时社会余粮很少,官府原则上是禁止粮食贸易的。官府对经商者征收商税,宁夏镇设有"税课局"。花马池(今盐池)所产的食盐,其贩运也具有一定的商业活动的性质。明朝朝廷通过发放贩运食盐的许可证——盐引,向盐商们索取马匹或马价银,以供边镇军需。在今盐池县南部的萌城,当时就曾设置过"萌城批验盐引所"。固原亦在州城内设盐引批验所。明代与蒙古的边境互市,也是当时商业活动的一个组成部分。万历二年(1574),允许鞑靼在宁夏中卫互市贸易;十七年(1589)顺义王撦力克求宁夏开设马市,如俺答时赤木口马市之例,获应允;三十年,恢复宁夏等地与河套鞑靼诸部的互市贸易。

明初,全国战事尚未结束,因此对战马的需求量很大,朝廷就不断派员到西北藏区购买或用实物交易马匹。随着明朝对西北各地统治的稳固,对既可"供边军征战之用"又可"系番人向化之心"的茶马贸易,实行由官府独家操纵的封建垄断经营,分别在河州、洮州、岷州、秦州等地建置茶马司来主持茶马贸易。洪武三十年(1397),秦州茶马司迁到西宁。在对茶马贸易进行垄断经营的前提下,明朝向河、湟、洮、岷缘边各藏族部落及撒拉、撒里畏兀儿等少数民族颁发"金牌信符",定时定额向他们征收"差发马",然后酌付远低于马值"茶酬",实际是强制征收以马为赋的牧业税。在官府对茶马贸易实行垄断经营的背景下,民间交易被明令禁止。但实际上,民间交易——茶叶走私活动始终未能被阻遏,相反对官营垄断形成巨大的冲击。万历前期,在西海蒙古的强烈要求下,明朝在扁都口洪水堡开设互市,准许蒙古各部每年到此进行贸易,但"房市惟易缎、绢、布、粮等物",禁止茶叶交易。

第二节　清代甘肃社会经济发展

　　清前期甘肃行政体制主要是建立甘肃行省,实行省、府(直隶州、直隶厅)、县(散州、散厅)行政管理体制,确立兰州为甘肃省治所在地;并以陕甘总督为最高军政长官。清前期甘肃行政建制为兰州、平凉、巩昌、庆阳、凉州、甘州六府和安西、肃州、阶州、秦州、泾州、狄道六个直隶州,以及洮州直隶厅,均在今甘肃境内。从顺治初年起到雍正二年的80多年间,基本上都是因袭明制。雍正二年起,清政府才加大省卫升府置厅县的力度。到乾隆年间,甘肃行政体制改革才最后完成。至此,明代甘肃府、州、县行政管理体制与卫所军事管理体制并存的局面才被打破,从而形成了清前期甘肃的行政管理和行政区划。清统一全国之后,在今甘肃境内驻有两支八旗兵,通称凉州满营和庄浪满营,早期归清廷直接调遣,后期归陕甘总督节制。清初的甘肃卫所表面上沿袭明制,实质上却发生了质的变化,改原来的屯、守比例为专事屯垦,改兵丁为屯丁,即原卫所的编制总额及其目标任务都发生了变化。陕甘总督全称为"总督陕甘等处军务",是清王朝派驻西北的最高军政长官,官阶为从一品,其职责如《清史稿·职官三》所称:"掌厘治军民,综治文武,察举官吏,修饬封疆。"清王朝在军事上采取"以满制汉,以文制武"的方针,使地方文武官员"相互制约,受命于清"。绿营兵是清王朝入关后建立的一支由汉人组成的经制兵(正规军),因用绿旗为号故称"绿营",其组织编制有提、镇、协、营、汛诸级。总督直接统领的称督标,巡抚直接统领的称抚标,提督直接统领的称提标,总兵直接统领的称镇标。总而言之,甘肃绿营兵的各级军官和士兵,分布于清前期甘肃各地镇及镇以上的府、州、县地方,表明其成为清政府对其时的甘肃进行有效管理的军事支柱,承担起作战、戍守、屯田诸任务的公共服务和社会管理职责。

　　顺治二年(1645),清军在陕甘总督孟乔芳率领下进占西宁,招抚东部各土官,很快重建起封建统治秩序。然而,广大的蒙藏地区仍处在和硕特蒙古统治之下。清朝刚刚入主中原,国内政局不稳,一时无暇对青海地区进行全面治理,暂且沿袭明末旧制。雍正初年,平定罗卜藏丹津叛乱,结束了和硕特贵族割据统治的局面,使清朝得以在青海全面建政施治。此后,以年羹尧所奏"青海善后事宜十三条"及"禁约青海十二事"为基础,清廷陆续出台了一系列对青海历史影响重大的治理措施,包括改卫所制为府县制,在蒙古各部实行盟旗制,在藏族地区推行千百户制等。清廷强化对青海施政和治理,全面推动了青海社会的发展和进步。清初,原明朝各土官"俱就招抚,孟总督乔芳请仍赐以原职世袭",[1] 土司制度沿而不革。从顺治四年至十一年(1647—1654),清廷相继给明朝西宁卫土官后代祁廷谏、祁兴周父子及李天俞等人发给号纸印敕,正式称其为"土司",并分别授予指挥使、指挥佥事、指挥同知等职衔,以彰其归附之功,同时令其"备顿所部耕牧"。雍正年间,清廷在西南实行"改土归流",但在青海地区却继续推行土司制度。顺治九年(1652),在循化撒拉族中设立两位土司,并授予上千户职衔。后由兵部发给号纸,执兵刑钱谷诉讼大权。土司制度的特点是"封土司民",官职世袭,土司既是部落首领、封建领主,又是朝廷官员。土司制度在河湟地区存在 300 多年,直到民国时期才废止。

  清代前期的宁夏同样伴随着战乱,由于宁夏特殊的军事地理位置,清军入关后,好多问题都需要通过战争来解决。因此,与明代一样,清朝前期在宁夏只有军事建制而没有地方行政设置。清初,仍旧设立陕西三边总督,驻节固原;设宁夏巡抚、宁夏总兵,镇守宁夏,体现的仍是战争状态下的军事体制。这一时期,反清的浪潮遍及宁夏。清代前期宁夏地方之所以是军事建制,很大程度上与平定王辅臣、噶尔丹的战争有直接关系。康熙三年(1664),清政府改西安提督为固原提督,驻守固原。1670 年清政府擢升王辅臣为陕西提督,驻防固原。之后,王辅臣参与吴三桂反清失败,被平息后,宁夏地区基本趋于平稳。在此背景下,宁夏以军事为主的建制完成了它的使命,随之而来的是地方政权建制的设置。康熙三年析置陕西省另立甘肃省,此后,宁夏地区属甘肃省管辖,故宁夏地方政权建制的设立,实际上是在陕甘分省之后。雍正二年(1724)七月,川陕总督年羹尧奏准裁撤宁夏卫,改置宁夏府,从此结束了宁夏自明代以来延续了 350 年的特殊军事卫所建制,改建成为地方府、州、县行政建制。宁夏卫所属原宁夏左屯改置为宁夏县,原宁夏右屯卫改置为宁朔县,原宁夏中屯卫改置为中卫县,原平虏守御千户所改为平罗县;裁灵州千户所置灵州,裁宁夏千户所并入灵州。当时,宁夏府管领宁夏、宁朔、平罗、中卫四县和灵州直隶州。改建宁夏府

―――――――
[1]《清史稿》卷五一六《土司五》。

之后,200多年的格局基本未变。雍正三年六月,根据甘肃巡抚彭振翼的请求,改陕西平凉、固原二卫归平凉府管辖。入清后明代卫所制度在宁夏地区延续了80多年,到雍正初年,该地区大体完成并入地方行政建制系统的改革。

一、农业

和明初一样,清代开国之初也面临着社会残破、民用匮乏、土地荒芜等问题,尤其是战争还未结束的顺治初年,为供应军饷,各地官员不断追缴钱粮,导致哀鸿遍野、民不聊生,且"房地圈占由来已久,加以年岁不登,差派日重,骨髓已空,筋疲已尽,支应不能,抗法则不敢,庐舍产业都无可恋,惟有相率携妻而去"。[1] 大量的人口流失和抛荒土地,不但严重阻碍了甘肃地区经济的发展,而且民心不忿,兵燹四起。清朝廷也意识到民心对国家稳定的重要性,并认识到"收拾民心,莫过于轻徭薄赋",[2]"行蠲免,薄赋敛"是关键。[3] 康熙年间还实行了"盛世滋生人丁,永不加赋"和"摊丁入亩"的办法,这大大减轻了劳动人民的负担,不但有利于人民生活的改善,还因工商业者没有丁税、徭役负担而大大促进了工商业的恢复和发展,有利于经济的进步。

(一) 甘肃地区

清代,为恢复社会经济,清廷采取了移民垦荒、兴办屯田等一系列积极的措施,使甘肃地区的耕地面积迅速增加。据《清朝文献通考》卷一〇《田赋》载,雍正二年,甘肃屯田近10万顷;乾隆十八年,甘肃屯田10.7万顷,乾隆十一年屯田11.5万顷,在数量上远胜明朝。曾诏谕全国,"凡地方官招徕各处逃民,不论原籍别籍编入保甲,开垦荒田,给以印信执照,永准为业"。[4] 为确保各地官员切实落实该措施,还规定"以招民劝垦之多寡为优劣"并"载入考成"。[5] 并通过延迟垦荒的起科年限来奖励垦荒,还通过给予补贴的方式帮助人们恢复生产。如清朝廷招徕流民去敦煌开荒,途中所需生活物品和开垦所需耕牛、籽种等一应俱全;康熙五十五年(1716)

---

[1] (清)张伯魁纂:《徽县志》卷七,《中国方志丛书》,台湾成文出版社1970年版。
[2] (清)朱鼎清:《请明济纲定人心疏》,《皇清奏议》卷一。
[3] 《清世祖实录》卷一九。
[4] 《清文献通考》卷二《田赋》。
[5] 《清世祖实录》卷四三。

在甘肃招徕无业贫民官费送到关西的赤金卫、靖逆卫和柳沟所安插垦荒，并"盖造房屋，分拨居住"。还将"前明废藩田产给予原种之人，改为民户，号为更名地，永为世业"的"更名田"，也促进了劳动人民开垦的积极性。在轻徭薄赋方面，则体现在甘肃地区推行豁免皇粮和减免赈灾的政策。但在朝廷巨额粮款扶持的过程中，出现了贪污舞弊现象，将蠲赈物资据为己有，于是清廷大开杀戒，严惩贪官，在一定程度上赢得了民心，稳定了经济。

清廷在大力推广移民垦荒的同时，还不断兴修农田水利，从而促进了甘肃地区农业经济的复兴。《清史稿·河渠四·直省水利》中记载："瓜州地多水少，民田资以灌溉者，惟疏勒河之水，河流微细。查靖逆卫北有川北、巩昌两湖，西流合一，名为蘑菇沟。其西有三道柳条沟，北流归摆带湖。请从中腰建闸，下浚一渠，截两沟之水尽入渠中，为回民灌田之利。"再如："唐渠口高于身，水势不畅，应引黄河之水汇入宋澄堡。如水不足用，更于上游近黄处开河引水，酌建闸坝，以资蓄泄。"

河西地区内陆河水灌溉的水利建设有《甘州府志》中所阐述的特征："冬多雪，夏多暑，雪融水泛；山水出，河水涨，泉脉亦饶，以是水至为良田，水涸为弃壤矣。"冰雪融水为内陆河水的灌溉提供了便利条件，如清代肃州的农业灌溉主要取水于疏勒河、红水河等河流。而清代肃州水利开发中最引人注目的则是修建于雍乾之际的红水洞子坝水利工程：红水河"流延一百余里，灌田极多。其北有花儿坝，延五十里。南有新渠，又分东洞子坝、西洞子坝，延十里，俱在红水河。其凿石为洞，引水渐上，直透崖顶，分流而下，大为民利"。[1] 而洮河、渭河流域和兰州地区的水利则表现出了中部干旱沿黄地区水利建设的特征。如洮河流域的水利开发主要在狄道州，洮河在狄道境内流经230公里，河谷宽广，河滩较多，可直接引河水灌溉。乾隆三十六年修的《甘肃通志》记载狄道州共有灌渠6道，到光绪《甘肃全省新通志》编纂时灌渠已达到16道。渭河流经县境90余里，除了沿途的"头渠"、"二渠"和"三渠"外，也可以直接引河水灌溉。清代兰州水利多是前代留下的，覆盖的灌溉范围也十分广阔。而水车浇灌也是兰州水利的特色，因黄河贯穿兰州，岸高河低，引水困难，于是明代就出现了水车。《甘宁青史略正编》有载："至黄河两岸不能开渠之处，又有水车，其车形如车轮，辐二三丈至四五丈不等。轮径小者四五丈，大者八九丈。用二木夹轴，高

---

[1] 《甘肃全省新通志》卷一〇《舆地志·水利》。

擎下入河流,上出河干,轮周围斜挂木桶,水激轮转,顺承倒泄,空中高架木槽,承水引入河干,分灌陇亩,计一轮可灌七八百亩,虽系人力,亦一水利也。"入清之后,水车更是得到了广泛的应用,其数量之多、灌溉面积之广,在甘肃水利史上具有重要地位。道光《皋兰县续志》也曾载,皋兰县境内水车数量多达150轮,灌地面积达"六千三十垧又一万二千四百二十余亩"。除上述两大类型的水利建设之外,还有庆阳、平凉和陇南等地区的水利建设。如平凉府平凉县开凿的平凉普济渠,据《甘肃通志》记载该渠"长二十五里,溉哈家湾军、张庄民、张庄之田无数"。除此之外,还有静宁州开凿的仁当、垂家二川渠和清末时期灌溉面积较大的文县贾昌渠、东峪口渠、武都城关渠、安化渠、两水渠、礼县崖城渠、岷县理川渠等。清代的水利建设是相当成功的,不仅扩大了耕地面积,而且在一定程度上也安置了劳动力,有利于社会的稳定和发展。

(二) 宁夏地区

明末清初,因战乱造成的"一望极目,田园荒凉;四顾郊原,社灶烟冷"的荒凉景象几近持续到康熙初年。[1] 但不可否认,清代相对和平、稳定的政治局面,为宁夏地区的经济恢复和发展创造了条件。顺治十二年(1655),宁夏巡抚黄图安在《条议宁夏积弊疏》中提出整顿兵饷、渠工、驿递、军训等八项改革措施,主要依靠疏浚河道和移民屯垦两项传统措施来恢复发展宁夏农业,并于顺治十五年主持疏浚唐渠和汉渠。康熙、雍正年间,宁夏不但大规模整修从汉代以来宁夏平原灌区的旧渠道,还修建了"长七十二里,溉田六百五十七顷"的大清渠,[2] 和灌"渠长二百里,溉田二千七百一十七顷"的惠农渠等新渠。[3] 据嘉庆年间重修的《大清一统志》记载:宁夏境内有直接引黄河水灌溉的渠道大小二三十条,共灌溉二万一千顷,较前有所增加,为明代最高耕地面积的1.4倍。

农牧各业在清代都有较为稳定的发展。固原地区在历史上是以畜牧业为主的半牧半农区,明代曾经把该地区广阔的牧场分给各藩王,清初撤销。雍正年间,由于固原地区提督的疏请,在本地建立了六个军马场,分别为提标中营参将马厂、提标左营参将马厂、提标右营参将马厂、提标前营参

---

[1] 《皇清奏议》卷一,罗振玉墨缘堂印本,1936年。
[2] 《大修大清渠碑记》,张金城修、杨浣雨纂:《乾隆宁夏府志》卷二〇,宁夏人民出版社1992年版。
[3] 《惠农渠碑记》,张金城修、杨浣雨纂:《乾隆宁夏府志》卷二〇。

将马厂、提标后营参将马厂、提标城守营参将马厂,原本意在加强边境战备实力,但本地的军马和其他大牲畜也因此"大为蕃息"。[1]

除此之外,清朝在固原地区实行招发开垦,按亩收租,其规模远超过前代,河谷川道、山间盆地,以至浅山缓坡的草场林地都被不断垦殖。成书于1616年的万历《固原州志》记载明末固原州(包括今固原市袁州区,彭阳、西吉、海原等县区和同心县南部)耕地面积为六十八万九千四百亩,而据清末光绪二十四年(1908)的统计,则"原额民屯更监养廉租等项耕地"共一百二十一万零九百亩,即较明末约增长了四分之三。[2] 总之,清代固原地区种植业逐渐取代了牧业和农牧兼营经济,牧业逐渐下降到次要位置。

(三)青海地区

清前期青海农业主要分布在东部河湟地区,青南地区也有小块农业。康熙、雍正年间较为平稳宽松的政治局势和朝廷重视发展经济的政策,为清前期青海农业的发展创造了良好条件。这一时期,地方各级官吏都十分重视劝督农耕,开垦荒地,故耕地面积有较大幅度的增加,仅官方登记在册的土地就在200万亩左右,形成了"田野日辟,生齿岁增"的局面。康熙四十三年,"四驿牛夫首报垦荒地一十八顷六十四亩,额外清丈自首地一十二顷九十三亩"。[3] 康熙五十七年,"招民开垦荒地八顷三十九亩"。雍正二年,西宁县"劝民开垦水地六十一段。每段大小不等,共下籽仓石三十一石五斗"。[4] 此外,"贵德所康、杨、李三寨屯民于雍正十三年开垦水地八顷二十七亩有奇"。[5]

水利灌溉是农业丰收的保障之一。清前期地方各级官吏也十分重视兴修水利,利用水资源,在原有渠道的基础上新建了许多水渠,纵横成网,扩大了浇灌面积。如紧靠黄河岸边的贵德地区,在乾隆六年以前"向无渠道,皆决口漫浇"。后经西宁道金事杨应琚、知府申梦玺、贵德所千总李滋宏捐俸创筑粗支干渠,并"就渠道远近,定引水庄堡,并设立渠长。每岁按地派夫浚筑,渐获水利焉"。[6] 乾隆三十四年,循化同知张春芳在革滩坝

---

[1] (宣统)《固原州志·兵防志》。
[2] (宣统)《固原州志·贡赋志》。
[3] (清)杨应琚:《西宁府新志》卷一六《田赋志·贡赋》。
[4] 同上。
[5] 《清高宗实录》卷二〇二。
[6] (清)杨应琚纂:(乾隆)《西宁府新志》卷六《地理志·水利》。

工也新筑水渠一条,百姓浇地则"按股受地"。据统计,乾隆时期河湟地区有干渠 222 道,支渠 524 条,渠道总长 3 437 里,灌地 154 716 段,折合 467 757.11 亩。[1] 水浇地面积比明代和清初有了较大增长,标志着农业经济有了较大的发展。

赋税是封建政权存在的基础,为了适应土地关系的变化,清政府也逐渐完善了青海农牧业区的赋税制度。因边陲地区人烟稀少,清廷沿袭明制,只征本色粮草而不用折色银两,还因"宁郡旧系边远卫所,不纳丁银",[2]无疑是对青海地区的优惠政策。具体执行中更是因地而异,针对西宁地区,"圣朝定鼎之初,湟水唯水田有赋,大都下籽粒一市斗,纳仓斗粮二斗五升,上则至三斗而至"。又因旱地、水地、平地、坡地下籽量不同,进一步细化屯、科粮的征收,多则亩达一斗,少则为亩二升。新垦土地,一般为三年起科,但按垦地种类不同,也有十年起科的。自雍正三年,番地则开始按下籽量征收粮赋。而这些番地收入则大部分以"喇嘛衣单口粮"的形式,作为各寺院喇嘛的口粮及日常所需。清代青海地区在征收田赋的同时,还附加了对马粮、耗羡、草束等项的征收。

(四) 河西地区

明末清初,"甘、肃自闯、回掠后,灾寝死役之余,田产之焚者、荒者十有一二。军民之存活者,十无一二",[3]社会遭到严重破坏。针对这种情况,清政府采取了减免赋税、整顿吏治等措施。康熙后期到雍正年间,清政府在河西实现大规模的屯田,并兴建大批水利灌溉工程。募民屯垦、徙民实边等措施,为河西地区注入了大批劳动力,对河西经济的恢复和发展起到了积极作用。

清前期,利用河西的天然优势,延续前朝利用祁连山雪水、泉水进行水利建设的做法,依靠民间人力兴修、疏浚了一批水利灌溉工程。但清政府开凿的水利设施工程量大、耗时长、耗资大,非民间力量所能完成,需要清政府动用国家财力。雍正十一年《河西屯田条例》规定:"凡开渠、筑坝、平地雇募人夫,每日每名给工价银六分、面一斤八两、米四合一勺五抄,若米

---

[1] 崔永红:《青海经济史》(古代卷),第 181 页。
[2] (清)杨应琚纂:(乾隆)《西宁府新志》卷一六《田赋志·户口》。
[3] 《顺治十四年甘肃巡抚都御史佟延年题免编审丁徭疏》,载乾隆《永昌县志·艺文》,见 1983 年永昌县人民政府重印《永昌县志》。

面本色不愿领折色者,照依各地方实价计算给银。"[1]河西民屯使用的水利设施大多是按这一条例动用官帑雇工修建的。同时,统治者还制定了严格的灌溉用水管理制度来维护、疏浚水渠,保障用水秩序,以使水利系统发挥最大效益。如瓜州屯田区,专设水利把总,其下又有各种吏员,对夫役工食及修理渠道、闸、坝之费用也有具体安排。甚至乾隆二十四年之后,清廷在河西屯田逐渐结束时,河西地方政府对水利仍然十分重视。如永昌县虽"治水无专官,统归县令,然日亲薄书,未遑遍履亲勘。于是农官、乡老、总甲协同为助,以息事而宁人"。[2]

(五) 定西地区

明末清初遭受的战乱灾害,定西地区首当其冲,大规模的战事就在定西发生了四次,是战乱最激烈、最残酷的地方之一。地荒丁亡、民穷财尽,社会矛盾十分尖锐,清政府不得不采取一系列有利于民生和社会恢复的措施。首先就是轻徭薄赋,减轻对农民的剥削,无疑是恢复社会生产力最快速的措施。顺治六年,免收岷州赋税。顺治七年,减免安定县田赋。顺治十三年,豁免岷州田赋。顺治八年到乾隆五十三年间,蠲免通渭县额定钱粮15次,并借贷籽种,赈济灾民。乾隆四十二年免征渭源钱粮。期间,不断奖掖垦耕,乾隆五年狄道、渭源、金县、会宁等州县垦荒3 003顷66亩。为了维持社会安定并提高农民垦耕的积极性,清政府还实行了"更名田",承认了农民占地的合法化,安定县农民获取了更名田221顷65亩。更名田的实行,无疑对农业的恢复和发展起了积极的促进作用。同时,明代遗留下来的大量屯田和官田继续为清朝所用。因定西军事和交通位置十分重要,幅员辽阔,可耕地多,所以定西成为军屯主要地区之一。康熙年间,岷州屯田1 049顷46亩,安定县屯田49顷79亩,通渭县屯田128顷40亩,陇西县屯田531顷40亩。清政府采取的一系列措施,外加定西地区有利的地理位置,都使得该地区的耕地面积不断增加,社会生产力迅速恢复。

当然,耕地面积的扩大离不开水利建设,水利不仅是农业的命脉,更是社会经济的命脉。定西处于干旱区,降水量少,所以水利设施的建设成为农业发展的重中之重。清前期,定西水利获得了良好的发展,据乾隆《甘肃通志》卷一五《水利》记载,狄道、陇西等县,河、渠、泉、水、沟、滩等项目的水

---

[1] 黄文炜纂:《重修肃州新志》,甘肃省酒泉县博物馆1984年翻印本,第86页。
[2] (嘉庆)《永昌县志》卷三《水利志》,1983年永昌县人民政府重印。

利设备很齐全,在水利管理上张弛有度,且有较高的水利工程技术。其时主要的水利工程有治理河道、修建自流渠和水磨类,水利的发展给农业的恢复带来了极大的生机,促进了定西社会经济的恢复。但由于地域限制等原因,水利发展并不均衡,也出现了通渭"农无寸水之田"和岷州"灌溉未兴"等现象。

二、手工业

19世纪中晚期,随着近代化进程的推进,中国经济近代化进入早期阶段。但各地区发展状况不一,伴随着近代化生产方式的出现,甘肃地区尤其是兰州等大城市出现了大机器生产,也开始了步履维艰的经济现代化进程。甘肃工业恢复生产的同时,甘肃城市手工业得到进一步发展,呈现出类型多样、产品丰富等特点。

(一) 甘肃地区

皮毛加工和制革等手工业,尤其是羊毛及野牲毛皮的加工制作在甘肃地区具有悠久的历史。这是因为甘肃地区自古以来几乎所有的村镇、城市都在发展畜牧业,以致于皮革加工发展到清代已经成为一种非常普及的家庭手工业。丹噶尔的靴鞋制造就是一大行业,其供应了蒙藏民族所需的绝大部分靴鞋,其皮鞋、皮靴"即用蒙番牛皮制成,尤多用野牛皮。本境农作人服用外,兼售于宁属及碾伯一带,岁出约万余双"。[1]

除去鞋靴,古代甘肃人民衣着的重要来源是甘肃手工毛纺,俗称绒褐,其在我国毛纺工业史上占有相当重要的地位。"拈毛成线,织褐为衣",[2] 早在秦汉之前就有关于此的记载。《皋兰载笔》云:"兰州所产,惟绒褐最佳。择羊毛之细软者纺线,斜纹织为绒,毛之粗者,亦以织为褐也。"[3] 大体在唐以后,以细羊毛纺织的绒出现。《天工开物》云:"凡绵羊毛有二种:一曰蓑衣羊,剪其毳为毡、为绒片,帽袜遍天下,胥此出焉。古者西域羊未入中国,作褐为贱者服,亦以其毛为之。褐者有粗而无精,今日粗褐亦间出此羊之身……一种矞芳羊(番语),唐末始自西域传来,外毛不甚蓑长,内毳

---

〔1〕 杨景异纂,张庭武修:《丹噶尔厅志》卷五《物产·商务出产类》,见《中国西北文献丛书》(55)。

〔2〕 秦维岳原纂,陆芝田、张廷选续纂:《皋兰县续志》卷四《土产》,见《中国西北文献丛书》(34)。

〔3〕 陈亦禧:《皋兰载笔》,见王锡祺《小方壶斋舆地丛钞》第6帙。

细软,取织绒褐,秦人名曰山羊,以别绵羊。此种先自西域传入临洮,今兰州独盛,故褐之细者皆出兰州,一曰'兰绒',番语谓之'孤古绒',从其初号也。"[1]在五代、北宋之际,毛褐已成为重要的贡品。甘州回鹘据有河西,于965年遣吏贡"马十、驼七十……毛褐五十段"。[2] 绒褐品质的高下还与山羊羊毛的采取方式不同有关,《天工开物》记载:"山羊毳绒亦分两等,一曰挡绒,用梳栉挡下,打线织帛,曰褐子、把子诸名色;一曰拔绒,乃毳毛精细者,以两指甲逐茎挦下,打线织绒褐。此褐织成,揩面如丝帛滑腻。每日穷人之力打线只得一钱重,费半载功夫方成匹帛之料,若挡绒打线,日多拔绒数倍。"[3]虽然宋元以前,此类记载不绝于书,但是整个社会仍然是以丝绸为主。随着羊种改良与纺织技术的精进,到了明代,甘肃才出现了毛褐可与丝绸媲美的局面。"在明盛时,公卿贵人每当寒月风严,闲居谈宴,簪裾相映,莫不以此雅素相尚,自下贱者流,不敢僭彼于礼也"。[4] 可见,士族公卿的礼服面料发展为绒褐,原来服此绒褐的一般平民现在却不敢问津了。明中叶后,绒褐甚至发展成为皇室贵族的特需产品:"先是大内染织局奏言:兰州绒褐堪以御寒,请采买物料,用各羊绒毛织彩龙袍、曳撒衣之类。上允所请,乃差太监开局西安,而羊绒必取之兰州。"[5]《明史》卷七七《食货志》载:"陕西织造龙袍,弘、正间偶行,嘉、隆复前,亦遂沿为常例……(万历间)陕西制造羊绒八万四千有奇。"可见,明代绒褐的社会需求和价值地位都发生了重大变化。

随着甘肃地区的绒褐生产得到更为普遍的发展,到清代时,绒褐成为普通民众不可或缺的衣饰材料。清代甘肃的方志文献中对于此类现象有普遍记载。乾隆初《甘肃通志》曰:"民俗质朴,……采猎为生,以织毛褐为业。"[6]乾隆四十余年的甘州府民"衣多裘褐";[7]晚清以前的灵州也是"衣布褐多单表";[8]晚清秦安绒运销巴蜀,"蜀人呼为'洋条',富家嫁女,妆奁必须此物"等等。清代甘肃各地产褐甚广,但以兰州所产质量最佳,名色最

---

[1] 宋应星:《天工开物》卷上《乃服·褐毡》。
[2] 徐松辑:《宋会要辑稿·蕃夷》四之一,中华书局1957年版。
[3] 宋应星:《天工开物》卷上《乃服·褐毡》。
[4] 陈亦禧:《皋兰载笔》,见王锡祺《小方壶斋舆地丛钞》,见《西北文献丛书》(67)。
[5] 慕寿棋:《甘宁青史略正编》卷一四,见《中国西北文献丛书》(96)。
[6] 许容等监修:《甘肃通志》卷二一《风俗》,见《中国边疆史地丛书》第二辑。
[7] 钟赓起纂修:《甘州府志》卷六《食货》,乾隆科年刻本。
[8] 杨芳灿修,佚名续修:《灵州志》卷一《风俗物产》,光绪三十三年抄本。

多。"今之百尺价止七千，短者递减之。大红独贵，以其梳活羊羝为之，而茜以红花，故二十尺须四千。松花、桃红、石青、油绿杂色较素者，稍加染工，有提作方胜者，谓之铁里锦。左右斜纹者谓之麦穗子，价亦相等。稍杂羯者，谓之小羝，减售视货之精粗以为高下。毛之最佳二十五尺值减千之三，羝蜕长三尺，许百钱，褐羯四十钱。更有呀呀褐，色稍青，杂羝所造，宽长与大羝等，百尺者三千。撒刺绒幅狭不及尺，一袍一千五百，二者皆蕃称也。雨衣之佳莫褊牛羝若也，织成狭幅，尺有余寸，真者六七千，其色深赭稍黑而带紫为上。以水沃之，经时不渗，虽遇大雨，无沾濡之患。兰虽产此，求之非易也。羯衫贱者四五百钱，谓之苏织。苏织，河州西地名，产此羯，故遂名之也。又氆氇五十尺，佳者两千。所谓米心者，上多细羝，如米颗，不及蜀市所卖，蜀中值五千也，毛氆氇似羊毦，鹰爪环脚，蒙茸若裘，殆不可辨，五十尺贱者七八百"〔1〕作者从色彩、织法、名称以及其价值等方面对兰州绒褐进行了总结，足见兰州绒褐业的发达。

除了毛织品业的发展，盐业和铜业等传统手工业的发展都得到了不同程度的恢复，在矿业开发中，合伙制企业也有较快的发展。同时，新型的手工业如棉纺织业、烟草加工业和水磨碾为劳动手段的农副产品加工业飞跃发展占领市场。

（二）宁夏地区

关于清代宁夏物产的全貌，旧方志中记载："中卫、灵州、平罗地近边，畜牧之利尤广。其物产最著者：夏、朔之稻，灵之盐，宁安之枸杞，香山之羊皮，中卫近又以酒称。"〔2〕其中，如盐、皮、酒以及灵州磁窑堡的陶瓷之类，都是手工业品。古代宁夏地区的一大产业就是盐业。从汉代，安定郡"三水……有盐官"，到《新唐书·食货志四》记载的灵州和盐州境内的众多盐池名称，再到明代"宁夏小盐池，乃天生自然之利，资穷边军需之用"，〔3〕可见盐业自古就是朝廷重视的一大产业。清代专设宁夏盐捕厅，置盐捕通判一员于灵州惠安堡（今属盐池县），管理花马池盐的生产和专卖，"每岁二月间，于池内开治坝畦，引水入池灌畦，风起波生，日晒成盐，用力极易。唯天旱水少，或雨水过猛，所产差少"〔4〕清初，宁夏就有旧盐井二百眼，捞盐

---

〔1〕 陈亦禧：《皋兰载笔》，见王锡祺《小方壶斋舆地丛钞》，见《西北文献丛书》（67）。
〔2〕 （乾隆）《宁夏府志》卷四《地理志》。
〔3〕 《嘉靖宁夏新志》卷三《中路灵州》。
〔4〕 （民国）《朔方道志》卷九。

六万一千四百四十石。到雍正六年时,又有新盐井二百零二眼。清朝沿袭宋、元、明盐引制度,每年由户部给各地派盐引,借此征收课税。乾隆年间每引征银增至二钱一分一厘一毫,共征银一万四千二百四十七两,按年解送甘肃布政使司奏销。[1]

宁夏矿藏丰富,清代虽未正式开采,但已引起本地人士注意。旧方志中有不少关于矿业的记载,如:"贺兰山出铅、矾,麦垛山出铁,今皆不开采。"[2]"固原东北乡距城七十里,丁马堡有炭一区,产煤不旺。采用土法开采,不敷居民炊爨,每年纳课甚微。"[3]中卫有一煤矿,长年自燃不息,宁夏旧志记载:"在邑之西南,近河山产石炭。城堡几万家朝爨暮炊,障日笼雾。至冬春则数里外不见城廓,所烧炭皆取给于此山。近西一带有火历年不息,不知燃自何时,等见日吐霏烟,至夜则光焰炳然,烧云绚霞,照水烛空,俗呼为火焰山。其燃处气蒸凝结,土人取以熬矾,较胜他处。"[4]此处灵州又有"碴子"(学名长焰煤),极易点燃,燃后仅余少量白灰,历来为人们所珍视。

此外,固原地区所产的驼绒、羊毛、蜂蜜、胡麻油、牛乳、牛油、芦苇、酸枣等,大都是经过了初级加工的农牧业产品。而清代宁夏特产,首推枸杞,旧方志载:"枸杞,宁安一带家种杞园。各省入药之甘枸,皆宁产也。"[5]宁夏野生植物中有很多珍贵药材和发菜。宣统《固原州志》记载了固原五十多种药材,并指出"山中野药甚多,每年蜀人采获,其利外溢"。[6]

(三) 青海地区

清前期青海各民族传统手工业水平有了进一步提高,其中最为发达与普及的是毛纺织业。据有关史料记载,绒褐,也称毛褐、褐子,在西北地区较有名气。如循化苏织工的撒拉族出产的褐子,受到各族青睐,被称为"苏织褐"。褐子织物品种较多,有羊绒、牛绒制造的,且有黑褐、白褐之分。用牛绒织成的褐子,"以水沃之,经时不渗",[7]有良好的防雨功能。清前期

---

[1] (乾隆)《宁夏府志》卷四《地理志》。
[2] (乾隆)《宁夏府志》卷四《地理志三》。
[3] (宣统)《固原州志》卷九《庶务志》。
[4] (乾隆)《宁夏府志》卷九《地理二》。
[5] (道光)《中卫县志》卷三《贡赋志》。
[6] (宣统)《固原州志》卷四《贡赋志》。
[7] 《小方壶斋舆地丛钞》第6帙,第260页。

青海毛纺织手工业的产品,不仅能供应青海本地的需要,还行销西北市场。

金银铜铁制造也是清前期青海各族手工业中的一项传统手艺,具有浓郁的民族风格。蒙藏民族制造的镯子、刀鞘、鼻烟壶等都是精美的工艺品,还有如铁甲、腰刀等手工艺品也是工艺水平很高的地方特产,尤其是巴燕戎格厅地方生产的藏刀,刃薄质轻,更享盛名,"每年出销汉人、番人者为数甚巨"。[1] 玉树安坤地方生产的藏刀更驰名于康区。清前期制皮工艺在青海地区已经非常普遍。皮匠工艺的好坏全在熟皮这一工序上,熟得较好的动物皮张,轻柔光滑,多制成高档裘服,"官场及外路客商服之者多"。[2] 丹噶尔、玉树等地的工匠用野牛皮制成的皮靴、皮鞋等,除供给牧业区所得外,也销往农业区。

清前期粮油加工及烟酒业在青海也有了发展,特别是利用水力加工粮油的水磨更为普及。乾隆年间,每年由西宁县经征的磨、油税银达 930 两有余。[3] 道光时,西宁府的西宁、碾伯、大通及丹噶尔厅,共有大小山磨、水磨 3 473 盘,大小泊梁 748 条,共征磨、油税银 585 两有余。[4] 清前期青海地区水烟主要产于西宁、碾伯二县,产品皆运往丹噶尔销售。丹噶尔每年出售 10 余万斤,而仅"宁郡、碾伯各处运来者十之七,皆售于蒙番"。[5]

青海地区矿产资源丰富,在清前期时已逐步开发利用,其中值得一提的有采盐业。茶卡盐湖"周围二百数十里,盐系天成,取之无尽。蒙古用铁勺捞取,贩之市口贸易,郡民赖之"。[6] "向来并无额设引课及行运商人"。[7]

(四) 河西地区

清前期河西经济以农业为主,手工业只服务于毛皮加工、米面加工、榨油、酿酒、编织、铁、木、石、土、玉器的制造等。河西高寒,人们衣着以裘褐为主。《甘州府志》卷六《食货》:"东南多葛纻,西北多裘褐,中州寒暑适

---

[1] (清)张价卿、来维礼等纂,基生兰续纂:《西宁府续志》卷一〇《志余·物产》。
[2] 王昱主编:《青海方志资料类编》,青海人民出版社 1988 年版,第 231 页。
[3] 同上书,第 365 页。
[4] (清)张价卿、来维礼等纂,基生兰续纂:《西宁府续志》卷四《田赋志·岁榷》。
[5] (清)张庭武修,杨景升纂:《丹噶尔厅志》卷五。
[6] (清)杨应琚纂:(乾隆)《西宁府新志》卷四《地理志·山川》。
[7] (清)杨应琚纂:(乾隆)《西宁府新志》卷一七《田赋·盐法》。

均,布絮而已,盖各有所宜也。"甘州人"衣多裘褐",[1]肃州人"大都以织毛褐、勤耕务为本业",[2]镇番人则"乡民布褐为常",[3]甚至"无论官绅士农之家,妇女皆勤纺织,为河西诸郡所罕云"。[4] 可见,织褐为衣是河西民众十分重要的家庭副业。

皮毛加工和制革同样是河西地区十分普及的手工业。皮毛加工是通过浸硝、粉硝和揉制等工序,将皮毛制成柔软的便衣。制革则是将马、牛皮等经过去毛、洗净、晾干和染色等工序,制成靴、箱等物。[5] 编织方面,常就地取材,用箕筊草编成筐、筥、畚、席、帚、凉冠等日用产品,嘉庆《永昌县志》卷三载:"草惟箕筊,可为筐、席,近织凉冠,亦可戴。"甘州还有"半城芦苇半城塔"之说,用芦苇编织的苇席、苇帘等手工产品,远销兰州、肃州、凉州等地。《重修肃州新志》载:"石炭,产城西南山中,赤金、靖逆俱有,可为熔铁者用。"[6]可见河西的冶铁行业是存在的。安西西南南山出产沙石,可作磨盘,"前于安插回民案内,制造水、旱磨二百零六盘,现今人们多取此石制造应用",便是对此的描述。嘉峪山的嘉峪石则可以制成很好的砚台。肃州的玉器比较有名,"乃石之似玉者,有菜色、有白色,深碧浅绿,俱可琢器"。[7] 日常不可缺少的手工业部门是碾磨米面和榨油业,河西各地一般都有磨坊和榨油坊。河西民众还用大麦、青稞等材料就地取材酿酒制醋。河西地区的手工业虽不是主业,但与人民生活息息相关,促进了河西民众生活水平的提高。

河西地区还有丰富的矿藏,清末有人指出:"甘肃之矿产富甲全国,由西宁以北而甘、凉,而肃州,而敦煌,忽断忽连,蜿蜒几二千里,广产金砂。"这并不是夸张之语,河西各州府几乎都有黄金,甚至有"采金者甚众,仅双井堡一带,即有日出斗金之传说"。食盐为日常必需品,河西的山丹、肃州、

---

[1] 钟赓起著,张志纯等校点:《甘州府志》,甘肃文化出版社1995年版,第226、227页。
[2] 黄文炜纂:《重修肃州新志》,第119页。
[3] 张克复等校点《五凉全志》卷二《镇番县志》,甘肃人民出版社1999年版,第214页。
[4] 同上。
[5] 参阅王致中、魏丽英《明清西北社会经济史研究》,三秦出版社1989年版,第280页。
[6] 黄文炜纂:《重修肃州新志》,甘肃省酒泉县博物馆1984年翻印本,第126页。
[7] 同上书,第125、451页。

敦煌均产盐。山丹产红盐,色味俱佳,"其盐根色如丹,坚如石,以作器拟琥珀云"。[1] 肃州城东北140里盐池堡产白盐,"离堡二里余,东北上有盐池一处,系高台县所属,不须人工,自生白盐。为甘肃人民食用"。[2] 在甘州市场上,"白盐贱值,红盐、青盐倍值。红盐、青盐出山丹北房中"。[3] 煤炭的开发利用也是清前期河西矿业一个不可忽视的方面。平番、武威、永昌、甘州、肃州均出煤炭,武威县西九十里有"煤炭山";平番县北四十里的炭山"出煤炭";[4] 永昌县东南六十里的炭山"产石炭,民资以代薪";距县城七十里的红山,"其坳多煤炭窑,较东山产尤佳,居民半以陶为业";在县北二十里的金山,"亦产煤炭,陶瓷者居之"。[5] 硫磺出于肃州硫磺山内,是重要的军用物资,"先年有取之者,地下掘出如砖块,以油炼汁为硫磺,可作火器。雍正初,经略鄂相国(即鄂尔泰)巡边,奏准开采三十余万斤,建库贮之,十三年冬封闭"。[6]《重修肃州新志·赤金所》分别引用《后汉书·博物记》、《元和志》、明《一统志》等对石油的记载:"延寿县南有山石出泉,县人谓之石漆。""在玉门县东一百八十里,泉中有苔如肥肉,燃之极明。周武帝宣政中,突厥围酒泉,取脂燃之,焚其攻具,突厥以水沃救,得水愈明,酒泉赖以获济。""石油出肃州南山。"[7] 可见其时对石油已有所认识,且已知其燃灯和治病的功效。

(五)定西地区

随着农业的发展,清代前期定西的手工业也有了进一步的发展,除了满足人们日常生活所需的基本手工业外,还出现了俱有较高技术水平的手工制造业。如清代设立的巩昌铸钱局,铸造的黄铜制钱通行各省。乾隆时陇西的李德、李福兄弟开设德福铜器铺,制造锣钹器皿,其后代还铸造了犁铧等农具。玉石制造业也很突出,出产的洮砚闻名全国。同样出名的还有狄道木器。乾隆《狄道州志》记载的"货属门类"中还有洮香、白麻、麻纸等。

---

[1] 钟赓起著,张志纯等校点:《甘州府志》卷一六《杂纂》,第780页。
[2] 黄文炜纂:《重修肃州新志》,第64页。
[3] 钟赓起著,张志纯等校点:《甘州府志》卷六《食货》,第226页。
[4] (乾隆)《甘肃通志》卷六《山川》,见上海古籍出版社1987年重印、台湾商务印书馆影印《文渊阁四库全书》。
[5] (乾隆)《永昌县志》卷一《地理志》,永昌县人民政府1983年重印本。
[6] 黄文炜纂:《重修肃州新志》,第126页;李应魁撰,邰惠莉、高启安点校:《肃镇华夷志》卷二《物产》,甘肃人民出版社2006年版,第101页。
[7] 黄文炜纂:《重修肃州新志》,第604页。

从明末开始手工生产的水烟,是甘肃著名的特产之一,清代前期狄道、陇西就在技术和规模上达到了较高的水平,产量仅次于兰州、榆中,远销南方各省。陇西县的火腿、口条、金钱肉、腊羊肉更被称为"陇原四绝"。

漳县的制盐业由来已久,清初有灶户 65 名,盐锅 65 口,年产盐 50 万斤有余。原额盐引 2 801 张,每引额盐 89.25 公斤,至康熙二十六年额盐引增 3 622 张。通渭县也批量生产质量尚佳的"雪花食盐"。木刻印刷业在清代也有了一定程度的发展,刻印的书籍有《狄道州志》、《巩昌府志》、《安定县志》、《渭源县新志》、《松花庵全集》等。岷州开采耳阳沟碳山,通渭开采花岗岩来制造石磨、碾盘、碌碡等,并生产箩筐。岷州、陇西、狄道、通渭的毛纺织业更是长盛不衰,吴之斑《陇西竹枝词》有"殷勤最是南河女,不踏秋千踏线车",足见纺织业的兴盛。除毛纺织业外,通源、通渭还有传统的亚麻纺织业、制革鞣革业和制毡业等。

三、交通运输业与商业贸易

清代甘肃城市社会经济的发展和日益繁荣主要表现在清代甘肃城市商业的发展和甘肃交通运输业的发展两个方面。《清史稿·地理十一·甘肃》中记载:兰州府皋兰县有驿三:兰泉、沙井、摩云;狄道州驿四:沙泥、洮阳、窑店、庆平;渭源驿一:庆平;平凉府有驿三:瓦亭、泾阳、隆城;巩昌府有驿:通远、三岔、延寿、通安、西巩、秤沟、保安、乾沟、郭城、青家等;庆阳府有驿:驿马关、华池、邵庆、宋庄、灵武、灵佑、曲干、焦村、彭原等;凉州府有驿:武威、怀安、大河、永昌、水泉、古浪、黑松;甘州府有驿:时泉、仁寿、山丹、东乐、新河、峡口、抚彝;泾州直隶州有驿:安定、白水;阶州直隶州有驿:阶州、官城、杀贼桥、小川等;秦州直隶州有驿:长宁、广乡、两当等;肃州直隶州有驿:双井、深沟、黑泉、盐池;安西直隶州有驿:赤金湖、赤金峡等。甘肃省内,府州与府州、府州与县、县与县之间设铺。铺也称急递铺,为省内各级驻军协、标、营之间由军队兵丁递交公文、军情而设。铺与铺之间的道路称铺路,铺路是省、府、州以所在县为中心,与府州属县相连的道路,是连接周边各县的陆路交通运输网。甘肃亦有水路,甘肃兰州多用浑脱皮筏,亦称混沌,有羊皮筏和牛皮筏两种。陆路交通工具多为林木轮大车。甘肃各地至今还有"十里铺"、"二十里铺"、"三十里铺"、"四十里铺"等地名,皆为当年"急递铺"的遗留。运司亦岁支工食银。除以兰州为中心的官马大道通往新疆乌鲁木齐、青海西宁、四川成都、陕西西安、宁夏银川以外,陕西到甘肃河西地区凉、甘肃等府州,也有两条路,一是从北边经靖边、花马池、宁夏府,一是从中部邠州、泾州往平凉。甘川交界之处,文县通向松藩亦有通道。

随着清代甘肃地区社会经济的发展,在交通便利、地理位置优越的地方出现了供商品交易的城市中心市场和遍及各地的集镇贸易市场,这些不同层次的市场承担着交换地方商品的任务,虽因为经济功能不够强大而未能形成一个完整、统一的市场网络体系,但这些地方性的市场在甘肃社会经济中发挥了不可替代的作用。关于清代甘肃地区市场的划分,王致中先生在《清代甘宁青市场地理考察》[1]中给予较全面的梳理:

清代甘肃主要市场及类型	
市场类别	主　要　市　场
地方贸易市场	兰州、宁夏府城、西宁、河州、凉州、庆阳、宁州、秦州等
民族贸易市场	丹噶尔、肃州、横城、花马池、平罗等
国内贸易市场	徽县、阶州、泾州、秦州、宁夏府、西宁府、丹噶尔、肃州等
外贸市场	肃州、西宁、中卫、河州、甘凉肃、靖远、安宁堡、张家川等

(一)重要的地方贸易市场——兰州

清代兰州的商业贸易发达,除了兰州地处河陇地区中心位置,南来北往、东西交流的客货常常汇聚于此之外,还与兰州逐渐成为西北地区的政治中心有着密切关系。自康熙八年(1669)巩昌布政司、按察使司和驻凉州的甘肃巡抚和陕甘总督署俱移往兰州后,兰州不但是甘肃的省会,又是西北地区的政治枢纽。

清初兰州贸易市场已颇具规模,发展到康熙年间,兰州的贸易市场开始分门别类,如"粮食市三,一南门内、一东关、一西关;商贸市三,一东关、一南关、一南门内;牲畜市二,牛驴一、猪羊一,俱新关"。[2] 由此,兰州贸易市场进一步繁荣,据乾隆《修建北山慈恩寺碑记》载:"偶逾北山,陟其巅,下瞰城郭,见州治山环河绕,炊烟出屋瓦者万家,廛居鳞次,商民辐辏,扼敦煌、酒泉诸郡,此则总其枢纽,成一大都会而居其形胜地也。"[3] 而且,在清

---

[1] 王致中:《清代甘宁青市场地理考察》,见《西北史地》1986年第2期。
[2] (清)刘斗修、陈如极纂:《兰州志》卷一《地理志·坊市》,康熙二十五年刻本。
[3] 吴鼎新修、黄建中纂:《皋兰县志》卷一八《碑记》。

前期已经出现了专业化市场的倾向,有骡马市、粮食市、灰盐市、钱市、背斗巷之类的常市。且集市密度增大,由明时的距县城 60 里,到清代的距县城 40 里,更有以镇为单位的城乡近郊市场蓬勃兴起。到雍乾时期市场贸易的发展更是达到了前所未有的高峰。俄国人波塔宁在光绪十年(1884)到兰州考察,其在游记《中国的唐古特西藏边区和中央蒙古》中称:"这座城市给我们的第一印象是一座真正的省会城市,宝鸡府以西再也没有见过这样大的城市。"对兰州的赞誉不可谓不高。

清初,沿袭明制在甘肃境内设茶马互市,茶马互市的重点区域都为民族贸易的中心地方。平定罗卜藏丹律以后,准青海、蒙古各旗于河州双城定期互市。平定准噶尔后,由于"拓新疆万余里,车马口驼,贡道相望,总会于此",[1]也为市场的繁荣创造了条件。由于茶马互市,各地商人云集,为谋求共同的商业利益及加强乡谊,寓居兰州的商人建立了地缘性的商人组织——会馆,如"江西会馆二,一在南府街,名铁柱宫;一在山子石。江南会馆一,在南府街。浙江会馆一,在南府街。山陕会馆一,在山子石文昌宫之后"。甚至有些商人因长期生活在兰州,还于东川创立了义园,如乾隆五十七年(1792)建陕西义园,嘉庆七年(1802)建两江义园以及道光四年(1824)建全浙义园等。[2] 至乾隆中后期,全国统一市场形成以后,商品流通中的市场机制代替茶马互市发挥了基础性的作用。

到同光时期,兰州城已"极为繁华,南方各货悉可购办,……并通西藏,其货买卖甚大,藏货均由兰州而下"。[3] 即便是在清晚期甘肃地区兵连祸接、天灾人祸的情况下,兰州仍占据"本省商务之总汇"的位置。据当时的官方记载,兰州"本处人经商者多业烟行,外省人除山西票商四家外,线业、布庄、杂货、木行陕人居多。京货直隶、陕人各居其半。绸缎河南人居多。茶业分东、西、南三柜,南柜为湖南帮,东西柜为陕帮。当商三十余家,本处及山陕人相等,然资本甚微,过万金者绝少。市面贸易以银计算,惟官钱局发行银钱纸币,约计 10 余万。土产输出者水烟、土药而外别无他物,输入品为大布、茶叶、洋货、海菜、杂货,皆由此脱卸分销各处者半,发运新疆者

---

[1] 秦维岳原纂,陆芝田、张廷选续纂:《皋兰县续志》卷二《沿革》,道光二十二年刻本。
[2] 秦维岳原纂,陆芝田、张廷选续纂:《皋兰县续志》卷三《建置》,道光二十二年刻本。
[3] 福克:《西行锁录》,见秦翰才《左宗棠逸事汇编》,岳麓书社 1986 年版。

半,盖全省商务之总汇区焉"。[1] 宣统时,兰州及各府州县城手工业也获得了迅猛发展,在鼓楼西大街商品陈列展销的各种手工产品即有 14 类 263 种之多。

由此可见,终清一代,兰州商业发达,众多的商旅为甘肃地区的经济做出了重要贡献,在地区交换和中转过程中发挥着举足轻重的作用。

(二) 重要的国内贸易市场——宁夏府城

清代,宁夏府是甘肃的重要贸易市场,居于银川平原。明嘉靖时,银川出现分坊,而且交易的地点及物品都有严格的规定,"人烟辐辏,商贾并集,四衙分列,门闻南北,蕃夷诸货并有,久称西边一都会矣"。[2] "旧木头市在箱木匱市西,新木头市在道署南,故衣市在羊肉街口,麻市在什子东,箱柜市在管达街口西,生口市在什子东"。[3] 晋商、陕商、徽商等常出入于此,随着经济的发展和贸易市场的扩大,影响力逐渐扩大。乾隆时期,宁夏府城城南有"山西商民会馆",内设财神殿。道光年间设有"陕西会馆",甚至还有不知建于何时的四川会馆与湖南会馆。据志书所载,"熙春、泰和、咸宁、里仁、南薰、平善,凡胡麻、糟糠、杂物皆集于此。毓秀,抵新樵楼,凡苏杭杂货、鱼肉、瓜菜、五谷,皆集于此。感应,凡布帛皆集于此。清和,凡菜品、颜料、纸笔、山货、靴帽,皆集于此。修文、乐善、广和、备武、澄清、积善……以上诸坊凡市猪羊肉者,各随处有之。永春、迎薰、艳兰、靖虏,以上四坊在新城大街,凡骡马猪羊皆市于此",[4] 市中的农贸市场十分繁荣。壬辰兵变后,"坊废名存,市集仍旧"。[5] 后来,受明末清初战乱的破坏,特别是乾隆三年(1738)地震的影响,历经多年恢复,至乾隆中后时期,宁夏府城内商品交易才有固定场所。"四牌楼在大什字街,通衢四达,百货杂陈,商贾云集。米粮市在四牌楼西大街,羊市在城守营署前,炭市在羊肉街口南,猪市在南关,东柴市在彭楼街,西柴市在镇武门东,骡马市在新街口北,

---

[1] 彭英甲:《陇右纪实录》卷八"办理农工商矿总局",见沈雲龙主编《近代中国史料丛刊》三编第四十辑。
[2] 张金城纂:《宁夏府志》卷六《建置·坊市街巷附》,见《中国西北文献丛书》(50)。
[3] 同上。
[4] (明)杨守礼修,管律纂:《宁夏新志》卷一《街坊市集》,嘉靖十九年刻。
[5] 杨应聘、杨寿纂修:《朔方新志》卷一《坊市》,见《中国西北文献丛书》(50)。

碴子市在会府西,青果市在会府南,番货市在四牌楼南",[1]甚至还有不知建于何时的四川会馆与湖南会馆。[2]

清代宁夏的水陆交通,为适应军政形势和商业状况而有了新的发展。境内的驿道增为五路。东路由陕西定边县入境,西向经花马池、红山驿(今灵武市横山堡),在横城渡黄河,西至宁夏府城,在宁夏境内长410里,中途由红山驿分支南行60里至灵州(今灵武市)。西路由宁夏府城南下经渠口驿(今属中宁县),西向经中卫、营盘水驿,出府境入平番县(今甘肃省景泰县)三眼井驿,全长570里。南路由西路渠口驿支南下,渡黄河至宁安堡,经三营驿至永宁驿(在固原州城内下至瓦亭)南下至瓦亭驿,可与东西横向的陕甘驿道相接,在今宁夏境内全长580里。西南路由上述南路驿道上的三营驿分支向西,经郑旗驿至海城驿(在今海原县城),长150里。陕甘驿道:东起陕西西安府,西至甘肃兰州府,其中经过宁夏地区南部的一段长160里。它由甘肃平凉府安国镇西行入固原州境,西向经蒿店、瓦亭、和尚铺等驿,越六盘山,过隆德县和神林堡,西出至甘肃静宁州。宁夏境内还有很多黄河渡口,用水船或者皮筏交流两岸的人员和货物。乾隆年间,宁夏县有高岸、李祥、横城渡口,灵州有宁河、马头、高崖渡口,中卫县有常乐、永康、张义、冰沟、老鼠嘴和青铜峡渡口,共12个。[3] 清代宁夏水陆交通运输业的发展也促进了农业、手工业和商业的发展。

(三)内外贸易发达的民族市场——西宁

西宁作为连接西藏、青海、甘肃三地的重要枢纽,也是清代甘肃地区的重要市场。宋明时,西宁是西北地区重要的茶马、青盐贸易中心。清初,随着甘肃地区城镇贸易的逐渐发展,西宁成为商业繁华的城市。据清初《秦边纪略》载,西宁卫"辐辏殷繁,不但河西莫及,虽秦塞犹多让焉。……城之中牝牡骊黄,伏枥常以万计,四方之至,四境之牧不与焉。羽毛齿革,珠玉布帛,茗烟麦豆之属,负提辇载,交错于道路。出其东门,有不举袂成云,挥云成雨乎",[4]城市市场一时繁荣。乾隆时,西宁仍是甘肃河湟地区重要的民族商品市场。此时,西宁不仅城中商品各有定市,且其东关贸易十分

---

[1] 参见陈育宁主编《宁夏通史》(古代卷),宁夏人民出版社1993年版,第318页。
[2] 马场锹太郎著,和类等译:《新修支那省别全志》,《宁夏史料辑译》,北京燕山出版社1995年版,第189页。
[3] (乾隆)《宁夏府志》卷六《建置志》。
[4] 梁份:《秦边纪略》卷一《西宁卫》,青海人民出版社1987年版。

发达,仅粮麦市就有上、下市。此外,"缨毛市在祁家牌坊西,牛羊市在湟中牌楼东,骡马驴市、柴草市俱在小街口。石煤市在小街口东,石炭市在小街口西,硬柴市在北古城街"。[1] 在贸易双方交易的过程中,因文化差异出现了独特的中间商人群体——歇家。它是集商业经纪人、货栈店主、牙侩、翻译身份于一身的居间商人,且往往有官私之分。[2] 道光初,西宁城内注册歇家共计43家,蒙古歇家18家,番子歇家21家,土民歇家4家。[3] 这正好反映出了西宁地区城市市场的发展水平。西宁成为洋行掠夺羊毛、皮张的重要场所,多半伴随着晚清帝国主义势力已达偏远的甘肃地区。如19世纪末20世纪初之际,英商仁记、新泰、聚利、礼和洋行,美商和平洋行,德商瑞记洋行等先后在西宁观门街、石坡街等地开办分行,共计10余家。[4] 与此同时,西宁的山西、陕西等国内客帮商人团体的活动仍然十分活跃,敬义泰、天成西、隆泰裕、合盛恒、百川汇,此5家经营内容无所不包,上至绸缎,下至油盐;广发隆、福新店、永盛福3家主要是批发货栈兼客商旅店。

  清代,青海地区与甘、新、藏、川的交通干道均已畅通,驿站传递设施也得到较大改善,交通运输量有所增加。由祁连山区至甘肃的道路主要有4条,即西宁至甘州道、水安经野牛沟至肃州道、北大通经镇羌绎至凉州道、甘州至青海湖道。由柴达木地区通甘、新、藏、川的道路共有3条,即与柴达木盆地东西走向相干行的南、北二道和南北走向的偏西道。由青南地区入川、藏的道路包括由西宁至拉萨的官道、松潘河派道,以及结古至川、藏的3条道路。清前期青海东部驿站规模进一步扩大、完善。乾隆元年(1736),又在明代驿站基础上加以扩大,在西宁城北40里设长宁驿,又北70里设大通卫在城驿(后改称大通向阳驿),由大通卫守备管理。乾隆七年,在西宁南50里设申中驿,又南80里设朝天堂驿,又南90里设贵德驿,由贵德所千总管理。同年增设碾伯应付巴燕戎在城驿等,由碾伯知县管理。乾隆十一年,增设通向丹噶尔方向的驿站,西宁城西50里设镇海驿,又西40里设丹噶尔驿,又西南60里设哈拉库图尔驿,归丹噶尔主簿管

---

[1] (清)杨应琚纂:(乾隆)《西宁府新志》卷九《建置志·城池附街市》,见《中国西北文献丛书》(55)。
[2] 崔永红:《青海经济史》(古代卷),青海人民出版社1998年版,第230页。
[3] 那彦成:《平番奏议》卷四,见《中国西北文献丛书》(103)。
[4] 青海省志编纂委员会编:《青海历史纪要》,青海人民出版社1987年,第245页。

理。[1] 雍正年间以来,陆续变更了一些驿站。乾隆七年(1742),裁撤巴州驿、古鄯驿。乾隆三十年(1765)正月,又设循化厅本城驿,东南50里设立轮驿,又50里设盘坡根驿,又50里设韩家集驿,归循化厅管理。[2] 道光三年(1823),在循化城西路与巴燕戎格适中之拉扎山根设驿一处[3]。河湟地区形成以西宁府城为中心呈辐射状的交通驿站网。

清前期青海交通业的发展还体现在桥梁、渡口的增加及改善上。清顺治年间,桥梁均设在西宁城区周围,有5座,即那孩川河桥、伯额川河桥、西宁河桥、暖泉桥、通津桥。后逐渐增建,至乾隆年间西宁府所属区域内的桥梁达到21座,其中循化厅有12座(一些桥在今甘肃省境内)。至道光二十年(1840),青海境内已有桥至少30余座,其中能确知建于嘉庆朝以前的主要桥梁有29座。[4]

(四) 番夷交集的重要民族市场——河西

清前期河西商业活动最为发达的地区是凉州和肃州。如凉州府的土门堡,"土沃民饶,商务甲于全县";大靖堡"在县北一百五十里,民户多于县地,地极膏腴,商务亦盛";泗水堡"在县北三十里,商务殷繁"。[5]《五凉全志》卷一《武威县志·风俗志》载:"河以西之商货,凉庄为大。往者捷买资甘、肃,今更运诸安西、沙、瓜等地,以利塞外,民用所赖以通泉货者重矣。贾拥高资者寡,而开张稠密,四街坐卖无隙地。"沈翔的《凉州怀古》也载:"市廛人语殊方杂,道路车声百货稠。"凉州府商业的繁华与活跃可见一斑。肃州则"地处极边,路当冲要","乃口内、口外必经之要区",[6] 占据了"河山襟带,为羌、戎通驿之路","实羌戎入贡之要途"的重要地理位置。[7] 肃州的地理优势,导致其很快成为重要的民族贸易场所。乾隆初,"市集商贾"成为肃州八景之一。《重修肃州新志·肃州·景致》有载:"肃州之地,

---

[1] (清)杨应琚纂:(乾隆)《西宁府新志》卷一〇《建置志·驿传》。
[2] (清)龚景瀚纂:《循化志》卷三。
[3] (清)张价卿、来维礼等纂,基生兰续纂:《西宁府续志》卷二。
[4] 崔永红:《青海经济史》(古代卷),第244页。
[5] (清)升允、长庚修,安维峻纂:《甘肃新通志》卷九,《中国西北文献丛书》第23册,兰州古籍书店1990年版。
[6] 黄文炜纂:《重修肃州新志》,甘肃省酒泉县博物馆1984年翻印本,第279—280页。
[7] (明)李应魁纂,高启安、邰惠莉点校:《肃镇华夷志》,甘肃人民出版社2006年版,第10页。

远辟遐荒,舟楫少通,而番夷交集,宜若无所贸易,然各省商旅咸聚于此,西无所往,东无所阻。市之鬻贩不拘时,黎明交易,日暮咸休,市法平价,众庶群集。"

河西的茶马贸易也是河西商业的一个重要部分。清朝的茶马贸易和明朝直接由清政府运茶不同,是通过招商贩运来实现的,不过仍垄断在政府手中,私茶严禁出境。不过,商人在茶引数额之外可附带一定量的茶叶作为补贴。顺治十年(1653)规定,每茶1 000斤准许附茶140斤。

清代的茶马互市,起初"各番交易茶马,量给烟酒,以示抚绥",具有茶马互换以供军马之需和羁縻番人的性质。但后来不断发生变化,如顺治十三年(1656),准许在新茶换到足够马匹的情况下,可将陈茶变价充饷。十四年,"以七监马匹蕃庶,凡茶马变价银两改解充饷"。康熙四十四年,政府则完全停止了易马活动,"将茶变价折银,巡查私茶在十斤以下者,免其搜捕"。直到雍正九年,由于军需,"令五司复行中马之法,上马一匹给茶十二篦,中马一匹给茶九篦,下马一匹给茶七篦"。雍正十三年时,"以军需结束,番民以中马为累,停止中马"。〔1〕政府易马活动虽然结束了,但民间交易一直在进行。民间交易涵盖范围更广,驼、牛、羊和粮食等,都在交易之列。商业市场的兴起,无疑提高了河西民众的生活质量。

(五)集市贸易为主体的国内市场——定西

在清王朝的管理下,定西的驿道比明代更有起色,过境的陕甘驿道,已从丝绸之路的陇西段南中二路,靠拢到被称为兰州官路的中线路,被当地人民称为东大路。还有从兰州南行径狄道州、酒店驿、岷州城、阶州、碧口入四川的南北驿道。定西境内共设驿站14处,马287匹,牛60头,役夫455人,每年支银1 666.4两。境内还设置了13处递运所。另外,还修建了弘济桥、迭藏桥、王公桥、朝阳桥、苦水桥、同济桥等。清代的定西地区,不仅陆路交通便利,水运也在兴起,洮岷的木材就通过洮河水运,远销宝鸡、咸阳等地。

延续茶马互市的历史轨迹,清朝初年岷州仍设有茶马司,每年易马300匹。随着清统治的日渐稳定和养马牧地的建立,茶马互市的交易逐渐被民间自由经营所代替。到乾隆年间,延续近千年的茶马互市制度结束。

---

〔1〕 参阅刘郁芬等纂《甘肃通志稿·军政六·互市》,《中国西北文献丛书》卷二八,兰州古籍书店1990年版,第420—421页。

集市贸易是商业贸易的主体,清代前期的集镇数量和繁荣程度远超明代。狄道的新添、安定县的内官营、渭源县的庆坪等都是比较大的集市贸易地。通渭县集镇由明末的 11 处增加到了 18 处,风头最盛的马营商业,店铺竟达到了 200 余家,且建有"山陕会馆"以便进行骡马交流大会,被誉为"甘肃四大巨镇"之一。岷州集镇由明末的 6 处增加到 14 处,且"货殖之利,唯林木最广",岷州中药材有 112 种之多,且享誉海外。各州府县还开设有商号,仅安定县就有三家,有经营布匹的自立公,也有经营药店的万盛堂,颇有名气。集日仍是主要的贸易形式,时间或农历单日,或农历双日,或二、五,或四、八,或五、八,或三、八,或五、九,或六、十,集日的发展极大便利了定西民众的日常生活。

第四章 明清甘肃文教事业的发展

文教事业的发展始终与国家的盛衰息息相关。宋朝时,甘肃地区经济凋敝,文化衰落,图书著作与出版一落千丈。明清时期,随着甘肃经济的复苏,教育事业也相应得到长足发展,与之相关的就是图书著作和雕版印刷的兴起。尤其是明前后七子的复古运动和清乾嘉最盛的古籍校勘、整理运动,进一步促进了文教事业的发展。这一时期,优秀作品的不断问世带动了官刻、坊刻、家刻的兴起,使得甘肃各地刊行了大批优秀图书著作。

第一节 明清甘肃文化出版事业发展概况

明清两代,甘肃有记载的著述者550人,著作1 500多部,其中明代140人,作品300多部;清代410人,作品1 200多部。[1] 著作数量尤以明代万历、嘉靖年间和清代康熙、乾隆、嘉庆年间为最。以下数据主要依据郝润华教授主编的《甘肃文献总目提要》、田澍教授主编的《西北史籍要目提要》进行统计。

一、方志的编修

编史修志一直是中华民族的优良传统,从古至今,薪火相传,历代不绝。明清时期,朝廷对典籍、方志的修纂表示出了极大的重视。不但颁发了钦定书籍教化普及的要求,而且还网罗知识分子大规模搜集和编纂古代典籍。与此同时,朝廷还将方志的修纂提上日程,因此,方志编修在明清两代达到了高峰。就甘肃地方志的编纂情况来看,明代编纂了91种,清代则编纂了172种,共263种。明代纂修的91种地方志中,以嘉靖、万历和崇祯年间编纂的地方志为多,其中嘉靖年间25种,万历年间21种,崇祯年间22种,共计68种,成为甘肃地方志纂修的第一个高潮期。清代康熙年间纂修方志40种,乾隆年间纂修方志41种,迎来了方志纂修的第二次高潮期。之

---

[1] 郝润华主编:《甘肃文献总目提要》,甘肃人民出版社2015年版。

后,道光年间纂修方志 17 种,光绪年间纂修方志 27 种,宣统年间纂修方志 22 种,其成就也不容小觑。当然,这离不开社会的相对稳定、经济的持续增长和国家对思想文化教育的重视。中央政府连续修撰全国通志的同时,也倡导府、州、县修志,多次颁行地方修志律例,因此各地修志蔚然成风。

(一) 甘肃通志

在清康熙六年陕甘分治之前,甘肃还面临着无省志的窘迫境地,甘肃史料依托《陕西通志》得以保存,因此对甘肃很多府、州、县的记载不够翔实,甚至有漏列。直到雍正六年(1728)国家计划修一统志时,情况才得到改善。甘肃第一部通志(乾隆)《甘肃通志》就是在此时由甘肃巡抚许容奉旨监修,李迪、张能第、甄汝翼、郑铎、樊初荀、田吕叶、曹最等以《陕西通志》为依托,历时 9 年编纂而成的。第一部甘肃通志包含了甘肃的文化、教育、科学、技术、矿产资源、工农业生产、水利建设、政治军事、贸易、贡赋、蠲恤等方面的内容。全书共 36 目,50 卷,约 88 万字。以目述事,依次为:图考、星野、建置、疆域(附形胜)、山川、城池、公署、学校、关梁、祠祀、贡赋、水利、驿道、蠲恤、盐法、茶马、物产、风俗、古迹、祥异、陵墓、封爵、职官、名宦、选举、人物、忠节、孝义、隐逸、流寓、仙释、方伎、烈女、艺文、杂记等。乾隆元年(1736)九月六日,吏部尚书、川陕总督兼甘肃巡抚刘於义刊行此书,署名《敕修甘肃通志》,并具进呈表奏闻清廷,随呈钦阅。后被收入《四库全书》,《四库全书总目》卷六八云:"雍正七年,各直省奉敕纂修通志,抚臣许容以陕西与甘肃昔合今分,宜创立新稿,而旧闻阙略,案牍无存。其卫所新改之州县,向无志乘,尤难稽考,因详悉搜采,择其可据者,依条缀集,分为三十六类。乾隆元年,刊刻竣工,文华殿大学士、仍管川陕总督查郎阿等具表上之。其书虽据旧时《全陕志》为蓝本,而考核订正,增加者十几六七,与旧志颇有不同。其制度之系于两省者,如总督、学政题名,及前代之藩臬、粮驿各道俱驻西安,兼治全陕,不能强分。则亦多与陕志互见焉。"张维案曰:"惟以创始,探辑多录取府、州、县志,依据疏误。沿革、山川往往直录旧志,不加考证……盖官修之书,经历六七年,执笔者已数易其人,故矛盾、讹误时所不免。"

甘肃的第二部全省通志为(宣统)《甘肃全省新通志》,光绪三十三年(1907)由陕甘总督前任升允、后任长庚监修,丁喜翰、安维峻前后任总纂。于宣统元年(1909)成书,凡 100 卷,81 册,计 325 万字。全志上溯开天辟地,下至宣统元年,记述甘、宁、青三省之事。力主记实,凡例云:"凡入职官、人物传者,皆系没世之人,其生存者一概不立传。""通志务期简赅,然应有者亦须尽有,则卷数较旧志自倍。""前事者后事之鉴,治乱得失,然亦有鉴戒存焉。"张维案云:"乾隆通志分类三十六,此志分总目十子、目六十,以纲统目,视旧志为严整。当时所据探访颇备,故书信旧志。""惟掎摭诸志,列为考异,间加论断,颇能折衷,当理于梁氏家世及汪世显降元事,独抒正论,一洗方志瞻护旧习,此则直道独存,群志所希有焉。"全书除卷首和志余外,共分8志。卷首为《纶音天章》,15万字之多;《舆地志》,又分为图说表、图考、沿革表、疆域、山川、形胜、关梁、水利、风俗、物产、古迹等内容;《建置志》又分为城池、官府、贡赋、仓储、驿递、盐法、钱法、茶法、厘税、实业、历代封爵等内容;《搁祀志》,又分为坛庙、祭器、乐舞团、祠宇、寺观等内容;《学校志》,又分为学额、学田、贡院、试院、义学、选举表等内容;《兵防志》,又分为兵制、塞防、巡警、交涉、戎事等内容;《职官志》,又分为代官制、历代职官表、明文职官表、明武职官表、国朝旧制文职官表、国朝文职官表、国朝旧制武职官表、国朝武职官表、大吏表、名宦、循卓、将才等内容;《人物志》,又分为圣贤、分贤、群才、忠节、孝义、隐逸、烈女、流寓等内容;《艺文志》,又分诏敕、令、檄、奏疏、议、论、书、传、序、说、箴、铭、赞、颂、题跋、碑记、金石、文、赋、诗、词、著书目录等内容;《志余》,又分为僭窃、割据、轶事、仙释、方伎、考异等内容。

(二) 府州县志

1. 甘肃地方

明朝时期,甘肃纂修的府、州、县志共91部。其中,府志有13部,《临洮府志》共纂修5次,《庆阳府志》、《巩昌府志》各纂修了2次;州志有16部,《兰州志》共修纂4次,《河州志》、《宁州志》、《肃州志》、《阶州志》、《静宁州志》各修纂了2次;县志39部,《伏羌县志》、《通渭县志》各修纂了3次,《秦安县志》、《真宁县志》、《兰县志》、《安定县志》、《宁远县志》、《庄浪县志》、《成县志》、《渭源县志》各修纂了2次。上述志书,大部分已散佚,仅存嘉靖《巩郡记》、嘉靖《庆阳府志》、嘉靖《平凉府志》、嘉靖《秦安县志》、万历《临洮府志》、万历《肃镇志》、万历《宁远县志》(残本)、万历《庄浪汇记》、崇祯《成县新志》等10多种。赵时春的《平凉府志》13卷和胡缵宗的《秦州志》30卷(已佚)隶属明代十大名志,一时被奉为纂修楷模。

清代,甘肃的修志活动表现出了规模大、地域广、体例全、成书多的特点。共纂修府州县志172部,大体而言,省志2部;府志10部,《兰州府志》

共纂修3次,《庆阳府志》、《巩昌府志》各纂修2次;州志34部,其中《阶州志》共纂修6次,《秦州志》、《宁州志》、《狄道州志》各纂修4次,《河州志》、《兰州志》、《肃州志》、《静宁州志》各纂修3次;县志93部,其中《通渭县志》、《镇原县志》各纂修6次,《伏羌县志》、《会宁县志》、《靖远县志》、《金县志》、《皋兰县志》、《礼县志》各纂修4次,《崇信县志》、《庄浪县志》、《华亭县志》、《宁远县志》、《两当县志》、《文县志》各纂修3次,《陇西县志》、《临洮县志》、《清水县志》、《秦安县志》、《成县志》、《西和县志》、《徽县志》、《永昌县志》、《山丹县志》、《敦煌县志》、《合水县志》、《正宁县志》各纂修2次,编有县志的县达41个。甘肃诸志中,以《狄道州志》、《重修皋兰县志》最佳,为历代学者所重视。乾隆二十八年(1763)州人吴镇纂修的《狄道州志》16卷,共8册,包括星野、建置沿革、形胜疆域、乡里山川、城堡、关隘公署、仓廒站所、职官封爵、贡赋、学校、选举、祠祀、寺观、茶马、屯饷、驿递、水利、津梁、名宦、人物、烈女、祥异、风俗、物产、古迹、冢墓、艺文、纪事、拾遗等卷目。该志分类严格,若有删改考证之处,必做按语来申明其义。若引用他书之文,必标明书名出处。吸取各史艺文志之长,将州人著述编为经籍一目。同时,内里载官制、赋税旧规甚详,值得参考取证。兰山书院山长、皋兰县人张国常光绪十八年(1892)纂修的《重修皋兰县志》30卷,共12册,包括图、沿革表、选举表、封爵表、舆地志、经政志、灾异志、学校志、礼典志、武备志、古迹志、艺文志、宦绩传、人物传、列女传、杂传、流寓传、订论、杂录等卷目。该志编排严格,依类相从。在校正旧志讹误的同时,又新增方言、金石两目。资料详实可靠,义例谨严,文词典雅,是不可多得的县志资料。除此之外,康熙五十四年(1715)县人张述辕纂修的《镇原县志》、乾隆十八年(1753)知州张延福纂修的《泾州志》、乾隆二十九年(1764)知县折遇兰纂修的《正宁县志》等,各领风骚。

明清两代,庆阳府所属各县均有修志活动,其中得以完整保存的是镇原县各志,有4部;其次是宁县和正宁,各有3部,但仅存1部;合水见于记载并保存的有2部;环县今存1部。这些县志虽然在编修水平上参差不齐,但是能够保留至今仍然弥足珍贵,这对于后世续修地方志提供了珍贵的史料和经验借鉴。庆阳地方约有府志7部,体例详备,传承有人,总数列甘肃各个府县前茅,但是大部分散佚。明代前期编有《庆阳府并属县志》一册,今已散佚。成化年间《重修庆阳府志》由周茂、王福编修,共8卷,今已散佚。正德年间,初贤、韩鼎修撰《庆阳府新志》12卷,今已散佚。嘉靖年间由梁明翰、傅学礼、张旂、徐登、孙馆纂修《庆阳府志》20卷，今存。嘉靖年间汪来编《北地纪》共4卷，今已散佚。明代府志编修数量较多，但是总体上保存不善，大部分散佚。清代顺治年间杨藻凤编《庆阳府志》14卷，尚存；乾隆年间赵本植编《庆阳府志》40卷，今存。相比于前朝，清代府志数量较少，但是所编均得以保存下来。

明代河西方志，据《明史》卷九七《艺文二》载，主要有包节《陕西行都司志》12卷、郭绅《甘州卫志》10卷、曹子登《甘州纪变》1卷，具体内容无考。另有明万历丙辰（1616）李应魁纂修的《肃镇志》，记肃州自古以来的情况，原本已佚，现存为清顺治丁酉（1657）重刊本；明杨观成《凉镇志》，记凉州卫、永昌卫、镇番卫、古浪所自古以来的情况，原本已佚，现存《凉镇志》为清顺治丁酉年（1657）苏铣在杨观成《凉镇志》基础上编纂而成。镇番卫人杨大烈"修卫志未竟，经划三载乃著《镇番宜土人情略记》"，该书系方志体例，成书于万历七年（1579），共6卷，涉及疆域、沿革、山川、形胜、古迹建置、事功、风俗等方面。此书已佚，《镇番遗事历鉴》多有引用。明末清初，河西由于战乱兵焚，档案文书损失严重，清代河西地方官对明朝方志进行了抢救和保护，主要表现在《甘镇志》、《肃镇志》、《凉镇志》的重刊。乾隆年间修撰的河西方志主要有《重修肃州新志》、《五凉全志》、《甘州府志》、《永昌县志》等，取得了较高成就。嘉庆、道光年间，河西地方官或本地士人继续以极大热情投入到方志编纂工作中，这一时期修撰的方志有：南济汉修《永昌县志》、许协主修的《镇番县志》、苏履吉主编的《敦煌县志》、黄琼纂修的《山丹县志》，这些方志及时保存了嘉庆、道光年间本地土地、水利、人口、自然变迁、文化等方面的情况。《敦煌杂钞》与《敦煌随笔》两书为清常均纂，乾隆七年（1742）清润斋刊本。常均，字和亭，叶河人，是书为常均任观察安西副使时所纂。这两本书对康、雍、乾时期清廷对安西地区的经营和开发有详细的记载，可与《重修肃州新志》互为补充，具有重要的史料价值。

方志因其体例和内容的不同分为很多种，有卫志、厅志、镇志、乡土志、人物志、山志、采访录等。这些志书有官修也有私撰，优劣并存，良莠不齐。其中，边镇志、卫所志和分县志是甘肃方志的特色，该类方志创修于明代，续修于清代，因历史上甘肃边镇、卫所的建置而存在，表现出与中原一般方志迥异的特色。边镇志主要记载的是边疆的国防要塞历史，卫所志则主要记载军队的部署。明代编修山水寺庙志3部，明万历十七年（1589）平凉人李应奇纂修、甘肃最早刊行的山志——《崆峒山志》,3卷,2册,内容包括分野、建革、疆域、形胜、田赋、仙迹、题咏等7门。该志资料翔实,叙述准确,被著录于明万历《内阁书目》和《四库全书总目·存目》。此外,山川古迹志还有许登纂的《崆峒山志》和胡缵宗纂的《羲台志》(又作《伏羲台志》),惜已不存。编修关镇卫所志20部,有《肃镇志》、《甘镇志》(佚)、《永昌卫志》(佚)、《高台所志》等。清代编修厅志1部、关镇卫所志9部、乡土志7部、人物志4部、调查记8部、采访录3部、山水寺庙志1部。清代纂修的《西镇志》、《甘镇志》、《岷州卫志》、《洮州卫志》等都属于有甘肃特色的边镇志、卫所志。

现存明清两代甘肃地方志书罗列如下:

(1)《甘肃通志》50卷,清雍正六年(1728)巡抚许容修,李迪等纂,乾隆元年(1736)成书

(2)《甘肃全省新通志》100卷,清光绪三十四年(1908)总督长庚监修,安维峻等纂,宣统元年(1909)成书

(3)《巩郡记》30卷,明嘉靖二十五年(1546)秦安胡缵宗纂

(4)《庆阳府志》20卷,明嘉靖三十六年(1557)梁明翰、傅学礼修,王福纂

(5)《平凉府志》13卷,明嘉靖三十九年(1560)平凉赵时春撰

(6)《临洮府志》26卷,明万历三十二年(1604)唐懋德修

(7)《肃镇华夷志》4卷,明万历四十四年(1616)兵部副使李应魁修

(8)《巩昌府新志》28卷,明天启元年(1621),杨恩撰,清纪元补订,康熙二十七年刊本,上图藏

(9)《甘镇志》6卷,清顺治十四年(1657)分巡道昌平杨春茂修

(10)《凉镇志》,清顺治十四年(1657)西宁道苏铣修

(11)《庆阳府志》14卷,清顺治十七年(1660)杨藻凤纂修

(12)《秦州志》13卷,清顺治年间宋琬纂修

(13)《临洮府志》20卷,清康熙二十六年(1687)知府奉天高锡爵修

(14)《巩昌府志》28卷,清康熙二十六年(1687)知府文安纪元修

(15)《阶州志》2卷,明万历四十四年(1616)余新民修、寒逢泰纂

(16)《直隶阶州志》2卷,清乾隆元年(1736)知州葛时政修

(17)《阶州直隶州续志》33卷,清乾隆十二年(1747)州人吕震南修

(18)《肃州新志》30卷,清乾隆二年(1737)分巡道歙县黄文炜修

(19)《五凉考治六德集全志》5卷,清乾隆十四年(1749)张之浚序例,武威张玿美总纂

(20)《新修庆阳府志》42卷,清乾隆二十六年(1761)知府武林赵本植纂修

(21)《直隶秦州新志》14卷,清乾隆二十九年(1764)知州吴江费廷珍修,胡釴纂

(22)《甘州府志》16卷,清乾隆四十四年(1779)知府长兴钟赓起修

(23)《武阶备志》22卷,清嘉庆十三年(1809)州人吴鹏翱修

(24)《兰州府志》12卷,清道光十三年(1833)新城涂鸿义纂,陈士祯修

(25)《秦州直隶州新志》24卷,清光绪十五年(1889)伏羌王权、州人任其昌修

(26)《兰州志》4卷,清康熙二十五年(1686)皋兰人陈如稷修纂

(27)《皋兰县志》20卷,清乾隆四十三年(1778)吴鼎新修,县人黄建中纂

(28)《皋兰县续志》12卷,清道光年间秦维岳纂,陆芝田续纂,道光二十七年(1847)刻印

(29)《重修皋兰县志》30卷,清光绪十八年(1892)张国常修

(30)《金县志》2卷,清康熙二十六年(1687)知县耿喻修,郭殿邦纂

(31)《金县志》13卷,清道光二十二年(1842)知县满州恩福修

(32)《金县续新志》,清光绪三十四年(1908)纂修

(33)《狄道县志》8卷,清康熙二十七年(1688)知县棠邑李观我修

(34)《狄道州志》16卷,清乾隆二十八年(1763)吴镇纂,呼延华国修

(35)《狄道州续志》12卷,清宣统元年(1909)李镜清纂,联瑛修

(36)《河州志》6卷,清康熙四十六年(1707)知州钟祥王全臣修

(37)《靖远志》6卷,清康熙四十六年(1707)教授陈仓李一鹏修

(38)《续增靖远县志》,清乾隆四十年(1775)那礼善修

(39)《靖远县志》8卷,清道光十三年(1833)知县上元陈之骥修

(40)《安定县志》7卷,明万历二十五年(1597)恽应翼修,张嘉孚纂

(41)《安定县志》8卷,清康熙十九年(1680)知县张尔介修,曹晟等纂

(42)《陇西县志》12卷,清乾隆元年(1736)知县鲁廷琰修,杨国瓒刊

(43)《洮州卫志》,清康熙二十六年(1687)靖远吴垚修

（44）《洮州厅志》18 卷，清光绪三十三年（1907）抚番同知张彦笃、州人包永昌纂修

（45）《岷州志》20 卷，清康熙四十一年（1702）汪元絅修，田而禭纂

（46）《会宁县志》12 卷，清道光十一年（1831）知县湖南毕光尧修

（47）《会宁县志》（续修）2 卷，清道光二十年（1840）徐敬修，周西范纂

（48）《秦安县志》9 卷，明嘉靖十四年（1535）县人胡缵宗修

（49）《秦安县志》14 卷，清道光十八年（1838）长宁刘德熙修

（50）《清水县志》12 卷，清康熙二十六年（1687）知县临汾刘俊声修，张芳桂、雍山鸣纂

（51）《清水县志》16 卷，清乾隆六十年（1795）知县阳羡朱超修

（52）《徽州志》（又名《徽郡志》）8 卷，明嘉靖四十二年（1563）孟彭（又作鹏）年修，郭从道纂，张缓纂辑

（53）《徽县志》，清乾隆四十六年（1781）知县赵同翮纂修

（54）《徽县志》8 卷，清嘉庆十四年（1809）张伯魁修

（55）《徽县略志》4 卷，清光绪三十三年（1907）阚凤楼纂修

（56）《两当县志》，清乾隆三十二年（1767）知县曲沃秦武域修

（57）《两当县新志》4 卷，清道光十八年（1838）知县蒙古德俊修

（58）《礼县志》20 卷，清乾隆十七年（1752）知县普宁方嘉发修

（59）《礼县志》4 卷，清光绪十六年（1890）知县绵竹雷文渊修

（60）《通渭县志》4 卷，明万历四十四年（1616）刘世纶修，白我心纂

（61）《通渭县志》不分卷，康熙二十七年（1688）刻本，清张弘斌、张淑孔纂修

（62）《通渭县新志》12 卷，清光绪十九年（1893）知县湘荫高蔚霞修

（63）《宁远县志》8 卷，明万历十五年（1587）邹浩修

（64）《宁远县志》6 卷，清康熙四十九年（1710）知县慈溪冯同宪修

（65）《宁远县志续略》8 卷，清乾隆二十七年（1762）胡奠域修，县人于缵周纂

（66）《宁远县志续刊》，清乾隆十五年（1750）苏得坡纂

（67）《伏羌县志》12 卷，清乾隆十四年（1749）续相文、万绍焕修，县人巩建丰纂

（68）《伏羌县志》14 卷，清乾隆三十五年（1770）知县重庆周诜修，叶芝纂

（69）《续伏羌县志》6卷，清同治十一年（1872）知县侯新严修

（70）《西和县志》4卷，清乾隆三十六年（1771）知县盱江邱大英修，任尚蕙、赵维元纂

（71）《文县志》8卷，清康熙四十一年（1702）知县宛平江景瑞修

（72）《文县续志》，清乾隆二十七年（1762）知县汝阳孙岩修，何浑纂

（73）《文县志》8卷，清光绪二年（1876）知县满州长赟修

（74）《成县新志》4卷，清乾隆六年（1741）知县黄泳修、汪於雍等纂

（75）《华亭县志》，清嘉庆元年（1796）教谕正宁赵先甲续修

（76）《静宁州志》14卷，清康熙五十五年（1716）吴之珽纂

（77）《静宁州志》8卷，清乾隆十一年（1746）知州钱塘王烜修

（78）《庄浪汇记》8卷，明万历四十四年（1616）三边总督李之采修

（79）《庄浪县志略》20卷，乾隆三十六年（1771）邵陆纂修

（80）《庄浪志略》20卷，清乾隆五十五年（1790）庄浪县丞丹徒耿光文修

（81）《宁州志》5卷，清康熙二十六年（1687）知州辽东晋显卿修

（82）《正宁县志》18卷，清乾隆二十九年（1764）知县阳曲折遇兰修

（83）《合水县志》2卷，清乾隆二十六年（1761）知县宁乡陶奕曾修

（84）《环县志》10卷，清乾隆十七年（1752）知县仁和高观鲤修

（85）《泾州志》2卷，明万历年间知州田一井修

（86）《泾州志》2卷，清乾隆十八年（1753）知州项城张延福修

（87）《崇信县志》2卷，清顺治十七年（1660）于元煜修

（88）《镇原县志》2卷，清康熙五十四年（1715）钱志彤修，县人张述辕纂

（89）《镇原县志》10卷，清嘉庆八年（1803）陈琪繁修，刘化鹏、陈琚繁纂

（90）《镇原县志》22卷，清道光二十七年（1847）知县南城李从图修

（91）《灵台志》4卷，清顺治十五年（1658）知县黄居中修

（92）《镇番县志》16卷，清道光五年（1825）县人谢集成修

（93）《永昌县志》10卷，清乾隆五十年（1785）李登瀛修，南济汉纂

（94）《永昌县志》8卷，清嘉庆二十一年（1816）南济汉纂

（95）《续修山丹县志》10卷，清道光十一年（1831）知县平定黄璟修

（96）《敦煌县志》7卷，清道光十年（1830）武威曾诚修

(97)《襄武人物志》,清陇西吴之珽修

(98)《崆峒山志》3卷,明李应奇修,明万历十七年(1589)刻本

(99)《崆峒山志》2卷,清平凉知府海盐张伯魁删定,清嘉庆二十四年(1819)刻本

2. 青海地区

明万历年间,西宁兵备副使刘敏宽和西宁卫监牧同知龙膺共同纂修了《西宁卫志》。据《西宁府新志》作者杨应琚讲,该志到乾隆时,已"不特无刻板,即当年印行者,遍觅仅得宦迹及艺文数卷"。所幸,明末清初著名学者顾炎武在《天下郡国利病书》中录有该志部分内容,今人据以整理注释,辑成《西宁卫志》3卷,由青海人民出版社出版,为研究明代青海历史提供了宝贵的资料。

清前期青海地区还撰成了多种地方志书。顺治十四年(1657),苏铣纂成《西宁志》(又名《西镇志》),此为青海现存最早的地方志书,保留了明代到清初西宁地区政治、经济、军事、社会方面的第一手资料,特别是对兵防武备、中央王朝与地方的关系记述尤为详备。乾隆十二年(1747),西宁道佥事杨应琚纂修成《西宁府新志》,全书40卷,共30万字。卷首附有府、县、厅及黄河等图10帧,是现存最完备的一部青海地方志书。方志学家评论说:"此乾隆时期纪昀等奉命编撰的《河源纪略》36卷,详细记述了阿弥达等人勘查河源的经过及成果,并参照历史文献,绘图列表,是研究河源的重要文献。"嘉庆年间任西宁办事大臣的文孚于任职期间披阅档案,摘录一些重大历史事件,编成《青海事宜节略》《湟中杂记》,二书为研究青海历史保留了宝贵资料。

3. 宁夏地区

宁夏修志始于宋元时期。明初重视地方志的编修,永乐年间诏修全国郡县卫所志。正统年间,宁夏历史上现存第一部志书《宣德宁夏志》问世。此后,宁夏和固原两地纂修并刻印了多部镇、州级地方志,其中尤以嘉靖、万历二朝为盛。明代所修志书保存下来的主要有《宣德宁夏志》《弘治宁夏新志》《嘉靖宁夏新志》《万历朔方新志》《嘉靖固原州志》《万历固原州志》6部。原版《宣德宁夏志》于万历二十年(1592)毁于兵燹,二十九年(1601),原志纂修者朱栴九世孙、十代庆王朱帅锌重刻并作序。明后期,重刻本失传,今日本国会图书馆存有孤本。《弘治宁夏新志》由宁夏巡抚王珣发起编修,宁夏镇人胡汝砺编纂,于弘治十四年(1501)成书并刊印。由宁

夏巡抚杨守礼倡导，宁夏镇人管律实际编修，在《弘治宁夏新志》的基础上增订重修而成的《嘉靖宁夏新志》，嘉靖十九年（1540）成书刻印。该志在沿袭旧制的基础上增加了《金波湖图》和《南塘图》，很有价值。《嘉靖固原州志》由三边总制王琼呈修，宁夏平虏守御千户所（今平罗县）人杨经编纂，再由王琼裁正，于嘉靖十一年（1532）成书刊印，为现存固原地区第一部古代方志。该志有关固原地区的建置沿革、固原地名由来以及前代历史人物和历史事件的记载，都是今人研究固原地区历史的珍贵史料。有关资料记载，明万历初，宁夏巡抚罗凤翱曾亲自撰修过一部《万历朔方志》，据称该志已亡佚，具体情况尚需进一步考证、研究。现存《万历朔方新志》由宁夏巡抚崔景荣、杨应聘前后主修，宁夏镇人杨寿编纂，于万历四十五年（1617）刊印。该志增有《镇城图》、《总镇兴图》、《河西总图》、《西路图》、《中路图》、《东路图》等11幅图，并详细记述了宁夏古代水利开发的历史和历代遗留下来的主要渠道，为研究宁夏水利开发史提供了宝贵的资料。《万历固原州志》由三边总督刘敏宽撰修，固原兵备道董国光审定，于万历四十四年（1616）刊印。该志创设"兵制志"，而且对田亩、赋税，以及固原卫屯田、屯粮、屯草的数量都有具体记载，对研究明代的军事屯田制度有重要的参考价值。尤其重要的是，该志对明代中后期固原及其周围地区错综复杂的民族关系进行了真实记录，为研究固原地区历史上的民族关系提供了重要依据。

　　清代留下的宁夏的志书数目也较多。康熙年间编修的有《康熙隆德县志》和《康熙朔方广武志》，乾隆年间编修的有《乾隆银川志》、《乾隆宁夏府志》、《乾隆中卫县志》、《盐茶厅志备遗》，嘉庆年间编修的有《嘉庆灵州志迹》，道光年间编修的有《道光续修中卫县志》、《道光平罗纪略》和《续增道光平罗纪略》、《道光隆德县续志》，光绪年间编修的有《光绪灵州志》和《宁灵厅志草》、《光绪平远县志》、《光绪花马池志迹》、《光绪海城县志》，宣统年间有《宣统新修固原直隶州志》。可以说，自康熙朝以后，除雍正、咸丰、同治三朝，其他各朝宁夏均有志书问世，这些志书反映了宁夏地区的志书具有种类繁多、资料丰富、内容全面的特点。《乾隆银川小志》由宁夏知府赵本植的家庭塾师汪绎辰于乾隆二十年（1755）编纂而成，当是清代第一部宁夏志书。虽说该志文学色彩很浓，内容过于简单，但资料记载涉及清朝前期宁夏全境，很有价值，且该志首次使用"银川"这个地名。《乾隆宁夏府志》由宁夏府知府张金城编纂，于乾隆四十五年（1780）告成并刊刻。全书共22卷,约50万字,为明清以来宁夏地区卷帙最多、资料最详备的志书,同时也是流传较广、影响较大的志书。《盐茶厅志备遗》和《光绪花马池志迹》是清代宁夏所编志书中较为逊色的两部,史料分量不足,且有抄袭嫌疑。《宁灵厅志草》由宁灵厅抚民同知成谦于光绪末年纂修,据说原稿被日本特务窃取,现藏于日本东洋文库,宁夏图书馆仅存胶卷。光绪元年,海城县设打拉池县丞,《光绪打拉池县丞志》于光绪三十四年(1908)成书。该志由陈希魁等人编成,1万多字,为手抄本,内容包括建置、疆域、山川、关梁、水利、城池、物产、贡赋、祀典、职官(县丞)、冢墓、风俗、敕封、恩荫、选举、节妇等引目,严格按旧志体例编修。《宣统新修固原直隶州志》附有《硝河城志》,志中附志或志中有志,在宁夏属第一部,值得方志学者研究。

明清两代宁夏方志现存情况如下:

明代:

(1)(弘治)《宁夏新志》,修纂者:王珣、胡汝砺

(2)(嘉靖)《固原州志》,修纂者:王琼、杨经

(3)(嘉靖)《宁夏新志》,修纂者:杨守礼、管律

(4)(万历二十九年)《宁夏志》,修纂者:朱栴重印

(5)(万历)《固原州志》,修纂者:刘敏宽、董国光

(6)(万历)《朔方新志》,修纂者:崔景荣、杨应聘、杨寿

清代:

(1)(康熙二年)《隆德县志》,修纂者:常星景、张炜

(2)(康熙五十六年)《朔方广武志》,修纂者:高巘、俞汝钦、俞益谟

(3)(乾隆元年)《甘肃通志》,修纂者:许容、李迪

(4)(乾隆十七年)《盐茶厅志备遗》,修纂者:朱亨衍、刘统

(5)(乾隆二十年)《银川小志》,修纂者:汪绎辰

(6)(乾隆二十七年)《中卫县志》,修纂者:黄恩锡

(7)(乾隆四十五年)《宁夏府志》,修纂者:张金城、杨浣雨

(8)(乾隆四十五年)《灵州志迹》,修纂者:杨芳灿、丰延泰、郭楷

(9)(嘉庆十三年)《平罗县志》,修纂者:佚名

(10)(道光六年)《隆德县续志》,修纂者:黄璟

(11)(道光九年)《平罗纪略》,修纂者:徐保字

(12)(道光二十一年)《续修中卫县志》,修纂者:郑元吉、余懋官

(13)(道光二十四年)《续增平罗纪略》,修纂者:张梯

(14)（光绪五年）《平远县志》，修纂者：陈日新
(15)（光绪三十三年）《重修灵武志》，修纂者：兰德昌
(16)（光绪三十三年）《宁灵厅志草》，修纂者：成谦
(17)（光绪三十三年）《花马池志迹》，修纂者：佚名
(18)（光绪三十四年）《海城县志》，修纂者：杨金庚、陈廷珍
(19)（光绪三十四年）《华平厅采访编辑》，修纂者：王宾、张元泰
(20)（光绪三十四年）《甘肃新通志》，修纂者：昇允、长庚
(21)（宣统元年）《新修固原直隶州志》，修纂者：王学伊、锡麟

二、图书的刊刻

明清两代，甘肃境内逐步建立健全府、州、县儒学和书院制度，县以下立社学、义学、里塾。特别是清末废科举、兴学堂后，教育事业不断发展，作为主要教材的儒家经典和其他教学用书的需求数量不断增加。这种形势下，虽然许多书籍经由商贾从成都、武汉等地贩运而来，但也促进了甘肃刻印业的较快发展。

（一）文化教育

明嘉靖三十三年（1554），秦安胡缵宗刻印其著作《愿学编》，作为教材使用。清乾隆三年至六年（1738—1741），在甘肃巡抚元展成的主持下刊刻了《钦定四书》和《皋兰课业十三经》。乾隆十五年（1750），武威府学刊刻了《西华集天山学道》、《西华集天山述古》、《西华集天山文教》、《西华集天山讲义》等。清乾隆壬子年间，兰山书院还刊刻了《皋兰课业风骚补编》（经训、诗赋）和《皋兰课业风骚补》（唐诗、楚辞、古诗）。清乾隆年间，皋山书院也刊刻《皋兰课业风骚补》4册和《皋兰课业诗赋编》。清乾隆年间，一些书院和刻坊又刻印了《孝经分传》、《既见文》、《闺范图史》、《官方宝鉴》、《四礼典要》、《兰山课业松崖诗录》、《四书课童诗》、《字学正宗》、《松崖文稿》、《四书六韵》等图书。嘉庆时期，刻印了《周易阐真》、《易理阐真》、《三易注略》、《钦定四言韵文》、《御制原教》等图书。咸丰时期，刻印了《钦定四言韵文》、《三字经注解》等。后因战乱，部分刻版毁于战火，不少图书佚失。

清代同治、光绪年间，陕甘总督左宗棠为图书的刊刻作出了很大的贡献。首先推崇儒学、义学等，为西北刊刻了"四书"、"五经"、《治学要言》、《吾学录》、《小学》、《孝经》、《三字经》、《四言韵文》、《百家姓》、《千字文》、

《日用杂字》等书,连同《圣谕广训》颁发各州县,不但解了书荒,也促进了儒学的进一步传播。其次,申请在兰州兴办学院、贡院,在兰州刊刻《甘肃闱墨》、《甘肃乡试闱墨》、《甘肃乡试朱卷》、《乡试题名录》等,以供士子、考生参考。此外,光绪五年刊印的《甘肃乡试甲官录》、光绪十年刊印的《甘肃乡试题名》,以及光绪年间的《陇西同官录》等,都和科举有关。之后甘肃高等学堂先后刊行了《授经日记——春秋》、《经学日记摘抄——尚书》、《授经日记——周易》和《春秋大旨提纲表》2册、《学记臆解》、《周礼政要》2册、《甘肃师范学堂舆地课艺》、《甘肃师范生舆地课艺》、《卫生学问答》等图书。甘肃官书局还铅印《世界地理学》、《希腊春秋》等书作教材使用。另外,兰州、临洮等地还刊刻了《周易图说述》、《周易本义》、《四书讲义》、《学治臆说》、《四书注解》、《蛱蝶集》、《劝学编》等书,同样作为各类学校的教本或教学参考书。同治年间,刊刻了《易爻近征》2卷、《增广字学举隅》4册、《入声韵语》、《舆地辨同录》20卷、《忠孝节义录》4卷、《闻善录》、《思源录》、《典防》等图书。甘肃刊行的《牛氏家言》、《慎思录》、《闻善录》、《思源录》、《公余节约录》、《敏求录》、《杨椒山公家训》、《佐治药言续言附》、《教民歌》等,都是文人编写的诸子家训和格言类图书,可见清代注重教化的社会风气。

1. 明清甘肃地区诸子类刻书情况如下:

(1)《愿学编》,秦安胡缵宗撰,明嘉靖甲寅年(1554)秦安鸟鼠山房刻本

(2)《八图解说》,河州何永达撰,明刻本

(3)《西华集天山文教》,武威张之浚撰,乾隆十五年(1750)武威府学刊本

(4)《西华集天山学道》,武威张之浚撰,乾隆十五年(1750)武威府学刊本

(5)《既见文》,清乾隆三十六年至三十九年(1771—1774)甘肃布政使尹嘉铨主持刻印

(6)《钦定中枢正考书》,清嘉庆十一年(1806)甘肃藩司刷送

(7)《御赐致变之源说》,清嘉庆十九年(1814)七月甘肃藩司刷送

(8)《御制因循疲玩论》,清嘉庆二十二年(1817)甘肃藩司刷送

(9)《三十二书品》,皋兰唐琏撰,清道光七年(1827)皋兰刊本

(10)《信手拈来》,皋兰唐琏撰,清道光七年(1827)皋兰刊本

(11)《松石斋书画琐言》,皋兰唐琏撰,清道光七年(1827)皋兰刊本

(12)《翰墨厄言》,元鲁氏撰,清道光二十四年(1844)秦安非能园刻本

(13)《学庸便童录》,伏羌王化兴撰,清咸丰元年(1851)优羌刊本

(14)《杨椒山公家训》,杨椒山撰,清咸丰二年(1852)孟夏月兰省大城内府门街道升楼日新堂刊本

(15)《蠹书》3卷,吴之珽撰,清咸丰六年(1856)首阳 旧县同人堂刊本

(16)《学治要言》,左宗棠组织编著,清同治十一年(1872)正月安定左宗棠行营刻本

(17)《闻善录》,通渭牛树梅撰,清同治十三年(1874)刻本

(18)《牛氏家言》,通渭牛作麟撰,清同治刊本

(19)《思源录》,通渭牛树桃撰,清同治刻本

(20)《典防》,伏羌王权撰,清同治刊本

(21)《甘肃拨贡卷》,清同治十二年(1873)兰州刊本

(22)《防心集》5卷,皋兰陈育仁撰,清同治刊本

(23)《幼模》,宁远陈献文撰,清刻本

(24)《潜灵琐言》,宁远陈献文撰,清刻本

(25)《甘州书院义学章程》,清光绪二年(1876)甘州书院刊本

(26)《甘肃乡试朱卷》,清光绪五年、八年、十一年、十七年、二十年、二十三年、二十九年兰州刊本

(27)《甘肃闱墨》,清光绪五年(1879)兰州衡鉴堂刊本

(28)《吾学录》,左宗棠组织编著,清光绪六年(1880)肃州左宗棠行营刻本

(29)《慎思录》,李南晖撰,清光绪七年(1881)兰州节署澄思堂刊本

(30)《淡尘子养元记》,安定(今定西)张鉴三撰,清光绪刊本

(31)《教民歌》,周轶真撰,清光绪十年(1884)甘肃秦州府刊本

(32)《甘肃分试闱墨》,清光绪十七年(1891)兰州衡鉴堂刊本

(33)《佐治药言续言附》,汪辉祖撰,清光绪二十二年(1896)仲秋甘肃藩署重刻

(34)《学治臆说》,汪辉祖撰,清光绪二十二年(1896)甘肃藩署重刻

(35)《劝学编》,两湖总督张之洞撰,清光绪二十四年(1898)六月甘肃藩署重刻

(36)《皋兰兴文社公立两等小学堂章程》,清光绪年间兰州官报书局印

(37)《敏求录》,王三祝撰,清光绪年间大雅堂刊本

(38)《甘肃速成师范学堂简明章程》,清光绪三十二年(1906)甘肃官报书局木活字排印

(39)《果斋一隙记》,皋兰刘尔炘撰,清宣统元年(1909),陇右乐善书局刊印

(40)《学记臆解》,刘光蕡撰,清光绪甘肃高等学堂刻本

(41)《公馀节约录》,傅秉鉴撰,清宣统元年(1909)甘肃官报书局刊本

(42)《静规》,陇西杨庆撰,清刻本

2. 易类刻书情况：

(1)《易象图说》10卷,通渭李南晖撰,清刻本

(2)《杂卦传》,通渭李南晖撰,清刻本

(3)《周易阐真》,刘一明撰,清嘉庆四年(1799)榆中栖云山刊本

(4)《易理阐真》,刘一明撰,清嘉庆年间榆中栖云山刊列本

(5)《三易注略》25卷,刘一明撰,清嘉庆年间榆中栖云山刊本

(6)《周易本义》,朱熹撰,清光绪十六年(1890)兰州刊本

(7)《大易贯解》,秦州王尚概撰,清嘉庆刊本

(8)《易爻近征》2卷,武威宋柏撰,清同治刊本

(9)《授经日记——周易》,刘尔炘撰,清光绪三十年(1904)甘肃高等学堂铅印,光绪三十三年(1907)陇右乐善书局刊本

(10)《周易图说述》,王弘撰撰,清光绪三十三年(1907)兰州敬义堂刊本

(11)《易翼贯解》7卷,皋兰佘德楷撰,清光绪皋兰刊本

(12)《周易四卦解》,清光绪戊子举人平番周应沣撰,印本

3. 总经类刻书情况：

(1)《皋兰课业十三经》,清乾隆三年至六年(1738—1741)甘肃巡抚元展成主持刻印

(2)《读十三经管见》,秦州王尚概撰,清同治刻本

4. 诗类刻书情况：

(1)《皋兰课业风骚补编》(经训、诗赋),临洮吴镇撰,清乾隆五十七年(1792)兰山书院刊本

(2)《皋兰课业风骚补》(唐诗、楚辞、古诗),清乾隆五十七年(1792)兰山书院刊本

(3)《皋兰课业风骚补》,周樽辑,清乾隆年间兰山书院刊本

(4)《皋兰课业诗赋编》,盛元珍辑,清乾隆年间皋兰书院刊本

(5)《诗经》,清同治十三年(1874)兰州府署刻印

(6)《诗经集锦》4卷,陇西张卫阶撰,清光绪刊本

5. 书类刻书情况:

(1)《钦定四书》,清乾隆三年至六年(1738—1741)甘肃巡抚元展成主持刻印

(2)《四书课童诗》,临洮吴镇撰,清乾隆五十六年(1791)兰山书院刊本

(3)《四书六韵》,临洮吴镇撰,清乾隆刊本

(4)《经学日记摘抄——尚书》,刘尔炘撰,清光绪三十年(1904)甘肃高等学堂铅印

(5)《四书讲义》4卷,秦安安维峻撰,清宣统三年(1911)陇右乐善书局刊本

(6)《四书注解》,清光绪年间临洮刊本

(7)《新定古本大学》,静宁孙积善撰,清光绪铅印本

6. 礼类刻书情况:

(1)《四礼典要》,清乾隆三十六至三十九年(1771—1774)甘肃布政使尹嘉铨主持刻印

(2)《周礼政要》,孙诒让撰,清光绪三十一年(1905)秋甘肃高等学堂刊本

7. 孝经类

(1)《孝经分传》,清乾隆三十六至三十九年(1771—1774)甘肃布政使尹嘉铨主持刻印

8. 春秋类

(1)《春秋井鉴》7卷,临夏何永达撰,明河州(今临夏)刻本

(2)《春秋贯解》,秦州王尚概撰,清同治刊本

(3)《授经日记——春秋》,刘尔炘撰,清光绪三十四年(1908)甘肃高等学堂刊本

(4)《春秋大旨提纲表》4卷,刘尔炘编著,清光绪三十四年(1908)甘肃高等学堂刊本

9. 小学类

(1)《字学正宗》,镇原张先觉撰,清乾隆刊本

(2)《便蒙字书》,宁远陈献文撰,清刻本

(3)《钦定四言韵文》,清嘉庆十九年(1814)甘肃藩司刻印

(4)《御制原教》,清嘉庆十九年(1814)甘肃藩司刻印

(5)《(批点)三字经注解》,王言论批注,清咸丰元年(1851)兰州同仁堂朱墨套印

(6)《钦定四言韵文》,清咸丰三年(1853)甘肃藩司刻印

(7)《增广字学举隅》,铁珊撰,清同治十三年(1874)兰州郡署刻本

(8)《韵字同异辨》2卷,肃州胡文炳撰,清同治刊本

(9)《入声韵语》,靖远王家督撰,清同治刊本

(10)《小学弦歌节抄》,秦州刘永亨撰,清光绪三十一年(1905)文德斋刊本

(11)《文钥》,邹福保辑,清宣统三年(1911)甘肃存古学堂刊本

(二) 诗文集的刊刻

明清时期,甘肃在文学特别是在诗歌方面取得了一定成就,出现了很多有名的学者和作家,他们在甘肃刊行的诗集,有考者70多部。名家作品当时被作为教材使用,有的被收入《四库全书总目提要》。一般作品刻印后,多送同里、好友欣赏,或供弟子习诗练文。

庆阳李梦阳(1473—1530),字献吉(一作天赐),号空同子,甘肃庆阳人,明代著名的文学家和学者。著有《空同集》66卷,其诗作有2 200余首,赋35篇,文大约300篇。他提倡文体改革,反对以"三杨"为代表的粉饰太平、歌功颂德的"台阁体"的萎弱文风,扬起了"文必秦汉,诗必盛唐"的复古大旗。宗法他人,学习屈原、贾谊的骚体赋,模仿《左传》、司马迁的文章体式,诗歌创作更是效法李杜。他关心民瘼,其诗深刻反映了现实生活,因而在文学史上占有一席之地,且享有较高声誉。

秦安胡缵宗(1480—1560),字孝思,一字世甫,号可泉,又号鸟鼠山人,秦州秦安县城人。胡缵宗是不折不扣的综合性人才,不但擅长诗词、歌赋,而且在经学、方志和书法方面同样成就卓越。著有《拟汉乐府》2卷、《拟古乐府》2卷、《胡氏诗识》2卷、《鸟鼠山人集》18卷、《顾学编》2卷、《进取编》2卷、《河洛集》2卷、《归田集》2卷等,还选编了《秦汉文》、《唐雅》、《雍音》等。他的文学见解和李梦阳相似,其诗比较广泛地反映了社会现实,或抨

击现实的丑恶,同情人民;或慨叹仕途艰辛,为正直的文人鸣不平;或歌颂祖国的大好河山和壮丽景色。《明史》卷二八六收录了其著作9种,其作品《四库全书》亦有收录。《墓志铭》中这样评价他:"经济宏伟,功业垂于当年;学海渊涵,著作传于后世。"

平凉赵时春(1509—1568),字景仁,号浚谷,平凉县南纸坊沟浚谷人。明代文学史上革新派的主要代表,歌咏陇东山河风光的著名诗人,同时是"嘉靖八才子"之一,唐顺之曾热情评价其:"宋有欧、苏,明有赵、王。"他的诗文诚挚爽朗,情感高昂,意境优美,多以陇东和平凉一带的山川风物入诗。诗篇数以千计,整理成集的有《浚谷文集》17卷,流行于甘肃内外。甘肃图书馆现存《赵浚谷诗集》10卷、《浚谷文抄》2卷。

陇西金銮,字在衡,号白屿,巩昌府陇西县人,是明代著名的散曲家。他的散曲集《萧爽斋乐府》中有大小令134首,共24套,内容或讽庸俗世风,或记男女恋情,或描山水景物,或写自然灾害,为布衣文人所喜爱。其特色是长于嘲讽,风格清丽,灵活运用民间语言。其散曲《萧爽斋乐府》2卷刊入《涌芬室丛刊》和《饮虹簃所刻曲》,其诗《金百屿集》1卷刊入《盛明百家诗》。

临洮张晋(1624—1659),字康侯,号戒庵,狄道南郊人。少有诗才,著有《黍谷吟》、《秩舫一啸》、《劳劳草》、《石芝山房草》、《雍草》、《税云草》等诗集,收入《张康侯诗草》11卷中。其诗或反映农民的苦难生活,或描写临洮的风土人情,或赞美祖国的壮丽山川和名胜古迹,诗风豪迈俊逸兼具幽婉,壮阔诡谲,艳丽奇特。清代刊行于临洮、兰州等地。纪昀在《四库全书总目提要》中评论说:"其诗颇学李白,兼及李贺之体。"其弟张谦,字牧公,14岁便有诗成册。著有《得树斋诗集》。诗风沉郁悲凉,有杜甫之风,同代诗人孙枝蔚在《得树斋诗集》中评价道:"五言规模少陵,已近骨肉。"其五言、七言炼句严谨,意境深远,其文风对临洮诗人影响颇大。

临洮吴镇(1721—1797),字信辰,一字士安,号松崖,别号松花道人。出自书香世家,自幼受文学熏陶,是甘肃不可多得的多产诗人。他一生写诗数千首,保存至今者仍1 000有余,主要著作有《松花庵诗草》、《松花庵游草》、《松花庵逸草》、《四书六韵诗》、《兰山诗草》、《声调谱》等。他转辗多师,却能做到自成一家。他的《我忆临洮好》十首,是赞美家乡的代表作。其诗当时就在家乡临洮松花庵和兰山书院广泛印行,流传颇广,有些被书院作为教材,推崇备至。清代文学家袁枚说吴镇"享文章之盛名,百余年来

第四章　明清甘肃文教事业的发展

无及者"。

其他还有很多,如甘谷巩建丰,曾是康熙身边的文学顾问,做过雍正的老师,后辞官不就,以灌园吟诗为乐,著有《朱圉山人诗文集》10卷。其诗作关心民瘼,落笔现实,以犀利的笔锋鞭挞现实,为时人所称赞。秦安胡釴,诗境清腴高远,语言自然流畅,有《静庵诗文集》刊行。晚清时,兰州、靖远、榆中等地,还刊行过皇甫枚的《三水小牍》、炼情子的《补天石传奇》和长春真人的《西游原旨》等。

明清甘肃地区文学类著作刊刻情况如下:

(1)《空同集》66卷,庆阳李梦阳撰,明嘉靖刻本

(2)《唐雅》8卷,秦安胡缵宗编,明嘉靖鸟鼠山房刻本

(3)《鸟鼠山人小集》7卷,秦安胡缵宗编,明嘉靖鸟鼠山房刊本,清顺治十三年(1656)秦安文人奉金购梨重刻

(4)《雍音》4卷,秦安胡缵宗编,明嘉靖鸟鼠山房刊本

(5)《赵浚谷诗集》,平凉赵时春撰,明嘉靖二年、三年(1523、1524)平凉刻本

(6)《休庵集》,河州王竑撰,明河州刊本

(7)《欲焚草》4卷,秦州胡炘撰,明秦州刊本

(8)《温玉亭诗文集》,狄道杨行恕撰,明狄道刊本

(9)《柏轩先生遗稿》,兰州段坚撰,明兰州刊本

(10)《宛平遗集》,秦安李元芳撰,明秦安刊本

(11)《超然山人集》,临洮张万纪撰,明临洮刊本

(12)《介园集》,临洮潘光祖撰,明刻本

(13)《杨忠愍全集》,临洮杨忠愍撰,清康熙十二年(1673)临洮杨忠愍五世孙聪福刻,清光绪九年(1883)甘肃藩署重刻

(14)《琵琶十八变》,临洮张晋撰,清乾隆年间临洮刊本

(15)《朱圉山人集》,甘谷巩建丰撰,李南晖编次,清乾隆十九年(1754)巩建丰子敬绪刊本

(16)《既见诗》,清乾隆三十六年至三十九年(1771—1774)甘肃布政使尹嘉铨主持刊行

(17)《胡静庵诗抄》,秦安胡釴撰,清乾隆五十四年(1789)秦安胡氏家塾刊本,光绪十六年(1890)秦安巨国柱于甘州司训官署重刻

(18)《戒庵诗草》6卷,临洮张晋撰,乾隆五十五年(1790)狄道刊本,

313

清宣统二年(1910)临洮重刻

(19)《岁寒诗集》,临洮张晋撰,清乾隆年间临洮刊本

(20)《秋舫一啸》,临洮张晋撰,清乾隆年间临洮刊本

(21)《劳劳草》,临洮张晋撰,清乾隆年间临洮刊本

(22)《雍草》,临洮张晋撰,清乾隆年间临洮刊本

(23)《律陶》,临洮张晋撰,清乾隆年间临洮刊本

(24)《集杜》,临洮张晋撰,清乾隆年间临洮刊本

(25)《得树斋诗集》,临洮张谦撰,清乾隆五十五年(1790)临洮刊本

(26)《霞露斋诗集》,临洮张谦撰,清乾隆年间临洮刊本

(27)《铁堂诗草》,许珌撰,吴镇编,清乾隆五十五年(1790)兰山书院刊本

(28)《松花庵全集》,临洮吴镇撰,清乾隆五十四年(1789)兰山书院刊本,宣统二年(1910)临洮文社重刻

(29)《松崖文稿》,临洮吴镇撰,清乾隆五十五年(1790)兰山书院刊本

(30)《松花庵游草》,临洮吴镇撰,清乾隆五十七年(1792)松花庵刊本

(31)《松花庵诗草》,临洮吴镇撰,清乾隆五十七年(1792)松花庵刊本

(32)《皋兰课业松崖诗录》,临洮吴镇撰,清乾隆五十七年(1792)兰山书院刊本

(33)《芙蓉山馆诗文抄》,临洮吴镇撰,清乾隆五十八年至嘉庆三年(1793—1798)松花庵刊本

(34)《燕游近草》,兰州谢天锦撰,清乾隆年间兰州刊本

(35)《攀骊集》,伏羌张辅辰撰,清乾隆刊本

(36)《蛮吟集》,临洮岳钟琪撰,清乾隆刊本

(37)《薑园集》,临洮岳钟琪撰,清刊本

(38)《复荣集》,临洮岳钟琪撰,清刊本

(39)《容斋诗集》,临洮岳钟琪撰,道光刻本

(40)《会心内集》,素朴山人(刘一明)撰,清嘉庆六年(1801)榆中栖云山刊本

(41)《会心集》,素朴山人(刘一明)撰,清嘉庆六年(1801)榆中栖云山刊本

(42)《静庵诗集》,秦安胡釴撰,清嘉庆七年(1802)临洮松花庵刊本

(43)《偷闲吟》,临洮马绍融撰,清嘉庆十九年(1814)松花庵刊本

(44)《栖云笔记》4卷,榆中栖云山道人刘一明撰,清嘉庆二十年(1815)马阳健刊刻本

(45)《养素堂文集》26卷,武威张澍撰,清嘉庆刻本

(46)《养素堂诗集》26卷,武威张澍撰,清嘉庆刻本

(47)《扣舷吟草》,武威张澍撰,清嘉庆刻本

(48)《清真诗略》,张国常撰,清道光四年(1824)兰州仰西堂刻本

(49)《胡静庵先生文》,秦安胡釴撰,清道光六年(1826)刻本

(50)《松石斋集》,皋兰唐琏撰,清道光十二年(1832)松石斋刻本

(51)《梦雪草堂诗集》,武威郭楷撰,清道光刻本

(52)《西山堂藏稿》,秦州张烈撰,清道光刻本

(53)《泾川丛书》抖册,清道光十二年(1832)刊本

(54)《梨花吟馆诗文草》,狄道陆芝田撰,清道光刻本

(55)《研六室文抄》,胡培翚撰,清道光十七年(1837)泾川书院刊本

(56)《审严文集》10卷,《审严文集》1卷 杨于果撰,清道光二十五年(1845)秦安非能园刊本

(57)《山丹王丕美善行征诗集》,秦大中编,清道光年间仙提书院刊本

(58)《秋岳小西园诗草》,王鉴堂撰,清道光二十八年(1848)王禹堂刊本

(59)《南墅闲吟》2卷,金县黄国珍撰,清道光刻本

(60)《峒鹤山房诗草》,朱灏杰编次,清道光三十年(1850)平凉重光楼刊本

(61)《介石文集》,秦安杨焘撰,清道光年间秦州天宝斋刻本

(62)《介石文集补遗》,秦安杨焘撰,清道光年间秦州天宝斋刻本

(63)《介石诗集》,秦安杨焘撰,清道光年间秦州天宝斋刻本

(64)《韩氏忠节诗文录》,武威韩奉先辑,清道光年间武威刊本

(65)《日损益斋文集》8卷,安定马疏撰,清咸丰七年(1857)安定马氏家塾刻本

(66)《花萼唱和集》,安定马考、马疏撰,清咸丰年间安定刊本

(67)《王朗清方伯八政诗》,槐阴山房辑,清同治十三年(1874)临洮刊本

(68)《集唐诗》,陇西陈世夏撰,清同治十三年(1874)刻本

(69)《思源斋诗草》,陇西汪蕃撰,清同治刻本

（70）《松冈诗草》2卷，陇西范钟撰，清同治刻本

（71）《挹秀山房丛书》，皋兰朱克敬撰，清同治刻本

（72）《漫游诗草》，靖远王家督撰，清同治刻本

（73）《省斋全集》12卷，通渭牛树梅撰，清同治刻本

（74）《湑叶文存》，通渭牛树梅撰，清同治刻本

（75）《连园诗草》1卷，陇西陈世夏撰，清同治刻本

（76）《挹兰山房文集》，皋兰金玉音撰，清同治刻本

（77）《携雪堂文集》，皋兰吴可读撰，清同治刻本

（78）《砚华斋文集》，安定杨昇撰，清同治刊本

（79）《笠雪山房古文集》，伏羌王权撰，清同治刊本

（80）《笠雪山房诗集》，伏羌王权撰，清同治刊本

（81）《笠云槐里遗文》，伏羌王权撰，清同治刊本

（82）《雪鸿集》，河州张和撰，清同治刊本

（83）《雪鸿续集》，河州张和撰，清同治刻本

（84）《绍香堂诗钞》，河州张和撰，清同治刊本

（85）《河州乡贤遗诗》，河州张和辑，清同治刊本

（86）《杨忠愍公全集》，杨忠愍撰，清同治五年（1866）临洮刊本

（87）《晚翠轩诗稿》，皋兰王光晟撰，清刊本

（88）《国朝画后续集》，皋兰王光晟撰，清刊本

（89）《醉雪庵遗草》，武威李蕴芳撰，清刊本

（90）《东里诗草》，安定张效栻撰，清刊本

（91）《鹤皋诗钞》，秦安杨于棠撰，清道光二十五年（1845）秦安非能园刻本

（92）《石斋诗草》，会宁吴中相撰，清刻本

（93）《让溪诗草》，狄道马士骏撰，清刻本

（94）《世德堂诗草》2卷，皋兰陈增撰，清刻本

（95）《莲溪诗集》，秦州张丽撰，清光绪刻本

（96）《课孙诗草》，狄道张建珌撰，清刊本

（97）《秦州焚余草》，董平章撰，清光绪年间兰州官报书局刊本

（98）《吴山遗稿》，静宁赵贡玉撰，清光绪刊本

（99）《知止堂文集》3卷，伏羌魏观象撰，清刻本

（100）《知止堂诗集》2卷，伏羌魏观象撰，清刻本

(101)《宁拙轩文集》4卷,秦安巨潭撰,清刻本

(102)《六戊诗草》,静宁王源瀚撰,清光绪铅印本

(103)《敦素堂文集》,秦州任其昌撰,清光绪刊本

(104)《敦素堂诗集》,秦州任其昌撰,清光绪铅印本

(105)《湟中兰枝阳洮阳杂吟》,狄道魏椿撰,清光绪刻本

(106)《述怀堂试帖诗》,狄道魏椿撰,清光绪刻本

(107)《对联巨观》,狄道魏椿撰,清光绪刻本

(108)《杜门草诗集》,陇西赵琴鹤撰,清光绪铅印本

(109)《拙庵诗草》,皋兰王炳麟撰,清光绪刊本

(110)《云水前集》,皋兰刘元机撰,清光绪刊本

(111)《云水后集》,皋兰刘元机撰,清光绪刊本

(112)《谏垣存稿》八卷,秦安安维峻撰,清光绪刊本

(113)《秋香阁诗草》,陇西张如镛撰,清光绪刊本

(114)《宜园诗文集》,秦安丁锡奎撰,清光绪铅印本

(115)《棣园文集》,永登周应沣撰,清光绪铅印本

(116)《棣园诗集》,永登周应沣撰,清光绪铅印本

(117)《梅仙诗遗》,河州祁魁元辑,清光绪刻本

(118)《王燕堂芰余草》,永登张松龄撰,清光绪铅印本

(119)《蛱蝶集》,兰州马步青撰,清光绪十二年(1886)兰州万穗堂刻字铺(古楼东侯府宅)刻本

(120)《慕陶山房诗文集》,安定王作枢撰,清光绪十六年(1890)安定王黼堂刻本

(121)《慕陶山房遗稿》,安定王作枢撰,清光绪十六年(1890)安定王黼堂刻本

(122)《安定县本地风光文集》,安定王作枢撰,清光绪十六年(1890)安定王黼堂刊本

(123)《三水小牍》,皇甫枚撰,清光绪十七年(1891)云自社氪刻

(124)《砥斋集》,王弘撰,清光绪二十年(1894)敬义堂刊本,王凌霄主持刻印

(125)《劫余诗存》4卷,秦安巨国柱撰,清光绪二十三年(1897)天水刊本

(126)《午阴清舍诗草》16卷,何方堃撰,清光绪三十一年(1905)兰州

官书局刊本

（127）《细阳小草》，皋兰王树中撰，清光绪三十二年（1906）皋兰刊本

（128）《疑庵诗乙集》，许承克撰，清光绪年间兰州政报局铅印本

（129）《雍焯文集》，雍焯撰，清宣统二年（1910）临洮刊本

（三）其他图书的刊刻

金石学方面，清阶州（今武都县）邢澍在全国都很有名望。邢澍（1759—1830），字雨民，号佺山，甘肃武都人。其在清代邵晋涵、孙星衍所搜集到的刻石资料的基础上，增订辑录了周秦至元代的 8 000 种碑目，著成《寰宇访碑录》12 卷，名噪一时。于嘉庆十七年（1802）刻印成书，被列入《清史稿·艺文志》史部金石类，还被收入"平津馆丛书"。又著《金石文字辨异》12 卷，完稿后也刊印成书，被列入《清史稿·艺文志》经部小学类字书，还被收入"聚学轩丛书"。

史学研究方面，仅《淳化阁帖释文》，就有明崇祯十一年（1638）华亭张肯堂刊本，清嘉庆十七年（1812）徐朝弼序、皋兰李映西书、兰州道生巷寿古堂西安访古阁刘法贴铺刻，清宣统二年（1910）刘尔炘主持其事并书文、于积中刻等不同刊本。而成就最显著的，当属武威李铭汉。他写下了纪事本末体的宋、辽、金、元史《续通鉴纪事本末》110 卷，从 90 卷到 110 卷是李铭汉次子李于锴续辑，并于清光绪三十二年（1906）刊刻出版。全书概括了宋太祖代周到明玉珍据蜀这 400 年间的 110 件大事。其辑录原文剪裁精密，详略得宜，对事情的起讫经过有详尽而完整的描述。该书在中国史籍中值得重视。另外，刊行的史学著作还有秦安杨于果的《史汉笺论》4 卷、肃州（今酒泉）胡文炳的《读史碎金详注》80 卷、王鸿绪的《明史稿》、王树楞的《希腊春秋》2 册等。

姓氏学研究方面，最有成就者当属张澍。张澍（1776—1847），字伯（百）瀹，又字寿谷，号介侯，又号鸠民，凉州府武威县人。他博览群书，考查各个姓氏的起源和演变，不但按照韵目把每个姓氏编排罗列出来，而且还改正了历代姓氏书的错误，写成了"姓氏五书"——《姓韵》、《辽元金三史姓氏录》（附《西夏姓氏录》）、《姓氏寻源》、《姓氏辨误》、《古今姓氏书目考证》，共 300 余卷。其中《姓氏寻源》和《姓氏辨误》于清嘉庆年间刊行，这是我国姓氏学方面的巨著，《清史稿》卷四八四《文苑列传》中称之为"绝学"，其在文学史上的地位可见一斑。甘肃刊行的姓氏学著作还有汪辉祖辑、清

光绪十年(1884)兰州耕馀堂刊《史姓韵编》和王化兴辑、清咸丰元年(1851)伏羌(今甘谷)刻本《辑姓录》等。

明清时期,甘肃各地文人也将目光投注到了地方史的资料整理工作中。刊行的地方史有彭英甲编写的《陇右纪实录》、程履丰撰《陇上鸿泥》、阿桂等编写的《兰州纪略》、俞文绶撰《卓尼记》等。皋兰张国常纂《甘肃忠义录》和彭泽撰《段容思先生年谱纪略》,肃州胡文炳编写的《忠孝节义录》和胡秉虔编写的《甘州明季成仁录》、潘挹奎撰《武威耆旧传》、《武威韩氏忠节录》、《岳钟琪行略》等则是为名人、恩师和好友立传的人物传记。大族家谱则有清光绪十二年(1886)兰州庆馀堂刊本《金城陈氏族谱》8册,皋兰彦秉惰撰、清嘉庆十七年(1812)皋兰刊本《皋兰彦氏家谱》6册,皋兰彦豫春修、清光绪刊本《重修皋兰彦氏家谱》12册,皋兰金玉音著、清同治年间刊本《皋兰金氏家谱》等。

1. 明清时期史类著述刻书情况

(1)《淳化阁帖释文》,明崇祯十一年(1638)华亭张肯堂刊本;清嘉庆十七年(1812)兰州道升巷寿古堂西安访古阁刘法帖铺刻,徐朝弼撰序,皋兰李映西书;清宣统二年(1910)刘尔炘主持其事并书文,于积中刻

(2)《西华集天山述古》,武威张之浚撰,清乾隆十五年(1750)武威府学刻本

(3)《官方宝鉴》,清乾隆三十六至三十九年(1771—1774)甘肃布政使尹嘉铨主持刻印

(4)《闺范图史》,清乾隆三十六至三十九年(1771—1774)甘肃布政使尹嘉铨主持刻印

(5)《通鉴论》16卷,武威潘挹奎撰,清嘉庆刊本

(6)《史汉笺论》4卷,秦安杨于果撰,清道光秦安非能园刊本

(7)《史学贯珠》4卷,肃州胡文炳撰,清同治刊本

(8)《读史碎金详注》80卷,肃州胡文炳撰,清光绪元年(1875)兰石斋刊本

(9)《明史稿》,王鸿绪撰,清光绪刊本

(10)《续通鉴纪事本末》110卷,武威李铭汉撰,清光绪三十二年(1906)刻本

(11)《希腊春秋》,王树楠撰,清光绪三十二年(1906)兰州官报书局铅印

(12)《姓氏辨误》,武威张澍撰,清嘉庆刊本

(13)《辑姓录》,清咸丰元年(1851)伏羌刻本
(14)《史姓韵编》,汪辉祖辑,清光绪十年(1884)兰州耕馀堂刊本
(15)《历代边事汇抄》12卷,皋兰朱克敬撰,清同治刻本
(16)《历代帝王总记》,皋兰王鉴潭辑,清光绪铅印本

2. 传记、记载类

(1)《佐郡实录》2本,安定刘跃龙撰,明刻本
(2)《林泉偶录》2卷,临夏何永达撰,明河州刻本
(3)《甘肃观风录》,清乾隆三十六至三十九年(1771—1774)甘肃布政使尹嘉铨主持刻印
(4)《钦定兰州纪略》,清乾隆四十六年(1781)阿桂著,刻本
(5)《岳钟琪行略》,清嘉庆十七年(1812)岳炯刻
(6)《皋兰颜氏家谱》,皋兰颜秉惇撰,清嘉庆十七年(1812)皋兰刊本
(7)《武威耆旧传》4卷,武威潘挹奎撰,清嘉庆刻本
(8)《鲁氏世谱》2卷,平番鲁纪勋撰,清道光刊本
(9)《段容思年谱》,兰州彭泽撰,道光四年(1824)佩兰堂刊本
(10)《甘州明季成仁录》4卷,胡秉虔辑,清道光四年(1824)胡氏授经堂刊本
(11)《李槐堂传》,清道光十年(1830)刻本,临洮李兆阳刊,吴镇撰序
(12)《松石斋印谱》,皋兰唐琏撰,清道光刻本
(13)《武威韩氏忠节录》,武威韩奉先撰,清道光武威刊本
(14)《卓尼记》,清道光十六年(1836)养和堂刊本
(15)《崆峒纪游集》,陈芝眉、林桂山撰订,清道光丁未(1847)平凉府衙门刊本
(16)《皋兰金氏家谱》,皋兰金玉音撰,清同治刊本
(17)《舆地辨同录》20卷,伏羌王权撰,清同治刊本
(18)《忠孝节义录》4卷,肃州胡文炳撰,清同治刊本
(19)《北行纪略》,文县何宗韩撰,清刻本
(20)《陇上鸿泥》,程履丰撰,清光绪五年(1879)刊本
(21)《甘肃乡试同官录》,清光绪五年(1879)兰州刊本
(22)《甘肃乡试题名录》,程械林等编撰,清光绪十年(1884)兰州刊本,清光绪十五年(1889)增订刻印
(23)《金城陈氏家谱》,清光绪十二年(1886)兰州庆馀堂刊本

第四章　明清甘肃文教事业的发展

(24)《甘肃忠义录》,皋兰张国常撰,清光绪十六年(1890)皋兰刻本

(25)《重修皋兰颜氏家谱》,皋兰颜豫春修,清光绪刊本

(26)《陇事纡筹》,天水张世英撰,清光绪铅印本

(27)《劳薪录》,易抱一编,清光绪二十九年(1903)兰州官印书局铅印

(28)《明夷待访录》,清光绪三十年(1904)甘肃文高等学堂刊本

(29)《甘肃速成师范学堂同学录》,清光绪三十三年(1907)甘肃官报书局本

(30)《陇西同官录》,清光绪兰州刊本

(31)《吕子节录》,吕叔简撰,清宣统元年(1909)甘肃藩署刊本

(32)《陇右轶余录》,皋兰刘尔炘撰,清宣统元年(1909)陇右乐善书局刊本

(33)《陇右纪实录》,彭英甲编著,清宣统三年(1911)甘肃官报书局铅印

最后,我们主要依据《全清分省分县刻书考·甘肃省卷》及《全明分省分县刻书考·甘肃省卷》将明清时期甘肃地区分省分县刻书情况列表如下:

朝代	地区	刻书	刊本	备注
明代	兰州	《二程全书》62卷	明成化十二年甘肃省兰州段坚刊本	段坚,成化举人,景泰五年进士
		《致堂先生崇正辨》2卷	明成化十三年甘肃省兰州段坚刊本	
	巩昌府	《宾退录》10卷	明正德四年甘肃省巩昌府刊本	
	陇西县	《兵机纂》8卷	明崇祯九年甘肃省陇西县郭九围刊本	郭九围,崇祯十年进士
	平凉府	《赵浚谷诗集》6卷,《文集》10卷	明万历八年甘肃平凉府仪上司周鉴刊本	周鉴,明嘉靖三十二年进士
	平凉县	《稽古绪论》不分卷《洗心亭诗馀》1卷	明隆庆四年甘肃省平凉县赵守岩刊本	
		《赵浚谷文集》10卷	明嘉靖四十一年甘肃省平凉县赵时春刊本	赵时春,嘉靖五年进士
		《鲁斋全书》7卷	明正德十一年甘肃平凉县高傪刊本	高傪,正德九年进士

321

续 表

朝代	地区	刻 书	刊 本	备 注
明代	镇原县	《陈少阳尽忠录》8卷	明正德十年甘肃省镇原县申理刊本	申理,正德六年进士
	河州县	《毛诗传笺》7卷	明嘉靖甘肃省河州县马应龙刊本	马应龙,正德六年进士
	西夏县	《寿亲养老新书》4卷	明万历甘肃省西夏县揆文书院刊本	
		《纲目集略》5卷	明万历二年宁夏县王继祖刊本	王继祖,隆庆二年进士
		《御龙子集》14卷	明万历十八年陕西省宁夏县侯廷佩刊本	侯廷佩,万历十四年进士
	宁州	《肘后备急方》8卷	明嘉靖三十二年陕西省宁州吕颙刊本	吕颙,嘉靖十七年进士
	兰县	《武经直解》25卷	明成化二十二年陕西省兰县赵英刊本	赵英,成化八年进士
	兰州卫	《徽州府志》12卷	明嘉靖陕西省兰州卫人彭泽刊本	彭泽,弘治三年进士
	庆阳卫	《岳武穆集》6卷	明万历陕西省庆阳卫人李桢刊本	李桢,隆庆五年进士
		《居业集》4卷	明万历二十年陕西省庆阳卫人李桢刊本	
		《横渠经学理窟》5卷	明万历二十五年陕西省庆阳卫李桢刊本	
		《古隽考略》6卷	明万历二十七年陕西省庆阳卫李桢、萧大亨刊本	
		《徐迪功集》6卷,《谈艺录》1卷	明正德十六年陕西省庆阳卫李梦阳刊本	李梦阳,弘治六年进士

续　表

朝代	地区	刻　书	刊　本	备　注
清代		《小松文稿》1卷	清临洮县吴承禧撰,清嘉庆二十一年甘肃省临洮县吴镇松花庵刊本	
		《李二曲先生全集》4种36卷	清盩厔县李颙撰,清同治九年甘肃省通渭县牛树梅刊本	
		《姓氏寻源》45卷,《姓氏辨误》30卷	清武威县张澍撰,清道光十八年甘肃省武威县张澍枣花书屋刊本	
		《养素堂文集》35卷	清武威县张澍撰,清道光十七年甘肃省武威县张澍枣花书屋刊本	
		《金石文字辨异》12卷	清阶州县邢澍撰,清嘉庆十五年甘肃省阶州邢澍刊本	
		《救荒本草》3卷	清桐城县戴霆撰,清光绪二十年甘肃省博陵县署刊本	

第二节　明清甘肃省教育事业发展概况

明朝时,甘肃地区隶属于陕西布政使司(治所在今西安市)和陕西行都指挥使司(治所在今张掖市)。清初建制沿袭前朝,甘肃地区仍隶属于陕西布政使司及陕西行都指挥使司。初时,甘肃巡抚驻宁夏,顺治五年(1648)改兰州。康熙三年(1664)分陕西为左右布政使司,右布政使司驻巩昌(今陇西)。康熙七年(1668),改为甘肃布政使司,驻兰州。康熙八年(1669)正式建甘肃省,实行省、府、州、县四级管理模式。至清末,甘肃的辖区为兰州、平凉、巩昌、庆阳、甘州、凉州、宁夏、西宁、镇西等9府,以及泾州、阶州、秦州、肃州、安西、迪化等6个直隶州,甘肃省的辖区为今甘肃省、宁夏、青海地区。

一、官学

明朝建立后,明太祖朱元璋十分重视教育,他认为"治国以教化为先,教化以学校为本"。洪武二年(1369)谕:"京师虽有太学,而天下学校未兴,宜令郡县皆立学,礼延师儒,授生徒,以讲论圣道,使人日渐月化,以复先王之旧,以革污染之习,此最急务,当速行之。"明代学校体制完备,中央有国子监,为明代学制中的最高教育机构;地方有府、州、县、卫学。官学亦称儒学,是中国一种较为古老的官办教育形式,由于其经常与祭祀所用的孔庙设在一处,故又常常称之为"学宫"、"孔庙"、"文庙"等。儒学往往有府学、州学、县学之分,是府、州、县的官办教育机构,兼有祭祀和行政主管教育的作用。《明史·选举志》记载:"迄明,天下府、州、县、卫所,皆建儒学。"府州设教授1名,训导4名;州学设学正1名,训导3名;县学设教谕1名,训导2名,管理学所。对学生生员也有规定,如洪武时规定:府学生员40名,州学30名,县学20名。宣德年间(1426—1435)大增学员。成化年间(1462—1487),卫学生员规定:四卫以上军生80名,三卫以上60名,二卫40名,一卫40名。

明洪武二年(1369)规定地方儒学的具体教学内容,府、州、县学员专治一经,礼、乐、射、书、数均有分科。洪武三年五月又规定了射箭的具体礼仪,诸生于每月初一、十五两天在公廨或闲地练习。洪武二十五年(1392)重新调整教学内容,让学员同时学习礼、射、书、数四科。明朝时,甘肃建立较早的儒学为徽州州学,洪武七年(1374年)由知州金坚创建,设学正1名,训导2名,廪膳生员、增广生员各30名,附学生生员不限数。此后各府、州、县纷纷建立儒学。

《明史·职官四》记载:"儒学。府,教授一人(从九品),训导四人。州,学正一人,训导三人。县,教谕一人,训导二人。教授、学正、教谕掌教诲所属生员,训导佐之。凡生员廪膳、增广,府学四十人,州学三十人,县学二十人,附学生无定数。儒学官月课士子文艺业而奖励之。凡学政遵卧碑,咸听于提学宪臣提调,府听于府,州听于州,县听于县。其殿最视乡举之有无多寡。""明初,置儒学提举司。洪武二年,诏天下府州县皆立学。十三年改各州学正为未入流。二十四年定儒学训导,在杂职上。三十一年诏天下学官改授旁郡州县。正统元年始设提督学校官,又有都司儒学,行都司儒学,卫儒学。以学武臣子弟,俱设教授一人,训导二人。"

清朝作为中国封建社会地方教育最为兴盛的时期,其地方办学制度虽沿袭旧朝,但其办学的形式、数量、规模和普及程度,已远超历代。清世祖顺治元年(1644),清廷下诏各省、府、州、县儒学,食廪生员仍准廪给,增、附生员仍准在学。顺治十六年(1659),将卫学并入府、州学,确定府设教授、州设学正、县设教谕各1名,各学设训导协助教授。此外各省设督学道,由各部郎中进士出身者担任。雍正时统一改称"学院"。元明时期,统治者都重视教育在社会治理中的巨大作用,清朝亦是如此。清乾隆时西宁府金事、后为陕甘总督的杨应琚说,"建国君民,教学为先",设立学校,典礼宾兴,并不是为了人们的"科名利达",而是要"使为子者孝,为臣者忠,为师者严,为弟子者勤学,荷戈矛者有勇知方,寄干城者爱恤士卒,为农工商贾者各执业守法","谨身明理,永多乎平"。由此可见,学校教育作为治理社会的中坚力量,历代封建统治者都深谙其道。清代,甘青宁地区有儒学76所,府学8所,直隶州厅学7所,散州县厅学61所。清代甘肃府州县儒学生员情况:兰州府府州县总为3 049名,平凉府2 118名,固原直隶州787名,泾州直隶州1 378名,巩昌府4 071名,秦州直隶州2 381名,庆阳府2 398名,阶州直隶州1 445名,化平直隶厅62名,宁夏府3 015名,西宁府1 333名,凉州府2 592名,甘州府1 333名,肃州直隶州837名,安西直隶州558名。[1]

明万历时,宁夏地区就有在镇城左右仓后的宁夏等卫儒学以及后卫儒学、中卫儒学、灵州儒学。清建立后,这些儒学得到重建,乾隆年间宁夏府学宫在府治北,平罗县学宫在县治南,灵州学宫在州治东南,中卫县学宫在县治东南。一般而言,学宫是由一系列的建筑群构成,如上述的宁夏府学宫内有大成殿、名宦祠、讲堂、明伦堂、尊经阁、府学教授署、训导署;而附廓之宁夏县与宁朔县学官署俱在讲院后之东西两处,并未再单独建立文庙。

与此同时,随着国家权力的不断渗透,偏远地区的儒学教育作为国家权力全面掌控的重要组成部分,在那些新建的行政城市中也相继建立起来。如蒙番之地的西宁府,新建循化厅不仅修建了祭祀的学宫,还于乾隆五十一年(1786)在学宫西设立了儒学训导署。其他如贵德、巴燕戎格、大通、丹噶尔等地亦同样有此设施与机构的创建。同治年间回民起义后新设的平远县"县治在城中,典史署在县治右,监狱咸备,儒学在城东,均于光绪三、四、五年创建",而海城县则"撤所属照磨一缺,改为典史并添设训导一员,专司教化"。完工于光绪四年(1878)的董志分县城,不仅内建文武庙,还建一学署。

---

[1] (清)升允、长庚修,安维峻纂:(宣统)《甘肃全省新通志》卷三一《学校志·学额》,《中国西北文献丛书》第24册。

各学学额的多少是根据当地文教发展程度所定。直隶州、散州(厅)和县学的生员从社会上考取,而府学生则从州县学拨充,满额。各学都有数额不等的学田,以其租入作为学官"清俸"外的补充报酬及廪生膏火。府学"一年一贡,岁考取文武生各二十名,科考取文生二十名。唯西宁府岁考取文生十三名,科考取文生十三名。甘州府岁考取文武生各十六名,科考取文生十六名"。府属各县,有的二年一贡,如兰州府的皋兰县、金县、渭源县、靖远县;有的三年二贡,如兰州府的狄道州。岁科考名额也有差别,如皋兰、河州岁考取文武生各20名,金县、渭源各8名,狄道州文武生各15名,靖远文生9名,武生15名。科考,皋兰文生20名,金县、渭源各8名,狄道州15名,靖远9名,河州12名。[1] 巩昌、西宁、凉州、甘州、秦州、肃州等府、直隶州及其所属州县的岁贡、岁科考生员数各有不同。清代对各类生员住校读书时间均有具体规定,一般至少住读一年,其余时间可以不常到校。在学校食宿条件有限,生员出路又窄的情况下,这种轮流住校制可以使学校在规定时间内招收更多的生员,扩大了岁考、科考的选拔面。在办学条件有限的条件下,能做到学额严整,选拔有序,举子来源充足,此时的儒学教育适应了社会对人才的渴求状况。在学生管理方面,实行"六等黜陟法"。学业优秀者社学生可升入县、府学为生员,附生、增生可以转为廪生;府(州)、县学生员学业优异或具备其他相关条件,可以被选拔到国子监,为太学生。反之,则依次降黜,直到勒令退学。此有升有降的管理方法,为所有生员提供了继续深造的机会和空间,有利于激发学生的学习积极性,有益于人才培养和社会风气的良性转变。以《四书》、《五经》、《性理大全》、《通鉴纲目》、《大学衍义》、《历代名臣奏议》、《文章正宗》及《卧碑文》、《圣谕十六条》、《御制训饬士子文》、《大清律》等作为教材,更是从封建的政治需要出发的。

传统的儒学教育,在长期的发展进程中已形成了一种较为完善的制度,这主要表现在两个方面:一是教育目标的模式化,即教育的目的在于向受众灌输"三纲五常"等封建伦理思想,进而造就贤才良吏,以供朝廷之用,即所谓报"国恩";二是儒学生员数额的固定化,如府学按照府学例科岁各取进文童20名,州学照州学例科岁两试各取进文童15名,而县学按县学例

---

[1] (清)升允、长庚修,安维峻纂:(宣统)《甘肃全省新通志》卷三一《学校志·学额》,《中国西北文献丛书》第24册。

每岁取进文童12名。由此可见,在文化思想方面,封建统治者高度重视儒学教育,这在不同的历史阶段及不同的地域,都是不可或缺的。

二、书院

书院是我国封建时代的一种特有的教育组织形式,始于唐玄宗时期长安的丽正书院和集贤书院。至明清时,中国书院的发展达到巅峰,甘肃也不例外,清代建立书院最多。

据史料记载,甘肃最早的书院首推约建于明成化年间静宁的陇干书院,其次为陇西崇羲书院、渭源渭川书院,皆建于明嘉靖十四年(1536),而最晚的当为光绪十七年(1891)创建的固原州的五原书院。"盖自士子不居于学宫,则讲艺论道胥惟书院是赖"。现据(宣统)《甘肃全省新通志》、漆子扬《古代甘肃书院考》等文献资料,将明清时期甘肃地区百余所书院的情况整理如下:

地区		书院	时间	兴建人	地点	备注
兰州	兰州府	兰山书院	雍正二年(1724)	巡抚卢询捐建"正业书院"	新官路北旧为前明红花园地	雍正十三年(1735)许容重建,更名为"兰山书院"
		求古书院	光绪九年(1883)	总督谭钟麟、学政陆廷黻捐建	县治东	旧为贡院
		五泉书院	嘉庆二十四年(1849)	布政使屠之申建	县治北后街	咸丰八年(1858)知府栗烜重新修建
		容思书院	景泰年间(1450—1457)	段坚		
	皋兰县	皋兰书院	道光二十二年(1842)	知县徐敬	县治东南曹家厅	知县徐敬以右营废署改建而成
		青城书院	道光十一年(1831)	皋兰县、金县两县绅士捐建	县北一条街今榆中县青城	
		六德书院	道光年间(1821—1851)	乡绅李凯德捐建	一条城东北榆中县蒋家湾	

续　表

地区	书院	时间	兴建人	地点	备注
兰州	皋兰县 宽山书院	咸丰三年(1853)	县丞冒蘗捐建	县北宽沟褒(皋兰县红水河堡,今景泰县红水镇)	光绪十八年(1892)更名为"光四书院",光绪三十四年(1908)绅士张键等人移建于旧址西
	金县 增秀书院	乾隆三十三年(1768)	知县曾凤翔捐建	北郭外	同治毁于回变,光绪二十五年(1899)知县陈昌移修于城内文庙右
	金县 丰广书院	光绪七年(1881)	绅士张敬铭等捐建	金崖驿今榆中县金家崖	
	金县 龙山书院	乾隆二十九年(1764)		金县城	
	狄道州 超然书院	嘉靖三十年(1551)	典史杨继盛捐建	岳麓山(今临洮县中)中	康熙十四年(1675)毁于兵火,督学许孙权荃与郡守高锡爵又重新修建,同治时毁于回乱,旋复建
	狄道州 洮阳书院	乾隆年间(1736—1795)	知州张儒创设	狄道州城杨忠愍公祠后	乾隆二十年(1755),知州松德始建书院于忠愍公祠,二知州呼延华国增葺
	狄道州 洮滨书院			狄道洲太石	久废
	渭远县 渭川书院	嘉靖十四年(1535)		北关	
	靖远县 培风书院	康熙三十六年(1697)	卫守备王三锡捐建	学宫西	
	靖远县 敷文书院	乾隆四十五年(1780)	知县彭永和与乡绅捐建	城西门内	
	靖远县 观澜书院	道光四年(1824)	绅民共建	西郭外龙王庙右	

续　表

地区		书院	时间	兴建人	地点	备注
	河州	凤林书院	乾隆四十三年(1778)	知州周植捐建	城内	
		爱莲书院			河州莲花堡今永靖县莲花城	久废
		龙泉书院			河州和政驿今和政县城	久废
平凉	平凉府	柳湖书院			郡城北门外	光绪三十一年(1905)平庆泾固化道胡宗湘重修
		崇文书院	正德十年(1515)	藩王韩昭王		
		正学书院				
	平凉县	高平讲舍	乾隆三十七年(1772)		故府署南	
	华亭县	仪山书院	乾隆三十五年(1770)	知县张汉芳		知县张汉芳以明代察院改建,同治年间战乱荒废,光绪初邑人修复
	静宁州	陇干书院	成化年间(1465—1487)	知州祝祥	州署东	知州祝祥曾建于城隍庙西,后废,改于州治东,亦废,康熙五十五年(1716)重建,同治十一年(1872)更名为"阿阳书院"
		尊经书院			南湖	同治八年县丞王季寅与乡绅重修
	庄浪分县	庄浪书院				久废,同治八年(1869)县丞王季寅请以叛产一千余亩为书院费暨膏火费
		道南书院	光绪二十五年(1899)	州牧王长捐建	庄浪县紫荆山	

续表

地区	书院	时间	兴建人	地点	备注
平凉	打拉池县 百泉书院	乾隆五年(1740)	官民共建	治所附近	后改称"高山书院"
	隆德县 临泉书院				
	隆德县 峰台书院	光绪二十一年(1895)	知县芦式堃捐建	城外	
泾州直隶州	泾州直隶州 仰止书院	嘉靖年间(1522—1566)	参政迟凤翔捐建	城(今泾川县)南山麓	关西道胡松增葺
	崇信县 凤鸣书院	乾隆四十五年(1780)	知县黄道熨捐建	城西北隅	
	镇原县 正学书院	万历年间(1573—1620)	知县李槃	儒学署东南	
	灵台县 金台书院	嘉靖二十五年(1820)	知县苏履吉捐建	县东关	同治十二年(1873)知县彭光炼重建,更名为"鹑觚书院"
巩昌府	巩昌府 崇义书院	嘉靖十四年(1535)	御使王书绅捐建	巩昌府驻地今陇西县城	
	巩昌府 南安书院	乾隆十四年(1749)		城南仁寿山	道光五年(1825)重建
	安定县 凤台书院	嘉庆十四年(1809)		县城(今定西县)	
	安定县 育英书院	道光年间(1821—1850)	知府赵湘建	县城(今定西县)南关	
	陇西县 襄武书院	同治十一年(1872)	知府吴本烈建	县治东	
	漳县 武阳书院	光绪三年(1877)	县丞谢英桂捐建	城内	旧为典史署
	会宁县 枝阳书院	嘉庆十六年(1811)	知县张晓山捐建	县西关	
	通渭县 寿明书院				久废
	伏羌县 朱圉书院	乾隆十八年(1753)	知县徐浩捐建	城西半里	

续 表

地 区	书 院	时 间	兴建人	地 点	备 注
巩昌府	西和县	漾源书院	光绪十八年（1892）	官民共建	治城内南街	知县蔡如苏重建
		上禄书院	乾隆年间（1736—1795）		本城	
		水南书院	道光二十年（1840）	知县魏玉峰与绅民共建	本城	
	岷州厅	文明书院	同治十年（1871）	知县吕恕捐建	厅治东街	
		文昌书院	嘉靖年间（1522—1566）			同治初毁于回乱，后移于秦州治地，改建为"陇南书院"
	洮州厅	莲峰书院			厅治西	旧为七圣会馆，光绪十年（1884）知州李日乾改建
		凤麓书院	乾隆年间（1736—1795）		厅治北薛家崖凤山之右	后废
	宁远县	来远书院	乾隆年间（1736—1795）		城南关	后改为"新兴书院"
秦州直隶州	秦州直隶州	陇南书院	光绪元年（1875）	训道董文焕捐建	州城内	
		天水书院	乾隆二十七年（1762）		吏目署东南	旧为"汉阳书院"，明成化年间修建。光绪七年（1881）费廷珍与士民捐建
	秦安县	陇川书院	乾隆十八年（1753）		县署东	乾隆二十三年移建于学署东，更名为"鸡川书院"，乾隆二十六年（1761）更为"春雨书院"
	清水县	原泉书院			清水县城	久废
	礼县	天嘉书院	乾隆十一年（1746）	官民共建		道光六年（1826）知县黄凯重建，更名为"礼兴书院"

续　表

地　区	书　院	时　间	兴建人	地　点	备　注
秦州直隶州	徽山书院	嘉靖十五年(1536)	御史刘良卿	钟楼山麓	
	徽县 凤山书院	康熙年间(1662—1722)	知县与乡绅创建	县城	乾隆六年(1741)知县张伯魁重建
	两当县 广香书院	嘉庆十六年(1811)	知县魏邦倚创建	县治城北	后更名为"丹山书院"
阶州直隶州	阶州 正明书院	道光二十八年(1848)	知州葛以简与乡绅捐建		光绪五年(1879)因地震毁坏,知州文治倡重建
	西固厅 西固书院			城西门内	久废
	文县 兴文书院	道光十二年(1832)	知县李闲与绅民捐建	文庙东	
	成县 仓泉书院	道光年间之前		县治西	光绪十年(1884)知县李焌重建
庆阳府	庆阳府 凤城书院	乾隆二十六年(1761)	知府赵本植捐建	县署旁	
	董志原分县 庆兴书院	光绪二年(1876)	官民共建	县城内	
	正宁县 罗川书院	乾隆五年(1740)	知县茹玺捐建	县治西门外	
	环县 环江书院			在县城	久废
凉州府	成章书院	康熙四十三年(1703)	凉庄道武廷适捐建	府治北	久废
	凉州府 天山书院	乾隆二十七年(1762)	官民共建	凉州	
	凉州书院	嘉靖二十七年(1575)	参政江东		
	武都县 天梯书院	康熙四十三年(1703)	凉庄道武廷适捐建		乾隆三年(1738)凉庄道何炳安重修,乾隆十三年(1748)凉庄道张之俊修
	雍凉书院	道光后建			久废

续表

地区		书院	时间	兴建人	地点	备注
凉州府	古浪县	龙山书院	嘉庆二十五年(1820)			
		瑞泉书院			南关	
	镇番县	苏山书院	乾隆二十八年(1763)	知县王赐均捐建	治城内	
	永昌县	丽泽书院	乾隆十二年(1747)	知县李炳文捐建	明伦堂东	
		云川书院	乾隆二十七年(1762)	知县郭昌泰倡建	治城西北隅	
	平番县	龙岗书院			城内	
甘州府	甘州府	甘泉书院	正德二年(1507)	御使王浩捐建	城南门外	后废，乾隆二十四年(1759)，知府冯祖悦重建
		南华书院	同治十三年(1874)	绅民建	城南	绅民为左宗棠修建左祠，左未准许，改为书院
	张掖县	觻得书院				光绪十一年(1885)提督周达武重建
	山丹县	仙堤书院	乾隆年间(1736—1795)	知县明福、思光相继创建		嘉庆初知县李复发重建，道光二年知县颜廷彦重修
		山丹书院	乾隆三年(1738)			
		龙峰书院	乾隆五十年(1785)			
	东乐分县	仰止书院	嘉庆七年(1802)	县丞周能珂创建	东乐堡	旧为"天山书院"。同治初毁于回乱，同治十年(1871)重修，后总督左宗棠题"仰止"
		金山书院	同治十年(1871)	县贡生张廷赞捐建	洪水堡	
	扶彝厅	蓼泉书院			城外	同治初毁于兵火，同治十三年(1874)抚彝厅通判孙承弼重建

续表

地 区	书 院		时 间	兴建人	地 点	备 注
肃州直隶州	肃州直隶州	酒泉书院	嘉靖二十六年(1574)	副使汤宽	学宫东	后废,乾隆初年知州黄文炜重修
		金泉书院	乾隆五十年(1756)		金塔城南门外文昌宫	旧为"柳堤书院"
	高台县	建康书院	乾隆三十七年(1772)	官绅共建	县署南	同治初毁于兵火,光绪二十年(1894)重建
安西直隶州	敦煌县	鸣沙书院	乾隆五十四年(1789)	知县彭以懋	县治北关	道光六年(1826)知县苏履吉重修
	玉门县	昌湖书院				久废
固原直隶州	固原直隶州	五泉书院	光绪十七年(1891)	提督雷正绾捐建		
		文光书院	嘉庆二年(1797)			
	平原县	蠡山书院	光绪十九年(1893)	知县王宝镛捐建	在预旺城今宁夏同心县预旺镇	
化平直隶厅	化平直隶厅	归儒书院	同治十三年(1874)	提督喻胜荣捐建		
宁夏府	宁夏府	银川书院	乾隆十八年(1752)	宁夏知府赵本植创建		乾隆三十三年(1768)知府顾光旭重修
		鼎新书院	乾隆十九年(1753)			
	平罗县	又新书院				同治初毁于战火,光绪三年(1877)知县宋维孜重建
	灵州	钟灵书院	同治十年(1871)	宁灵厅同知赵兴捐建	在宁灵厅东南	
		朔方书院	嘉靖四十五年(1566)	户部郎中蔡国熙捐建	在灵州东	

续　表

地　区	书　院	时　间	兴建人	地　点	备　注
宁夏府	中卫县	应理书院	康熙四十五年(1706)	西路同知高士铎捐建		嘉庆二十年(1815)前署宰周又溪重建,咸丰二年(1852)因地震毁坏,后知县封景岷又建
西宁府	西宁府	五峰书院	光绪二年(1876)	西宁办事大臣豫师、西宁道张宗翰、知府邓承伟、知县朱镜清捐建		
		湟中书院	乾隆五十年(1785)	知县冷文炜与乡绅捐建	在府城城南街	旧为古南寺
		海峰书院				
	西宁县	约礼书院				
	大通县	大雅书院	道光九年(1829)	知县张于淳创建	在县儒学旁	后改为"崇山书院"
	贵德厅	河阴书院	乾隆十二年(1747)	杨应琚创建		
	碾伯厅	凤山书院	乾隆二十六年(1761)	知县何泽著创建	在碾伯镇	旧称"乐都书院"

就书院建立的时间来看,书院的建设呈现出一定的阶段性。康雍时期,全国政局尚未大定,因而各项建设事业未能完全展开,书院的建设相当有限。到乾嘉之时,甘肃社会全面发展到一个新的历史高度,出现了书院建设的一个高峰时期。而道咸之际,由于国内外矛盾日渐突出,遏止了日益高涨的兴建官办书院的趋势。到同光时期,甘肃又出现了一个兴办书院的高潮。就空间分布来看,书院的建设还是比较均衡的,且有趋于城市化的倾向。如省会城市兰州,除了省级兰山书院、求古书院外,尚有府属五泉书院与皋兰县属的皋兰书院。而其他府州厅县等地区,则根本不可能超越此数,而安西直隶州则根本没有书院的设立。

综观明清甘肃的书院建设，其创建方式主要有三种：一、由地方官捐建，如乾隆十八年伏羌县知县徐浩捐建的朱圉书院，乾隆三十三年金县知县捐建的增秀书院，乾隆三十五年华亭县知县张汉芳捐建的仪山书院等；二、官员与地方乡绅共建，如乾隆十一年官民共建的礼县礼兴书院，乾隆五十年西宁县知冷文炜捐俸乡绅捐资修建的湟中书院，乾隆三十七年建的高台县建康书院等；三、地方乡绅捐建，如道光十一年由皋兰县、金县两县绅士捐建的青城书院，道光年间皋兰县乡绅李凯德捐建的六德书院，光绪七年皋兰县绅士张敬铭等捐建的丰广书院等。

除创建需要大量资金外，维持书院的运作更需要不断的资金补充，书院系造就人才之所，掌教有修金，监院有薪水，诸生有膏奖，其费用皆由地方筹措。从（道光）《皋兰县续志》可以看出一些书院修建的资金来源情况。

嘉庆二十四年，甘肃布政使屠之申与邑绅、仕前任湖北武昌道秦维岳以兰山为通省书院，兰州一府肄业人数多，额例少，不足以广造就。且童生秀杰有才器者，亦宜一体教训培养，及议创立兰州府属五泉书院，维岳首捐银1 000两，邑绅士捐银544两，屠之中及合省官共捐银4 500两，买城北庆祝宫右地公廨一区，建修书院讲堂3楹，后正院上厅5楹，山长居之；其余厢房东西院斋屋共39楹，肄业生童居之；大门内东小院屋6楹，为监院居；大门内小屋2间，书院门夫居，共48间。除建修工费银外，其余发商生息，以为讲师修金及诸生膏火薪水费。

由此可见，兰州府属五泉书院的修建资金主要由三部分组成：一是合邑绅士捐银544两，一是邑绅、致仕前任湖北武昌道秦维岳首捐银1 000两，一是屠之申及合省官捐银4 500两。总体来说，经费主要由官员与邑绅捐献。至于其修建所费几何、剩余几何，文献中并未说明，仅指出"除建修工费银外，其余发商生息，以为讲师修金及诸生膏火薪水费"。

三、小学的设置与发展

（一）义学的普遍设置

义学，也称义塾、学舍，为同族同乡弟子所设立的具有启蒙性质的学校。甘肃最早的义学为明代巡抚陈九畴创建的肃州直隶州义学。《甘肃新通志》卷三六《学校志·义学》："明初，亦迁四方之民以实河西，故其习尚错杂，风俗靡有一定，玉门、嘉峪羌人出入，民无宁居。儒学建于成化三年（1467）都御史徐廷璋，及正德元年（1506）兵备副使李端澄廓而大之，其设义学在东北隅,盖其先巡抚陈九畴毁其礼拜寺为之者。嘉靖二十二年(1543),副使张愚常选生童读书其中。"[1]

清代,甘肃各府州县普遍建立义学。据不完全统计,在所辖8府、5州、58县地区(包括宁夏、青海部分地区)有义学288所。如顺治五年(1648)宁州义学,由知州赵鸣乔在庆阳府宁州地区创建;顺治九年(1652)靖远县义学,由掌印守备王永清在靖远县关帝庙西北创建。康、雍、乾三朝,义学的数量越来越多,此时期有具体创建时间记载的义学达52所。在当时国力强盛的背景下,普及基础教育对于发展教育、稳固边疆来说都具有深远意义。康熙七年(1668),巡抚华善在皋兰县创建明伦义学和序贤义学;五十五年(1716),静宁知州黄廷钰在高台寺建义塾,聘师教授农家子弟。雍正元年(1723),清廷命各省改生祠、书院为义学,"延师授徒,以广文教"。雍正三年(1725),甘肃按察使张适设立皋兰县义学。继而,全省各地相继建立了义学。后来随着书院复兴,义学多改设在乡村,以补书院不足,但规模简陋。至光绪年间(1875—1908),甘肃的义学已遍及城乡各地。左宗棠任陕甘总督期间不仅注重选拔封建统治人才,而且十分重视启蒙教育,从1873年起,他屡次命令省属各府州县兴办"义学"、"私塾"。几年间,办学之风盛行,省城兰州新办义学16处,其他州县新办义学184处、私塾120处。

河西各县创建义学风气也很浓厚,肃州新设义学4处,敦煌县知县"于光绪六年举兴义学,筹捎社粮,取息充经费"。黄文炜捐俸在肃州城内重建义学后,"来学之士,数百十人,诵读之声,溢于远近"。[2] 而乾隆二年(1737),甘州知府冯祖悦建成的甘泉书院"昼则弦诵相闻,夜则灯火相应。甘之人文,自是日上云"。[3] 乾隆前期,镇番县"文社寒暑不辍,书声昼夜相闻。故向来科目甲于河西,五郡聿号既分,尤屡破藩篱而士气趋文渐不古若……"[4]

清前期,定西义学主要有岷州抚民同知汪元絅于康熙三十五年(1696)

---

[1] 《国朝徐乾学重建义学魁星阁记》,引自《甘肃全省新通志》卷三六《学校志·义学》。
[2] 黄文炜纂:《重修肃州新志》,甘肃省酒泉博物馆1984年翻印本,第107页。
[3] 钟赓起著,张志纯等校点:《甘州府志》卷三《国朝辑略》,第107页。
[4] 张克复等校点:《五凉全志》卷二《镇番县志·风俗志》,甘肃文化出版社1999年版,第214页。

在圣启祠前创办的岷州义学,汉藏弟子得以就学,有于康熙五十七年(1718)设置的安定东关义学,还有乾隆年间(1736—1795)创建的马家堡义学等。

清初,青海各县也开始修建义学,如乾隆二年(1737),大通卫及卫属向阳堡修建义学2处;乾隆十一年(1746),碾伯县上川中堡修建义学1所,学址在城隍庙左侧。后又在地方官吏的捐助下开始扩建,乾隆十二年(1747),由西宁兵备道佥事杨应琚、知府刘弘绪、所千总彭韫在贵德县城土地祠创设义学1处,聘请贡生严大伦执教,这是贵德历史上最早的官聘教师。同治五年(1866),承顺又添设义学2处,聘请教师执教,并动员各家送学童到义学读书。同治六年,义学毁于战乱。光绪二年(1876),贵德厅抚番同知甘时化修缮义学,并添设义学3处,筹拨园落12处,并拨水磨、油坊等,以所收租钱作为义学费用。光绪二十七年(1901),又增设郭拉、关厢2处义学。道光八年(1828),在巴燕戎格厅的厅治和扎什巴堡各建有义学1所,循化厅在下四工、马营集和珍珠族地区各修建义学1所,丹噶尔城于乾隆五十年(1785年)修建义学2所。

庆阳的义学同样多由地方官员捐助创办,如庆阳府义学是康熙五十五年(1716)由"知府金垣生创建",[1]雍正五年知县叶绍麟创建安化县义学,[2]宁州于顺治五年由赵州赵鸣乔立义学一处。[3]而维持义学运行的经费"亦取办于地方,官为稽查,择士人学品优者为之师"。[4]清代庆阳义学得到明确统计的就有29所,其中,庆阳府有义学3所,分别由知县金垣生于康熙五十五年创建,知府光绪七年在北关文昌庙、傅公祠创建;安化县有义学3所,分别由知县叶绍麟雍正五年创建,知县陈昌光绪十三年在县城和西峰镇创建;合水县8所,分别是光绪五年知县曾纪安在县城设2处,光绪十八年知县严泽在板桥镇、西华池、固城、太白、东华池、蒿咀铺各设1处;宁州有义学13所,分别有州城崇德义学、蒙泉义学、春荣镇义学、良平镇义学、早社镇义学、政平镇义学、宫河镇义学、焦村镇义学、太昌镇义学、新庄镇义学、南义井镇义学、吉金镇义学、盘克镇义学;正宁县有义学1所,由知县茹玺于乾隆五年创建;董志分县有义学1所,光绪时设立;镇原县有

---

[1] (清)赵本植纂:《庆阳府志》卷一八《学校·儒学》。
[2] (清)赵本植纂:《庆阳府志》卷一八《学校·儒学》。
[3] (清)赵本植纂:《庆阳府志》卷一八《学校·儒学》。
[4] 宣统《甘肃新通志》卷三六《学校志·义学》。

义学数所,但未载明具体数目。[1]

清末,甘肃地区义学情况:兰州府,州县厅义学50所;平凉府,州县厅义学29所;固原直隶州,州县厅义学11所;泾州直隶州,州县厅义学2所;巩昌府,州县厅义学18所;秦州直隶州,府直隶州义学8所,州县厅义学50所;阶州直隶州,府直隶州义学1所,州县厅义学23所;庆阳府,府直隶州义学1所,州县厅义学11所;宁夏府,州县厅义学2所;西宁府,州县厅义学27所;凉州府,府直隶州义学3所,州县厅义学34所;甘州府,州县厅义学11所;肃州直隶州,府直隶州义学1所;安西直隶州,州县厅义学11所。

在教学内容上,义学受到政府的严格控制,重点突出社会教化和道德培养。义学学生除了基本的读书、识字、讲书、读诗课程外,还要懂得礼仪揖让,懂得长幼有序,每日放学均要向老师行礼,以培养其日常行为规范。义学的教学一般分为两级:初级以识字、习字为主,即启蒙阶段的教学,教材是传统的"三、百、千、千",即《三字经》、《百家姓》、《千字文》、《千家诗》以及《幼学琼林》等;较高一级是传授儒家经典,《论语》、《孟子》、《孝经》等。左宗棠规定朱熹所辑的《小学》为义学的必读之书,他说:"古人八岁入学,十五入大学,次第节目,一定不可易。故小成大成,各有规模。经正民兴,人才从此出,风俗亦从此厚矣。须知自洒扫,应对,至希圣、希天、下学、上达,皆是一贯。今日入塾童子,先宜讲求《幼仪》、《弟子职》,而归重于《小学》一书,方为得之。"义学学生的流动性很大,大多只求粗识文字,以为谋生之用。少数则升入高一级教育机构,也有的则当作科举应试童生进行预备性教育。从形式上看,义学教材多运用故事、名物掌故、谚语、格言、对联、诗歌等体裁,以简赅的文字、严格的组句、整齐的押韵来表述。在内容上,除了宣传封建伦理道德规范,历史、自然、生产及日常生活等方面的知识也在授课范围内。回族地区所设的义学,还教授阿拉伯文。

义学虽然广泛兴起,但教材供应问题十分棘手。这样,有些地方自行刻印书籍,有些则由官府发放教材。光绪元年(1875),左宗棠在甘肃各府厅州县颁发了一些蒙学教材,并增发《小学》、《圣谕广训》等图书。有的则

---

[1] 庆阳资料据(清)赵本植纂(乾隆)《庆阳府志》卷一八《学校·儒学》;安化县资料据张精义《庆阳县志》;合水县资料据《合水县志》,1988年版;宁县资料据《重修宁县志》卷二《教育志》;正宁县资料据(清)折遇兰纂(乾隆)《正宁县志》;各县补充资料据卢造钧主编《庆阳地区志》第三卷《文化志·教育志》。

自编教材发放给学生,咸丰年间(1851—1861),皋兰县马步青在宛川义学授课时,将《诗经》中动植物、山川湖泊名称以及器物名目、典章制度用语、人物称谓等词语选出来,集为骈俪韵语30首的《峡蝶集》,以此作为教材给学童传授声律对偶知识。

义学都有学规。光绪二年(1876)甘州府各从属义学制定的学规就达27条,其主要内容有:每所义学设有教师一名,由府学、县学、书院斋长及管理义学的绅士共同选出品学兼优者,送县批准后,才能聘请;义学只收无法负担学费的学生;每天功课大多是讲经书,兼读史书,15岁之后即可学诗文,天文、地理、水利、农田、算学皆有涉猎等。

清代,义学普遍设立于各少数民族密集聚居区。雍正七年(1792),巡抚许容在兰州南关创设养正义学,专收回民子弟。乾隆五十年(1785)创设的存诚义学,即为"皋兰新关回民请于沱沿建义学"。咸丰、同治年间,途径西北边疆的陕甘总督左宗棠极力倡导在少数民族地区兴建义学,下令各地方官员专筹资金,设义学,兴教化,鼓励回民孩子入学读书识字。同治八年(1869),左宗棠在陇东,"立(回民)义学强令读书,习礼义"。同治十三年(1874),左宗棠下令地方一律办义学,"设立汉回义塾,分司训课,冀耳濡目染,渐移陋习"。光绪元年(1875),左宗棠在兰州重修养正、存诚、正德、序贤四所义学;次年,又创建崇文义学和讲义学舍。为了能让更多的回民子弟入学,他还采取了一系列奖励办法,如免收回民学生学费,官府补助书籍、笔墨、饮食等费用。

临夏古名河州,最早称"枹罕",是少数民族居住地区,有回、东乡、保安、撒拉、土、藏等民族在此生活。康熙年间,河州城内及南关就已设立义学。清末,城市和乡村的义学、社学就达20所。后又有所发展,在回族聚居区有三甲集日兴义学、太子寺观德义学、韩集遵闻义学等7所;在东乡族聚居地区有杨妥家正兴义学、平善集慎修义学、新同集敦睦义学、扎木池敦德义学、唐汪川养正义学、唐汪川经正义学、喇嘛川新德义学等7所;在保安族聚居地区有大河家亲仁义学、吹麻滩明善义学、居家集兴仁义学及刘家集修文义学等。

另外,甘肃地区的其他少数民族地区也均设义学,如在回、藏、汉等民族杂居的甘肃临潭县就设有义学10所,洮州地区有回民义学,在"平番"县(今属天祝)藏族聚居地区也有义学等。

自然地理环境的限制,使甘肃的文化教育事业远落后于发达的中原地区。清朝统治者在甘肃为少数民族子弟创建义学,从主观上来看是为了缓和民族矛盾,加强对少数民族民众的思想控制,"使其服王化"。但因义学数量少,且多设在汉族聚居的城镇,便使义学应有的作用受到限制。但从长远看,清朝统治者设义学这一重要文教举措,其影响是深远的:

第一,义学属于私学的一种,甘肃义学作为蒙学教育的一种,具有启蒙教育和基础教育的性质,对于当今的九年义务教育、民族教育以及私立学校的发展均有借鉴作用。

第二,义学经过长期发展,形成了一套较为完善的管理体系,能够保障义学教学与各项工作的正常运行,在经费筹措、管理、运作方面为如今的民办教育提供了经验。

第三,清朝统治者在甘肃广设义学,义学对少数民族子弟开放,对提高各少数民族人民的思想文化素质起着推动作用。这样的话,读书识字的人越多,对偏远民族地区的文化教育起到推动作用。由于汉族先进文化的影响,甘肃的少数民族教育还是得到了一定程度的发展,这是毋庸置疑的。

第四,甘肃义学的广泛设置,对民族地区政治、经济、文化的发展,也起到了一定的促进作用。明清时期,义学是学校教育的重要组成部分,其所占比重超过历代,虽然义学在名义上为民办的学校,但其经费来源和管理形式都带有浓厚的官办色彩,甚至可以说是官民共办。以历史发展的眼光来看,义学对甘肃的教育影响深刻深远,开创了民族教育的先河。同时,这也为贫民子弟接受更好的教育提供了机会,提高了他们的文化水平思想素质。

(二) 社学的发展情况

社学成于元代,盛于明清。"社学者,一社之学也。百又十户为里,里必有社,故学于里者名社学",多由乡绅捐建,启蒙童子,待童子年长后,可通过考试进入儒学。明洪武八年(1375)诏令各地"延师以教民间子弟",但因弊端丛生,后停罢。洪武十六年,又诏令民间自行聘请老师,建立社学,不准地方官员干涉。在这种背景下,社学在甘肃地区广泛建立起来。

社学教学内容除了《三字经》、《百家姓》、《千字文》、《小学》、《论语》、《孝经》以外,还有《御制大诰》和朝廷律令。弘治十七年(1504),"令各府州县建立社学,选择明师,民间幼童十五以下者送入读书,讲习冠婚丧祭之礼"。[1] 清顺治九年(1652),礼部请示在各乡设立社学,挑选优秀者为社师,要求各乡12岁至20岁之间的子弟入学,研读《四书》、《五经》及史政、诗文等经典。社学的教学按学生的程度,分为不同类型。乾隆十一年(1746)皋兰知县阎介年按学生程度将社学分为三种类型:一是蒙馆,对刚入学的孩子教授《四书》、《小学》;二是经馆,在蒙馆中选拔优秀的学员,攻经义文章;三是文馆,从经馆中选拔"义以精通堪造就者"升入,学习文艺。

甘肃地区的社学最早建于明代,即明成化五年(1469)镇夷堡(今高台县)社学,《甘肃全省新通志》卷三七《学校志·社学》及有关县志有载。见于史籍记载的社学,有弘治元年(1488)定西通渭县在县城南街和预备仓前创办的2所社学;弘治十三年(1500)张泰创建的岷州厅社学;正德年间(1506—1521)兰州卫指挥同知周璜创建的社学;嘉靖三十九年(1560),河州知州刘卓在废掉的宁河守御上创建的社学;万历三十年(1602),河州知州陈火焯捐建社学;秦安县有社学10所。

到了清代,政局稳定,甘肃各府州县的社学纷纷建立。甘肃地区(包括今宁夏、青海部分地区)有社学82所。最早的为康熙七年(1688)巡抚华善在兰州府皋兰县所建的东西社学。社学有官办、民办,官办的如康熙九年(1670)知县王之鲸捐建金县社学,乾隆二十四年(1759)知县保中在秦安县龙山镇捐建的社学;有的为地方官倡议,本地绅民捐建,如同治年间创建的镇夷堡社学;有的是乡民自行筹建,如乾隆四十二年(1777)皋兰县乡民梁建中、石王枢筹建的龙泉里社学。

清末,甘肃社学的创办情况如下:兰州府,州县厅社学16所;平凉府,州县厅社学3所;泾州直隶州,州县厅社学1所;巩昌府,州县厅社学1所;秦州直隶州,州县厅社学12所;阶州直隶州,州县厅社学2所;庆阳府,州县厅社学12所;宁夏府,府直隶州社学5所,州县厅社学17所;西宁府,州县厅社学9所;凉州府,州县厅社学6所;甘州府,府直隶州社学1所,州县厅社学2所。

具体来说,清朝前期,定西可考的社学主要有狄道塘坊寺社学、狄道城北关社学、狄道辛店社学、狄道沙泥站社学、渭源城东街社学等。不同的社学,教师束脩亦不同,像狄道塘坊寺社学、狄道城北关社学、狄道辛店社学

---

[1]《明史·选举志》。

社师束脩银8两,而狄道沙泥站社学的社师束脩银仅4两,这是和当地的经济状况关联在一起的。渭源城东街社学则是道光十七年(1837)由公集资兴办的,仅有社师一人。

青海地区的社学多是由道府州县文武官吏倡导、各界人士捐资修建的。雍正年间,西宁府城小演武厅东社1处社学,并于乾隆十一年(1746)在东关大街创建了回民社学,嘉庆九年(1804)又增设回民社学4所。碾伯县在城北、老鸦、冰沟和上川口堡共设有4处社学。

弘治年间,宁夏共有社学54所。乾隆年间宁夏府共有社学29所,宁夏县有社学5所,分别修建在府城黄公祠、杨和堡、魏信堡、叶升堡和金贵堡;宁朔县有社学4所,分别修建在府城西门瓮城、张亮堡、唐铎堡和靖益堡;平罗县有社学5所,分别修建在县城武庙、西河堡、洪广堡、李风堡和宝丰堡;灵州有社学5所,分别修建在州城、吴忠堡、大沙井、惠安堡和花马池;中卫县有社学10所,分别修建在县城、宣和堡、白马滩、广武堡、镇罗堡、恩和堡、永康堡、鸣沙洲、枣园堡和宁安堡。

据《庆阳府志》合编本和清代张述善撰《镇原县志·学校》等资料,可对明清时期庆阳各县的社学情况有大致的了解。明朝时,庆阳卫的社学在卫志东北隅,东西16步,南北7步,东旁涝池,西临大街,弘治间由指挥孟侃创建;安化县社学在城东南,东西30步,南北100步;合水社学在西关,东西20步,南北50步;环县社学在城西北,东西30步,南北80步;宁州社学在州志西南,东西25步,南北56步,共4所;真宁县社学在县志西南,东西35步,南北57步;镇原县社学由邑令李檠于万历甲午修建。但明后期,由于经费筹措不足,庆阳卫、宁州等地的一些社学被废止。[1] 清代,朝廷规定大乡、巨堡都需设立社学,但由于甘肃地方素来贫寒,许多社学多是由地方官捐资创办。如环县,"乾隆十六年知县高观鲤捐设社学三处"。[2] 清代庆阳的社学能确定的有9所,其中合水县有社学4所,乾隆二十六年(1761),知县陶奕曾侨立于圈洞沟、西华池并本城、东华池为四;环县有社学4所。乾隆十六年,知县高观鲤捐建三处,皆设于庙内:县城一处,设于心福寺;曲子镇一处,设于北门楼,后移伏虬;洪德城一处,设于三圣庙。顺

---

[1] 庆阳卫及庆阳各州县资料引自《庆阳府志》合编本;(清)张述善纂:《镇原县志》卷上《学校》。

[2] (清)赵本植纂:(乾隆)《庆阳府志》卷一八《学校·环县儒学》。

治五年,知州赵鸣乔立于玄帝庙,有碑。明洪武七年,镇原县八镇都设有社学,入清后较大的乡镇上都设有社学。[1]

　　社学有自己的学田,学生不多,教学因时而定。乾隆五年(1740),张掖知县李延桂置学田30亩。同年,甘州府社学始贡士,岁一贡。乾隆二十六年(1761),张掖县知县王迁赞在城内设左右两科社学,学生一般二三十名,有时更少,每期开学迟,放假早。

　　在少数民族地区建立社学,对少数民族子弟进行启蒙教育,是明清甘肃教育特有的特点。据《甘肃全省新通志》卷三七《学校志·社学》记载,有回民社学、扶彝厅社学等。据《高沅圆通寺社学记》载:"扶彝者,古居延郡地。南界祁连,番民环布,北连沙漠,蒙古居之,民处其中,以耕以牧,崇尚释教,鲜事诗书,习染之移,由来久矣。"乾隆十八年(1753)设立扶彝厅社学。在少数民族聚居的地方设立社学,对于提高少数民族地区人民的思想素质、文化教育都有积极的推动作用。

四、明清甘肃教育的特点

　　一是教育面相当广泛。明清甘肃地区的教育,教育对象包括社会各阶层、各民族人士;教育的内容涉及儒家经典、政令法规、乡规民约等各个方面。甘肃地区的教育除向学生灌输"四书"、"五经"等儒家文化,培养封建统治的人才外,官府还将学校用作宣传教育的平台,向所有民众宣讲、灌输《圣谕广训》、《太上感应篇》等政治、民风导向性的思想内容,使这类教育书籍充斥于各级、各类学校和家庭。统治阶级正是通过各种场所、利用各种形式向民众灌输纲常名教和向善的思想。这一教育的广泛性是甘青宁教育历史上前所未有的。

　　二是关注少数民族教育。甘青宁是少数民族聚居地区,各个区域之间的民族分布也有一定的差异。官办学校结合甘肃地区的实际情况,重视少数民族的教育和少数民族人才的选拔。发展民族教育,不仅拓宽了人才选择的渠道,储备了大量人才,更重要的是起到了弱化民族界限、减少冲突的作用。具体措施除了采用"汉番同学"、"汉回同学",即在普通学校招收各

---

[1] 庆阳资料据(清)赵本植(乾隆)《庆阳府志》卷一八《学校·儒学》;安化县资料据张精义《庆阳县志》;合水县资料据《合水县志》,1988年版;宁县资料据《重修宁县志》卷二《教育志》;正宁县资料据王立民点注、(清)折遇兰(乾隆)《正宁县志》;各县补充资料据卢造钧主编《庆阳地区志》第三卷《文化志·教育志》。

个少数民族子弟的措施以外,有些开明有远见的地方官还在少数民族较为集中的地方如敦煌、西宁等回民区,设立了专门教授民族学生的义学、社学。如雍正七年(1729)巡抚许容初设回民义塾(名曰"养正义学")于兰州南关。[1] 清代陕甘总督左宗棠把兴办民族地区教育看作"经正民兴,边氓长治久安"的大事,当时设回族义学就是要通过"沐浴诗书,通知礼仪,驯其桀(桀)骜之气,化其顽梗之风",[2] 达到"化彼殊俗,同我华风"的目的。[3] 虽然左宗棠以镇压回民反抗闻名,他一方面毫不留情地将陕甘一带以回族为核心的各族反抗镇压下去,但另一方面也热心倡导甘肃民族地区的教育。鉴于甘青宁一带"于武备尚详,而文治独略于各省"的实际情况,左宗棠乃"设局鄂省,印刊《四书》、《五经》、小学善本,分布各府、厅、州、县。师行所至,饬设立汉、回义塾,分司训课"。他清醒地认识到,要"化回汉之见,则义学不可不设"。这里所说的"回汉之见"就是民族偏见。在镇压回民反抗结束后的善后事宜中,他还要求各善后局、各防营广设义学,招收回民子弟,先用《千字文》、《百家姓》、《三字经》等教其识字,并用楷书仿格教他们写字。直到宣统二年(1910),清朝还在西宁府设立蒙古半日制学堂,专门培养蒙古族王公子弟。可见,清代民族学校的普遍创建,是甘肃地区也是清朝整体教育的一个亮点。

三使得甘肃地区整体文化水平大幅度的提升。在科举时代,一个地区科举选拔的名额是该地区文化发展的重要标志。清时甘肃虽然在康熙五年(1666)已从陕西省分立出去。但是乡试仍然与陕西合闱举行,闱所在西安贡院。甘肃士人乡试必须赴陕,道路漫长而崎岖。甘省各府厅州县距陕西近者八九百里甚至上千里,远者如肃州(今甘肃酒泉市)、安西(治今甘肃安西县)则三四千里,镇迪(今新疆乌鲁木齐市)一道更五六千里不等。甘肃生员千里迢迢赴陕应试,历尽跋涉之苦,所费不资,能抵达陕西并有资格参加乡试的生员中最多只有十分之二三,正如陕甘总督左宗棠所言:"边塞路程悠远,又兼惊沙乱石,足碍驰驱,较中原行路之难奚翅倍蓰。士人赴陕应试,非月余两月之久不达。所需车驮雇价、饮食刍秣诸费、旅费、卷费,少

---

[1] 慕寿祺:《甘宁青史略》正编卷一八,《中国西北文献丛书》第96册,兰州古籍书店1990年版,第523页。

[2] 青海民族学院民族研究所编:《撒拉族历史资料汇集之二·撒拉族档案史料》,青海民族学院民族研究所,1981年,第162页。

[3] 左宗棠:《左宗棠全集》第10册《奏稿十》,上海书店1986年版,第8806页。

者数十金,多者百数十金。其赴乡试,盖与东南各省举人赴会试劳费相等,故诸生附府厅州县学籍后,竟有毕生不能赴乡试者。穷经皓首,一试无缘,良可慨矣。"正是由于这个原因,清代的科举考试,自顺治壬辰至同治甲戌(1652—1874)的87次会试中,甘肃(包括青海、宁夏)得中者只有238人,平均每科约2.74人。自顺治乙酉至同治癸酉(1645—1873)陕甘乡试96次,中者1 280人,平均每科约13.3人。经过甘肃汉、回各族乡绅的强烈要求以及左宗棠有力的奏请和斡旋,从光绪元年(1875)开始,陕甘乡试分闱,甘肃(含青海、宁夏)乡试名额增加。由此,不论进士还是举人,录取名额都有了明显的增加。据统计,自光绪乙亥至癸卯(1875—1903),清朝在甘肃共举行乡试13次,录取举人679人,平均每科52.2人(按定额是42人,其中有几科带补前此未考科次,故录取名额较多)。进士考中名额,自光绪丙子至甲辰(1876—1904),前后13次会考共116名,平均每科约8.9人。武举自光绪乙亥至丁酉(1875—1897)共举行10次,共录取847人,平均每科84.7人。武进士自光绪丙子至戊戌(1876—1898)共举行10次,共得中31人,平均每科3.1人。除了武进士在光绪以前与光绪时期平均每科录取名额持平以外,其他各类考试的平均录取名额均有成倍的增长,尤其是举人一项。由于录取指标增加,考试就地举行,诸生应试的费用降低,参加考试的人也增多。从顺治二年(1645)到道光二十年(1840),甘肃考中文武进士、举人3 522人,平均每年中第18人;从道光二十年到光绪三十一年(1905),甘肃共考中文武进士、举人2 200人,平均每年中第33人,中第人数后期比前期平均高83%。科举制度虽然在清末已遭到国内有识之士的批判,但是对于清末科举制度才得到推广与普及的甘肃地区来说,其仍然具有积极作用。因此,光绪时期甘肃诸生的得中额比此前每科平均录取数高出2.9倍余,这势必大大激发士人学习的积极性,并由此整体提升甘青宁民族地区的文化水平。

四是明清甘肃教育事业的发展,得益于教育支出制度的有力保障。明清政府为大兴教育事业,用甘肃府州县和各卫的财政收入来保障甘肃各府、州、县、卫儒学、武学教育在公共设施建设方面的支出,保障教授、学正、教谕、训导的俸禄支出,保障廪膳生的生活费用支出,保障科举、武举、会举所需要的各种费用支出。《靖远县志》卷五记载明靖虏卫的教育支出:"岁贡盘银四十两八钱。儒学斋夫银每员二十四两。科举盘费银每名五两。""廪生二十名,每名月支灯薪银钱。"顺治四年,《清朝文献通考》卷四二《国用四》记载:"定各直省学官及学生俸廪,各省教授、学正、教谕,照从九品给俸薪;廪膳生每名给膳夫银六十两,廪生每名给廪粮银十二两。师生每人日给廪米一斗,均冲存留项下支销。"雍正年间,供给标准有所提高。《东华录》卷三二记载:"(雍正十一年八月)……大学士主官掌院事张廷玉遵旨议奏:新科庶吉士恩给廪饩,每月给银四两五钱,器用什物,工部支取,并拨给官房一所,为教习馆,令肄业其中。"《清史稿·选举一》记载雍正年间的定额:"直省廪,增额,府四十,州三十,县二十,卫十。""各省书院之设,辅学校所不及,初于省会设之。世祖颁给帑金,风励天下。……所赖以造大者,独在书院。""社学,乡置一区,择充行优者充社师,免其差徭,量给廪饩。凡近乡子弟十二岁以上令入学。义学,初由京师五城各立一所,后各省府、州、县多设立,教孤寒生童。"

地方官员、豪绅捐资助学的例子更是比比皆是。《明史·杨继盛传》载:"(杨继盛)贬狄道典吏。其地杂番,俗罕知诗书,继盛简子弟秀者百余人,聘三经师教之。鬻所乘马,出妇服装,市田资诸生。"《明史·循史·段坚传》载:"(段坚)创志学书院,聚秀民讲说《五经》要义,及濂、洛诸儒遗书。"康熙五十六年(1717),兰州河桥同知、署西宁通判沈廷玉捐建西宁县儒学。有些义学是地方官用官钱和捐俸创办的,"义学之费,亦取办于地方",[1]社学则"由绅民捐办,教其同社子弟"。[2] 兰州府皋兰县的东社学与西社学,"俱康熙七年巡抚华善建"。[3] 西宁府西宁县丹噶尔城的社学是乾隆十一年"佥事杨应琚、知府刘洪绪、知县陈铦、主簿顾宗预捐俸创建"等等。[4]

光绪三十一年(1905)废除科举,兴建新式学堂以后,甘青宁地区也跟上了改制的步伐,学堂数量急剧上升。据地方志载,光绪改制后,甘青宁建立1所高等学堂、14所中等学堂、71所高等小学堂、920余所初等小学、4所职业学堂、3所师范学堂。而改制后学堂的经费大体来源于官府的拨钱、拨地、拨粮,从旧学承继的学田租费,向学生收取一定的学费和伙食费,接受社会各界的捐助等途径,这无疑拓宽了教育经费的来源,保证学校教育能更长久地运行下去。

---

[1] 长庚纂:《甘肃新通志》卷三六《学校志·义学》。
[2] 长庚纂:《甘肃新通志》卷三六《学校志·设学》。
[3] 同上。
[4] 同上。

明清甘肃地区兴办教育的社会作用是明显的。首先它比较深入地普及了儒家伦理思想。在旧式教育重视儒家伦理道德的基础上，封建统治者为了巩固其统治，加强了对儒家思想的宣扬。三纲五常、孝悌忠信、礼义廉耻、修齐治平、男尊女卑等观念进一步深入人心，成了人们普遍的行为准则。统治阶级正是通过官私学校、祠堂、家塾、寺观等场所，通过教学、宣读圣谕和家谱、张贴告示、记录功过、进行政治处罚、散发劝善书、举办大型祭典等一切可以利用的形式，向民众灌输纲常名教和向善的思想，这对于平息当时甘肃地区少数民族上层的叛乱和民众的反抗斗争起到了一定的教化作用，大规模的民间反抗斗争比较少，总体上稳定了社会秩序。

其次，一些良好的风俗习惯也在深入、持久的社会教化中逐渐形成，如尊老爱幼、勤俭持家、诚信有礼、和睦邻里、讲究卫生等等，其影响一直延续到今天。除此之外，重男轻女、重脑力劳动轻视体力劳动、唯命是从、封建迷信等一些陋俗的延续，也与这一时期形成的思维定式分不开。最后，从社会政治效用看，这一时期的社会教育对于引导风俗、延揽人心的确起到了积极作用，同时也有力地维护了社会秩序，巩固了封建统治。

图书在版编目(CIP)数据

明清甘宁青进士征录／多洛肯著. —上海：上海古籍出版社，2018.5
（西北民族文献与文化研究丛书）
ISBN 978-7-5325-8500-7

Ⅰ.①明… Ⅱ.①多… Ⅲ.①进士—研究—西北地区—明清时代 Ⅳ.①D691.3

中国版本图书馆 CIP 数据核字(2017)第 152545 号

西北民族文献与文化研究丛书
明清甘宁青进士征录
多洛肯 著
上海古籍出版社出版发行
（上海瑞金二路 272 号 邮政编码 200020）
（1）网址：www.guji.com.cn
（2）E-mail: guji1@guji.com.cn
（3）易文网网址：www.ewen.co
上海颛辉印刷厂印刷
开本 710×1000 1/16 印张 22.25 插页 2 字数 354,000
2018 年 5 月第 1 版 2018 年 5 月第 1 次印刷
ISBN 978-7-5325-8500-7
K·2341 定价：88.00 元
如有质量问题，请与承印公司联系